30장면으로 끝내는

스크린 영어회화

스크린 영어회화 – 라따뚜이
Screen English - Ratatouille

초판 발행 · 2022년 7월 21일

해설 · 라이언 박
발행인 · 이종원
발행처 · (주)도서출판 길벗
브랜드 · 길벗이지톡
출판사 등록일 · 1990년 12월 24일
주소 · 서울시 마포구 월드컵로 10길 56(서교동)
대표 전화 · 02)332-0931 | **팩스** · 02)323-0586
홈페이지 · www.gilbut.co.kr | **이메일** · eztok@gilbut.co.kr

기획 및 책임 편집 · 김지영 (jiy7409@gilbut.co.kr) | **디자인** · 조영라 | **제작** · 이준호, 손일순, 이진혁
마케팅 · 이수미, 장봉석, 최소영 | **영업관리** · 심선숙 | **독자지원** · 윤정아, 최희창

편집진행 및 교정 · 오수민 | **전산편집** · 조영라 | **오디오 녹음 및 편집** · 와이알 미디어
CTP 출력 · 금강인쇄 | **인쇄** · 금강인쇄 | **제본** · 금강제본

ISBN 979-11-6521-917-8 03740 (길벗 도서번호 301141)

정가 22,000원

독자의 1초를 아껴주는 정성 길벗출판사

길벗 | IT실용서, IT/일반 수험서, IT전문서, 경제경영서, 취미실용서, 건강실용서, 자녀교육서
더퀘스트 | 인문교양서, 비즈니스서
길벗이지톡 | 어학단행본, 어학수험서
길벗스쿨 | 국어학습서, 수학학습서, 유아학습서, 어학학습서, 어린이교양서, 교과서

페이스북 · www.facebook.com/gilbuteztok
네이버 포스트 · http://post.naver.com/gilbuteztok
유튜브 · https://www.youtube.com/gilbuteztok

30장면으로 끝내는

스크린 영어회화

해설 **라이언 박**

재미와 효과를 동시에 잡는 최고의 영어 학습법!
30장면만 익히면 영어 왕초보도 영화 주인공처럼 말한다!

재미와 효과를 동시에 잡는 최고의 영어 학습법!

영화로 영어 공부를 하는 것은 이미 많은 영어 고수들에게 검증된 학습법이자, 많은 이들이 입을 모아 추천하는 학습법입니다. 영화가 보장하는 재미는 기본이고, 구어체의 생생한 영어 표현과 자연스러운 발음까지 익힐 수 있기 때문이죠. 잘만 활용한다면, 원어민 과외나 학원 없이도 살아있는 영어를 익힐 수 있는 최고의 학습법입니다. 영어 공부가 지루하게만 느껴진다면 비싼 학원을 끊어놓고 효과를 보지 못했다면, 재미와 실력을 동시에 잡을 수 있는 영화로 영어 공부에 도전해보세요!

영어 학습을 위한 최적의 영화 장르, 애니메이션!

영화로 영어를 공부하기로 했다면 영화 장르를 골라야 합니다. 어떤 영화로 영어 공부를 하는 것이 좋을까요? 슬랭과 욕설이 많이 나오는 영화는 영어 학습에는 별로 도움이 되지 않습니다. 실생활에서 자주 쓰지 않는 용어가 많이 나오는 의학 영화나 법정 영화, SF영화도 마찬가지죠. 영어 고수들이 추천하는 장르는 애니메이션입니다. 애니메이션에는 문장 구조가 복잡하지 않으면서 실용적인 영어 표현이 많이 나옵니다. 또한 성우들의 깨끗한 발음으로 더빙 되어있기 때문에 발음 훈련에도 도움이 되죠. 이 책은 디즈니－픽사의 〈라따뚜이〉 대본을 소스로, 현지에서 사용하는 생생한 표현을 배울 수 있습니다.

전체 대본을 공부할 필요 없다! 딱 30장면만 공략한다!

영화 대본도 구해놓고 영화도 준비해놨는데 막상 시작하려니 어떻게 공부를 해야 할 지 막막하다고요? 영화를 통해 영어 공부를 시도하는 사람은 많지만 좋은 결과를 봤다는 사람을 찾기는 쉽지 않습니다. 어떻게 해야 효과적으로 영어를 공부할 수 있을까요? 무조건 많은 영화를 보면 될까요? 아니면 무조건 대본만 달달달 외우면 될까요? 이 책은 시간 대비 최대 효과를 볼 수 있는 학습법을 제시합니다. 전체 영화에서 가장 실용적인 표현이 많이 나오는 30장면을 뽑았습니다. 실용적인 표현이 많이 나오는 대표 장면 30개만 공부해도, 훨씬 적은 노력으로 전체 대본을 학습하는 것만큼의 효과를 얻을 수 있죠. 또한 이 책의 3단계 훈련은 30장면 속 표현을 효과적으로 익히고 활용하는 데 도움을 줍니다. ❶ 핵심 표현 설명을 읽으며 표현에 대한 전반적인 이해를 하고 ❷ 패턴으로 표현을 확장하는 연습을 하고 ❸ 확인학습으로 익힌 표현들을 되짚으며 영화 속 표현을 확실히 익히는 것이죠. 유용한 표현이 가득한 30장면과 체계적인 3단계 훈련으로 영화 속 표현들을 내 것으로 만드세요!

이 책은 스크립트북과 워크북, 전 2권으로 구성되어 있습니다. 이 책은 스크립트북으로 전체 대본과 번역, 주요 단어와 표현 설명이 포함되어 있습니다. 각 Day마다 가장 실용적인 표현이 많이 나오는 장면이 표시되어 있습니다. 이 장면을 워크북에서 집중 훈련합니다.

★ 다운받은 mp3 파일은 무단 복제, 편집, 배포가 법적으로 금지되어 있습니다.

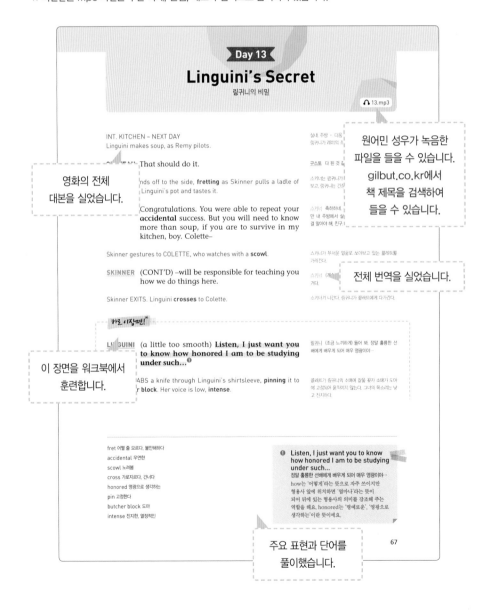

레미 REMY

냄새와 맛에 대한 감각이 사람보다 훨씬 뛰어난 쥐이다. 형과 함께 요리 재료를 훔치러 갔다가 살 곳을 잃게 되지만 파리로 건너가 링귀니를 도우며 진정한 프랑스 요리의 세계에 입문한다.

링귀니 LINGUINI

구스토 레스토랑의 요리사이지만 요리 실력은 꽝이다. 레미의 요리를 자신의 요리로 둔갑하여 인정받게 되지만 스키너의 질투와 계략으로 들통날 위기에 처한다.

스키너 SKINNER

구스토가 죽은 후 레스토랑을 이어 운영하는 주방장이다. 심성이 고약하여 링귀니를 눈엣가시처럼 여긴다. 링귀니 때문에 본인의 이득을 잃게 될까 전전긍긍한다.

콜레트 COLETTE

구스토 식당에서 일하는 여자 주방장으로 까칠한 듯 보이지만 진심으로 링귀니를 돕는다. 훗날 링귀니의 여자친구가 된다.

구스토 GUSTEAU

명성 있는 프랑스 요리사로 '누구나 요리할 수 있다'는 구호를 만들었다. 죽었기 때문에 레미의 상상으로 등장한다.

차례

Remy Has a Gift
레미는 재능이 있어

🎧 01.mp3

A TELEVISION SET
-**tuned** to a DOCUMENTARY. As an old-fashioned World GLOBE **rotates** in a sea of clouds, the EIFFEL TOWER slowly comes into view over the **horizon**, **dwarfing** FRANCE underneath it.

구식 텔레비전
다큐멘터리가 방영된다. 옛날 지구본이 구름이 떠 있는 하늘을 배경으로 자전한다. 에펠탑이 지평선 을 넘어 천천히 시야에 들어오는데 탑 아래 있는 프랑스 지도는 매우 왜소해 보인다.

바로 이장면!

TV NARRATOR   Although each of the world's countries would like to **dispute** this fact, we French know the truth: The best food in the World is made in France. The best food in France is made in Paris. And the best food in Paris, some say, is made by Chef Auguste Gusteau.

해설가 「다른 나라에서 반발하겠지만 우리 프랑스 사람들은 알고 있습니다. 세계 최고의 요리는 프랑 스 요리라는 사실을 말이죠. 프랑스에서도 최고는 파리 요리인데, 그 최고의 요리는 바로 요리사 오 귀스토 구스토의 손끝에서 만들어집니다.

We see images of GUSTEAU: a series of food magazines, signing his cookbook. Gusteau is in his early forties, but his massive **girth** makes him look older.

구스토가 화면에 등장한다: 일련의 요리 잡지, 그 의 요리책 친필 사인회 모습이 보인다. 구스토는 40대 초반이지만 거대한 뱃살 때문에 더 나이 들 어 보인다.

TV NARRATOR   (CONT'D) Gusteau's restaurant is the **toast** of Paris, booked five months **in advance**, and his **dazzling ascent** to the top of Fine French Cuisine has made his **competitors** envious. He is the youngest Chef ever to achieve a five-star rating. Chef Gusteau's cookbook "Anyone Can Cook!" has climbed to the top of the bestseller list. But not everyone **celebrates** its success.

해설가 (계속) 구스토의 식당은 파리의 명물이라 서 5개월 전에 미리 예약해야 합니다. 그는 프랑스 정통 요리에서 눈부신 성공을 거두어 다른 요리 사들에게 선망의 대상이 되었으며 별 5개를 획득 한 최연소 요리사이기도 합니다. 그가 펴낸 요리책 "누구나 요리할 수 있다"는 베스트셀러가 되기도 했죠. 하지만 책의 성공을 모두가 축하해 주는 건 아니었습니다.

A tall, **gaunt**, severe-looking MAN with **fish-belly white** skin appears on the TV screen. SUPER: ANTON EGO-FOOD CRITIC. Beneath that, in italics, is his **moniker**: The **Grim** Eater.

키가 크고 삐쩍 마른 남자가 창백한 얼굴에 엄숙 한 표정을 하고 TV 화면에 등장한다. "안톤 이고 – 요리 평론가"라는 자막 아래 "요리 평론의 저승 사자"라는 별명이 이탤릭체로 적혀 있다.

tune (라디오, 텔레비전 채널을) 맞추다	dazzling 현란한, 눈부신
rotate 자전하다	ascent 올라감, 성공
horizon 지평선	competitor 경쟁자
dwarf 왜소하게 보이게 하다	celebrate 축하하다
dispute 반박하다	gaunt 여윈, 수척한
girth 허리둘레	fish-belly white 하얀, 창백한
toast 명물	moniker 이름 별명
in advance 사전에	grim 엄숙한, 암울한

EGO Amusing title, "Anyone Can Cook". What's even more amusing is that Gusteau actually seems to believe it. I, on the other hand, take cooking seriously and no– I don't think "anyone" can do it...

이고 "누구나 요리할 수 있다" 재미있는 제목이 군요. 더 재미있는 건 구스토가 이 말을 진짜로 믿는다는 거예요. 반면에, 저는 요리를 아주 신중하게 생각하는 사람입니다. "누구나" 할 수 있는 건 아니죠…

TITLES:
WALT DISNEY PICTURES PRESENTS
A PIXAR ANIMATION STUDIOS FILM

타이틀:
월트 디즈니 픽쳐스 제공
픽사 애니메이션 스튜디오 필름

FRENCH COUNTRYSIDE – LATE AFTERNOON
A light rain falls on a SMALL FARMHOUSE. The last remaining dead leaves tremble in the **gusts**. The quiet is **shattered** by a LOUD GUNSHOT that lights up the inside of the cottage. CAMERA pushes down and in toward a single window.

프랑스 시골 – 늦은 오후
조그마한 농가에 이슬비가 내리고 있다. 마지막 잎새들이 강풍에 흔들린다. 오두막 안에서 번쩍하는 불빛과 함께 고요한 침묵을 깨는 큰 총소리가 들린다. 카메라가 아래로 내려가 창문이 있는 곳으로 다가간다.

RATATOUILLE

라따뚜이

As we move closer, we begin to hear **muffled** SOUNDS OF **STRUGGLE**; furniture being **bumped**, dishes breaking, an **indescribable** CRASH, followed by an OLD LADY'S **SHRIEK**. We're close to the WINDOW now, when it is suddenly SHATTERED by a COOKBOOK. Instantly the action FREEZES. Underneath its **splayed** pages, shielding himself from the shards of **splintering** glass is, **inexplicably**, a RAT–REMY. He's **scrawny**, frightened, almost comic. It's hard not to feel **sympathetic** towards the little guy.

화면이 농가로 접근하자 다투는 듯한 소리가 어렴풋이 들린다: 뭔가가 가구에 부딪히고, 접시가 깨지고, 충돌하는 소리와 함께 할머니의 비명이 들린다. 화면이 창문으로 가까이 접근한다. 이때 갑자기 요리책이 날아와 창문이 산산조각이 나고 곧바로 화면이 정지된다. 쥐 레미가 펼쳐진 책 밑에 몸을 숨기고 깨진 유리 조각들을 피하고 있다. 삐쩍 마른 레미가 겁을 먹은 모습이 거의 코미디에 가깝지만, 이 작은 쥐에게 동정심을 느끼지 않을 수 없다.

REMY (V.O.) This is me. I think it's apparent I need to rethink my life a little bit. What's my problem? First of all–

레미 (목소리) 이게 나다. 내 삶에 문제가 있는 것 같다. 그게 뭐냐고? 첫째…

OUTSIDE THE FARMHOUSE – DUSK – WEEKS EARLIER
A SILHOUETTE **darts out** from behind a wooden barrel, pausing upright against a blood red sky. **Mangy**, sinister, the opposite of Remy. This is how most humans see RATS.

농가 밖 – 해 질 녘 – 몇 주 전
나무통 뒤에서 갑자기 검은 그림자가 나타나더니 핏빛 하늘을 배경으로 몸을 곧게 세우며 멈춰 선다. 레미와는 완전 반대로 지저분하고, 사악하게 보이는데 사람들이 생각하는 전형적인 쥐의 모습이다.

---

gust 돌풍

shatter 산산조각을 내다

muffled 소리를 죽인

struggle 저항, 싸움

bump 부딪치다

indescribable 말로 다 할 수 없는

shriek (공포) 비명

splay 벌리다

splinter 깨지다, 쪼개다

inexplicable 알 수 없는

scrawny 삐쩍 마른

sympathetic 동정어린, 공감하는

dart out 질주하다, 뛰쳐 나오다

mangy 지저분한

REMY   (V.O.) **I'm a rat. Which means life is hard.**❶

Assured the coast is clear, the SINISTER RAT scampers out into the yard, followed by DOZENS MORE RATS. The RATS move across the expanse of grass toward a **COMPOST** HEAP, which sits in the middle of a field under the darkening sky. **Resourceful** and **well-coordinated**, the rats grab bits of **decomposing** food and carry it off. REMY is among them, **drearily** going through garbage.

REMY   (V.O.) And second, I have a highly developed sense of taste and smell.

Suddenly he catches a SCENT; which leads him to uncover a nearly untouched piece of PASTRY, a discarded NAPOLEON.

REMY   (sniffing Napoleon) Flour, eggs, sugar, vanilla bean... Oh, small twist of lemon...

The Napoleon suddenly erupts, and out pops Remy's **pudgy** brother EMILE, covered in cream and completely oblivious to the destruction he's **wrought**.

EMILE   Whoa, you can smell all that? You have a gift.

Again the ACTION FREEZES.

REMY   (V.O.) This is Emile, my brother. He's easily impressed.

DJANGO   So you can smell ingredients. **So what?**❷

An older rat, DJANGO, comes into view. He snorts **dismissively**, plucks an APPLE CORE from the compost.

REMY   (V.O.) This is my Dad. He's never impressed. He also happens to be the leader of our clan.

레미 (목소리) 나는 쥐다. 그러니 삶이 고달플 수밖에.

그 쥐가 사람이 없다는 것을 확인하고, 마당으로 날쌔게 움직이자 수십 마리의 쥐들이 뒤따라간다. 이들은 무성한 풀을 헤치고 마당 한 가운데 놓여 있는 퇴비 더미를 향해 질주한다. 하늘은 어두워졌다. 영리하고 동작이 날쌘 쥐들이 썩은 음식 몇 조각을 집어 들고 잽싸게 이동한다. 레미도 이들 사이에서 음울하게 쓰레기를 뒤지고 있다.

레미 (목소리) 둘째, 난 미각과 후각이 매우 발달했다.

갑자기 레미가 어떤 냄새를 감지하는데, 냄새에 이끌려 덮개를 벗기자 사람 손이 거의 타지 않은 버려진 나폴레옹 케이크 조각이다.

레미 (나폴레옹 케이크 냄새를 맡으며) 밀가루, 달걀, 설탕, 바닐라 콩... 오, 레몬도 조금 짜 넣었네...

이때 나폴레옹 케이크가 솟아오르더니 통통한 몸집을 가진 레미의 형 에밀이 불쑥 나타난다. 온몸에 크림이 묻었는데 자신이 케이크를 망친 것을 알지 못한다.

에밀 워, 그 냄새를 다 맡을 수 있어? 타고난 재능인걸.

다시 화면이 정지된다.

레미 (목소리) 내 형 에밀이다. 에밀은 감동을 잘 받는다.

장고 음식 재료 냄새를 맡을 수 있다고. 그래서 어쩌라고?

나이 든 쥐 장고가 등장한다. 오만하게 코웃음을 치며 먹다 버린 사과를 음식물 쓰레기 더미에서 끄집어낸다.

레미 (목소리) 우리 아빠다. 감동 따위는 하지 않는 분인데, 어쩌다 우리 쥐들의 지도자가 되셨다.

---

compost 퇴비

resourceful 영리한

well-coordinated 재빠른

decomposing 썩고 있는

drearily 쓸쓸히, 음울하게

pudgy 통통한

wrought 초래하다 (wreck의 과거형)

dismissively 오만하게, 무시하며

❶ **I'm a rat. Which means life is hard.**
나는 쥐다. 그러니 삶이 고달플 수밖에.
Which means ~ 앞에서 언급한 말이 어떤 의미인지 더 구체적으로 설명할 때 쓰는 표현이에요. '이 말은 ~라는 거예요'처럼 문장 사이를 간단히 연결하는 말로 해석할 수 있어요.

❷ **So what?** 그래서 어쩌라고?
상대방이 한 말이 그리 중요하지 않다며 대수롭지 않게 넘길 때 쓰는 표현인데 상대가 불편하게 느낄 수 있으니 유의해서 사용하세요.

Remy catches another **scent** and **FROWNS**; this new scent is different somehow, wrong. He follows the scent to Django–

REMY   (V.O.) So what's wrong with having highly developed **senses**?

Django is about to eat the APPLE **CORE** when Remy **lunges** at him, **snatching** the core from his hands.

REMY   Whoa whoa whoa! DON'T EAT THAT!!

DJANGO   What's going on here?

INT. SHED
Remy **sniffs** the air, following a scent to a **tarp** in the corner. He lifts it, REVEALING: a can of **RAT POISON**. The other rats REACT. Django's impressed.

REMY   (V.O.) **Turns out** that funny smell was rat poison. Suddenly Dad didn't think my talent was **useless**. I was feeling pretty good about my gift. Until Dad gave me a job–

레미가 또다시 무슨 냄새를 맡고 인상을 찌푸린다. 그런데 이 냄새는 좀 다른 것 같다. 뭔가 심상치 않다. 냄새를 따라 아빠, 장고에게 가는데…

레미 (목소리) 감각이 매우 발달한 게 뭐가 문제냐고?

장고가 사과를 먹으려는 찰나에 레미가 달려들어 손에서 낚아챈다.

레미 안 돼, 안 돼요! 먹지 마세요!!

장고 왜 그래?

실내. 헛간
킁킁거리며 주변 냄새를 맡는 레미, 어떤 냄새를 따라가다가 구석에서 방수포를 발견한다. 레미가 그것을 들어 올리자, 그 자리에 쥐약이 있다. 쥐들이 화들짝 놀란다. 장고는 매우 뿌듯한 표정이다.

레미 (목소리) 그 이상한 냄새는 바로 쥐약이었다. 아빠는 내 재능이 쓸모 있을 거로 생각하셨다. 나도 나의 재능이 자랑스러웠다. 아빠가 이상한 임무를 맡기기 전까지는…

---

scent 향, 냄새
frown 얼굴을 찌푸리다
sense 감각
core (과일의) 속심, 중심부, 중요한
lunge 달려들다
snatch 낚아채다
sniff 냄새를 맡다
tarp 방수포

rat poison 쥐약
turn out ~임이 드러나다
useless 쓸데없는

Dad Has a Different Point of View

아빠는 생각이 달라

🎧 02.mp3

EXT. FARMHOUSE – COMPOST PILE
A line of rats file past REMY, holding up rotted **scraps** of food so that each one passes under his nose.

REMY (V.O.) That's right– "poison checker".

실외, 농가 – 음식물 쓰레기 더미
썩은 음식 쓰레기를 들고 쥐들이 줄을 서서 레미의 코 밑을 지나가고 있다.

레미 (목소리) 그렇다. 난 "독약 탐지기"가 된 것이다.

바로 이장면!

As Remy sniffs with all the **gusto** of a **lifelong DMV** employee, the line **shuffles** forward with each "clean".

REMY (sniffs before each one) Clean... clean... cleanerific... cleanerino... close to godliness—

The rat under **inspection** stands there, unsure as to whether or not he's been approved.

REMY (CONT'D) –which means "clean". You know– "Cleanliness is close to–?"❶ (no response)

Remy waits, expecting the rat to get his joke. Beat.

REMY (CONT'D) Never mind. Move on...

The rat moves on. Remy rolls and resumes his bored inspection.

INSIDE ATTIC – LATE AFTERNOON
Django & Remy stand on a **beat-up** chair, overlooking the rat clan as they **go about their day**.

REMY (V.O.) Well, it made my Dad proud.

레미가 한평생을 차량관리국에서 일한 직원처럼 지루하게 냄새를 맡고 있다. 줄지어 서 있는 쥐들은 "깨끗하다"는 평가를 받고 앞으로 이동한다.

레미 (냄새를 맡으며) 깨끗… 깨끗해요… 깨끗합니다… 깨끗하고 말고요… 하나님의 복을 받을 만큼 말이죠.

검사를 받는 쥐는 통과된 것인지 아닌지 확신하지 못하고 그 자리에 가만히 서 있다.

레미 (계속) "깨끗하다"는 말이에요. 그 말 몰라요? "청결한 자가 하나님의…" (반응이 없다)

레미는 그 쥐가 자신의 농담을 이해할 거로 생각하지만 정적만 흐를 뿐이다.

레미 (계속) 됐어요. 그만 가 봐요….

쥐가 앞으로 움직이고 레미는 지루한 검사를 다시 시작한다.

다락 안 – 늦은 오후
장고와 레미가 낡은 의자 위에 서서 쥐떼들의 평범한 일상을 바라보고 있다.

레미 (목소리) 아빠는 자랑스러워하셨다.

---

scrap 쓰레기, 조각
gusto 열정, 에너지
lifelong 평생
DMV 미국의 차량 관리국 (= Department of Motor Vehicles)
shuffle 움직이다, 걷다
inspection 검사
beat-up 낡은
go about one's day 일상생활을 하다

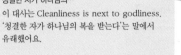

❶ **Cleanliness is close to–?**
청결한 자가 하나님의…
이 대사는 Cleanliness is next to godliness,
'청결한 자가 하나님의 복을 받는다'는 말에서
유래했어요.

DJANGO   Now don't you feel better, Remy? You've helped a **noble** cause.

REMY   Noble? We're thieves, Dad. And what we're stealing is, let's face it, **garbage**.

DJANGO   It isn't stealing if no one wants it.

REMY   If no one wants it, why are we stealing it?

They continue to **quarrel**. It's clear this is an old **argument**.

REMY   (V.O.) Let's just say we have different **points of view**.

INT. ATTIC – NIGHT
Django and Emile are **gobbling up** an **assortment** of RUBBISH, which is in fact dinner. REMY watches them, **appalled**. He looks down at his own plate **in disgust**.

REMY   (V.O.) This much I knew: if you are what you eat, then I only want to eat the good stuff.

He pushes the rotted food away. Django reacts.

REMY   (V.O.) But to my Dad–

DJANGO   Food is **fuel**. You get **picky** about what you put in the tank, your engine is gonna die. Now shut up and eat your garbage.

REMY   Look, if we're going to be thieves, why not steal the good stuff in the kitchen? Where nothing is **poisoned**.

DJANGO   First of all, we are NOT thieves. Secondly, **stay out of** the kitchen and away from the humans. It's dangerous.

장고   레미. 기분 좋지 않니? 넌 고귀한 일을 한 거야.

레미   고귀한 일이요? 우리 도둑이에요, 아빠. 그리고 우리가 훔치는 건, 쓰레기라는 걸 인정하자고요.

장고   훔치는 건 아니지 버린 거니까.

레미   버린 걸 왜 훔치는 거예요?

그들이 말다툼을 이어간다. 예전부터 이 논쟁을 해 온 게 분명하다.

레미   (목소리) 서로의 견해가 다르다고 해 두자.

실내. 다락 – 밤
장고와 에밀은 온갖 음식 쓰레기를 게걸스레 먹고 있는데, 사실상 저녁 식사이다. 레미는 끔찍한 표정으로 이들을 바라본다. 그러다가 자기 접시를 혐오스러운 듯 내려다본다.

레미   (목소리) 이것만은 분명하다. 먹는 것이 그 사람을 나타낸다면, 난 좋은 것만 먹고 싶을 뿐이다.

레미는 썩은 음식을 밀어낸다. 장고가 이에 반응한다.

레미   (목소리) 하지만 우리 아빠는…

장고   음식은 연료일 뿐이야. 연료통에 무엇을 넣을지 고민하다가 엔진이 꺼지는 수가 있어. 그냥 입 닥치고 쓰레기나 먹어.

레미   자. 도둑질을 할 거면 주방에서 좋은 음식을 훔치는 게 어때요? 거기에는 독약을 타지 않잖아요.

장고   첫째, 우리는 도둑이 아니야. 둘째, 주방에는 절대 들어가지 말고 인간에게도 접근 금지야. 위험하다고.

---

noble 고상한

garbage 쓰레기

quarrel 말다툼하다

argument 논쟁

point of view 관점

gobble up 게걸스럽게 먹어 치우다

assortment 모음, 종합

appalled 소름 끼치게 놀란

in disgust 혐오스러운 듯

fuel 연료

picky 까탈스러운

poisoned 독을 탄

stay out of ~에 들어가지 않다

Let's Cook the Mushroom
버섯 요리를 하자

🎧 03.mp3

OUTSIDE THE FARMHOUSE – DUSK
Remy watches the farmhouse, **drawn to** the warm light and the sounds **emanating** from inside.

농가 밖 – 해 질 녘
레미가 농가를 바라보고 있다. 안에서 흘러나오는 따뜻한 불빛과 소리에 마음이 이끌린다.

REMY   (V.O.) I know I'm supposed to hate humans. **But there's something about them...❶**

레미 (목소리) 인간을 혐오해야 한다는 걸 알지만, 그들에게는 뭔가 특별한 게 있다…

IN1. FARMHOUSE – KITCHEN
Remy carefully **sneaks into** the kitchen.

실내 농가 – 주방
레미가 주방으로 몰래 들어온다.

REMY   (V.O.) They don't just survive. They discover, they create. I mean, just look at what they do with food.

레미 (목소리) 인간들은 단지 생존만 하는 게 아니라 무언가를 발견하고 창조한다. 내 말은, 그들이 요리하는 것을 보라.

The TV is tuned to the same show we saw in the opening. CHEF GUSTEAU is cooking, speaking to the camera. Remy watches.

TV에는 영화의 첫 장면에 등장했던 프로그램이 계속 나오고 있다. 주방장 구스토가 카메라를 향해 말하며 요리한다. 레미가 물끄러미 바라본다.

GUSTEAU (on TV) How can I describe it? Good food is like music you can taste, color you can smell. There is excellence all around you. You need only be aware to stop and **savor** it.

구스토 (TV 화면) 이걸 어떻게 설명해야 할까요? 좋은 요리는 맛을 느낄 수 있는 음악과 같습니다. 그리고 향을 느낄 수 있는 색깔이라 할 수도 있죠. 주변에 훌륭한 요리는 많습니다. 의식적으로 잠시 멈춰서 그걸 음미할 필요가 있죠.

Remy notices a **leftover** plate of FRUITS & CHEESES. He picks up a small slice of cheese and takes a bite.

레미는 접시 위에 먹다 남은 과일과 치즈를 발견한다. 작은 치즈 조각을 집어 들고 한입 베어 문다.

REMY   (V.O.) Oh, Gusteau was right. Oh, mmm, yeah. Oh, amazing. Each flavor was totally **unique**.

레미 (목소리) 오, 구스토의 말이 옳아. 오, 음, 그래. 오, 끝내주는걸. 각각의 풍미가 완전 독특해.

As Remy closes his eyes his surroundings FADE TO BLACK. An **amorphous** COLORED SHAPE appears above his head **accompanied** by a sweet melody.

레미가 눈을 감자 주변 배경이 서서히 검게 변한다. 형태를 걷잡을 수 없는 여러 색깔의 모양들이 감미로운 선율과 함께 그의 머리 위에 나타난다.

---

drawn to ~에 이끌린

emanate 발하다, 나오다

sneak into ~로 몰래 들어가다

savor 감상하다, 맛보다

leftover 나머지, 남은 음식

unique 독특한

amorphous 형태를 걷잡을 수 없는

accompany 동반하다

❶ **But there's something about them...**
그들에게는 뭔가 특별한 게 있다.
there's something about ~은 '~에게는 뭔가 특별한 게 있어'라는 뜻이에요. 묘한 매력이나 분위기가 느껴지는 어떤 대상을 설명할 때 자주 쓰는 표현이죠.

REMY (V.O.) But... **combine** one flavor **with** another–	레미 (목소리) 그런데… 그 맛이 다른 것과 섞이면…
Remy **takes a bite of** a strawberry and cheese.	레미는 딸기와 치즈를 함께 베어 먹는다.
REMY (CONT'D) –and something new was created.	레미 (계속) …새로운 게 창조되거든.
New COLORED SHAPES and musical **signatures** appear; **swirling** and dancing in harmony with the others. A light **SNAPS ON**, **breaking the spell**. The OLD LADY has awakened. Remy drops the food and **scampers away**.	새로운 모양들과 음악이 다채롭게 등장해 다른 것들과 조화를 이루며 소용돌이치듯 춤을 춘다. 이때 불이 켜지고, 마법 같은 장면도 갑자기 사라진다. 할머니가 잠에서 깬 것이다. 레미는 음식을 떨어뜨리고 황급히 달아난다.
REMY (V.O.) So now I had a secret life.	레미 (목소리) 이제 나도 비밀이 생겼다.
EXT. FIELD – DAY Remy follows a **pleasant** scent in the air. It leads him to a beautiful MUSHROOM.	실외. 들판 – 낮 레미가 맛있는 냄새를 따라가다가 근사한 버섯을 발견한다.
REMY (V.O.) The only one who knew about it was Emile.	레미 (목소리) 그걸 아는 건 에밀뿐이다.
EXT. BEHIND THE FARMHOUSE Emile is atop a full garbage can, **rooting around** under the **lid**. Remy calls up from below.	실외. 농가 뒤 에밀이 쓰레기가 가득한 쓰레기통 위에서 뒤적거리고 있다. 레미가 아래에서 에밀을 부른다.
REMY Hey, Emile. Emile.	레미 에밀! 이봐, 에밀.
Emile looks up, holding the **remains** of a brown-bag lunch.	갈색 점심 봉투에서 찌꺼기를 든 채 에밀이 고개를 든다.
REMY (giddy) I found a mushroom! Come on, you're good at hiding food. Help me find a good place to put this!	레미 (기쁘게) 버섯을 발견했어! 어서, 형 음식 숨기는 건 도사잖아. 이걸 잘 숨길 수 있는 곳을 찾아 줘!

combine ~ with ~와 합치다, 결합하다
take a bite of ~를 깨물다
signature (음악) 박자, 기호, 서명
swirl 소용돌이치다
snap on 켜지다
break the spell 마법을 깨트리다
scamper away 재빠르게 움직이다
pleasant 맛있는, 즐거운

root around 뒤적거리며 찾다
lid 뚜껑
remains 잔해, 나머지
giddy 기쁜

바로 이장면!*

EXT. **GRASSY** FIELD – LATE AFTERNOON
Remy and Emile walk together; Emile on all fours, **dragging** the **enormous** bag he **grips** between his teeth, while Remy walks upright, carefully **cradling** his mushroom.

실외. 풀이 많이 자란 들판 - 늦은 오후
레미와 에밀이 함께 걸어간다. 에밀은 큰 봉투를 입에 물고 네발로 걸어가지만 레미는 버섯을 끌어안고 두 발로 꼿꼿이 걸어간다.

REMY   (V.O.) He doesn't understand me, but I can be myself around him.

레미 (목소리) 날 잘 이해하지 못하지만, 형 앞에서는 내 모습을 숨기지 않아도 된다.

EMILE   Why are you walking like that?

에밀 왜 그렇게 걷는 거야?

REMY   I don't want to **constantly** have to wash my **paws**. Do you ever think about how we walk on the same paws that we handle food with? You ever think about what we put into our mouths?

레미 앞발을 자꾸 씻기 싫어서. 음식 만지는 발로 걸어 다닌다는 생각은 안 해 봤어? 우리 입에 어떤 걸 집어넣는지 생각해 보냐고?

EMILE   **All the time.**

에밀 먹는 거는 항상 생각하지.

REMY   (he **shudders**) When I eat, I don't want to taste everywhere my paws have been.

레미 (몸서리치며) 밥 먹을 때 내 발이 디뎠던 곳의 맛을 느끼고 싶지 않아.

EMILE   Well, go ahead. But if Dad sees you walking like that, he's not gonna like it.

에밀 뭐, 맘대로 해. 그런데 그렇게 걷는 걸 아빠가 보면 별로 안 좋아하실걸.

Remy SNIFFS Emile's BAG. His eyes **LIGHT UP.**

레미가 에밀이 물고 가는 봉투의 냄새를 맡고 눈이 반짝이다.

REMY   What have you got there?

레미 그 안에 뭐가 있는 거야?

He disappears into the bag, **RIFLES** through it, **emerging** with—

레미가 봉투로 들어가서, 그 안을 뒤지더니 무언가를 들고 나타나는데…

REMY   You found CHEESE? And not just any cheese- **Tomme De Chevre** de Pays! That would go beautifully with my mushroom! And! And and and-

레미 치즈를 발견한 거야? 그냥 치즈도 아니고 염소젖으로 만든 치즈네! 내가 찾은 버섯하고 정말 잘 어울리겠어! 그리고 그리고 말이지…

---

grassy 풀이 많은
drag 질질 끌고 가다
enormous 거대한
grip 잡다
cradle 조심해서 들고 가다
constantly 계속
paw 동물의 발
all the time 항상

shudder 몸을 떨다, 몸서리치다
light up 반짝이다, 빛이 나다
rifles 샅샅이 뒤지다
emerge 나타나다
Tomme De Chevre [프랑스어] 톰 드 쉐브르 (염소젖으로 만든 치즈)
de pays [프랑스어] 그 지역의

He sniffs the air, quickly finds a plant **nearby**. He **PLUCKS** it from the ground, his excitement growing **by the second**.

REMY (CONT'D) –this rosemary!! This rosemary with, maybe with–

레미가 주변 냄새를 맡더니 재빨리 풀 하나를 발견하고 땅에서 뽑는다. 갑자기 흥이 올라오는 모양이다.

레미 (계속) …로즈마리야! 이 로즈마리에 말이야…

He grabs a paw full of grass from the ground, tasting the **milky base**. Smiling, he **squeezes** a few drops on the mushroom.

REMY (CONT'D) –a few drops from this sweet grass!

레미는 땅에 있는 풀 한 숨을 뽑아 들고 흰 줄기 부분의 맛을 본다. 그리고 즙을 짜내서 버섯 위에 뿌리는 데 얼굴에는 미소가 가득하다.

레미 (계속) …달콤한 허브 몇 방울을 첨가하는 거지!

EMILE Well... throw it on the pile, I guess, and then we'll... you know...

에밀 그리고… 그걸 음식 쓰레기에 올리는 거야. 그런 다음에 우리는… 뭐 알겠지만…

REMY We don't want to throw this in with the garbage! This is special!

레미 이걸 쓰레기하고 같이 먹다니! 이건 정말 귀한 거야!

EMILE But we're **supposed to** return to the **colony before sundown** or, you know, Dad's gonna—

에밀 하지만 해가 지기 전에 돌아가야 해. 안 그러면 아빠가…

REMY Emile! There are possibilities **unexplored** here. We've gotta cook this! Now, exactly how we cook this is the real questi–

레미 에밀! 이건 무궁무진한 가능성이 있는 거야. 요리를 해야 해! 자, 이걸 어떻게 요리하느냐가 진짜 문제인데…

Remy STOPS, his gaze **locking on** the SMOKING CHIMNEY **atop** the farmhouse roof. He **GRINS**.

REMY (CONT'D) –ooooohh yeah.

말을 멈추는 레미. 농가 지붕 위에서 연기가 피어나는 굴뚝을 바라보고 씩 웃는다.

레미 (계속) …오오 좋아어.

---

nearby 근처에
pluck 뽑다
by the second 빨리, 곧바로
milky 희뿌연
base 아래 줄기 부분
squeeze 짜다
be supposed to ～하기로 되어 있다
colony 군집(군단), 식민지

before sundown 해가 지기 전
unexplored 밝혀지지 않은
lock on ～에 고정되다
atop ～의 꼭대기에
grin 미소를 짓다

In the Farmhouse Kitchen

농가 주방에서

🎧 04.mp3

EXT. ROOFTOP – LATER
Remy has **skewered** the mushroom and cheese onto part of the TV antennae, which he has bent over the smoking chimney top, hand turning it like a **rotisserie**.

실외 지붕 위 – 잠시 후
레미는 버섯과 치즈를 TV 안테나에 꽂아 연기가 피어오르는 굴뚝 위에 바비큐를 굽듯이 돌리고 있다.

REMY　**The key is to keep turning it, get the smoky flavor nice and even...**❶

레미　불맛이 골고루 배도록 계속 돌리는 게 중요해…

Lightning flickers in the far distance, followed a moment later by a RUMBLE of thunder. Emile watches, concerned.

멀리서 번개가 번쩍이고, 잠시 후 천둥이 치는 소리가 들린다. 에밀이 걱정스러운 표정으로 바라본다.

EMILE　**That storm's getting closer.**❷ Hey, Remy, you think that maybe we shouldn't be so...

에밀　폭풍이 가까이 오고 있어. 저기, 레미, 아무래도 우리…

KRAAAK!!! A BOLT OF LIGHTNING hits the TV antennae—knocking both rats off the rooftop. They make a LONG FALL, landing with a THUD into the soft dirt. Miraculously, Remy and Emile are alive, their smoking fur sticks out in an **electrified frazzle**. Remy holds the rod up, keeping the cheesy mushroom– now transformed by lightning into an amazing, puffed out shape– completely clean.

크르렁!!! 번개가 TV 안테나를 때리자 두 쥐가 지붕 밖으로 날아간다. 높은 데서 한참 아래로 떨어지지만, '쿵'하는 소리와 함께 푹신한 흙 위에 착지했다. 기적적으로 레미와 에밀은 목숨을 건졌지만, 그들의 불에 그을린 털은 전기가 통해 뻗쳐있다. 레미는 이 상황에서도 꼬챙이를 들고 있다. 치즈와 버섯이 번개를 맞고 살짝 부풀어 올라 멋진 요리로 탈바꿈했다.

REMY　(moaning) Whoaaa... ohhh... (**idly** bites mushroom) ...ohmmmmmnnn you gotta taste this!!! This is... It's got this kind of– (**smacks lips**) It's burny, melty– it's not really a smoky taste. It's a certain– it's kind of like a– (makes a sound effect) – it's got, like, this "ba-boom, zap" kind of taste. Don't you think? What would you call that flavor?

레미　(신음하며) 와아… 오… (천천히 버섯을 한 입 먹으며) 오으으음… 이거 먹어 봬!!! 이건… 맛이… (입맛을 다시며) 불향이 나고, 살짝 녹았는데… 완전히 훈제는 아니야. 그 어떤… 뭘까… (입으로 음향 효과를 내며) '콰쾅, 번쩍'하는 맛이야. 안 그래? 그런 맛을 뭐라고 하지?

EMILE　Lightning-y?

에밀　번개… 맛?

---

skewer 꼬치에 끼우다
rotisserie 고기를 쇠꼬챙이에 끼워 돌리며 굽는 기구
even 골고루
electrified 전기가 통하는
frazzle 기진맥진한 상태, 닳아 해어짐
idly 천천히, 느릿느릿
smack lips 입맛을 다시다

❶ **The key is to keep turning it, get the smoky flavor nice and even...**
불맛이 골고루 배도록 계속 돌리는 게 중요해…
The key is ~는 '중요한 것은 ~이야'라는 뜻으로 어떤 말을 강조하고 싶을 때 쓰는 표현이에요. 뒤에 to 부정사를 쓰거나, '주어 + 동사' 형태의 문장을 붙여도 돼요.

❷ **That storm's getting closer.**
폭풍이 가까이 오고 있어.
'get + 비교급'은 '점점 더 ~하다'라는 뜻으로 어떤 상태가 진행 중에 있다는 의미입니다.

REMY   Yeah! It's LIGHTNING-Y! We gotta do that AGAIN! Okay. When the next storm comes, we'll go up on the roof—

레미   그래! 번개 맛이야! 또 해 보자! 좋아. 폭풍이 다시 오면 지붕 위로 다시 올라가서…

Remy's eyes suddenly go BLANK with a **pre-emptive** thought.

레미는 어떻게 할 것인지 생각하느라 눈빛이 멍해진다.

REMY   I KNOW WHAT THIS NEEDS! **Saffron**! A little saffron would MAKE THIS!

레미   뭐가 필요한지 알겠어! 사프란! 사프란이 있으면 완벽할 거야!

EMILE   Saffron. Why do I get the feeling—

에밀   사프란이라. 왜 이리 불길한 예감이…

REMY & EMILE   —it's in the kitchen.

레미와 에밀   …그건 주방에 있잖아.

INT. FARMHOUSE KITCHEN – MINUTES LATER
Emile **frets**, looking nervously at the old lady, still **fast asleep** in front of the TV. Remy **RUMMAGES** through her **spices**.

실내. 농가 주방 – 잠시 후
에밀이 TV 앞에 잠들어 있는 할머니를 바라보며 초조해하는 가운데 레미는 양념을 뒤지고 있다.

REMY   Saffron... saffron... hmm...

레미   사프란… 사프란… 음…

EMILE   Not good. Don't like it. She's gonna **wake up**.

에밀   안 좋아. 느낌이 안 좋다고. 곧 깰 것 같아.

REMY   I've been down here a million times. She turns on the cooking channel— boom. She never wakes up.

레미   여기에 수백 번은 들락날락했다고. 요리 프로만 틀면 기절이야. 절대 안 깨.

바로 이장면!*

EMILE   You've been here a million times?

에밀   수백 번이나 왔다고?

REMY   (resumes rooting) I'm telling you, saffron'll be just the thing. **Gusteau swears by it.**❶

레미   (양념을 계속 뒤지면서) 내가 장담하는데 사프란이 딱이라고. 구스토도 확신하는 비법이지.

EMILE   Okay, who's Gusteau?

에밀   응. 구스토가 누군데?

REMY   Just the greatest chef in the world. He wrote this cookbook.

레미   세계 최고의 요리사야. 이 요리책도 썼어.

---

pre-emptive 미리 생각하는, 선수의

saffron 사프란 (크로커스 꽃으로 만든 샛노란 가루)

fret 안절부절못하다, 초조해하다

fast asleep 곯아떨어진

rummage 뒤지다, 찾다

spice 양념

wake up 잠에서 깨다

swear by 굳게 믿다

❶ **Gusteau swears by it.**
구스토도 확신하는 비법이지.
swear by는 '신뢰하다', '정말 좋아하다'라는 뜻이에요. 어떤 물건의 효능이나 유용함을 믿고 전폭적으로 지지하고 좋아한다는 의미를 담고 있어요.

Remy closes a book, revealing a **well-worn** copy of "AUGUST GUSTEAU'S ANYONE CAN COOK!".

EMILE   Wait. you.... read?

REMY   (**guilty**) Well, not... **excessively**.

EMILE   Oh, man. Does dad know?

REMY   You could fill a book– a lot of books– with things Dad doesn't know. And they have, which is why I read. (pointed) Which is also our **secret**.

He resumes rummaging through the spices. Emile FRETS.

EMILE   I don't like secrets. All this cooking and reading and TV-watching while we read and cook. It's like you're **involving** me in **crime**. And I **let** you. Why do I let you?

INT. **ATTIC** – SAME MOMENT
RATS stream in from a **crack** in the wall, throwing food from the compost pile on to a **heap**. DJANGO is at the center, **overseeing** things. He **turns away, distracted**–

DJANGO   What's taking those kids so long?

레미가 책을 덮자, "오귀스트 구스토의 누구나 요리할 수 있다!"라는 낡은 책 표지가 보인다.

에밀 잠깐. 너… 글도 읽을 수 있어?

레미 (뭔가 잘못했다는 듯) 어, 완벽하게는… 아니고.

에밀 오, 맙소사. 아빠도 알아?

레미 아빠가 모른 것만 따져도 책 수백 권은 쓸 수 있을 거야. 인간들은 많은 책을 썼지, 그래서 내가 책을 읽는 거야. (손가락질하며) 이것도 우리 비밀이야.

레미는 계속 양념을 뒤진다. 에밀은 다시 안절부절 못하는 모습이다.

에밀 난 비밀이 싫어. 이렇게 요리하고 책 읽고, TV 보고 하는 거 말이야. 내가 공범이 된 것 같잖아. 시키길래 나도 그러겠다고 했지. 내가 왜 그랬지?

실내. 다락 – 같은 시각
쥐들이 갈라진 벽 틈으로 들어와 음식물 쓰레기 더미에서 가져 온 음식을 쌓아 올리고 있다. 장고가 중앙에서 이를 감독한다. 그러다 고개를 돌려 다른 생각을 하는데…

장고 얘들은 왜 이렇게 오래 걸리는 거야?

---

well-worn 낡은
guilty 죄책감이 드는, 꺼림칙한
excessively 지나치게, 매우
secret 비밀
involve 연관시키다
crime 범죄
let ~하게 하다, 허락하다
attic 다락

crack 갈라진 틈
heap 더미, 쌓아 올린 것
oversee 감독하다
turn away 고개를 돌리다
distracted 딴 생각을 하는, 집중을 못하는

Run! The Old Lady's Awake!

도망가! 할머니가 깨어났어!

🎧 05.mp3

바로 이장면!*

RESUME REMY AND EMILE
Remy **locates** a tiny **vial** of saffron, holds it up.

REMY	Ah. **L'Aquila** saffron. Italian. Huh? Gusteau says it's excellent. Good thing the old lady is a food lov—
GUSTEAU	(on TV) Forget **mystique**. This is about your cooking.

Something on the TV **attracts** Remy's **attention**; the great Chef Gusteau is being interviewed.

REMY	–hey! That's Gusteau! Emile, look–
GUSTEAU	(on TV) Great cooking is not for **the faint of heart**. You must be **imaginative, strong-hearted**. You must try things that may not work. And you must not let anyone **define** your limits because of where you come from. Your only **limit** is your soul. What I say is true, anyone can cook... But only the **fearless** can be great.

Remy grins, nodding in agreement.

REMY	Pure poetry.

레미와 에밀 장면 계속
레미가 작은 사프란 병을 발견하고 위로 들어 올린다.

레미 아. 라퀼라 사프란이네. 이태리산. 어? 구스토가 최고라고 했던 거야. 저 할머니가 미식가인 게 정말 다행이네…

구스토 (TV 화면) 신비한 건 필요 없어요. 여러분의 요리니까요.

TV에 나온 무언가를 레미가 관심을 보이는데, 바로 요리사 구스토의 인터뷰 모습이다.

레미 어이! 저분이 구스토야! 에밀, 잘 봐…

구스토 (TV 화면) 위대한 요리는 겁쟁이들은 할 수 없죠. 요리를 하려면 상상력이 풍부하고, 의지가 강해야 하며, 안 될 것 같은 것도 도전해 봐야 합니다. 다른 사람들이 당신의 출신 배경 때문에 한계를 규정하도록 하지 마세요. 당신의 유일한 한계는 본인의 정신뿐입니다. 내가 한 말은 사실이에요. 누구나 요리를 할 수 있어요… 그러나 용기 있는 자만이 위대한 요리사가 될 수 있습니다.

레미가 미소를 지으며 이 말에 동조하듯 고개를 끄덕인다.

레미 완벽한 시군.

---

locate 발견하다
vial 유리병
L'Aquila 라퀼라 (이탈리아 중부 지역)
mystique 신비로움, 비밀스러운 것
attract one's attention ~의 관심을 끌다
the faint of heart 용기가 없는 사람
imaginative 창의적인, 상상력이 풍부한
strong-hearted 용감한

define 정의하다
limit 한계
fearless 겁이 없는
pure 진정한
poetry 시

TV NARRATOR   But it was not to last. Gusteau's restaurant lost one of its five stars after a **scathing** review by France's top food critic, Anton Ego.

해설가 하지만 이는 오래 가지 못했습니다. 프랑스 최고의 요리 평론가 안톤 이고에게 혹평을 받은 후 구스토 식당은 5개의 별 중 하나를 잃게 되었습니다.

Remy **drifts** closer to the TV, drawn to the shocking news.

레미는 충격적인 소식에 빨려가듯 TV 가까이 다가간다.

TV NARRATOR   (CONT'D) It was a severe **blow** to Gusteau, and the **broken-hearted** Chef died shortly afterward, which, according to tradition, meant the loss of another star.

해설가 (계속) 그에게는 큰 충격이었죠. 상심한 구스토는 얼마 지나지 않아 사망했고, 전례에 따라 별을 또 하나 잃게 되었습니다.

REMY   (stunned) Gusteau... is dead?

레미 (충격을 받고) 구스토가… 죽었다고?

Suddenly the TV **SNAPS OFF**! Remy & Emile spin around to see– the OLD LADY is awake... and **WIELDING** A **SHOT GUN**.

갑자기 TV가 꺼진다! 레미와 에밀이 뒤돌아보니… 할머니가 깨어나… 엽총을 든다.

REMY   RUN!!

레미 도망가!!

Remy and Emile SCATTER! Emile panics, races toward the attic.

레미와 에밀이 흩어진다! 겁먹은 에밀이 다락을 향해 뛰어간다.

REMY   NO! You'll lead her to the colony!

레미 안 돼! 우리가 사는 곳을 알려 주면 안 돼!

The Lady **BLASTS** huge holes in the ceiling just behind the scrambling Emile. He LEAPS CLEAR and lands on the end of a HANGING **LIGHT FIXTURE**. The old lady has him. She **levels** the **gun barrel** at the **helplessly** dangling Emile. REMY hides his eyes. EMILE braces for the end– CLICK. The shotgun is EMPTY. The OLD LADY REACTS: WHAT? EMILE REACTS: Huh? I'm not dead? REMY LOOKS UP: Emile is still alive? EMILE SEES his opportunity, starts SCRAMBLING to pull himself up onto the light. THE OLD LADY SEES THIS and rushes for more **shells**. REMY sees an **opening** and **takes off** to help Emile.

할머니는 총을 발사하는데 황급히 달아나는 에밀을 빗맞히고 천장에 큰 구멍을 낸다. 에밀이 높이 뛰어올라 천장에 매달려 있는 조명 끝에 착지한다. 할머니가 에밀을 죽이기 일보 직전이다. 간신히 매달려 있는 에밀을 향해 총구를 겨누는데… 레미는 눈을 가린다. 에밀도 이게 마지막이라고 생각하는데… 틱! 엽총에 총알이 없다. 할머니의 반응: 뭐지? 에밀의 반응: 어라? 내가 안 죽었네? 레미, 위를 올려다본대: 에밀이 아직 살아있어? 에밀에게 기회가 왔다. 재빨리 조명 위로 올라가기 시작한다. 할머니가 이 광경을 보고 서둘러 총알을 가지러 간다. 이 기회를 틈타 레미가 에밀을 도우려고 한다.

EMILE   Help! Remy! Help!

에밀 도와줘! 레미! 도와줘!

REMY   Emile, start swinging the light! I'll try to grab you!

레미 에밀, 등을 흔들어! 내가 잡아 볼게!

---

scathing 냉혹한
drift 이동하다
blow 충격
broken-hearted 상심한
stunned 놀란
snap off 갑자기 꺼지다
wield (무기 등을) 휘두르다, 들다
shot gun 엽총

blast 폭파하다
light fixture 조명기구
level 겨누다
gun barrel 총구
helplessly 무기력하게
shell 탄피
opening 기회
take off 뛰어들다

OLD LADY hears Remy calling for Emile, but from her POV all we hear is a SQUEAKING SOUND. OLD LADY finds a SHELL BOX: EMPTY. She YANKS OPEN another desk drawer. REMY reaches out for EMILE–

REMY   Emile! Swing to me!

She **REDOUBLES** HER **EFFORTS to** find a box of shells. EMILE struggles to grab REMY, but REMY comes with him to the LIGHT FIXTURE. OLD LADY– LOOKING BACK to see if the TWO RATS are still together and struggling, still **sitting ducks**. She spills the shells in her excitement. The LADY chambers her SHELL and SWINGS the SHOTGUN AROUND. The RATS scramble up into a new blast hole at the base of a hanging fixture. It **EXPLODES** in **buckshot**!

SILENCE... then a loud CRACK.
The lady LOOKS UP: a large **FISSURE** snakes across the ceiling, connecting the wide circle of SHOTGUN HOLES– a massive CHUNK OF CEILING **breaks free** and comes crashing down– bringing with it the FLOOR of the ATTIC above, its furniture, and HUNDREDS OF SURPRISED RATS. The Old Lady FREAKS! She runs from the room.

DJANGO   EVACUATE!!! EVERYONE TO THE BOATS!

With practiced **proficiency**, the RATS quickly grab assorted belongings as they make their escape. Remy and Emile run with the terrified mob. Suddenly, Remy stops, looks back to Gusteau's COOKBOOK–

RAT   Let me through!❶

REMY   The book!

REMY   Excuse me. Move, move.

–and TURNS BACK, rushing into the flood of fleeing rats!

레미가 에밀에게 크게 소리치는데, 할머니의 시각에서는 쥐가 찍찍하는 소리로 들릴 뿐이다. 할머니가 찾아낸 총알 상자는 비어있다. 그녀가 급하게 다른 서랍을 열어 본다. 레미는 에밀을 향해 손을 뻗는데…

레미   에밀! 이쪽으로 흔들어!

할머니는 미친 듯 총알을 찾더니 드디어 총알 상자 하나를 발견한다. 에밀은 레미를 잡으려고 애쓰지만, 레미가 조명 쪽으로 딸려와 버린다. 할머니가 뒤돌아보니 쥐 두 마리가 함께 안간힘을 쓰고 있는데 쉽게 잡을 수 있을 것 같다. 그녀는 너무 흥분해서 총알을 바닥에 쏟고 만다. 할머니가 총알을 장전하고 총구를 겨눈다. 쥐들은 할머니가 뚫어 놓은 조명 근처 구멍으로 황급히 들어간다. 큰 총 소리가 들린다!

정적이 흐르더니… 뭔가 크게 갈라지는 소리가 들린다.
할머니가 위를 바라본다. 총알로 생긴 큰 구멍에서 마치 뱀이 기어가듯 천장이 크게 갈라지고… 큰 천장 조각이 아래로 떨어지는데 다락 바닥재와 가구들, 그리고 수백 마리의 놀란 쥐들도 함께 추락한다. 할머니가 기겁한다! 그녀는 방에서 도망친다.

장고   대피하래! 다들 배로 개!

마치 훈련한 듯 능숙하게 쥐들이 재빨리 갖가지 물건을 챙기며 탈출을 시도한다. 레미와 에밀도 겁에 질린 쥐들과 함께 도망친다. 갑자기 레미가 발길을 멈추고, 구스토의 요리책을 바라보는데…

쥐   비켜요!

레미   요리책!

레미   실례해요. 지나가요. 지나가.

…뒤돌아서서, 도망가는 쥐 무리 사이로 들어간다.

---

redouble one's effort to 더 열심히 ~하다
sitting duck 공격하기 쉬운 대상
explode 폭발하다, 터뜨리다
buckshot (산탄총에서 발사된) 산탄
fissure 길게 갈라진 틈
break free 떨어져 나오다
evacuate 대피하다
proficiency 우수함, 훌륭함

❶ **Let me through!**
비켜요!
사람들을 헤치고 다급하게 지나가야 하는 상황에서 '지나갈게요', '비켜주세요'라는 의미로 쓸 수 있는 말이에요. Let me ~는 '~할게요'라는 뜻으로 상대방에게 무언가를 요청할 때 쓰는 표현이에요.

27

EXT. FARMHOUSE
RATS are diving out the windows, **streaming** through cracks, stampeding across the grass to the banks of a nearby stream.

실외. 농가
창문과 갈라진 벽 틈 사이로 황급히 뛰쳐나온 쥐들은 풀숲을 지나 근처 냇가로 달려간다.

INSIDE THE FARMHOUSE KITCHEN
Remy, the last remaining rat, struggles with GUSTEAU'S COOKBOOK. A strange BREATHING SOUND causes him to look up: the LADY has returned, now **sporting** a World War 2 **GASMASK**, and **GAS CANNISTER**. She spies Remy and starts after Remy, madly SPRAYING GAS everywhere. With a burst of adrenaline Remy **hoists** the COOKBOOK onto his back and makes a running LEAP through the window—

농가 주방 안
레미는 혼자 남아 구스토의 요리책을 가져가려고 애쓰고 있다. 이때 이상한 숨소리가 나서 위를 보니 할머니가 돌아와, 2차 세계대전 때나 쓰던 방독면을 착용하고 연막통을 들고 있다. 그녀가 레미를 쫓아 연막탄을 여기저기 살포한다. 레미는 젖 먹던 힘을 다해 요리책을 들고 창문 밖으로 뛰어나간다.

OUTSIDE THE FARMOUSE
–and **lands on** the lawn in a shower of glass. From this angle it appears the COOKBOOK itself is **struggling to** catch up to the last of the fleeing rats as they disappear over a **distant riverbank**.

농가 밖
레미가 잔디 위에 착지하는데, 유리 조각들이 비가 내리듯 힘께 떨어진다. 미치 요리책이 도망가는 쥐들을 쫓아가는 것처럼 보이는데 쥐들은 저 멀리 강둑으로 멀어져 간다.

BY THE STREAM
The rats run into the tall grass, pulling aside **camouflage**, which REVEAL several ESCAPE **WATERCRAFT** built from junk. The RATS push the craft into the water and climb **aboard**.

냇가
쥐들이 높이 자란 풀숲을 향해 달린다. 위장을 걷어 내니 쓰레기로 만든 탈출용 배 몇 척이 보인다. 쥐들이 배를 물 안으로 밀어 넣고 그 위에 올라탄다고는 계속 이들을 재촉한다.

DJANGO	GO, GO, GO! MOVE, MOVE, MOVE!	**장고** 가, 가, 개 빨리 움직이라고!
RAT #1	Get the bridge up! Move it, move it!	**쥐 #1** 다리를 올려! 빨리! 빨리!
RAT #2	Hey, Jonny! Hurry!	**쥐 #2** 이봐, 조니! 서둘러!
RAT #3	**Push off**. Come on.	**쥐 #3** 밀어. 어서.
RAT #4	**Get hold**!	**쥐 #4** 꽉 잡아!
RAT #5	Take the baby. Here!	**쥐 #5** 애를 받아. 재!
RAT #6	Give me your paw.	**쥐 #6** 앞발을 뻗어.
REMY	Hey! Wait for me!	**레미** 잠깐만요! 기다려 줘요!

---

stream 줄지어 이동하다
sport 착용하다
gasmask 방독면
gas cannister 연막통
hoist 들어 올리다
land on ~에 착륙하다
struggle to ~하려고 애쓰다
distant 멀리 떨어진

riverbank 강둑
camouflage 위장
watercraft 배, 선박
aboard (배, 비행기에) 올라타서
push off (배를 타고) 떠나가다
get hold 꽉 붙잡다

ON THE RIVER
RAIN has started to fall as the last RAT BOAT has **shoved off** from shore. DJANGO's boat is **lingering**, as Django quickly checks the boats, **assessing** his clan's safety.

DJANGO   Is everybody here? Do we have everybody? Wait a minute– where's Remy?!

At the shore, Remy throws the book into the water and starts paddling after the colony.

REMY   Right here! I'm coming! I'm coming!

DJANGO   Hold on son! (to other rats) Give him something to grab on to!

GIT, a huge, **muscular** lab rat, grabs a **SPATULA** and hoists it out over the water toward Remy.

DJANGO   Come on boy!

Remy reaches out, **desperately** paddling with his other paw.

DJANGO   Paddle son! Come on, reach for it! You can do it!

Remy has almost reached the end of the spatula– BLAM!
A shotgun sends Remy flying backward. The OLD LADY has reappeared; firing down at them from the footbridge above. She **TAKES AIM** and **FIRES** just as Django's boat enters the tunnel underneath, her blast hits the side of the bridge.

DJANGO   Remy!

REMY   Dad!

DJANGO   Come on. **You can make it!**[1] You can make it!

강물 위
비가 내리기 시작하고, 쥐들을 태운 마지막 배가 냇가를 벗어난다. 장고의 배는 남아 있는데, 다른 배들을 재빨리 확인하며 쥐들이 모두 무사한지 살핀다.

장고 다 탔어? 다 있는 거지? 잠깐만… 레미는 어디에 있어?!

냇가에서 레미가 책을 강물에 던지고 손으로 노를 저으며 쥐들을 쫓아간다.

레미 여기요! 가요! 지금 간다고요!

장고 꽉 잡아! (다른 쥐들에게) 쟤가 붙잡을 걸 줘!

덩치가 우락부락한 실험실 쥐, 깃이 뒤집개를 들더니 레미를 향해 쭉 내민다.

장고 어서 얘야!

손을 뻗는 레미, 다른 손으로는 다급하게 노를 젓는다.

장고 계속 저어! 어서, 힘껏 뻗어! 할 수 있어!

레미가 뒤집개의 끝부분을 잡으려고 하는 순간– 탕!
총을 맞고 레미가 뒤로 날아간다. 할머니가 다시 나타나 다리 위에서 쥐들을 향해 총을 쏘고 있다. 할머니가 장고의 배를 조준하고 총을 발사하는 순간 그의 배가 굴 아래로 들어가고 총알은 다리 옆을 맞춘다.

장고 레미!

레미 아빠!

장고 힘내! 넌 할 수 있어! 할 수 있다고!

---

shove off 떠나다, 밀어내다
linger 머무르다
assess 확인하다, 평가하다
muscular 근육질의
spatula 뒤집개, 주걱
desperately 필사적으로
take aim 조준하다
fire (총을) 쏘다

❶ **You can make it!**
넌 할 수 있어!
You can make it!은 You can do it!처럼 상대방을 응원하고 격려할 때 쓰는 말이에요. 이때 make it은 '어려움을 이겨내고 결국 해내다'라는 뜻이에요. '힘내!', '할 수 있어!'라고 해석하는 게 좋아요.

Remy climbs back onto the book and grabs the spatula, which he uses as an **oar** to paddle into the **drainpipe** quickly before she fires again. The old lady **CURSES**.

INT. **SEWER** – CONTINUOUS
Standing on the Gusteau cookbook, Remy paddles after the other rats.

REMY   Guys wait! Stop!

DJANGO   Remy. Come on. Paddle.

REMY   Hold on! Wait for me. Hold on.

Echoes of frightened VOICES swell and disappear into SILENCE.

REMY   DAD?? (no response) Dad...?

Silence. Remy stands atop the book straining to see... and begins to **make out** SHAPES in the darkness ahead. It is a **FORK** in the tunnel.

REMY   Which way...?

He starts to paddle towards the right tunnel, then at the last moment changes his mind, **veering** toward the left and becomes aware of a LOW **RUMBLE**. He may have made a mistake. His eyes widen as he hears a **deafening** roar ahead. It's the **crest** of an **enormous** waterfall! Remy starts to paddle away from it as hard as he can but is **pulled over** the edge. He falls off of the book and **tumbles** into the **raging rapids**. After the water calms down he is able to climb on to the book. He **collapses** with a sigh.

할머니가 다시 총을 발사하기 전에 레미는 요리책 위에 올라가서 뒤집개로 노를 저으며 배수관 안으로 재빨리 들어간다. 할머니는 욕을 한다.

실내. 배수관 – 계속
구스토의 요리책 위에 서서 레미는 노를 저으며 다른 쥐들을 쫓아간다.

레미 기다려요! 멈춰요!

장고 레미. 어서. 노를 저어.

레미 잠깐만요! 기다려요. 기다려.

겁먹은 목소리가 크게 울려 퍼지지만 대답은 들리지 않고 이내 조용해진다.

레미 아빠?? (대답이 없다) 아빠…?

아무 소리도 들리지 않는다. 레미는 책 위에 서서 주변을 살펴보는데… 저 멀리 어두운 곳에서 어떤 형체가 어렴풋이 눈에 들어온다. 두 갈래로 나눠진 통로이다.

레미 어디로 가지…?

레미는 오른쪽 터널로 노를 젓다가 갑자기 마음을 바꿔 왼쪽으로 방향을 바꾸는데 희미하게 우르르하는 소리가 들린다. 잘못된 선택을 한 것 같다. 고막을 찢을 듯한 큰 소리가 앞에서 들리자 레미의 눈이 커진다. 거대한 폭포가 떨어지는 소리다! 레미가 반대 방향으로 미친 듯이 노를 젓지만. 폭포 끝자락으로 끌려갈 뿐이다. 레미가 책에서 떨어져 급류에 휘말린다. 물이 잔잔해지고 레미가 책 위로 다시 올라갈 수 있게 되었다. 레미는 안도의 한숨을 쉬며 쓰러진다.

---

oar 노

drainpipe 배수관

curse 욕을 하다

sewer 하수관

make out 알아내다, 확인하다

fork 갈라진 길

veer 방향을 바꾸다

rumble 우르르하는 소리, 웅성거림

deafening 귀를 먹을 정도로 큰

crest 정상, 꼭대기

enormous 거대한

pull over (차, 배를) 한쪽에 대다

tumble 떨어지다

raging 거센

rapids 급류

collapse 쓰러지다

The Gusteau Sprite

구스토 요정

🎧 06.mp3

INT. SEWER – NIGHT
A **soaked** and **exhausted** Remy has pulled his **battered** cookbook/
boat to the bank of the sewer. It's dark, cold, **stinky**, but safe. Maybe
the **clan** will find him. He waits.

실내. 하수관 – 밤
몸이 흠뻑 젖고 지친 레미는 심하게 훼손된 요리
책을 하수관 옆으로 끌어올린다. 이곳은 어둡고,
춥고 냄새도 나지만 레미는 이제 안전하다. 쥐들이
그를 찾으러 올 수도 있으니, 그는 기다린다.

REMY (V.O.) I waited. For a sound... a voice... a sign.
Something...

레미 (목소리) 난 기다렸다. 소리를… 음성을…
신호를. 그 무언가를…

Remy flips a **crinkled** page, to an **illustration** of Gusteau posing with
a **tasty** DISH. Remy's stomach **GROWLS**. He **shifts** uncomfortably,
sighs. The GUSTEAU ILLUSTRATION **comes to life**, speaking to
Remy–

레미가 구겨진 책장을 넘기자 구스토가 먹음직스
러운 요리를 들고 있는 그림이 나타난다. 그의 배
에서 꼬르륵 소리가 난다. 레미는 불편한 듯 자세
를 바꾸며 한숨을 쉰다. 이때 구스토의 그림이 살
아나 레미에게 말을 건다.

GUSTEAU If you are hungry, go up and look around,
Remy. Why do you wait and **mope**?

구스토 배고프면 위로 올라가서 뭘 좀 찾아봐, 레
미. 왜 맥없이 여기서 이러고 있어?

REMY Well, I've just lost my family. All my friends.
Probably forever.

레미 어, 막 가족을 잃어버렸어요. 모든 친구도요.
영영 못 만나겠죠.

GUSTEAU How do you know?

구스토 그걸 어떻게 알아?

REMY Well, I– (what is he doing?) You are an
illustration. Why am I talking to you?

레미 저, 난… (뭐 하는 거지?) 당신은 그림이잖아
요. 내가 왜 당신하고 말하고 있는 거죠?

*바로 이장면!**

GUSTEAU (shrugs) Well, you just lost your family. All
your friends. You are lonely.

구스토 (어깨를 으쓱하며) 넌 방금 가족하고 헤어
졌잖아. 친구들도 말이야. 넌 외로운 거야.

REMY Yeah, well, you're dead.

레미 그래요. 그런데 당신은 죽었잖아요.

---

soaked 흠딱 젖은

exhausted 지친

battered 심하게 훼손된

stinky 냄새나는

clan 무리, 떼

crinkle (천, 종이) 잔주름, 구김

illustration 그림

tasty 맛있는

growl 꼬르륵 소리, 으르렁거리다

shift 자세를 바꾸다, 이동하다

sigh 한숨 쉬다

come to life 살아나다

mope 맥이 빠지다

GUSTEAU Ah... but that is no match for **wishful** thinking. If you focus on what you've left behind you will never be able to see what lies ahead. Now go up and look around.

Remy looks up the pipes that lead up to the streets above, considering. When his gaze returns to the illustration Gusteau has resumed his frozen pose. Remy decides to go.

WE FOLLOW REMY
as he **scurries** through pipes, narrow spaces between the walls of buildings. Occasionally, **snatches** of LIFE can be heard and glimpsed through cracks in the walls... reminders of the **intriguing**, dangerous human world that rats must constantly pass through without notice.

INSIDE APARTMENT FLAT WALL
Remy emerges into a small KITCHEN. A PARTY is **in progress** in the next room, but he remains unseen. Remy spies a large loaf of BREAD. **Famished**, he grabs it, prepares to take a bite when a **SPRITE** in the form of GUSTEAU appears, smaller than Remy, glowing and **semi-transparent**.

GUSTEAU What are you doing?!!

REMY (startled, then annoyed) I'm hungry! I don't know where I am and I don't know when I'll find food again...

GUSTEAU Remy. You are better than that. You are a cook! A cook makes. A thief takes. You are not a thief.

REMY (reconsidering) But I am hungry...

GUSTEAU Food will come, Remy. **Food always comes to those who love to cook...**❶

구스토 아… 그래도 희망을 갖는 게 제일 좋은 거야. 과거에만 집착하면 미래를 내다볼 수 없어. 올라가서 주위를 둘러봐.

레미는 거리로 이어진 하수관을 올려다보며 생각한다. 그러다 고개를 돌려 그림을 다시 바라보는데 구스토는 이제 움직이지 않는다. 레미는 밖으로 나갈 결심을 한다.

화면이 레미를 따라간다
레미는 하수관을 지나 건물 벽 사이에 있는 좁은 공간을 통과한다. 벽 틈 사이로 인간 생활의 단편들이 조금씩 보인다… 흥미롭고 위험하기도 한 인간 세상의 모습이지만 쥐들은 별로 신경 쓰지 않고 지나칠 만한 것들이다.

아파트 벽 안
레미가 작은 주방으로 들어간다. 옆방에서 파티가 한창이라 아무도 그를 보지 못했다. 레미가 큰 빵을 발견한다. 배가 고파 빵을 쥐고 한입 베어 물려고 하는데 갑자기 구스토의 모습을 한 요정이 나타난다. 덩치는 레미보다 작고 빛이 나며 반투명한 모습을 하고 있다.

구스토 뭐 하는 짓이야?!!

레미 (놀라다가 짜증 내며) 배고파요! 내가 어디에 있는지도 모르겠고 언제 다시 음식을 찾을 수 있을지도 모른다고요…

구스토 레미. 넌 그런 짓을 할 아이가 아니잖니. 넌 요리사야! 요리사는 창조를 하는 거야. 훔치는 건 도둑이나 하는 거라고. 넌 도둑이 아니야.

레미 (다시 생각하며) 하지만 배고파요…

구스토 조만간 음식이 나타날 거야. 레미. 요리를 좋아하는 사람들에게는 항상 음식이 찾아온단다…

---

wishful 소원하는, 갈망하는

scurry 종종걸음을 치다

snatch 단편, 조각

intriguing 흥미로운

in progress 진행 중인

famished 배고픈

sprite 요정, 도깨비

semi-transparent 반투명의

❶ **Food always comes to those who love to cook...**
요리를 좋아하는 사람들에게는 항상 음식이 찾아온단다…

those who ~는 '~한 사람들'이란 뜻이에요. 이때 those는 '그것들'이 아니라 일반 사람을 지칭하는 대명사예요.

The GUSTEAU SPRITE **VANISHES**. Wondering about his state of mind, Remy shakes it off. He puts the bread down, denying his growing hunger, and moves on.

BETWEEN THE WALLS Remy MOVES, his **exceptional** nose leads him through the wall, and we see glimpses of many French lives; A PAINTER carefully paints a nude model we can't see– LOVERS QUARREL; HE stands **defiant** as SHE shakily waves a pistol at HIM. Remy watches from above, through a crack in the ceiling–

QUARRELING WOMAN   You think I am PLAYING??

QUARRELING MAN   **You don't have the guts!**❶

Losing interest, Remy moves on. A BULLET splinters the floor in front of him. Remy rushes back to the crack; the couple is now struggling with the smoking gun. The MAN **wrenches** it **free**, and it **clatters** to the floor. They stare at each other, blood in their eye and KISS. Remy rolls his eyes and moves on. A DOG barks aggressively, warning Remy away from his flat. As Remy moves through wet, dark, tight spaces into a pipe and emerges on the side of a building; until he suddenly emerges onto a ROOFTOP, and climbs up REVEALING—

A PANORAMA: PARIS AT NIGHT
It is GORGEOUS; a vast, **luminous** jewel... **breathtaking**, heartbreaking, romantic. Remy is **GOBSMACKED**.

REMY   Paris? All this time I've been underneath PARIS? Wow. It's beautiful.

Remy's eyes FIX on a HUGE GUSTEAU SIGN atop a roof several blocks away... his arms folded across his chest, a frying pan grasped in each hand. The SIGN **marvels at** the panorama.

GUSTEAU SIGN   The MOST beautiful.

구스토 요정이 사라진다. 지금 자신의 마음이 어떤 지를 생각하며 레미는 단념하기로 한다. 빵을 내려 놓고 배고픔을 참으며 계속 이동한다.

벽 사이로 레미가 이동한다. 그의 특출난 후각이 벽을 따라 이끄는데, 프랑스인들의 생활이 잠깐씩 보인다: 화가가 누드 모델을 신중히 그리고 있는데 모델은 화면에 보이지 않는다. 연인이 다툰다. 여자가 떨며 남자를 향해 총을 겨 누고 남자는 도전하듯 서 있다. 레미는 천장 틈 사 이로 이 모습을 내려다본다.

다투는 여자 내가 장난하는 것 같아??

다투는 남자 그럴 용기도 없으면서!

흥미를 잃은 채, 레미는 계속 이동한다. 총알이 날 아와 그의 바로 앞에 있는 바닥을 박살 낸다. 레미 가 틈 쪽으로 다시 돌아가는데, 연기가 피어오르는 총을 붙잡고 이제 그 연인이 몸싸움한다. 남자가 총을 빼앗아 바닥에 떨어뜨린다. 그들은 이글거리 는 눈빛으로 서로 바라보더니 키스한다. 레미는 한 심하다는 듯 눈을 굴리고 계속 이동한다. 개가 맹 렬히 짖으면서 레미를 아파트에서 몰아낸다. 레미 가 축축하고, 어둡고 아주 좁은 공간을 지나 배수 관 안으로 들어가 건물 옆으로 나온다. 그리고 갑 자기 지붕 쪽으로 나타나 거길 올라가는데.

전경: 파리의 야경 정말 멋진 모습이다. 마치 거대한 보석이 반짝이는 것 같이 황홀하고 가슴을 뛰게 하며 로맨틱한 광 경이 눈앞에 펼쳐진다. 레미는 충격을 받은 듯 멍 한 표정을 하고 있다.

레미 파리? 지금까지 내가 파리 밑에 있었던 거 야? 와. 아름답다.

레미는 몇 블록 너머 지붕 위에 세워진 거대한 구 스토의 간판을 발견하는데… 양손에 프라이팬을 들고 팔짱을 끼듯 양팔을 가슴 위에 올린 자세를 하고 있다. 이 간판도 파리의 전경에 감탄한다.

구스토 간판 최고로 아름답지.

---

vanish 사라지다

exceptional 특출한

defiant 저항하는

wrench ~ free 확 비틀어 떨어뜨리다

clatter 덜거덕 소리를 내다

luminous 반짝이는

breathtaking 숨이 막힐 정도로 멋진

gobsmacked 너무 놀란

marvel at ~에 놀라다

❶ **You don't have the guts!**
그럴 용기도 없으면서!
You don't have the guts.는 '용기도 없으면서!'라는 뜻으로 상대방을 도발하거나 조롱할 때 쓰는 표현이에요. gut은 원래 '배', '내장'이란 뜻인데 복수로 쓰면 '용기', '배짱'이란 뜻으로 쓰인답니다.

REMY   Gusteau's? Your restaurant?? You've **led** me **to** your restaurant!

레미 구스토 식당? 당신 식당이에요?? 당신 식당으로 나를 이끈 거군요!

GUSTEAU SIGN   (not **entirely** sure) It seems **as though** I have. Yes. **There it is!**[1] I have led you to it!

구스토 간판 (확신하지 못하며) 그렇게 된 것 같군. 맞아. 여기가 내 식당이야! 내가 널 인도한 거지!

REMY   I gotta see this.

레미 이건 꼭 봐야지.

Remy **EXITS**.

레미가 사라진다.

---

lead ~ to ~에 이르다(하게 하다)
entirely 완전히
as though 마치 ~인 것처럼
exit 나가다, 사라지다

> ❶ **There it is!**
> 여기가 내 식당이야!
> 이 표현은 상황에 따라 다양하게 해석할 수 있습니다. 위 대화처럼 (특정 장소에) 도착해서 '여기야' 혹은 물건을 찾았을 때 '저기 있다', '상황이 그래(일이 그렇게 됐어)'라고 할 때도 쓸 수 있어요.

A New Garbage Boy

새로 온 쓰레기 담당

🎧 07.mp3

INT. KITCHEN
WAITERS and COOKS **bustle back and forth** preparing **elaborate** meals with energetic **precision**; the **complex** dance of **Haute cuisine**. Professional cooking **at its finest**.

실내. 주방
웨이터와 요리사들이 분주하게 움직인다. 활력이 넘치고 세심한 모습으로 정성스레 요리를 준비하고 있다. 최상급 전문 요리사들이 최고급 요리의 향연을 펼치고 있다.

HORST	Ready to go on table seven.	**홀스트** 7번 테이블 요리 나왔어.
COLETTE	Coming around.	**콜레트** 나가요.
LALO	One order of steamed **pike** up.	**랄로** 꼬치 찜 하나요.
MAN	(O.S.) Coming up.	남자 (화면 밖) 나갑니다.
LAROUSSE	I need more soup bowls, please.	라루스 수프 접시가 더 필요해요.
COLETTE	I need two **racks of lamb**. I need more **leeks**.	**콜레트** 양고기 두 개요. 대파가 더 필요해요.
MUSTAFA	I need two salmon, three **salade composee**, and three **filet**.	**무스타파** 연어 둘, 모둠 샐러드 셋, 필레 셋.
LAROUSSE	Three orders of salade composee working.	라루스 모둠 샐러드 세 개 지금 하고 있어요.
MAN	(O.S.) **Firing** two orders, **seared** salmon.	남자 (화면 밖) 두 개 주문한 거 됐어요. 연어 구이도요.
COLETTE	Three filet working. I need plates.	**콜레트** 필레 세 개, 접시 주세요.
HORST	Fire Seven.	홀스트 7번 나가요.
MAN	Three Salade Composee up.	남자 모둠 샐러드 세 개 됐어요.
COLETTE	Don't **mess with** my **mise**!	**콜레트** 재료 준비한 거 망치지 마세요!

---

bustle 바삐 움직이다

back and forth 이곳저곳

elaborate 정교한, 정성을 들인

precision 정밀, 신중함

complex 복잡한

Haute cuisine [프랑스어] 최고급 요리

at one's finest 최고의 모습으로

pike 꼬치

rack of lamb 오븐에 구운 양고기

leek 대파처럼 생긴 야채

salade compose 모둠 샐러드의 일종

filet 필레 (스테이크의 일종)

fire (주방) 요리가 준비됐다 (~번 테이블 준비)

sear 재빨리 굽다

mess with 건드리다, 망치다

mise 재료를 미리 손질한 것

LAROUSSE	Open down low.

라루스 좀 줄여요.

MAN	(O.S.) I'm **getting buried** here.

남자 (화면 밖) 눈코 뜰 새도 없군.

While the COOKS range wildly in age and nationality, only one is female; a French cook in her late twenties named COLETTE. A small, **nasty-looking** MAN sporting a thin mustache and a **toque** almost as large as the rest of him, ENTERS. This is the head Chef, SKINNER. Several COOKS call out greetings to him. He looks annoyed.

나이와 국적이 다양한 요리사들 사이에서 여자는 단 한 명뿐이다. 20대 후반의 프랑스 요리사로 이름은 콜레트이다. 키가 작고 비열하게 생긴 남자가 얇은 콧수염을 기르고 자기 키만한 요리사 모자를 쓰고 들어온다. 이 사람은 주방장 스키너이다. 요리사들이 그에게 인사를 건네지만 못마땅한 표정이다.

MAN	(O.S.) Hello, Chef Skinner. How your night be now?

남자 (화면 밖) 안녕하세요, 스키너 주방장님. 오늘 밤은 어떤가요?

HORST	Bonjour, chef.

홀스트 안녕하세요, 주방장님.

LAROUSSE	Hello, Chef Skinner.

라루스 나오셨어요, 스키너 주방장님.

COLETTE	Evening, chef.

콜레트 안녕하세요, 주방장님.

MUSTAFA	Ordering **deux** filet.

무스타파 필레 둘 주문요.

LAROUSSE	Hey boss! **Look who is here!**❶ Alfredo Linguini, Renata's little boy.

라루스 주방장님! 누가 왔나 보세요! 레나타의 아들, 알프레도 링귀니예요.

LINGUINI, a **gawky** young man with an **unruly** mop of red hair jumps up from the stool he's been sitting on and **awkwardly** approaches Skinner.

삐쩍 마른 몸에 흐트러진 대걸레 같은 빨간 머리의 링귀니가 스툴 의자에서 갑자기 일어나 어색하게 스키너에게 다가온다.

LINGUINI	Hi.

링귀니 안녕하세요.

LAROUSSE	All grown up, eh? You remember Renata, Gusteau's **old flame**?

라루스 많이 컸죠? 레나타 기억하시죠? 구스토의 옛 연인…

SKINNER	(not remembering) Ahh yes. How are you, uh...

스키너 (기억이 나지 않는다) 아 그래. 잘 지냈니, 어…

LAROUSSE	Linguini.

라루스 링귀니예요.

---

get buried 매우 바쁘다
nasty-looking 비열하게 생긴
toque 요리사 모자
deux [프랑스어] 둘의
gawky 마른 몸매를 가진
unruly 제멋대로의
awkwardly 어색하게
old flame 옛 연인

❶ **Look who is here!**
누가 왔나 보세요!
Look who is here.는 예상하지 못했던 누군가가 갑자기 나타나서 반가워할 때 쓰는 표현이에요. Look who it is! 라고도 하는데 '이게 누구야!' 혹은 '누가 왔나 보라고!' 등으로 문맥에 맞게 해석할 수 있어요.

SKINNER	(**disinterested**) Yes. Linguini. So nice of you to visit. How is-	스키너 (별로 관심 없다는 듯) 그래. 링귀니. 이렇게 와 줘서 고맙구나. 잘 계시…
LINGUINI	My mother?	링귀니 제 어머니요?
SKINNER	Yes.	스키너 그래.
LAROUSSE	Renata.	라루스 레나타요.
SKINNER	Yes. Renata. How is she?	스키너 그래. 레나타. 잘 계시니?
LINGUINI	Good. Well, not – she's been better… I mean, uh…	링귀니 그럼요. 실은… 아니. 더 건강하셨을 수도 있는데… 그니까, 어…
HORST	She died.	홀스트 죽었어요.
SKINNER	Oh, I'm sorry.	스키너 오, 안됐구나.

바로 이장면!*

LINGUINI	Don't be. She **believed in** heaven so she's… **covered**… (awkward) …you know. **Afterlife-wise**.	링귀니 안 그러셔도 돼요. 천국을 믿으셔서… 괜찮으실 거예요. (어색해서) …아시겠지만. 사후 세계의 관점으로 말이죠.

Skinner stares at Linguini for a long, **perplexed** moment. Linguini suddenly hands a **sealed** envelope to him.
스키너가 링귀니를 당혹스러울 정도로 오래 바라본다. 갑자기 링귀니가 밀봉된 봉투를 그에게 건넨다.

SKINNER	What's this?	스키너 이게 뭐지?
LINGUINI	She left it for you. I think she hoped it would help… me, you know, get a job… here…	링귀니 전해 드리라고 하셨어요. 도움이 될 거라고… 제가, 저, 취직하는데 말이죠… 여기서…
LAROUSSE	Of course, Gusteau wouldn't **hesitate**. Any son of Renata's is more than…	라루스 물론. 구스토 주방장님은 망설이지 않을 거예요. 레나타의 어떤 아들이라도…
SKINNER	(**cutting** him **off**) Yes. Well, we could **file** this, and if something **suitable** opens up–	스키너 (그의 말을 끊으며) 그래. 음. 이건 잘 보관하고 있다가 적절한 자리가 나면…

---

disinterested 관심이 없는
believe in ~를 믿다
cover 보호하다
afterlife 사후, 사후세계
-wise ~한 방식, ~에 관하여
perplexed 당황한
sealed 봉인된
hesitate 망설이다

cut off (말을) 자르다
file 보관하다
suitable 알맞은

LAROUSSE   We've already hired him.

SKINNER   (outraged) What?! **How dare you hire someone without my-❶**

HORST   We needed a garbage boy.

Skinner **processes** this, calming as he does.

SKINNER   Oh. Garbage. Well... (to Linguini, thin smile) ...I'm glad it **worked out**.

Skinner makes an **abrupt** turn and disappears into his office, which once **belonged to** the **great** Gusteau himself. Linguini **turns** back **to** the other cooks, who are already **handing** him his work clothes.

라루스 벌써 채용했어요.

스키너 (화를 내며) 뭐라고?! 감히 내 허락도 없이 채용하다니…

홀스트 쓰레기 처리하는 애가 필요했어요.

스키너는 이것을 어떻게 처리할지 생각하면서 마음을 진정시킨다.

스키너 오. 쓰레기 담당이라. 그럼… (링귀니에게, 옅은 미소를 지으며) …잘 돼서 다행이군.

스키너는 휙 돌아서 자기 사무실로 들어가는데, 그것은 한때 구스토의 방이었다. 링귀니가 다른 요리사들을 향해 뒤돌아서자, 그들이 그에게 작업복을 건네준다.

---

outraged 화가 난

process 생각하다, 처리 방법을 생각하다

work out 잘 해결되다

abrupt 갑작스러운

belong to ~의 소유이다

(the) great 고인이 된, 위대한

turn to ~에게 돌아서다

hand 건네주다

❶ **How dare you hire someone without my-**
감히 내 허락도 없이 채용하다니…
How dare you ~는 '감히 ~하다니'라는 뜻으로 상대방의 말이나 행동이 마음에 들지 않아 불같이 화를 낼 때 쓰는 표현이에요. 상대방을 얕잡아 보는 뉘앙스가 강하기 때문에 조심해서 쓰는 게 좋아요.

Remy Fixed the Soup

레미, 수프를 살리다

🎧 08.mp3

EXT. ROOFTOP OF GUSTEAU'S – MINUTES LATER
Remy and the Gusteau sprite look down through the **SKYLIGHT** into GUSTEAU'S kitchen. Remy watches, **rapt** as the CHEFS **scurry about**, preparing the **gourmet meals**.

REMY   I can't believe it. A real gourmet kitchen and I get to watch.

GUSTEAU You've read my book. Let us see how much you know, huh? Which one is the chef?

Remy points out SKINNER, who is **berating** another cook.

REMY   Oh, that guy.

GUSTEAU Very good. Who is next **in command**?

REMY   The **sous chef**... there. (points out HORST) The sous is **responsible for** the kitchen when the chef's not around.

REMY   Saucier; **in charge of** sauces, very important. **Chef de partie, demi chef de partie**– both important... (pointing) **Commis**, commis, they're cooks. Very important.

GUSTEAU You are a clever rat. Now, who is that?

Gusteau is pointing at the garbage boy LINGUINI, who is **clumsily steering** a mop and bucket through the kitchen.

REMY   Oh... him? He's nobody.

실외. 구스토 식당 지붕 위 – 잠시 후
레미와 구스토 요정이 채광창을 통해서 구스토 식당의 주방 안을 들여다본다. 레미는 요리사들이 음식을 준비하며 분주히 움직이는 광경을 완전히 몰입해서 보고 있다.

레미 믿을 수 없어요. 고급 요리하는 주방을 실제로 보게 되다니.

구스토 내 책을 읽어 봤을 테니, 네가 얼마나 많이 알고 있는지 한번 볼까. 어? 총주방장은 누굴까?

레미가 다른 요리사를 혼내고 있는 스키너를 가리킨다.

레미 오, 저 사람이요.

구스토 아주 좋아. 그다음 서열은 누구지?

레미 부주방장은… 저기요. (홀스트를 가리키며) 주방장이 없을 때 주방을 책임지는 사람이에요.

레미 소시에는 소스를 담당하는 요리사로 매우 중요하죠. 조리장과 부조리장도 중요하고… (손가락으로 가리키며) 보조 요리사, 보조 요리사, 이들도 요리사죠. 아주 중요해요.

구스토 영리한 쥐구나. 그럼, 저 사람은 누구지?

구스토가 대걸레와 양동이를 어설프게 끌고 주방 이곳저곳을 다니는 쓰레기 담당 링귀니를 가리킨다.

레미 오… 저 사람이요? 아무도 아니에요.

---

skylight 천장에 있는 채광창
rapt 완전히 몰입해서
scurry about 분주히 움직이다
gourmet meal 고급 음식
berate 질책하다
in command 통솔하는
sous chef 부주방장
responsible for ~에 책임을 지는

saucier 소스 전문 요리사
in charge of ~를 담당하는
chef de partie (한 부서의) 조리장
demi chef de partie 부조리장
commis 보조 (assistant)
clumsily 어색하게, 서투르게
steer 조절하다, 끌고 가다

GUSTEAU Not nobody. He is part of the kitchen.

구스토 그건 아니지. 저 사람도 주방의 일부니까.

REMY (dismissive) He's a **plongeur** or something. He washes dishes or takes out the garbage. He doesn't cook.

레미 (무시하며) 잡일을 하는 사람이죠. 설거지하고 쓰레기 버리고. 요리는 안해요.

GUSTEAU But he could.

구스토 하지만 할 수도 있지.

Below, LINGUINI accidentally knocks over the pot of soup, spilling it. Remy gives Gusteau a **patronizing** chuckle.

저 아래에서, 링귀니가 실수로 냄비를 쳐서 수프를 쏟는다. 레미가 깔보듯 피식 웃으며 구스토에게 말한다.

REMY Oh, no.

레미 오, 아니에요.

What WE SEE, but Remy doesn't: desperate that no one notices his mistake, Linguini quickly replaces the pot on the burner, and MOPS up the floor.

우리는 이 장면을 봤지만, 레미는 이것을 보지 못했다. 링귀니는 자신의 실수를 아무도 알아차리지 못하도록 버너 위에 냄비를 재빨리 올리고 바닥을 닦는다.

GUSTEAU How do you know? What do I always say? "Anyone can cook".

구스토 어떻게 알아? 내가 항상 뭐라고 했지? "누구나 요리할 수 있다."

REMY Well, yeah. Anyone can. **That doesn't mean that anyone should.**[1]

레미 뭐, 네. 누구나 할 수는 있죠. 그렇다고 누구나 해야 한다는 의미는 아니죠.

GUSTEAU Well, that is not stopping him. See?

구스토 음. 그래도 저 애를 말릴 수는 없네. 봐?

Remy watches **aghast** as Linguini quickly **chums** some water from another pot into the soup to refill it to its former level, **haphazardly** throws in a few spices and vegetables.

레미가 이 모습을 보고 경악하는데, 링귀니가 재빨리 다른 냄비에서 물을 부어 수프를 이전과 비슷한 양으로 만들고 무턱대고 양념과 야채를 집어넣는다.

REMY What is he doing? No, no, no! This is terrible! He's **ruining** the soup! And nobody's noticing?! It's your restaurant! Do something!

레미 저 사람 뭐 하는 거지? 안 돼! 끔찍하군! 수프를 망치고 있어! 보는 사람이 아무도 없네?! 당신 식당이잖아요! 뭐라도 해 보세요!

GUSTEAU What can I do? I am a **figment** of your imagination.

구스토 내가 어쩌겠어? 난 네 상상일 뿐이야.

REMY But HE'S RUINING THE SOUP! **We've got to tell someone that he's...**[2]

레미 하지만 수프를 망치고 있잖아요! 누구에게 알려야 해요. 그가…

---

dismissive 무시하는
plongeur 잡일 하는 사람
patronizing 잘난 체하는
aghast 경악한
chum 집어넣다, 뿌리다
haphazardly 무턱대고, 되는대로
ruin 망치다
figment 꾸며낸 것

[1] **That doesn't mean that anyone should.** 그렇다고 그래야 하는 건 아니죠.
That doesn't mean ~은 '그렇다고 ~한 건 아니죠'라는 뜻으로 상대방이 한 말에 대해서 동의하지 않고 이의를 제기할 때 쓰는 표현이에요.

[2] **We've got to tell someone that he's...** 누구에게 알려야 해요. 그가…
We've got to ~는 '우리가 ~해야 해'라는 뜻으로 상대방에게 어떤 일을 해야 한다고 강하게 제안할 때 쓰는 표현이에요.

The skylight suddenly gives way, and Remy **PLUNGES** into—

INT. KITCHEN
With a **SPLASH** Remy lands in a sink filled with soapy dishwater. He paddles to the surface, **gasping** with fear. He climbs onto the **counter** and **tumbles** over the edge, hitting the floor with a wet **SPLAT**.

COLETTE   Table five coming up, right now.

LALO   Coming down the line.

COLETTE   Set.

KITCHEN FLOOR – UNDER THE COUNTER
Remy HIDES. GIANT FEET (belonging to busy COOKS) **boom** by on either side. **Surrounded** by the enemies of rat kind, Remy is **PETRIFIED**. From REMY'S POV the kitchen is a terrifying place; full of FIRE and NOISE. He runs out from under the counter. The door to the **walk-in** OPENS, knocking Remy across the floor and under the stove.

COLETTE   Hot! Open oven!

HORST   Coming around.

Sticking his head out, Remy spots an OPEN WINDOW on the far wall: a way out! Then, above him rows of burners **IGNITE**. He races across a **walkway**, under another counter and out the other side, nearly run over by a DINING CART. REMY dives underneath it, using it to cross the kitchen camouflaged. He runs for the window, climbing up a dish rack to the counter. He is nearly to the OPEN WINDOW. He **scrambles** up onto a **copper pot** toward it, but the lid slips and he falls inside. He LOOKS UP. OUT FROM UNDER THE POT LID– the window is MOVING AWAY. What's happening?!

COLETTE   Oui, chef. One **filet mignon**, three lamb, two duck.

갑자기 채광창이 열리면서 레미가 아래로 떨어진다.

실내. 주방
레미가 비눗물이 담긴 싱크대 안으로 첨벙하고 떨어진다. 헤엄쳐서 물 위로 올라오는데 겁을 먹고 숨을 헐떡인다. 간신히 조리대 위로 올라가지만 가장자리에서 떨어져, 바닥에 '철떠덕' 부딪친다.

콜레트   5번 테이블 나가요, 지금요.

랄로   나가요.

콜레트   준비됐어요.

주방 바닥 – 조리대 아래
레미가 숨는다. (바쁜 요리사들의) 거대한 발들이 양쪽에서 큰소리를 내며 지나간다. 사방에 쥐들의 적이 있어서 레미는 잔뜩 겁을 먹는다. 레미의 시점으로 주방은 뜨거운 불과 소음이 가득한 끔찍한 곳이다. 레미는 조리대 밑에서 황급히 도망 다닌다. 거대한 창고 문이 열리면서 레미를 치는데, 그 충격으로 레미는 바닥을 가로질러 오븐 밑으로 나가떨어진다.

콜레트   뜨거워요! 오븐 열어요!

홀스트   나갑니다.

고개를 내미는 레미, 멀리 떨어진 벽 쪽 창문이 열려 있는 것을 발견한다. 탈출구이다! 이때 머리 위에서 여러 개의 버너에 불이 붙는다. 레미가 통로를 가로질러 다른 조리대 밑으로 잽싸게 들어간다. 반대쪽으로 나오다가 음식을 나르는 카트에 거의 치일 뻔한다. 레미는 카트 밑으로 뛰어들고, 밑에 숨어서 주방을 가로지르려고 한다. 창문을 향해 달려가 그릇 선반 위를 올라 조리대로 이동한다. 열린 창문 쪽으로 거의 다 왔다. 창문으로 다가가려고 구리 냄비 위에 올라서는데, 냄비 뚜껑이 미끄러지더니 그 안으로 떨어진다. 레미는 위를 올려다본다. 냄비 뚜껑 아래에서 밖을 바라보며 – 창문이 멀어지고 있다. 무슨 일이지?!

콜레트   네, 주방장님. 필레미뇽 하나, 양고기 셋, 오리고기 둘.

---

plunge 떨어지다
splash 풍덩 하는 소리
gasp 숨을 제대로 못 쉬다
counter 조리대
tumble 굴러떨어지다
splat 철퍼덕하는 소리
boom 큰소리를 내다
surround 둘러싸다

petrified 겁을 먹은
walk-in 사람이 서서 드나들 수 있는
ignite 점화되다
walkway 통로
scramble 서둘러 움직이다
copper pot 구리로 된 냄비
filet mignon 필레미뇽, 안심 스테이크

The POT is being carried away by one of the COOKS. The chef sets the pot down near a stove and exits. As Remy heads back toward the window, a wonderful SCENT hits his nose. He SNIFFS, following it to a PAN filled with vegetables. He **crawls** inside, and it is only then that he notices the LARGE TURKEY– moments before a COOK picks up the pan and slides it into the oven! Remy **barely** escapes before the oven door CLOSES, SPRINGING from the oven to another passing **trolley**, which **bursts** into—

그 냄비는 한 요리사에 의해 옮겨진다. 그는 냄비를 스토브 옆에 놓고 나간다. 레미가 다시 창문 쪽으로 향하는데, 황홀한 냄새가 그의 후각을 사로잡는다. 레미는 냄새를 맡으며 야채가 가득한 냄비를 향해 따라간다. 냄비 안으로 들어가는 레미, 큰 칠면조를 발견하는데, 요리사가 팬을 오븐 안으로 밀어 넣기 직전이다! 오븐 문이 닫히기 전에 레미는 간신히 탈출해서 옆에 지나가는 다른 카트로 뛰어드는데 그 카트가 이동한 곳은...

HORST   Fire those souffles for table six, ja.

홀스트 6번 테이블 수플레 됐어?

COLETTE   Five minutes, chef.

콜레트 5분이면 돼요, 주방장님.

REMY   Oh, God.

레미 오, 맙소사.

THE DINING ROOM

식당

MUSTAFA   Tonight, I'd like to **present** the foie gras. It has a wonderful **finish**.

무스타파 오늘 저녁은, 거위 간 요리를 추천합니다. 끝맛이 아주 일품이죠.

Remy watches as he is **wheeled** into the **plush** hush of the restaurant, with its well-dressed **clientele**. Remy sits up, next to a peppermill, and is **SEIZED** by a WAITERS HAND which, startled by the fur-bearing peppermill, instantly RELEASES HIM. Remy quickly leaps to a trolley heading back to the kitchen, before he's **sighted**.

레미가 타고 있는 카트가 화려한 식당으로 나오더니 잘 차려입은 손님 테이블에서 멈춰 선다. 레미가 후추통 옆에 서는데 갑자기 웨이터의 손이 다가와 그를 움켜쥔다. 털로 뒤덮인 후추통에 깜짝 놀라 얼른 놓는다. 레미는 발각되기 전에 다시 주방으로 들어가는 다른 카트로 재빨리 뛰어든다.

INT. KITCHEN
Remy jumps off the trolley and hides. He looks up at the window. The WINDOW has been CLOSED! Linguini crosses into his view and tastes the soup. It's horrible, so horrible that he runs to the window, opens it, **SPITS** the soup out into the alley and exits– LEAVING THE WINDOW OPEN.

실내. 주방
레미가 카트에서 뛰어내려 재빨리 숨는다. 그리고 창문을 올려다보는데 창문이 닫혔다! 멀리서 링귀니가 보이는데 수프 맛을 본다. 끔찍한 맛이다. 너무 끔찍해서 링귀니는 창문으로 가서 문을 열고, 골목을 향해 수프를 뱉고 문을 열어둔 채 그 자리를 빠져나간다.

RESUME REMY
He sees his **opening** and runs for it, climbing a **broom** handle to a shelf above the stove that leads to the OPEN WINDOW. He runs through the steam from the soup bubbling directly below.

레미의 장면 계속
레미는 기회를 포착하고 다급히 달려가, 빗자루 손잡이를 타고 스토브 위의 선반으로 올라간다. 그 선반은 열린 창문으로 이어진다. 끓는 수프에서 나는 김을 헤치고 달려간다.

---

crawl 기어가다

barely 간신히 ~하는

trolley 카트

burst 불쑥 이동하다

present 소개하다, 보여 주다

finish 끝맛

wheel 태우고 가다

plush 화려한

clientele 고객

seize 붙잡다

sight 발견하다

spit 뱉다

opening 기회

broom 빗자루

It's so disgusting that he STOPS and, without thinking, grabs a spice from the counter, throws a **dash** in, adds some pepper, and starts again for the window– thinks better of it, add other spices, starts back to the window and STOPS. His gaze returns to the boiling pot and its possibilities. The GUSTEAU SPRITE APPEARS—

수프 냄새가 너무 고약해서 그는 멈춰 선다. 레미는 본능적으로 조리대에서 양념을 집어 들고 수프에 넣고, 후추도 약간 첨가한다. 창문을 향해 다시 가려다 더 좋은 생각이 떠올랐는지, 다른 양념을 추가하고 다시 창문으로 달려가다가 멈춘다. 레미는 끓고 있는 냄비를 다시 바라보는데, 이것을 살릴 수 있을 것 같다. 이때 구스토 요정이 나타난다…

GUSTEAU Remy! **What are you waiting for?**[1]

구스토 레미! 뭘 망설이는 거니?

REMY Is this going to become a **regular thing** with you?

레미 자꾸 이렇게 나타날 거예요?

GUSTEAU You know how to fix it. This is your chance...

구스토 이걸 어떻게 살릴지 알고 있잖니. 이건 기회라고…

Remy considers this. Then, filled with purpose, he jumps to the stove top, turns the burner down, hops up to the **spigot** to add water to the soup. Quickly losing himself, Remy **proceeds** to remake the soup, **alternately** smelling, tasting and adding **ingredients** to it. He grabs a pawful of spices to toss in and SUDDENLY SEES— LINGUINI. They STARE at each other for a long moment, deer caught in each other's headlights. Remy drops the spices into the soup.

레미가 고민에 빠진다. 그러다 결심한 듯 스토브 위로 올라가 불을 줄이고 수도꼭지로 가서 수프에 물을 더 넣는다. 레미는 수프를 다시 만드는 데 완전히 집중하고 있다. 번갈아 가며 냄새를 맡고 맛을 보면서 재료를 첨가한다. 양념을 한 줌 쥐고 수프에 집어넣으려는데 갑자기… 링귀니와 눈이 딱 마주친다. 그 둘은 오랫동안 서로를 빤히 바라보는데 마치 사슴이 자동차 헤드라이트를 바라볼 때와 같은 모습이다. 이 상황에서 레미가 양념을 수프 안에 집어넣는다.

SKINNER (O.S.) THE SOUP! WHERE IS THE SOUP?

스키너 (화면 밖) 수프! 수프는 어디에 있어?

The two STARTLE; Remy tries to run for the window. Linguini slams a **colander** over him, both hiding and trapping him.

둘은 화들짝 놀란다. 레미가 창문을 향해 뛰어가려는데 링귀니가 레미 위로 채반을 덮어 버린다. 그를 숨겨줌과 동시에 가둬 버린 것이다.

SKINNER Out of my way. **Move it, garbage boy!**[2]

스키너 비켜. 비키라고, 쓰레기 담당!

Skinner spots the **ladle** in Linguini's hand. He seizes Linguini by his collar.

스키너 링귀니의 손에 국자가 있는 것을 발견한다. 그의 멱살을 잡는다.

바로 이장면!

SKINNER You are COOKING? How dare you cook in my kitchen!

스키너 네가 요리한 거냐? 내 주방에서 감히 요리를 하다니!

---

dash 소량

regular thing 항상 있는 일

spigot 수도꼭지

proceed 계속 ~하다

alternately 교대로, 간혹

ingredient 재료

colander 물을 빼는 데 쓰는 채반 (소쿠리)

ladle 국자

❶ What are you waiting for?
뭘 망설이는 거니?
'뭘 망설이는 거야?' 혹은 '뭘 꾸물거리는 거니?'라는 뜻으로 상대방에게 어떤 행동을 속히 하라고 채근하는 말이에요.

❷ Move it, garbage boy!
비키라고, 쓰레기 담당!
Out of my way! 처럼 '비켜'라는 뜻으로 쓰인 거예요. 군대에서 '빨리 움직여!'라는 명령어로도 쓰여요.

Remy starts to push the colander toward the open window.

레미는 채반을 밀어 창문으로 나가려고 한다.

SKINNER Where do you get the gall to even attempt something so **monumentally idiotic**? I should have you drawn and quartered! I'll do it! I think the law is on my side! (calling out) LaRousse! **Draw and quarter** this man! AFTER you put him in the **duck press** to squeeze the fat out of his head.

스키너 그렇게 무식한 짓을 할 배짱은 어디서 나온 거야? 널 교수형에 처할 테야! 그러고 말겠어! 법도 내 편이야! (큰 소리로) 라루스! 이놈을 교수형 시켜! 착즙기에 넣고 머리에서 기름을 짜내라고.

As Skinner berates Linguini, Lalo ladles the soup into a **tureen**, which he takes to the **pass**. Linguini watches **helplessly** as the waiter MUSTAFA carries his soup out to the dining room.

스키너가 링귀니를 질책하는 사이에 랄로가 수프를 떠서 그릇에 담아 손님에게 나가는 테이블로 가져간다. 웨이터 무스타파가 그 수프를 식당으로 가시고 나가는데 링귀니는 이를 어쩔 수 없이 비라보고 있을 뿐이다.

LINGUINI Oh, no... no no, ohhhh nooo—

링귀니 오, 안 돼… 안 돼요, 오오 안 돼….

SKINNER What are you **blathering** about?!

스키너 뭐라고 중얼거리는 거야?!

LINGUINI (points, **dumbstruck**) -but don't let- th– sou... soup–!

링귀니 (놀라서 말도 못하고, 손가락으로 가리키며) 저 수… 수프를 막아야…!

SKINNER Soup...? (suddenly understands) STOP THAT SOUP! Noooo!

스키너 수프…? (갑자기 이해한 듯) 저 수프를 막아야 안 돼!

But Mustafa **is gone** and it is TOO LATE. Skinner **anxiously** looks through the door windows into the dining room—

하지만 무스타파가 이미 나가 버려서 이를 막기에는 너무 늦었다. 스키너는 문에 있는 창문을 통해 식당을 걱정스럽게 바라본다.

---

monumentally 어처구니 없을 정도로
idiotic 멍청한
draw and quarter 처형하다
duck press 기름 착즙기
tureen 큰 그릇
pass 마무리된 음식을 올려놓는 테이블
helplessly 속수무책으로, 무력하게
blather 중얼거리다

dumbstruck 놀라서 말도 못하는
be gone 사라지다
anxiously 걱정스러워

The Soup Is Amazing!
수프가 끝내줘요!

🎧 09.mp3

SKINNER'S POV: THE DINING ROOM
–the soup is served to a WOMAN DINER. She tastes it, **REACTS visibly**, and **motions** for the waiter.

WOMAN DINER Waiter.

RESUME KITCHEN
Wilting, Skinner turns his building **rage** toward Linguini.

SKINNER Linguini! You're **FIRED**! F-I-R-E-D! FIRED!

MUSTAFA, the waiter, sticks his head through the **double doors**, speaking low to Skinner.

MUSTAFA She wants to see the Chef.

SKINNER But he…

Color **drains** from Skinner's face. He takes a breath and heads out into the dining room to **take his medicine**. Linguini tries to **sneak off**, but is collared by the Sous Chef HORST, whose eyes remain **riveted** to the dining room door. Colette sticks a clean spoon into the soup and tastes. Surprise: it's GOOD. Mustafa and Skinner re-enter from the dining room, Skinner's face **a riot of bewilderment**.

COLETTE What did the customer say?

MUSTAFA It wasn't a customer. It was a **critic**.

COLETTE (**fearful**) Ego??

SKINNER (**dazed**) Solene LeClaire…

스키너의 시점: 식당
수프가 여자 손님에게 제공된다. 그녀가 맛을 보고 눈에 띄는 반응을 보인다. 그리고 웨이터를 부른다.

여자 손님 웨이터.

주방 장면 계속
풀이 죽은 스키너가 갑자기 링귀니에게 끓어오르는 분노를 표출한다.

스키너 링귀니! 넌 해고야! 해–고–! 해고라고!

웨이터 무스타파가 쌍여닫이문 사이로 고개를 내밀고 스키너에게 낮은 소리로 말한다.

무스타파 주방장님을 뵙고 싶다는데요.

스키너 하지만 쟤가…

스키너의 얼굴이 잿빛이 되었다. 한숨을 쉬고 어쩔 수 없다는 듯이 식당으로 나간다. 링귀니가 몰래 도망가려다가 부주방장 홀스트에게 덜미가 잡힌다. 홀스트는 식당으로 가는 문을 뚫어지게 바라본다. 콜레트가 깨끗한 숟가락을 수프에 담가 맛을 본다. 놀란다. 훌륭한 맛이다. 무스타파와 스키너가 주방으로 다시 들어온다. 스키너는 매우 당황한 표정이다.

콜레트 손님이 뭐라고 했어요?

무스타파 손님이 아니라, 평론가였어.

콜레트 (염려하는 표정으로) 이고였어요??

스키너 (멍하니) 솔렌 르끌레어…

react 반응하다 · visibly 눈에 띄게 · motion 손짓을 하다 · wilt 풀이 죽다 · rage 분노 · fired 해고된 · double door 양쪽으로 여닫는 문 · drain 빠져나가다 · take one's medicine 싫은 것을 참다 · sneak off 몰래 나가다 · rivet 고정하다 · a riot of 아주 큰, 격발 · bewilderment 당황함 · critic 비평가 · fearful 두려워하는 · dazed 멍한 상태의

COLETTE LeClaire? What did she say?

MUSTAFA She liked the soup.

UNDER THE COLANDER: The GUSTEAU SPRITE stops Remy.

GUSTEAU Wait–

바로 이장면!

REMY What do you mean "wait"? You're the reason I'm in this **mess**!

GUSTEAU Someone is asking about your soup!

The **bustle** of the kitchen has **STOPPED DEAD** as Skinner tastes the soup. His eyes **betray** a truth; the soup is delicious. And he HATES that. He turns to Linguini, his face DARK.

SKINNER What are you playing at?

LINGUINI (totally **confused**) I, uhm, am I still fired?

COLETTE You can't fire him.

Skinner **wheels** around–

SKINNER What–!?

Colette **summons** some **courage**, decides to **hold** her **ground**.

COLETTE LeClaire likes it, yeah? She **made a point of** telling you so. If she writes a **review** to that effect, and finds out you fired the cook responsible—

SKINNER He's a garbage boy...

콜레트 르끌레어? 그녀가 뭐래요?

무스타파 수프가 맛있대.

채반 아래에서: 구스토 요정이 레미를 멈춰 세운다.

구스토 기다려 봐…

레미 기다리라뇨? 내가 이렇게 된 건 다 당신 때문이에요!

구스토 네 수프에 관심을 보이고 있잖아!

스키너가 수프를 맛보는 동안 부산했던 주방은 쥐 죽은 듯 조용하다. 그의 눈을 보니 수프가 정말 맛있다는 것을 알 수 있다. 그는 이 사실이 마음에 들지 않는다. 스키너가 링귀니를 향해 돌아서는데 얼굴빛이 어둡다.

스키너 무슨 수작이야?

링귀니 (매우 혼란스러워하며) 저, 엄, 저 여전히 해고된 건가요?

콜레트 해고하면 안 되죠.

스키너가 홱 돌아본다.

스키너 뭐라고…!?

용기를 내는 콜레트, 물러서지 않고 자기 생각을 말한다.

콜레트 르끌레어가 맛있다잖아요, 그죠? 직접 그렇게 말했고요. 호평을 썼는데 당신이 수프를 만든 요리사를 자른 걸 안다면…

스키너 얘는 쓰레기 담당이잖아…

---

mess 엉망인 상태
bustle 부산함, 북적거림
stop dead 딱 멈추다
betray 안색에 나타나다
confused 마음이 혼란한
wheel 몸을 돌리다
summon 모으다
courage 용기

hold one's ground 자신의 입장을 고수하다
make a point of ~하려고 특별히 노력하다
review 평가, 비평

COLETTE –who made something she liked. How can we claim to **represent** the name of Gusteau if we don't **uphold** his most **cherished** belief?

콜레트 …그 여자가 좋아하는 음식을 만들기도 했죠. 구스토의 신념을 지키지 않으면서 어떻게 그의 이름을 걸고 장사를 할 수 있겠어요?

SKINNER What belief is that, Mademoiselle Tatou?

스키너 그 신념이 뭐지, 타투 양?

COLETTE Anyone can cook.

콜레트 누구나 요리할 수 있다.

UNDER THE COLANDER: The Gusteau sprite NUDGES Remy.

채반 아래: 구스토 요정이 거 보란 듯 레미를 쿡 찌른다.

RESUME SCENE
The other COOKS murmur their **assent**. The **turn of the tide** isn't lost on Skinner. His face softens into an icy smile.

장면 계속
다른 요리사들도 동의하며 뭐라 중얼거린다. 상황이 역전되었다는 것을 알고 스키너는 억지로 웃으려고 애를 쓴다.

SKINNER **Perhaps I've been a bit harsh on our new garbage boy.** ❶ He has **taken** a bold **risk**, and we should **reward** that, as Chef Gusteau would have. If he wishes to swim in dangerous waters, who are we to deny him?

스키너 내가 새로 온 쓰레기 담당에게 약간 심했군. 얘가 과감한 도전을 했는데 우리가 상을 줘야지. 구스토도 그랬을 거야. 얘가 깊은 물에서 수영하겠다는데 우리가 어떤 자격으로 말릴 수 있어?

UNDER THE COLANDER: Remy's totally **absorbed** in this conflict. A COUGH causes Remy to looks up: the GUSTEAU SPRITE gestures at the window.

채반 아래: 레미는 이 상황에 완전히 푹 빠져 있다. 갑자기 헛기침 소리가 나서 레미가 위를 바라보니 구스토 요정이 창문을 가리키고 있다.

GUSTEAU You were escaping..?

구스토 도망가던 중 아니었나…?

REMY Oh. Yeah–

레미 아. 네…

---

represent 대표하다
uphold 유지하다
cherished 소중한
assent 동의, 찬성
turn of the tide 상황의 변화
take a risk 모험을 하다
reward 상을 주다
absorb ~에 몰두하다

❶ Perhaps I've been a bit harsh on our new garbage boy.
내가 새로 온 쓰레기 담당에게 약간 심했군.
harsh는 '가혹한', '냉혹한'이란 뜻이에요. '~를 심하게 대하다'라고 표현할 때는 〈be harsh on 사람〉 패턴을 쓰도록 하세요.

Disney · PIXAR
RATATOUILLE
(rat·a·too·ee)

We're Together on This!

우리는 한 팀이야!

🎧 10.mp3

Skinner turns to Colette, gives her a **withering** smile.	스키너가 콜레트에게 향해 멸시하는 듯 미소를 짓는다.
SKINNER Since you have expressed such an interest in his cooking career, you shall be responsible for it.	스키너 쟤 요리 경력에 큰 관심을 보였으니 자네가 책임지도록 해.
Colette's **face falls**. Skinner turns to the other cooks.	콜레트는 언짢은 표정이다. 스키너가 다른 요리사들을 바라본다.
SKINNER Anyone else? (they look away) Then back to work!	스키너 또 할 말 있는 사람? (모두 시선을 피한다) 그럼 일해!
The cooks resume their work. Skinner wheels on Linguini.	요리사들이 다시 일을 시작한다. 스키너가 링귀니를 향해 돌아선다.
SKINNER **You are either very lucky or very unlucky.**❶ You will make the soup again, and this time I'll be paying attention. Very close attention.	스키너 넌 운이 아주 좋거나 아주 나빠. 다시 그 수프를 만들어. 이번에는 내가 지켜보겠어. 아주 철저히 말이야.
Off to the side, REMY has almost **made it to** the window.	이들 뒤에서 레미는 창문으로 거의 빠져나가려고 한다.
SKINNER (CONT'D) They think you might be a cook. But you know what I think, Linguini? I think you're a **sneaky, overreaching** little- (he SPIES REMY) –RAAAAT!!!	스키너 (계속) 사람들은 네가 요리사라고 생각할 수도 있겠지. 하지만 내 생각에는 말이야, 링귀니? 넌 교활하고 주제넘은 어린… (레미를 발견하고) …쥐다!!!
REMY RUNS. The OTHER COOKS come after him. Skinner SWINGS a MOP at Remy, breaking dishes and **blocking** his escape.	레미가 도망간다. 다른 요리사들이 그를 추격한다. 스키너는 대걸레를 레미에게 휘두르며 접시를 깨고 그의 탈출구를 막아 버린다.
SKINNER Rat!	스키너 쥐야!
HORST Get the rat.	홀스트 쥐를 잡아!
SKINNER Linguini! Get something to **trap** it!!	스키너 링귀니! 가둘 것을 가져와!!

---

withering 기를 죽이는
someone's face falls 실망한 표정을 짓다
off to the side 옆에서 떨어져
make it to ~에 도착하다
sneaky 교활한
overreaching 도를 넘는
block 막다
trap 가두다

> ❶ **You are either very lucky or very unlucky.**
> 넌 운이 아주 좋거나 아주 나빠.
> 두 가지를 선택하는 것과 관련된 표현들을 정리해 볼게요. either A or B는 'A 혹은 B 둘 중의 하나'라는 뜻이에요. 이와 완전 반대로 'neither A nor B'는 'A와 B 둘 다 아닌'이란 뜻이죠. both A and B는 'A와 B 둘 다'라는 뜻이랍니다.

HORST   It's getting away. Get it, get it, get it.

Linguini **CLAPS** a jar over Remy. **Seals** it.

LINGUINI   What should I do now?

SKINNER   Kill it.

LINGUINI   Now?

SKINNER   No! Not in the kitchen. Are you mad?? Do you know what would happen to us if anyone knew we had a rat in our kitchen? They'd **close** us **down**!! Our **reputation** is **hanging by a thread** as it is. Take it away from here. Far away. Kill it. **Dispose of** it. Go!

Linguini nods and quickly EXITS the kitchen's back door.

EXT. ALLEY BEHIND GUSTEAU'S – NIGHT
Linguini **hops aboard** a bicycle and pedals into the **gloom**, carrying Remy in the jar with him.

EXT. THE SEINE – ALONG THE WATER – NIGHT
The **waterfront**, normally so beautiful, seems dark and **foreboding** this night. Linguini slows his bicycle and pulls up under a streetlamp near a bridge **underpass**. He climbs off the bicycle and prepares to drop the jar into the water. Remy is **PETRIFIED**. His heart racing, he presses his **paws** against the glass, staring at Linguini with terrified eyes. Linguini **HESITATES**... then **PULLS BACK**, shouting at Remy.

바로 이장면!*

LINGUINI   Don't look at me like that! You aren't the only one who's trapped. They expect me to cook it again!

홀스트   도망간다. 잡아, 잡아, 잡으라고.

링귀니가 큰 유리병에 레미를 가둔 후, 뚜껑을 닫는다.

링귀니   이제 어쩌죠?

스키너   죽여.

링귀니   지금요?

스키너   아니! 주방에서 말고. 너 미쳤어?? 우리 주방에 쥐가 있다는 걸 알면 어떻게 되는지 알기나 해? 문을 닫아야 한다고!! 우리 명성에 먹칠하는 거지. 여기서 가지고 나가. 멀리. 죽여. 없애 버리라고. 가!

링귀니가 고개를 끄덕이고 재빨리 주방 뒷문으로 빠져나간다.

실외. 구스토 식당 뒷골목 – 밤
자전거에 올라타는 링귀니. 레미를 담은 유리병을 들고 어둠 속으로 페달을 밟는다.

실외. 센강 – 강을 따라 – 밤
평소에는 아름답던 강가가 오늘 밤에는 어둡고 불길해 보인다. 자전거 속도를 늦추는 링귀니. 다리 근처 가로등 밑에 자전거를 세운다. 자전거에서 내려 병을 물속에 던지려고 한다. 레미는 잔뜩 겁을 먹었다. 심장이 쿵쾅거리는데 발바닥을 유리에 대고 겁에 질린 눈빛으로 링귀니를 쳐다본다. 링귀니가 주저하는데… 뒤로 물러서며 레미에게 소리친다.

링귀니   그렇게 쳐다보지 마! 너만 갇힌 신세가 아니라고. 나더러 그 요리를 또 하라잖아!

clap 넣다
seal 봉인하다, 뚜껑을 닫다
close down (사업 등을) 중단시키다
reputation 평판, 명성
hang by a thread 위험한 상황이다
dispose of 없애다
hop aboard (차량 등에) 오르다
gloom 어둠

waterfront 강가
foreboding 불길한
underpass (다리) 아래쪽 도로
petrified 놀란
paw 동물의 발
hesitate 주저하다
pull back 물러나다, 취소하다

Remy looks up; What??

레미가 쳐다본다: 이게 무슨 소리야??

LINGUINI (CONT'D) I mean, I'm not **ambitious**. I wasn't trying to cook. **I was just trying to stay out of trouble.**[1] You're the one who was getting fancy with the spices!

링귀니 (계속) 내 말은, 난 야망이 없어. 요리하려고 그랬던 건 아니야. 그냥 사고만 안 치려고 했다고. 양념으로 무슨 짓을 한 건 바로 너잖아!

Remy stares; this human is more upset than he is!

레미가 링귀니를 계속 바라본다: 이 인간이 단단히 화가 난 모양이네!

LINGUINI (CONT'D) What did you throw in there? Oregano? (Remy SHAKES HEAD: "NO") No? What? Rosemary? (again, Remy shakes head) That's a spice, isn't it? Rosemary? (at this Remy NODS) You didn't throw rosemary in there? Then what was all the flipping and all the throwing the...

링귀니 (계속) 거기에 뭘 넣은 거야? 오레가노? (레미가 고개를 젓는다: "아니") 아니라고? 뭐? 로즈마리? (다시 레미가 고개를 젓는다) 그것도 양념이지, 안 그래? 로즈마리 말이야? (이 말에 레미가 고개를 끄덕인다) 거기에 로즈마리는 안 넣었지? 그럼 휘젓고 던져 넣고 했던 건 다 뭐…

Remy shakes his head. Linguini **SLUMPS** down on the bank, sets the Remy jar next to him.

레미가 고개를 젓는다. 링귀니는 강둑에 털썩 앉아 레미가 들어 있는 유리병을 옆에 둔다.

LINGUINI I need this job. I've lost so many. I don't know how to cook, and now I'm talking to a rat as if you... (sudden **realization**) –did you NOD? Have you been nodding? You UNDERSTAND ME?? (Remy NODS) So I'm not crazy. Wait a second, wait a second. I can't cook, can I? (Remy shakes his head) But you... You can, right? (Remy thinks **uncertainly**)

링귀니 난 이 일이 필요해. 너무 많이 잘렸거든. 난 요리를 할 줄 몰라. 이제는 쥐랑 이야기를 하네 마치 네가… (불현듯 생각난 듯) 너 고개 끄덕였니? 계속 끄덕였던 거야? 너 내 말 알아들어?? (레미가 고개를 끄덕인다) 내가 미친 게 아닌 거네. 잠깐, 잠깐만. 난 요리를 못해, 그렇지? (레미가 고개를 젓는다) 하지만 넌… 할 수 있지, 그렇지? (레미의 생각은 불확실하다)

LINGUINI (CONT'D) Look, don't be so **modest**. You're a rat, **for Pete's sake**. Whatever you did, they liked it. (**lost in thought**) Yeah. This could work. Hey, they liked the soup!

링귀니 (계속) 이봐, 너무 겸손할 필요 없어. 넌 그냥 쥐일 뿐이야. 네가 무슨 짓을 했든지 간에 사람들이 좋아했잖아. (깊이 생각한다) 그래. 이렇게 하면 될 거야. 이봐, 그 수프가 좋았다잖아!

With an **expansive** gesture Linguini accidentally KNOCKS REMY'S JAR INTO THE SEINE. Horrified, Linguini DIVES IN after it.

링귀니가 과장된 몸짓을 하다 실수로 레미가 든 유리병을 쳐서 센강에 빠뜨린다. 깜짝 놀란 링귀니가 병을 집으러 강에 뛰어든다.

---

ambitious 야망이 있는

slump 털썩 주저앉다

realization 깨달음

uncertainly 불확실하게

modest 겸손한

for Pete's sake 제기랄, 제발

lost in thought 생각에 잠겨서

expansive 과장된

❶ I was just trying to stay out of trouble.
그냥 사고만 안 치려고 했다고.
I was just trying to ~는 '~하려고 했다고'라는 뜻으로 자기 행동에 대해 변명할 때 자주 쓰는 표현이에요. 또한 stay out of trouble은 '사고를 치지 않다', '위험한 행동을 하지 않다'라는 의미예요.

EXT. BANKS OF SEINE – MINUTES LATER
Linguini sits on a bench, soaking wet, the jar with Remy successfully **retrieved** and sitting next to him.

LINGUINI They liked the soup. Do you think you could... do it again? (Remy NODS) Okay, I'm gonna let you out now. But we're together on this. Right? (Remy NODS again) Okay.

Linguini sets the jar down on its side and carefully OPENS the lid. Remy looks up at him... and TAKES OFF, **escaping** into the darkness. **CACKLING** as he runs, Remy LOOKS BACK at-

REMY'S **POV**: MOVING
–the **diminishing** figure of Linguini, standing **forlorn** and alone under the bridge. He slows to a stop, moved by this **pitiful sight**.

WITH LINGUINI
He SIGHS, **defeated**. Turns sadly to his bicycle. Then a SOUND: the **CLICKING** of tiny **claws** on cement. Linguini looks up— REMY, very **cautiously**, is coming toward him, back into the light. Remy looks at Linguini... who SMILES.

실외, 센강 옆 – 잠시 후
링귀니가 흠뻑 젖은 채 벤치에 앉아 있다. 레미를 담은 유리병은 무사히 건져서 옆에 두었다.

링귀니 사람들이 그 수프를 좋아했어. 너 다시… 만들 수 있겠니? (레미가 고개를 끄덕인다) 알았어. 널 꺼내 줄게. 이제 우리는 한 팀이야. 알았지? (레미가 다시 고개를 끄덕인다) 자.

링귀니가 유리병을 옆에 두고 조심스럽게 뚜껑을 연다. 레미가 링귀니를 바라보다가… 재빨리 어둠 속으로 도망친다. 레미는 낄낄대며 뛰어가다가 갑자기 뒤돌아본다.

레미의 시점: 링귀니와 멀어지는데
저 멀리 링귀니는 쓸쓸히 혼자 다리 아래에 서 있다. 레미가 천천히 멈춰 선다. 링귀니의 불쌍한 모습에 동정을 느낀다.

링귀니 장면
링귀니는 좌절한 듯 한숨을 쉬고 슬프게 자전거로 돌아간다. 이때 시멘트 바닥에 작은 발톱이 부딪치는 소리가 들린다. 링귀니가 고개를 들어 바라본다. 레미다. 매우 조심스럽게 그를 향해, 가로등이 있는 곳으로 돌아온다. 레미가 링귀니를 바라보자… 링귀니가 미소를 짓는다.

retrieve 되찾다, 수습하다
escape 달아나다, 탈출하다
cackle 낄낄 웃다
POV 관점 (point of view)
diminishing 작아지는, 사라지는
forlorn 쓸쓸한, 황량한
pitiful 가여운
sight 광경

defeated 풀이 죽은
click 부딪히는 소리
claw 발톱
cautiously 조심해서

Little Chef
꼬마 요리사

🎧 11.mp3

INT. LINGUINI'S FLAT – NIGHT
Darkness. The sound of a KEY **fumbling** in a lock, followed by a CLICK. The **warped** door **scrapes against** its frame as Linguini KICKS it a few times, opening it enough to enter, wrestle his bicycle through, and turn on a light, REVEALING– a tiny, odd-shaped room; an **assemblage** of spatial scraps **euphemistically** called an apartment. One window, a table with a chair. Hotplate. A **miniscule**, ancient refrigerator. A ratty couch doubles as a bed, a black & white TV perched on a shelf.

LINGUINI So, this is it. I mean, it's not much, but it's, you know… (he looks around) –not much. (looks at Remy, shrugs) It could be worse. There's heat and light and a couch with a TV. **So, y'know– what's mine is yours.** ❶

Remy looks over the new digs. He likes them just fine.

LATER
Fast asleep on the couch, Linguini is bathed in the flickering light from an old and very romantic FRENCH MOVIE on TV. TWO LOVERS stand handsomely in the swirling steam of a soon-to-depart **locomotive**, staring into each other's eyes—

HER (on TV) Are you… Is this a dream?

HIM (on TV) The best kind of dream. One we can share.

Tucked into an OVEN MITT near the window sill, REMY gazes dreamily at the lights of Paris. The romantic MOVIE MUSIC swells, **underscoring** his emotions.

실내. 링귀니의 아파트 – 밤
안은 어둡다. 덜그럭거리는 열쇠 소리에 이어 '딸깍' 잠금장치가 열리는 소리가 들린다. 링귀니가 몇 차례 발로 차자 비틀어진 문이 간신히 살짝 열리는데, 그 틈 사이로 힘겹게 자전거를 밀어 넣으며 들어온다. 링귀니가 불을 켜자– 작고 이상한 형태의 방이 보인다. 말만 '아파트'이지 사실은 자투리 공간을 붙여서 만든 곳이다. 창문 하나, 테이블, 의자 하나씩 있다. 조리용 열판, 아주 작은 구식 냉장고가 보인다. 침대로도 사용하는 지저분한 소파가 놓여 있고 흑백 TV가 선반 위에 올려져 있다.

링귀니 자, 여기야. 그러니까, 그리 좋지는 않지만, 그래도, 뭐 알다시피… (주위를 둘러보며) 진짜 별로지. (레미를 바라보며 어깨를 으쓱하며) 더 안 좋을 수도 있지만, 그래도 난방, 조명, 소파에 TV까지 다 있어. 그러니까… 편하게 지내.

레미가 새로 살 집을 살펴본다. 마음에 든다.

잠시 후
링귀니는 소파에서 곯아떨어졌다. TV에서 프랑스 고전 멜로 영화가 나오는데 그 불빛이 링귀니의 몸 위에 비친다. 두 연인이 서로의 눈을 바라보며 곧 출발하는 기관차 증기 속에서 아름답게 서 있다.

여자 (TV 화면) 당신… 이게 꿈인가요?

남자 (TV 화면) 최고의 꿈이죠. 우리가 함께할 수 있는 꿈.

창틀 옆에 오븐용 장갑이 놓여 있는데 그 안에 레미가 들어가 있다. 레미는 마치 꿈을 꾸듯 파리의 불빛을 바라본다. 영화 음악 소리가 커지면서 그의 감정도 격앙된다.

---

fumble 더듬어 문을 열다
warped 비뚤어진
scrape against ~를 긁다
assemblage 집합체, 조립
euphemistically 완곡하게
miniscule 아주 작은
locomotive 기관차
underscore 명확히 드러나다

❶ **So, y'know– what's mine is yours.**
그러니까… 편하게 지내.
What's mine is yours.를 직역하면 '나의 것이 너의 것이다'가 됩니다. 이 표현은 상대방에게 나의 물건 등을 편하게 쓰라고 배려하는 말이에요. 지인을 집에 데리고 가서 '편하게 지내'라는 의미로도 쓸 수 있는데 Make yourself at home. 역시 같은 의미로 자주 쓰는 말이에요.

HER	(O.S.) But why here? Why now?	여자 (화면 밖) 하지만 왜 여기죠? 왜 지금 이러는 거죠?
HIM	(O.S.) Why not here? Why not now? What better place to dream... than in Paris?	남자 (화면 밖) 여기가 어때서요? 지금이 어때서요? 파리보다 꿈을 꾸기에 더 좋은 곳이 있을까요?

Remy grins, slowly closes his eyes. Dreaming.

레미는 미소를 지으며 천천히 눈을 감는다. 꿈꾸는 듯하다.

INT. LINGUINI'S FLAT – MORNING
Linguini AWAKENS with a start. He looks up at the oven mitt–

실내. 링귀니의 아파트 – 아침
링귀니가 일어나 오븐용 장갑을 바라보며…

LINGUINI	Morning, Little Chef. **Rise and sh—**	링귀니 안녕, 꼬마 요리사. 잘 잤…

–and suddenly realizes REMY IS GONE. Then he sees the refrigerator door is open.

레미가 사라진 것을 갑자기 알아챈다. 그리고 그는 냉장고 문이 열린 것을 본다.

LINGUINI	Oh, no. Idiot! I knew this would happen! I let a rat into my place and tell him what's mine is his!	링귀니 오, 이런. 멍청이! 이럴 줄 알았어! 쥐를 집으로 데려와서 편안하게 지내라고 하다니!

Linguini **yanks open** the refrigerator door and looks inside.

링귀니가 냉장고 문을 활짝 열어 안을 살펴본다.

LINGUINI	Eggs GONE! STUPID! **He's stolen food and hit the road!❶** What did I expect? That's what I get for trusting a ra-	링귀니 달걀이 없어졌네! 바보야! 음식을 훔쳐서 도망갔다고! 뭘 기대한 거야? 쥐를 믿으면 이렇게 되는…

As Linguini moves around the tiny **alcove** HE SEES–
REMY, quite **pleased with** himself as he cooks omelettes on the hotplate. Two plates have been set at the tiny table.

링귀니가 작은 벽감 쪽으로 돌아서는데 그가 본 것은 –
레미다. 조리용 열판으로 오믈렛을 만들면서 아주 즐거워하는 모습이다. 작은 테이블 위에 접시 두 개가 올려져 있다.

LINGUINI	Hi. Is that for me?	링귀니 안녕. 이거 나 주려고 만든 거야?

Remy nods and **deftly** (but with **considerable** effort) sets the large omelette onto Linguini's plate. Linguini sits and puts a **forkful** into his mouth.

레미는 고개를 끄덕이고 능숙하게 (하지만 꽤 힘겹게 큰 오믈렛을 링귀니의 접시 위에 올린다. 링귀니는 자리에 앉아 포크로 크게 떠서 입에 넣는다.

LINGUINI	That's good. What did you put in this? (Remy holds up basil leaf) Where'd you get that?	링귀니 맛있어. 여기 뭘 넣은 거야? (레미가 바질 이파리를 들어 보인다) 어디서 났어?

---

rise and shine 잘 잤니? (아침 인사)

yank open 확 열다

alcove 우묵한 벽면에 만들어진 공간

pleased with ~에 기뻐하는, 마음에 드는

deft 능숙한, 솜씨 좋은

considerable 상당한

forkful 포크로 한번 잡은 양

❶ He's stolen food and hit the road!
음식을 훔쳐서 도망갔다고!
영화에서 자동차 여행을 떠나는 주인공이
Let's hit the road! 라고 외치는 장면을
많이 보셨을 거예요. 이때 hit the road는
'여행을 시작하다', '출발하다'라는 뜻이에요.
하지만 이 대사에 나오는 hit the road는
여행과는 상관없이 '서둘러 도망가다', '황급히
떠나다'라는 의미예요.

Remy moves to the window and points to the roof garden of a nearby flat. Linguini looks down at the **enterprising** rat.

레미가 창가로 가서 근처 아파트의 옥상 정원을 가리킨다. 링귀니는 추진력 있는 레미를 물끄러미 바라본다.

바로 이장면!*

LINGUINI Look. It's delicious. But don't steal. I'll buy some spices, okay?

링귀니 이봐. 맛있기는 한데. 훔치지는 마. 내가 양념을 사 줄게, 알겠어?

Remy shrugs and turns to eat. Linguini **glances** at his clock.

레미가 민망한 듯 어깨를 으쓱하고 음식을 먹으려고 한다. 이때 링귀니가 시계를 슬쩍 쳐다본다.

LINGUINI Oh, no. We're gonna be late. And on the first day!

링귀니 오, 이런. 늦겠다. 그것도 첫날에!

Linguini **SHOVES** the rest of the eggs into his mouth. **Famished**, Remy opens wide, ready for his first bite of food, when Linguini **snatches** him up and rushes out.

링귀니는 남은 오믈렛을 입에 쑤셔 넣는다. 배가 고픈 레미가 입을 크게 벌리고 음식을 먹으려는 순간 링귀니가 그를 낚아채 급히 나간다.

LINGUINI Come on, Little Chef!

링귀니 가자, 꼬마 요리사!

INT. KITCHEN – MORNING
The cooks are **circled around** Colette, listening with interest as she reads a review aloud from the morning paper.

실내. 주방 – 아침
요리사들이 콜레트 주변에 모여 있다. 그녀가 아침 신문에 실린 평론을 크게 읽어 주는데 그들이 관심 있게 듣고 있다.

COLETTE "Though I, like many other critics, had **written off** Gusteau's as **irrelevant** since the great Chef's death, the soup was a **revelation**. A spicy yet **subtle** taste experience."

콜레트 "다른 평론가들처럼 나도 구스토가 사망하고 이 식당의 가치가 떨어졌다고 생각했지만, 수프 맛은 신세계 그 자체였다. 매콤하면서 미묘한 맛을 경험할 수 있었다."

Skinner ENTERS, stopping in his tracks by the **positive words**.

스키너가 들어오는데, 찬사를 듣고 멈춰 선다.

SKINNER (stunned) Solene LeClaire?

스키너 (놀라서) 솔렌 르끌레어가?

COLETTE Yes...! (resumes reading) "**Against all odds**, Gusteau's has **recaptured** our attention. Only time will tell if they **deserve** it."

콜레트 네! (계속 읽으며) "어려움도 있었으나 구스토 식당은 다시 관심을 받게 되었다. 그럴 가치가 있는지는 좀 더 시간이 지나면 알게 될 것이다."

---

enterprising 추진력이 있는
glance 흘깃 보다
shove 쑬어 넣다
famished 배가 고픈
snatch 낚아채다
circle around 둘러싸다
write off 가망이 없다고 여기다
irrelevant 중요하지 않은

revelation 놀라운 일
subtle 절묘한, 미묘한
positive words 칭찬의 말
against all odds 어려움(문제, 역경 등)을 극복하고
recapture 다시 얻다
deserve ~의 자격이 있다

EXT. **ALLEY** BEHIND GUSTEAU'S – EARLY MORNING
Linguini waits outside, Remy in **palm**, staring uncomfortably at the kitchen entrance, **working up the nerve** to go inside.

LINGUINI Well, uhm...

Aware he can't enter the kitchen carrying a rat, Linguini looks **half-heartedly** for places to **conceal** Remy; under his shirt, up his sleeves, in his socks– **rejecting** each in turn.

LINGUINI You know.

Out of ideas, Linguini slowly opens the top of his pants. Remy looks up at him, **APPALLED**.

LINGUINI (desperate) Look, I know it's stupid and weird, but neither of us can do this alone. So we gotta do it together, right? You with me?

Remy gives a **reluctant** NOD. Linguini **glares at** the kitchen entrance, **psyching** himself **up**—

LINGUINI So... LET'S DO THIS THING!!

실외. 구스토 식당 뒷골목 – 이른 아침
링귀니가 레미를 손바닥에 올리고 식당 밖에서 서 있다. 입구를 불편한 시선으로 바라보는데 안에 들어갈 용기가 나지 않는 모양이다.

링귀니 어, 음…

쥐를 들고 식당에 들어갈 수 없어서 레미를 대충 숨길 곳을 찾고 있다. 셔츠 속, 소매 안, 양말 속까지 보여 주지만 레미는 다 거절한다.

링귀니 이봐.

더 이상 마땅한 곳이 떠오르지 않아 링귀니는 천천히 바지를 연다. 레미는 끔찍하다는 표정을 지으며 그를 올려다본다.

링귀니 (필사적으로) 나도 멍청하고 이상한 생각이라는 거 알아. 하지만 혼자서는 할 수 없다고. 한 팀이 되어야 해. 응? 함께할 거지?

레미는 어쩔 수 없다는 듯 고개를 끄덕인다. 링귀니가 이글거리는 눈빛으로 주방 입구를 바라보며 스스로 주문을 건다.

링귀니 그래… 한번 해 보자!!

---

alley 골목
palm 손바닥
work up the nerve 용기를 끌어내다
half-heartedly 건성으로
conceal 숨기다
reject 거절하다
out of ideas 좋은 수가 떠오르지 않아
appalled 끔찍해하는

reluctant 마지못해하는
glare at 노려보다
psych ~ up 흥분시키다, 크게 격려하다

59

Remy Pilots Linguini
레미, 링귀니를 조종하다

🎧 12.mp3

INT. KITCHEN
The back door SLAMS OPEN. All heads swing to a slightly crazed LINGUINI standing in the doorway. He **wilts** a bit with the attention, and attempts to cross **inconspicuously** to his **station**, the hidden rat causing a strangely **spastic lurch**. The other COOKS watch with **bewildered** amusement. Linguini arrives at his station and looks uneasily at the new TOQUE resting there: his new toque. He placing it on his head, and suddenly notices Skinner standing there.

SKINNER Welcome to hell. Now... recreate the soup. **Take as much time as you need.**❶ All week if you must.

Skinner EXITS. Linguini looks at his station with **dread**, a blocked writer facing a blank page.

LINGUINI Soup.

LINGUINI'S STATION – MINUTES LATER
Raw soup stock bubbles at a low boil on the stove. A variety of ingredients– herbs, spices, diced vegetables, etc., has been carefully prepared and laid out at Linguini's station. Linguini stares at it, bewildered, completely unsure of where to start. REMY peeks out from Linguini's collar and examines the scene. He scrambles underneath Linguini's shirt and across his chest, tickling him. Linguini LAUGHS. Remy's head pops out from Linguini's SHIRT CUFF, sees Linguini reaching for a SPICE TIN; the WRONG spice. Remy signals Linguini to stop, but Linguini pays no attention, so Remy gives Linguini's HAND a NIP. Linguini YELPS. Appalled, Remy gives Linguini an **admonishing** bite.

LINGUINI You little... You son of a...

실내. 주방
뒷문이 활짝 열린다. 요리사들이 미친 사람처럼 문간에 서 있는 링귀니를 돌아본다. 모두의 시선을 받고 기가 죽은 링귀니는 자기 자리로 조용히 가려고 하지만 몸 안에 숨긴 쥐 때문에 경련이 일어난 것처럼 휘청거린다. 다른 요리사들은 당황한 표정으로 관심 있게 바라본다. 링귀니는 자신의 조리대에 서서 앞에 놓인 새 요리사 모자를 불편한 듯 쳐다본다. 모자를 머리에 쓰고, 스키너가 거기 서 있는 것을 갑자기 알아차린다.

스키너 지옥에 온 것을 환영한다. 이제… 수프를 다시 만들어. 시간은 충분히 주지. 원하면 일주일도 좋아.

스키너가 떠난다. 링귀니는 영감이 떠오르지 않아 글을 쓸 수 없는 작가처럼 끔찍한 표정으로 그의 조리대를 바라본다.

링귀니 수프.

링귀니의 조리대 – 잠시 후
버너에 약한 불로 수프 육수가 끓고 있다. 각종 허브, 양념, 다진 야채 등 다양한 요리 재료들이 조리대 위에 가지런히 올려져 있다. 링귀니가 준비된 재료들을 바라보고 있는데 무엇부터 시작해야 할지 전혀 모른다. 레미가 링귀니의 옷깃에서 몰래 엿보며 현재 상황을 관찰한다. 그리고 셔츠 밑에서 가슴을 가로질러 재빨리 아래로 내려가는데, 그게 링귀니를 간지럽게 한다. 링귀니는 (간지러워서) 웃는다. 셔츠 소매 밖으로 머리를 내미는 레미, 링귀니가 넣으면 안 되는 양념통을 집으려는 것을 본다. 그러지 말라는 신호를 보내지만 링귀니가 별로 관심을 보이지 않자, 레미가 링귀니의 손을 꽉 깨문다. 링귀니는 크게 소리를 지른다. 깜짝 놀란 레미가 훈계하듯 링귀니의 손을 다시 깨문다.

링귀니 이 조그만… 이 망나니 같은…

---

wilt 시들다, 풀이 죽다
inconspicuously 주의를 끌지 않고
station 조리대, 작업공간
spastic 경련이 일어나는
lurch 휘청거림, 요동
bewilder 혼란스럽게 하다
dread 무서워하는
admonishing 충고하는

❶ **Take as much time as you need.**
시간은 충분히 주지.
Take as much time as you need.는 상대방에게 시간에 구애받지 말고 어떤 일을 천천히 하라고 할 때 쓰는 표현이에요. 뉘앙스는 살짝 다르지만, Take your time. 역시 '천천히 해'라는 의미로 쓸 수 있는 표현이죠.

Linguini YELPS and CURSES, **SWATS** Remy in **retaliation**. Remy scurries to the other arm (GIGGLE) and gives Linguini another nip (more YELPS & CURSINGS). The OTHER COOKS marvel at the strangeness of the spastic, giggling, yelping Linguini. Visibly **panicked**, the giggling/yelping Linguini TURNS, lurching from his station to the food safe, and closing himself inside.

INT. FOOD **VAULT**
Linguini RIPS his shirt open, **exposing** his chest and arms, which are covered in angry red BITE MARKS.

LINGUINI AAAAAGGGGGHHHHH!!! (looks at Remy **accusingly**) AAAAAAAAGGGGGGHHHHH!!! (gestures at bite marks) AAAAGGGGHH!!!

Remy stares at the nearly hysterical Linguini.

바로 이 장면!

LINGUINI This is NOT gonna work, Little Chef! I am gonna lose it if we do this anymore. We gotta figure out something else. Something that doesn't **involve** any biting or nipping or running up and down my body with your little rat feet. The biting! NO! **Scampering**! NO! No scampering or **scurrying**. Understand, Little Chef? (**beat**) Little Chef...?

Remy's gaze has **drifted away from** Linguini, to the shelves LOADED with premium food. Remy looks weak with **longing**.

LINGUINI Oh... you're hungry.

Guilty, Linguini breaks a **chunk** from a round of cheese and offers it to Remy, who **scarfs** it **down**. Linguini, calmer now, thinks out loud.

링귀니가 소리 지르고 욕하며 보복하듯이 레미를 때리려고 한다. 그러나 레미는 다른 팔로 재빨리 도망치고 (웃으면서) 또다시 링귀니를 깨문다 (또다시 비명과 욕설이 들린다). 다른 요리사들이 갑자기 경련이 일어난 듯 몸을 떨며 웃으면서 비명을 지르는 링귀니의 기이한 행동을 신기한 듯 바라본다. 완전히 겁에 질린 링귀니는 계속 낄낄대고 소리를 지르면서 식품 저장실로 황급히 들어가 문을 닫는다.

실내. 식품 저장실
링귀니가 셔츠를 확 벗어젖힌다. 화가 난 레미가 물어뜯어 생긴 붉은 자국들이 가슴과 팔을 뒤덮고 있다.

링귀니 아아아아악!!! (비난하는 눈빛으로 레미를 바라보며) 아이아아아악!!! (물린 자국을 가리키며) 아이아아악!!!

레미는 미쳐 날뛰는 링귀니를 빤히 쳐다본다.

링귀니 이건 안 되겠어. 꼬마 요리사! 계속 이렇게 했다간 내가 정신이 나갈 거야. 다른 걸 찾아봐야 해. 깨물기, 물어뜯기, 내 몸 위에서 네 작은 발로 여기저기 기어 다니는 거 말고 다른 거 말이야. 깨물기! 안 돼! 후닥닥 뛰는 것도 안 돼! 알겠어, 꼬마 요리사? (정적) 꼬마 요리사…?

레미의 시선은 링귀니에게서 최고급 음식이 가득한 선반으로 이동한다. 배가 고파 기운이 없어 보인다.

링귀니 오… 너 배고프구나.

미안한 마음에 링귀니는 치즈의 모퉁이를 크게 떼어 건네자 레미가 게걸스럽게 먹는다. 이제 마음이 차분해진 링귀니가 자기 생각을 말한다.

---

swat 때리다

retaliation 보복

panicked 놀란

vault 금고, 저장실

expose 노출하다

accusingly 비난하듯

involve 관련시키다

scamper 날쌔게 움직이다

scurry 재빠르게 움직이다

beat 정적

drift away from ~에서 떠나가다

longing 열망, 갈망

chunk 덩어리

scarf ~ down 게걸스럽게 먹다

LINGUINI Okay... So, let's think this out. You know how to cook. And I know how... to appear... human. We need to work out a system so that I do what you want in a way that doesn't look like I'm being controlled by a tiny rat chef oh WOULD YOU LISTEN TO ME? I'M **INSANE**! I'M INSANE! I'M INSIDE A REFRIGERATOR TALKING TO A RAT ABOUT COOKING IN A GOURMET RESTAURANT. I WILL NEVER **PULL** THIS **OFF**...!

링귀니 좋아… 자, 생각해 보자고, 넌 요리를 할 줄 알고, 난… 인간처럼… 보일 줄 알지. 계획대로 진행하면 되는 거야. 네가 원하는 대로 내가 움직이는데 꼬마 쥐 요리사가 조종하는 것처럼 보이면 안 되지. 오, 내 말 듣고 있어? 내가 미쳤군! 미쳤에! 고급 식당 식품 저장실에서 쥐와 요리 얘기를 하고 있다니. 이건 절대 안 될 거야…!

INT. KITCHEN – SAME MOMENT
Skinner hears a **faint** VOICE from within the food safe.

실내. 주방 – 같은 시각
스키너가 식품 저장실에서 어렴풋이 새어 나오는 누군가의 목소리를 듣는다.

SKINNER Linguini...?

스키너 링귀니…?

INSIDE FOOD VAULT – SAME MOMENT
Remy, still eating, listens as Linguini **pours** his **heart out**.

식품 저장실 안 – 같은 시각
링귀니가 진심으로 하는 말을 들으며 레미는 계속 먹고 있다.

LINGUINI We gotta communicate! I can't be **constantly** checking for a yes or no head shake from a rat th-

링귀니 우리는 소통해야 해! 쥐가 맞다 아니다 하며 머리를 흔들어대는 걸 내가 계속 확인할 수가 없잖…

Suddenly the vault door JERKS OPEN. THREE THINGS HAPPEN FAST:
1) Skinner sees a **fleeting glimpse** of LINGUINI WITH REMY.
2) Linguini HITS THE LIGHT SWITCH– the room GOES DARK.
3) Skinner instantly **FLICKS THE LIGHTS** BACK **ON** to see—
–Linguini standing exactly as before. But Remy is GONE.

갑자기 저장실 문이 벌컥 열린다. 다음 세 가지 일이 빠르게 일어난다.
1) 스키너가 링귀니와 함께 있는 레미를 순식간에 본다.
2) 링귀니가 조명 스위치를 꺼서 저장실 안이 어두워진다.
3) 스키너가 얼른 불을 다시 켠다.
링귀니는 이전과 똑같은 자세로 서 있다. 하지만 레미의 모습은 보이지 않는다.

SKINNER The rat! I saw it!

스키너 쥐잖아! 내가 봤다고!

LINGUINI A rat?

링귀니 쥐라고요?

Eyes wild, Skinner **aggressively** searches around Linguini.

놀란 눈으로 스키너가 링귀니 주변을 마구 뒤진다.

SKINNER Yes, a rat! Right next to you- (suddenly **suspicious**) What are you doing in here?

스키너 그래, 쥐라고! 바로 네 옆에… (의심하는 눈초리로) 여기서 뭐 하는 거야?

---

insane 미친

pull off 제대로 해내다

faint 희미한

pour one's heart out 속마음을 털어놓다

constantly 계속

fleeting 잠깐 동안의

glimpse 모습

flick light on 불을 켜다

aggressively 공격적으로

suspicious 의심하는

LINGUINI I'm just **familiarizing** myself **with**, you know, the vegetables... and such.	링귀니 그냥 익숙해지려고요. 그니까, 야채들하고… 그런 것들.
SKINNER Get out.	스키너 나가.
Linguini makes a **hasty** exit. Skinner calls out after him.	링귀니는 서둘러 나간다. 스키너가 큰소리로 말한다.
SKINNER ONE CAN GET TOO FAMILIAR WITH VEGETABLES, YOU KNOW!	스키너 야채에 너무 익숙해지는 것도 안 좋다고!
INT. KITCHEN Linguini speaks to Remy, who he's hidden under his TOQUE–	실내. 주방 링귀니가 요리사 모자 안에 숨어 있는 레미에게 말을 건넨다.
LINGUINI **That was close.**❶ Are you okay up there?	링귀니 들킬 뻔했어. 거기 괜찮니?
INSIDE LINGUINI'S TOQUE Remy's surroundings are visible through the thin fabric. He looks up AND SEES they are about to COLLIDE with a WAITER CARRYING A TRAY PILED WITH DISHES. Remy **YANKS** BACK LINGUINI'S HAIR like horses **REINS**, CAUSING–	링귀니의 모자 안 레미는 얇은 천을 통해서 주변을 볼 수 있다. 레미가 위를 보는데 접시가 수북이 쌓인 트레이를 들고 가는 웨이터와 충돌하기 직전이다. 레미가 급하게 말고삐를 당기듯 링귀니의 머리를 잡아당기자…
LINGUINI –to jerk backwards in an impossible limbo-arch, **pivoting** under the tray of dishes and BACK UP AGAIN, miraculously **averting** disaster. Linguini blinks in amazement: what just happened? He ducks into the–	링귀니 링귀니가 림보 막대기를 통과하듯 몸을 뒤로 확 젖혔고 접시가 담긴 트레이 아래서 회전한다. 그리고 다시 몸을 일으켜 기적같이 충돌을 피한다. '방금 무슨 일이 있었던 거야?'라고 생각하며 링귀니는 당황해서 눈만 깜박인다. 링귀니가 급하게 화장실로 들어간다.
BATHROOM LINGUINI removes his toque, looks at Remy in the mirror.	화장실 링귀니가 요리사 모자를 벗고 거울로 레미를 본다.
LINGUINI How did you do that?	링귀니 어떻게 한 거야?
Still grasping **hanks** of Linguini's hair in his paws, Remy SHRUGS. Linguini's shoulders **SHOOT UP** to his ears. Startled, Remy drops his arms; Linguini's shoulders drop.	레미가 손에 링귀니의 머리카락을 쥐고 잘 모르겠다는 듯 어깨를 으쓱한다. 그러자 링귀니의 어깨도 귀까지 올라간다. 깜짝 놀란 레미가 팔을 내리자 링귀니의 어깨도 내려간다.

---

familiarize ~ with ~에 친숙(익숙)하게 하다

hasty 서두르는

yank 잡아당기다

rein 고삐

pivot 회전하다

avert 피하다

hank (밧줄 등을 감아 놓은) 타래

shoot up 위로 올라가다

❶ **That was close.**
들킬 뻔했어.
위기를 아슬아슬하게 넘긴 뒤에 안도의 한숨을 쉬며 하는 말이에요. '아슬아슬했어', '큰일 날 뻔했어'와 같이 해석할 수 있어요. That is close.가 아니라 과거형을 써서 That was close.라고 한다는 것에 주의하세요.

LINGUINI Whooaah–!

A **gleam** comes into the rats' eyes. He JERKS the right hank, causing Linguini's RIGHT ARM to SHOOT UP IN THE AIR.

LINGUINI (marveling) Wow. That's strangely **involuntary**!

Now Remy is **experimenting** with **glee**, yanking **tufts** from various parts of Linguini's head like a kid with a new toy. Linguini jerks around like a helpless, test-driven puppet. Remy stops, looks at the **panting** Linguini in the mirror.

REMY (V.O.) One look and I knew, we had the same crazy idea...

INT. LINGUINI'S FLAT – NIGHT
Remy uses hanks of Linguini's hair to control Linguini's actions.

LINGUINI Where are you taking me? Wait.

Remy **pilots** Linguini (who is **blindfolded** to keep him from cheating) through an increasingly **complex** series of cooking tasks, everything from cutting vegetables to flipping crepes. During this comic montage(LEARNING TO COOK) we see Remy learning **precisely** how to pilot Linguini, and at the same time, Linguini is learning how to **surrender himself** to being "piloted".

LINGUINI Wait. I'm sorry.

By **dawn**, Linguini and Remy have **meshed** into one finely **honed** cooking machine.

링귀니 오오오!

레미의 눈에서 빛이 난다. 오른쪽 머리카락을 잡아 당기니 링귀니의 오른팔이 위로 쑥 올라간다.

링귀니 (기뻐하며) 와, 나도 모르게 이렇게 되네!

이제 레미는 새 장난감을 가지고 노는 아이처럼 링귀니의 머리카락을 잡아당기며 즐겁게 이것저 것 시도해 본다. 링귀는 무기력한 꼭두각시 인형처 럼 이리저리 움직인다. 레미가 동작을 멈추고 거울 을 보니 링귀니가 숨을 헐떡이고 있다.

레미 (목소리) 그걸 보고 나는 알 수 있었다, 둘 다 같은 생각을 하고 있었다는 것을⋯

실내. 링귀니의 아파트 – 밤
레미는 링귀니의 머리카락을 이용해서 그의 행동 을 통제한다.

링귀니 어디로 데리고 가는 거야? 잠깐.

레미는 링귀니가 (속임수를 쓰지 않도록 눈을 가 리고 있다) 야채 썰기부터 크레이프 뒤집기까지 점점 더 복잡해지는 일련의 요리 업무를 할 수 있 게 조종한다. 이 재미있는 '요리 연습' 몽타주 장면 은 레미가 링귀니를 정확하게 조종하는 방법을 익 히고 동시에 링귀니가 어떻게 "조종받는지" 배우 는 과정을 보여 준다.

링귀니 잠깐, 미안해.

새벽에야 링귀니와 레미는 완벽한 요리 기계처럼 좋은 호흡을 맞추게 된다.

---

gleam 반짝임
involuntary 본의 아니게 ~하는
experiment 실험하다
glee 즐거움
tuft 다발
pant 숨을 헐떡이다
pilot 조종하다
blindfolded 안대를 한

complex 복잡한
precisely 정확하게
surrender oneself 순순히 따르다
dawn 새벽
mesh 딱 들어맞다
hone 연마하다

Linguini's Secret
링귀니의 비밀

🎧 13.mp3

INT. KITCHEN – NEXT DAY
Linguini makes soup, as Remy pilots him.

실내. 주방 – 다음 날
링귀니가 레미의 조종에 따라 수프를 만든다.

GUSTEAU That should do it.

구스토 다 된 것 같구나.

Linguini stands off to the side, **fretting** as Skinner pulls a ladle of soup from a Linguini's pot and tastes it.

스키너는 링귀니가 만든 수프를 국자로 떠서 맛을 보고, 링귀니는 긴장한 표정으로 그 옆에 서 있다.

SKINNER Congratulations. You were able to repeat your **accidental** success. But you will need to know more than soup, if you are to survive in my kitchen, boy. Colette–

스키너 축하하네. 우연한 성공이 반복됐군. 하지만 내 주방에서 살아남으려면 수프 말고도 다른 걸 알아야 해, 친구. 콜레트가…

Skinner gestures to COLETTE, who watches with a **scowl**.

스키너가 무서운 얼굴로 쏘아보고 있는 콜레트를 가리킨다.

SKINNER (CONT'D) –will be responsible for teaching you how we do things here.

스키너 (계속) …책임지고 주방 일을 가르쳐 줄 거다.

Skinner EXITS. Linguini **crosses** to Colette.

스키너가 나간다. 링귀니가 콜레트에게 다가간다.

바로 이장면!

LINGUINI (a little too smooth) Listen, **I just want you to know how honored I am to be studying under such...**❶

링귀니 (조금 느끼하게) 들어 봐, 정말 훌륭한 선배에게 배우게 되어 매우 영광이야…

Colette STABS a knife through Linguini's shirtsleeve, **pinning** it to the **butcher block**. Her voice is low, **intense**.

콜레트가 링귀니의 소매에 칼을 꽂자 소매가 도마에 고정되어 움직이지 않는다. 그녀의 목소리는 낮고 진지하다.

---

fret 어쩔 줄 모르다, 불안해하다

accidental 우연한

scowl 노려봄

cross 가로지르다, 건너다

honored 영광으로 생각하는

pin 고정한다

butcher block 도마

intense 진지한, 열정적인

❶ **I just want you to know how honored I am to be studying under such...**
정말 훌륭한 선배에게 배우게 되어 매우 영광이야…
how는 '어떻게'라는 뜻으로 자주 쓰이지만 형용사 앞에 위치하면 '얼마나'라는 뜻이 되어 뒤에 있는 형용사의 의미를 강조해 주는 역할을 해요. honored는 '명예로운', '영광으로 생각하는'이란 뜻이에요.

COLETTE No, you listen. I just want you to know exactly who you are **dealing with**. How many women do you see in this kitchen?

LINGUINI Well, I hah– um–

She brings a second knife down through Linguini's sleeve—

COLETTE Only me. Why do you think that is??

LINGUINI (**spooked**, **sputtering**) Well... huh–! I... hoo...

COLETTE Because Haute Cuisine is an **antiquated hierarchy** built upon rules written by stupid old men. Rules designed to make it impossible for women to enter this world. But still I am here. How did this happen?

Linguini **burbles** in a desperate attempt at **nonchalance**.

LINGUINI Because, well, because you...

Colette SLAMS a third knife through Linguini's sleeve, **thoroughly** pinning it to the butcher block. Linguini is truly **frightened**.

COLETTE Because I am the toughest cook in this kitchen. I've worked too hard for too long to get here, and I'm not going to **jeopardize** it for some garbage boy who got lucky. Got it?

Linguini NODS **pathetically**. Colette grabs the knife handles and pulls them out with a single **JERK**, freeing Linguini's sleeve. Linguini **topples** to the floor. Colette EXITS, Linguini **peeks** over the counter to watch her go.

LINGUINI (dazzled) Wow!

콜레트 아니, 너나 잘 들어. 네가 모셔야 하는 사람이 누구인지 정확하게 알려 주지. 이 주방에 여자가 몇 명 보이지?

링귀니 글쎄, 난 하… 음…

콜레트가 두 번째 칼을 링귀니의 소매에 꽂으며…

콜레트 나밖에 없어. 왜 그럴까??

링귀니 (겁을 먹고, 말을 더듬거리며) 글쎄… 허…! 난… 흐으

콜레트 고급 요리의 세계는 멍청한 늙은 남자들이 만든 구닥다리 계급 사회거든. 여자들이 이 세계에 들어오는 건 불가능하게끔 규율이 만들어졌지. 하지만 난 여기서 살아남았어. 어떻게 그랬냐고?

링귀니는 이 상황을 빠져나가려고 태연한 척 뭐라고 지껄인다.

링귀니 왜냐하면, 그야, 당신 때문에…

콜레트가 세 번째 칼을 링귀니의 소매에 꽂아서 도마에 완전히 고정한다. 링귀니는 완전 겁에 질렸다.

콜레트 이 주방에서 내가 제일 강하니까. 이 자리에 오기까지 정말 열심히, 오랫동안 일했어. 어디서 얻어걸린 쓰레기 담당 때문에 내 경력에 먹칠하고 싶지 않아. 알겠어?

링귀니가 애처롭게 고개를 끄덕인다. 콜레트가 칼 손잡이를 잡고 단번에 칼을 빠자 소맷자락이 도마에서 빠지며 링귀니가 바닥에 나뒹군다. 콜레트가 자리를 뜨고, 링귀니는 조리대 너머로 그녀가 사라지는 모습을 멍하게 지켜본다.

링귀니 (감탄하며) 와우!

---

deal with ~을 다루다

spooked 겁먹은

sputter 더듬거리며 말하다

antiquated 구식의

hierarchy 계급사회

burble 지껄이다

nonchalance 태연, 냉담

thoroughly 철저히

frightened 놀란

jeopardize 위태롭게 하다

pathetically 애처롭게

jerk 확 잡아당김

topple 쓰러지다

peek 살짝 보다

INT. SKINNER'S OFFICE
Skinner watches as ad man FRANCOIS DUPUIS finishes **pitching** his campaign for the latest GUSTEAU'S FROZEN FOOD product. The trademark Chef Gusteau art has been re-painted; Gusteau now sports Chinese-style clothes, coolie hat, and chopsticks. Behind this are similar campaigns for GUSTEAU'S MICROWAVE BURRITOS. Skinner is **captivated**.

DUPUIS	"Easy to cook, easy to eat. Gusteau makes Chinese food 'Chine-Easy!'"
SKINNER	Excellent work, Francois, **as usual**.
DUPUIS	It's good, isn't it?

Skinner stands, offering a handshake to signal the end of the meeting. As Francois packs up his portfolio, preparing to leave, Skinner straightens the photo of himself with Gusteau that hangs on the wall.

SKINNER	I want you to work up something for my latest frozen food concept: "Gusteau's Corn Puppies". They're like corn dogs, only smaller. **Bite size!**
DUPUIS	What are corn dogs?
SKINNER	Cheap sausages dipped in **batter** and deep fried. You know... American. **Whip something up.**[1] Maybe Gusteau in **overalls** and Huckleberry Tom hat-
DUPUIS	(displaying his sketch) Or as a big ear of corn in doggie make-up?
SKINNER	Yes. But, please, with **dignity**.

실내. 스키너의 사무실
홍보 담당자인 프랑스와 드퓌가 최신 구스토 냉동 제품 설명을 마무리하는 가운데 스키너가 이를 바라보고 있다. 요리사 구스토 상표가 새롭게 그려져 있다: 중국 스타일의 의상과, 베트남 스타일의 모자를 쓰고 손에는 젓가락을 들고 있다. 그 뒤에는 구스토 즉석 부리토 등 유사 판촉 제품이 보인다. 스키너가 매우 좋아한다.

드퓌 "조리도, 먹기도 쉬워요. 구스토가 만드는 중국 요리 '쉬운 중국 요리!'"

스키너 훌륭해, 프랑스와, 항상 잘한단 말이야.

드퓌 멋지죠?

스키너가 자리에서 일어나 회의를 끝내는 의미로 악수를 청한다. 프랑스와는 서류를 정리하고 나가려고 한다. 스키너는 벽에 걸린 구스토와 함께 찍은 사진을 바로 잡는다.

스키너 내 최신 냉동식품 컨셉을 좀 발전시켜 봐. "구스토의 콘퍼피." 콘도그 같은 건데 좀 더 작아. 한입 크기지!

드퓌 콘도그가 뭐죠?

스키너 싸구려 소시지를 반죽에 담궜다가 튀긴 거야. 알잖아... 미국 음식 그러니까... 미국 음식이지. 뭐든 대충 빨리 만들어 봐. 구스토에 멜빵바지를 입히고 허클베리 톰 모자를 씌우는 거야.

드퓌 (스케치를 보여 주며) 아니면 개 분장을 한 큰 옥수수 어때요?

스키너 그래. 하지만 제발 품격 있게.

---

pitch 설명하다, 제안하다
captivate 마음을 사로잡다
as usual 평소처럼
bite size 한입 크기
batter 반죽
whip ~ up 잽싸게 만들다
overall 멜빵바지
dignity 근엄함

> ❶ **Whip something up.**
> 뭐든 대충 빨리 만들어 봐.
> whip up은 많은 시간과 노력을 들이지 않고 즉석에서 무언가를 만들어 낸다는 의미가 있어요. '잽싸게 만들어 내다', '대충 하다'라는 뜻으로 해석할 수 있어요.

Dupuis EXITS. Skinner moves to his desk and the stack of UNOPENED MAIL there, and begins to **shuffle through** it; **bill**, bill, bill– and the PINK ENVELOPE given to him by Linguini. He opens the envelope and reads; his bored eyes growing wider and wider with each line. He **GASPS**, **seizing** the phone.

SKINNER Get my lawyer!

INT. SKINNER'S OFFICE – LATER
Skinner's lawyer TALON LABARTHE is reading the LETTER.

TALON Well, the **will stipulates** that if after a period of two years from the date of death no **heir** appears, Gusteau's business interests will pass to his sous chef. You.

SKINNER I know what the will stipulates! (**brandishing** letter) What I want to know is if this letter... if this boy, changes anything!

Skinner parts the window blinds, revealing a view of the kitchen and Linguini, who looks particularly **awkward** among the **practiced** cooking staff. Talon looks from Linguini to a framed photo of GUSTEAU.

TALON There's not much **resemblance**.

Linguini becomes aware that he's being watched, and looks up.

SKINNER (closes blinds) There's NO resemblance at all! He's not Gusteau's son! Gusteau had no children! And what of the timing of all this? The deadline in the will **expires** in less than a month!

Talon **drifts** around the office. He seems to be searching for something.

드뷔가 나간다. 스키너는 책상으로 가서 아직 열어보지 않은 우편물을 대충 살펴본다. 고지서가 대부분인데, 링귀니가 건네준 핑크색 봉투가 눈에 들어온다. 스키너가 봉투를 열어 읽어 보는데, 지루한 눈이 문장을 읽을수록 점점 더 커진다. 깜짝 놀라서 전화를 집어 든다.

스키너 변호사 불러와!

실내. 스키너의 사무실 – 잠시 후
스키너의 변호사 탤론 라바르트가 편지를 읽고 있다.

탤론 음. 유언장에는 사망일로부터 2년 안에 상속자가 나타나지 않으면, 구스토의 사업은 부주방장인 당신에게 넘어간다고 명시되어 있어요.

스키너 나도 유언장의 규정은 알고 있다고! (편지를 휘두르며) 내가 알고 싶은 건 이 편지… 그리고 이놈이 규정을 바꿀 수 있느냐 하는 거야!

스키너가 창문 블라인드를 벌리자 주방과 링귀니의 모습이 보인다. 링귀니는 숙달된 요리사들 사이에서 너무 서툴러 보인다. 탤론이 링귀니와 구스토의 사진을 비교해 본다.

탤론 별로 안 닮은 것 같은데.

링귀니는 누가 자기를 지켜보는 느낌이 들어, 고개를 든다.

스키너 (블라인드를 닫으며) 전혀 안 닮았지! 구스토의 아들이 아니니까! 구스토는 자식이 없어! 그리고 타이밍도 절묘하지 않아? 유언장의 기한이 한 달도 안 남았잖아!

탤론이 스키너의 사무실을 서성인다. 무언가를 찾는 것 같다.

---

shuffle through 훑어보다
bill 고지서
gasp 헉 놀라다
seize (와락) 붙잡다
will 유언장
stipulate 명시하다, 규정하다
heir 상속인, 계승자
brandish 흔들다

awkward 서투른
practiced 훈련을 받은
resemblance 닮음
expire 만기가 되다
drift 돌아다니다

SKINNER (CONT'D) Suddenly, some boy arrives with a letter from his **"recently deceased"** mother claiming Gusteau is his father? **Highly suspect!**

스키너 (계속) 갑자기, 어떤 애가 "최근에 돌아가신" 어머니의 편지를 들고 찾아와서 구스토가 아버지라고 한다? 정말 수상하지!

Talon spies a TOQUE inside a **DISPLAY CASE**. He turns to Skinner.

탤론이 장식장에 있는 주방장 모자를 발견하고 스키너를 돌아본다.

TALON This is Gusteau's?

탤론 이거 구스토 건가요?

SKINNER Yes, yes, yes.

스키너 그래, 그래, 그래.

TALON May I?

탤론 열어 봐도 될까요?

SKINNER Of course, of course.

스키너 물론이지, 물론.

Again Skinner NODS. Talon carefully opens the display case, **removes** GUSTEAU'S TOQUE and begins to **inspect** it.

스키너가 다시 고개를 끄덕인다. 탤론이 장식장을 조심스럽게 열어서 구스토의 모자를 꺼내 관찰하기 시작한다.

TALON But the boy does not know?

탤론 그런데 그 애는 모른단 말이죠?

SKINNER (brandishing the letter) She **claims** she never told him... or Gusteau, and asks that I not tell!

스키너 (편지를 흔들며) 그녀가 절대 말을 안 했대… 구스토에게도, 그리고 나한테도 말하지 말래!

TALON Why you? What does she want?

탤론 왜 당신에게 말한 거죠? 원하는 게 뭔데요?

SKINNER A job... for the boy.

스키너 일자리를 주래… 쟤한테.

Talon spies something on the toque: a HAIR.

탤론이 모자에서 무언가를 발견한다. 머리카락이다.

TALON Only a job?

탤론 일자리만요?

SKINNER Well... yes.

스키너 음… 그래.

He removes the hair, folding it carefully inside a **handkerchief**, and **pocketing** it.

그는 머리카락을 손수건 위에 놓고 조심스럽게 접어 주머니에 넣는다.

---

recently 최근에
deceased 죽은
highly 매우
suspect 의심
display case 장식장
remove 옮기다, 치우다
inspect 조사하다
claim 주장하다

handkerchief 손수건
pocket 주머니에 넣다

TALON   Then what are you worried about? If he works here you'll be able to **keep an eye on** him, while I do a little **digging**, find out how much of this is real. I'll need you to **collect** some DNA samples from the boy, hair maybe.

SKINNER   **Mark my words.**❶ The whole thing is HIGHLY SUSPECT. He KNOWS something!!

TALON   Relax. He's a garbage boy. I think you can **handle** him.

Talon exits. Skinner stands **inert**, spooked.

탤론   그럼 뭐가 걱정이죠? 그가 여기서 일하면 당신이 지켜볼 수 있고, 내가 더 조사해서 이게 진짜인지 알아내면 되죠. 저 애 DNA 샘플이나 채취해 줘요. 머리카락 같은 거요.

스키너   내 말 명심해. 이 모든 게 너무 의심스러워. 걔는 뭔가 알고 있다고!!

탤론   편하게 생각해요. 걔는 쓰레기 담당일 뿐이에요. 당신이 충분히 감당할 수 있어요.

탤론이 나간다. 스키너는 겁먹은 표정으로 힘없이 서 있다.

---

keep an eye on 관찰하다
dig (사실을) 캐다, 조사하다, 파다
collect 모으다, 수집하다
handle 해결하다, 다루다
inert 풀이 죽은

❶ **Mark my words.**
내 말 명심해.
이 표현을 직역하면 '내 말에 표시를 해'가 되는군요. Mark my words.는 상대방에게 자신이 하는 말을 꼭 명심하라고 할 때 쓰는 표현이에요. '내 말 새겨들어.' 혹은 '내 말 명심해.'라는 해석이 어울리죠.

You Are One of Us Now

너도 이제 한식구야

🎧 14.mp3

INT. KITCHEN

Linguini finishes **dicing** vegetables. He sets down his knife, carefully **scoops up** the small pile of dicings, walks over to a giant pot and drops it in. Colette, who has watched this, **interrupts**—

COLETTE What are you doing?

LINGUINI I'm cutting. Vegetables. I'm cutting the vegetables?

COLETTE NO. You **waste** energy and time!

Colette slides a small table up to the end of Linguini's **prep table** and slams the pot down on it so that the top is **level** with the table's surface.

COLETTE You think cooking is a cute job, huh? Like mommy in the kitchen?

She **snatches** Linguini's KNIFE from him with one hand, several vegetables with the other. With frightening speed she dices them; **flicking** each diced pile into the pot with the knife; dice, flick, dice, flick–

COLETTE Well mommy never had to face the dinner rush when the orders come **flooding in** and every dish is different and none are simple and all of the different cooking times but must arrive on the customers table at exactly the same time, hot and perfect. Every second counts–

In MOMENTS Colette has **completed** a ten-minute Linguini job.

실내. 주방

링귀니는 야채 썰기를 마치고, 칼을 내려둔 채 썰어둔 것을 조심스럽게 손에 모아 큰 솥으로 가져가 그 안에 넣는다. 이 광경을 지켜본 콜레트가 갑자기 한마디 하는데…

콜레트 뭐 하는 거야?

링귀니 칼질. 야채 말이야. 야채를 썰고 있는데?

콜레트 아니. 에너지 낭비, 시간 낭비하고 있잖아!

콜레트는 링귀니의 조리대 끝에 작은 조리대를 밀고 그 위에 솥을 탁 올린다. 솥의 윗부분이 조리대와 거의 일치한다.

콜레트 요리가 소꿉장난이야, 어? 엄마가 집에서 요리하는 거랑 같냐고?

콜레트는 한 손으로 링귀니의 칼을 낚아채고 다른 손으로는 여러 야채를 들고 있다. 엄청난 속도로 야채를 써는데 다 썬 야채를 칼로 잽싸게 솥 안으로 밀어 넣는다. 썰고, 밀어 넣고, 썰고, 밀어 넣는 과정을 반복한다.

콜레트 엄마는 바쁜 저녁 시간을 경험하지 않아도 되지, 주문은 밀려들고 음식은 제각각인데 요리법은 간단하지도 않고 조리 시간도 다 달라. 하지만 똑같은 시간에 손님 식탁에 올라가야 하지. 따뜻하고 완벽하게 말이야. 일 분, 일 초가 중요하다고…

콜레트는 링귀니가 10분에 걸쳐 할 일을 순식간에 끝내 버렸다.

---

dice 깍뚝썰다

scoop up 퍼 올리다

interrupt 방해하다, 멈추다

waste 버리다, 낭비하다

prep table 음식 조리 테이블

level (높이/위치가) 같은

snatch 낚아채다

flick 휙 하고 밀어 넣다

flood in 밀려들다

complete 완성하다

COLETTE (CONT'D) –and you CANNOT BE MOMMY!!!

TIME CUT: ANOTHER DAY
Linguini is cooking. He takes a pan off the burner and sets it to one side, which is already **cluttered** with dishes and **utensils**. Colette sees the mess and is **outraged**.

COLETTE What is this???

Linguini **stammers**. Colette quickly clears his station, **pitching** the bowls and utensils into a sink full of dishwater.

COLETTE Keep your station clear. When the meal rush comes, what will happen?? Messy stations **slow** things **down**. Food doesn't go, orders **pile up**… Disaster!! I'll make this easy to remember; keep your station clear… or I WILL KILL YOU.

TIME CUT: Colette grabs Linguini by the arm and holds up his sleeves, which are **smeared with** multi-colored **STAINS**.

COLETTE Your sleeves look like you threw up on them. Keep your hands and arms in, close to the body. Like this– (she **demonstrates**) –see? Always return to this position. Cooks move fast; sharp utensils, hot metal, keep your arms in. You will **minimize cuts** and **burns** and keep your sleeves clean. Mark of a chef; messy apron, clean sleeves.

TIME CUT: ANOTHER DAY
Linguini and Colette **shell** peas. Colette's manner is easier, more **collegial**.

COLETTE I know the Gusteau style cold. In every dish, Chef Gusteau always has something **unexpected**. I will show you. I memorized all his recipes.

콜레트 (계속) …그리고 넌 엄마가 될 수 없어!!!

장면 전환: 다음 날
링귀니가 요리하고 있다. 버너 위에 있는 냄비를 옆에다 두는데 이미 그곳에서는 접시와 다른 요리 도구들이 많이 쌓여 있다. 난장판이 된 이 광경을 보고 콜레트는 화가 치밀어 오른다.

콜레트 이게 뭐야???

링귀니는 말을 더듬는다. 콜레트가 재빨리 그의 조리대를 치우는데 그릇과 조리 도구들을 몽땅 설거지물이 가득한 싱크대 안에 던져 넣는다.

콜레트 조리대를 정리해! 주문이 몰려오면 어떻게 할 거야?? 조리대가 난잡하면 속도가 안 나. 음식이 안 나가고 주문은 쌓이고… 끔찍해!! 내가 기억하기 쉽게 해 주지. 조리대를 정리해… 아니면 죽여 버리겠어!

장면 전환: 콜레트가 링귀니의 팔을 붙잡고 여러 색깔의 얼룩이 묻어서 더러워진 그의 소매를 들어 보인다.

콜레트 소매가 토한 것처럼 보이잖아. 손과 팔을 몸에 붙여. 이렇게 몸쪽으로 당기라고… (직접 시범을 보인다) …알겠어? 항상 이 위치에 있는 거야. 요리사들은 빨리 움직이고, 조리 도구도 날카롭고, 뜨거워서 팔을 붙이고 있어야 해. 이렇게 하면 덜 베이고 화상도 덜 입어. 그리고 소매도 깔끔하지. 기억해. '앞치마는 더러워도, 소매는 깨끗하게.'

장면 전환: 다음 날
링귀니와 콜레트가 콩깍지를 깐다. 콜레트의 태도가 좀 더 유해지고 더 연대 의식이 생긴 것 같다.

콜레트 구스토 스타일이 좀 차갑다는 거 알아. 구스토의 모든 요리에는 항상 예상을 뛰어넘는 게 있지. 내가 보여 줄게. 그의 레시피를 다 외우고 있거든.

---

clutter 쌓아 놓다	stain 얼룩
utensil 요리 기구, 도구	demonstrate 보여 주다
outraged 화가 많이 난	minimize 최소화하다
stammer 말을 더듬다	cuts 베인 상처
pitch 던지다	burns 화상
slow ~ down 늦추다	shell 껍질을 벗기다
pile up 쌓이다	collegial 동료로 생각하는
smear with ~로 더러워진	unexpected 예상 밖의

LINGUINI (writing it down) "Always do something unexpected"...

COLETTE No. "Follow the recipe".

LINGUINI But you just said that–

COLETTE No, no, no. It was his job to be unexpected. It is our job to–

COLETTE & LINGUINI –follow the recipe.

TIME CUT: ANOTHER DAY
Colette pulls a loaf from a basket of freshly baked bread and shows it to Linguini.

COLETTE **How do you tell how good bread is without tasting it?**❶ Not the smell, not the look, but the sound... of the crust. Listen—

She holds the loaf to her ears, Linguini **leans in** to listen.

INSIDE LINGUINI'S TOQUE
Remy also LEANS IN to listen. Colette gives the bread a SQUEEZE. The **CRACKLE** is **seductive**. She and Linguini SMILE at the **pleasing** CRUNCH.

COLETTE (CONT'D) ...**Symphony** of crackle. Only great bread sounds this way.

TIME CUT: ANOTHER DAY – EARLY MORNING
Colette and Linguini have begun their prep. There is a new **relaxation** between them.

COLETTE The only way to get the best **produce** is to have first pick of the day, and there are only two ways to get first pick; grow it yourself or **bribe** a grower.

링귀니 (적으면서) "항상 예상을 뛰어넘어야 한다"...

콜레트 아니야. "레시피를 따라야지."

링귀니 하지만 방금…

콜레트 아니, 아니, 아니야. 예상을 뛰어넘는 건 그 분이나 하는 거고, 우리는…

콜레트와 링귀니 …레시피를 따라라.

장면 전환: 다음 날
콜레트가 갓 구운 빵이 담긴 바구니에서 빵 하나를 꺼내 링귀니에게 보여 준다.

콜레트 맛을 보지 않고 빵이 신선한지 어떻게 알 수 있을까? 냄새도, 생김새도 아니야. 소리야… 빵 껍질에서 나는 소리. 들어 봐…

콜레트가 빵을 귀에 대는데 링귀니도 소리를 듣기 위해 얼굴을 갖다 댄다.

링귀니의 모자 안
레미도 소리를 들으려고 몸을 기울인다. 콜레트가 빵을 살짝 누르자, 파삭 소리가 매혹적으로 들린다. 콜레트와 링귀니는 바스락거리는 소리에 미소를 짓는다.

콜레트 (계속) …빵 갈라지는 소리가 완전 교향곡이지. 좋은 빵에만 이런 소리가 나.

장면 전환: 다음 날 – 이른 아침
콜레트와 링귀니가 재료 준비를 한다. 이들의 관계가 더 부드러워진 것 같다.

콜레트 최고의 야채를 얻는 유일한 방법은 그날 처음 수확한 걸 받는 거야. 그러려면 두 가지 방법이 있어. 직접 재배하든가 아니면 농부에게 뇌물을 먹이든가.

---

lean in 몸을 기울이다
crackle 탁탁 부서지는 소리
seductive 유혹적인
pleasing 기쁜
symphony 교향곡
relaxation 여유
produce 농작물
bribe 뇌물을 주다

❶ **How do you tell how good bread is without tasting it?**
맛을 보지 않고 빵이 신선한지 어떻게 알 수 있을까? 이 대사에 등장한 tell은 '말하다'가 아니라 '구별하다', '분간하다'라는 의미예요. 그리고 without ~ing은 '~를 하지 않고서'라는 뜻으로 회화에서 자주 쓰는 표현이에요.

She gestures to the back door. Outside a PRODUCE SELLER, **conversing amicably** with LaRousse, sets down a **crate** of gorgeous fruit and vegetables. LaRousse **slips** him money.

<u>COLETTE</u> Voila! The best restaurants get first pick.

TIME CUT: Linguini and Colette cook side by side, their manner now as easy and familiar as old friends.

<u>COLETTE</u> People think Haute Cuisine is **snooty**, so chefs must also be snooty. But not so.

ON LALO, who bobs to radio music as he sautés, cooking with an **efficient**, yet **theatrical flourish**.

<u>COLETTE</u> (V.O.) Lalo there– ran away from home at twelve, got hired by circus people as an **acrobat**, and then he got fired for **messing around with** the **ringmaster's** daughter.

콜레트가 뒷문을 가리킨다. 문 밖에는 야채 판매상이 라루스와 정겹게 얘기 나누며 신선한 과일과 야채가 담긴 상자를 내리고 있다. 라루스가 그에게 돈을 슬쩍 찔러준다.

콜레트 봐! 최고의 식당이 제일 먼저 최고의 야채를 얻는 거야.

장면 전환: 링귀니와 콜레트가 나란히 서서 요리하고 있다. 이제 그들은 옛 친구처럼 친밀한 관계가 되었다.

콜레트 사람들은 고급 요리가 거창해서 요리사들도 그럴 거로 생각하지만, 실제 그렇지는 않아.

라로의 모습. 재료를 볶으면서 라디오 음악에 맞춰 고개를 끄덕인다. 능숙하지만 다소 과장된 모습이다.

콜레트 (목소리) 저기 있는 라로는… 12살에 가출해서 서커스 곡예사로 일했다가 무대 감독의 딸과 놀아났다고 해고됐지.

✎ *바로 이장면!*

CAMERA SWINGS to HORST. He glances about with **shifty eyes**.

<u>COLETTE</u> (V.O.) Horst has done time.

<u>LINGUINI</u> (V.O.) What for?

<u>COLETTE</u> (V.O.) No one knows for sure. He changes the story every time you ask him.

JUMP CUTS: HORST explains various reasons for **incarceration**.

<u>HORST</u> I **defrauded** a major **corporation**. (CUT) I robbed the second largest bank in France using only a ballpoint pen. (CUT) I created a hole in the ozone over Avignon. (CUT) I killed a man with– (he holds it up) this thumb.

카메라가 재빨리 홀스트에게 이동한다. 그는 찔리는 데가 있는 듯한 눈빛으로 주변을 살핀다.

콜레트 (목소리) 홀스트는 전과가 있어.

링귀니 (목소리) 뭐 때문에?

콜레트 (목소리) 아무도 확실히 몰라. 물어볼 때마다 말이 달라지니까.

빠른 화면 전환: 홀스트가 전과가 있는 이유를 여러 가지로 설명한다.

홀스트 대기업에서 횡령했어. (다음 장면) 볼펜하나로 프랑스에서 두 번째로 큰 은행을 털었지. (다음 장면) 아비뇽의 오존층에 구멍을 냈어. (다음 장면) 살인했어… (엄지손가락을 들고) 이 엄지로 말이야.

---

converse 대화하다
amicably 우호적으로
crate 바구니, 상자
slip 밀어 넣다
snooty 거만한, 거창한
efficient 유능한, 효율적인
theatrical 과장된
flourish 과장된 동작

acrobat 곡예사
mess around with ~를 건드리다, 집적거리다
ringmaster 무대 감독
shifty eyes 찔리는 데가 있는 눈빛
incarceration 투옥, 감금
defraud 사취하다
corporation 회사, 기업

CAMERA MOVES to POMPIDOU. He works **dough** with **expert precision**.

카메라가 퐁피두에게 이동한다. 전문가다운 실력으로 반죽을 다룬다.

COLETTE　(V.O.) Don't ever play cards with Pompidou. He's been **banned** from Las Vegas and Monte Carlo.

콜레트 (목소리) 퐁피두랑은 카드 치지 마. 라스베이거스와 몬테카를로로 출입 금지 당했대.

CAMERA MOVES to LAROUSSE as he slips into the food safe.

카메라가 식품 저장실 안으로 들어가는 라루스에게 이동한다.

COLETTE　(V.O.) Larousse **ran** guns for the **resistance**.

콜레트 (목소리) 라루스는 저항군에게 무기를 공급했대.

LINGUINI　(V.O.) Which resistance?

링귀니 (목소리) 어떤 저항군?

COLETTE　(V.O.) He won't say. **Apparently** they didn't win.

콜레트 (목소리) 말을 안 해. 전투에서 진 게 분명해.

COLETTE　So you see, we are artists, pirates. More than cooks are we.

콜레트 보다시피 우리는 예술가야, 해적이라고 해도 되지. 그냥 요리하는 사람들은 아니야.

LINGUINI　"We"...?

링귀니 "우리"…?

COLETTE　Oui. **You are one of us now, oui?**❶

콜레트 그래. 너도 이제 한식구인데, 안 그래?

Linguini is startled by Colette's **acceptance** of him. He SMILES. Inside his toque, REMY is equally touched.

링귀니는 콜레트가 자기를 인정해 주자 놀란다. 미소를 짓는다. 모자 속에서 레미도 역시 감동을 받는다.

LINGUINI　Oui.

링귀니 그래.

They exchange smiles and resume work. PAUSE.

서로 미소를 주고받고 계속 일한다. 잠시 정적이 흐른다.

LINGUINI　Thank you... by the way, for all the advice about cooking.

링귀니 어쨌든… 고마워. 요리에 대해서 이것저것 조언해 줘서.

COLETTE　Thank you, too.

콜레트 나도 고마워.

LINGUINI　For what?

링귀니 뭐가?

COLETTE　For taking it.

콜레트 조언을 들어줘서.

---

dough 반죽
expert 전문가
precision 정확함
ban 금지하다
run 제공하다, 운영하다
resistance 저항, 저항군
apparently 명확하게
acceptance 인정, 받아들임

❶ **You are one of us now, oui?**
너도 이제 한 식구인데, 안 그래?
one of us는 '우리 중의 한 명'이라고 직역할 수 있지만, 실제로는 같은 처지에 있는 사람 혹은 같은 편에 있는 사람을 지칭하는 말이에요. You're one of us.는 '우리는 한 식구야', '우린 이제 한배를 탄 거야' 등으로 해석할 수 있죠.

Special Order
스페셜 오더

🎧 15.mp3

INSIDE SKINNER'S CAR – MOVING – NIGHT
Skinner listens to the radio. Suddenly he **SITS UP**.

HIS POV THROUGH **WINDSHIELD**:
Remy **scampers** across the alley to the kitchen **entrance** behind GUSTEAU'S... and into the hands of a **kneeling** Linguini.

SKINNER The rat!!

He **JAMS** the brakes, throws the car into **reverse**. As Linguini is brought back into view we see that REMY IS GONE. Still kneeling, Linguini holds up a set of KEYS.

SKINNER But he is a...

LINGUINI (to Skinner, chuckles) I just dropped my keys.

Skinner is **BAFFLED**.

INT. DINING AREA
There is **noticeably** more energy and fewer empty tables in the dining room. Mustafa arrives at a table of well-dressed and FOOD **SNOBS**.

MUSTAFA Have you decided this evening?

FOOD SNOB #1 Your soup is excellent. But-

FOOD SNOB #2 –but we order it every time.

FOOD SNOB #3 What else do you have?

스키너의 차 안 – 이동 중 – 밤
스키너가 라디오를 듣다가, 갑자기 자세를 바로 세운다.

차창 밖을 보는 그의 시점:
레미가 골목길을 가로질러 구스토 식당 주방 뒷문 쪽으로 잽싸게 움직이는데… 무릎을 꿇고 있는 링귀니의 손안으로 들어간다.

스키너 그 쥐다!!

스키너가 급하게 브레이크를 밟고 차를 후진한다. 링귀니의 모습이 다시 보이는데 레미는 보이지 않는다. 여전히 무릎을 꿇고 있는 링귀니는 열쇠 꾸러미를 들어 보인다.

스키너 하지만 그 쥐가…

링귀니 (스키너에게 웃으면서) 열쇠를 떨어뜨렸네요.

스키너는 당황한다.

실내. 식당
식당은 매우 활기차 보이며 빈자리도 거의 없다. 무스타파가 옷을 잘 차려입은 미식가들의 자리로 간다.

무스타파 저녁 메뉴 정하셨나요?

미식가 #1 수프가 맛있긴 하지만…

미식가 #2 그런데, 올 때마다 시켜서요.

미식가 #3 다른 거 없나요?

---

sit up 자세를 바로 하고 앉다
windshield 자동차 앞유리
scamper 날쌔게 움직이다
entrance 입구
kneel 무릎을 꿇다
jam (세게) 밀다
reverse 후진
baffled 당황한

noticeably 눈에 띄게, 현저하게
snob 속물, 잘난 체하는 사람

MUSTAFA Well, we have a very nice **foie gras**—

<u>FOOD SNOB #1</u> (**impatient**) I know about the foie gras. The old **standby**, used to be famous for it. What does the Chef have that's new?

Mustafa stands there, **slack-jawed** and **blinking**.

INT. KITCHEN
Mustafa crashes through the swinging doors **in a panic**.

MUSTAFA Someone has asked what is new!

HORST New?

MUSTAFA Yes! What do I tell them?

HORST Well, what did you tell them?

MUSTAFA I told them I would ask!

<u>SKINNER</u> **What are you blathering about?**❶

HORST Customers are asking what is new.

MUSTAFA What should I tell them?

<u>SKINNER</u> What DID you tell them?

MUSTAFA I TOLD THEM I WOULD ASK!!!

<u>SKINNER</u> This is simple. Just pull out an old Gusteau **recipe**, something we haven't made **in a while**…

MUSTAFA They know about the old stuff. They like Linguini's soup—

무스타파 음, 매우 훌륭한 푸아그라가 있습니다만…

미식가 #1 (재빨리) 푸아그라에 대해선 알죠. 언제든 먹을 수 있죠. 여기서 한때 그걸로 잘 나갔잖아요. 주방장님이 새로 개발한 요리는 뭐죠?

무스타파, 입을 벌리고 눈만 깜빡이며 서 있다.

실내. 주방
당황한 무스타파가 문을 열어젖히고 급히 들어온다.

무스타파 새로운 요리가 있냐고 물어보는데!

홀스트 새로운 거?

무스타파 그래! 뭐라고 하지?

홀스트 그래서, 뭐라고 했어?

무스타파 주방장님께 물어본다고 했지!

스키너 뭐라고 중얼거리는 거야?

홀스트 손님들이 새로운 요리를 원하는데요.

무스타파 뭐라고 하죠?

스키너 뭐라고 했는데?

무스타파 주방장님께 물어본다고 했죠!!!

스키너 간단하네. 구스토의 옛날 레시피를 하면 되겠네. 우리가 요즘 안 만들었던 걸로…

무스타파 그들은 옛날 요리도 다 안다고요. 링귀니의 수프가 맛있다고…

---

foie gras 거위 간 요리, 푸아그라
impatient 참지 못하고
standby 언제나 쓸 수 있는 예비품
slack-jawed (놀라서) 입을 딱 벌린
blink 눈을 깜박이다
in a panic 놀라서
recipe 요리법
in a while 오랫동안

❶ **What are you blathering about?**
뭐라고 중얼거리는 거야?
What are you blathering about?은 '뭐라고 지껄이는 거야?'라는 의미로 상대방이 한 말에 투덜거리며 화를 표출하는 말이에요. blather는 '지껄이다'라는 뜻의 동사이지만 '허튼소리'라는 명사로도 쓸 수 있어요.

SKINNER	They are asking for food from– LINGUINI?	스키너 링귀니가 만든 요리를 원한다고…?
LALO	A lot of customers like the soup. That's all we were saying.	**랄로** 그 수프를 좋아하는 손님이 많아요. 우리 직원들도 그랬고요.
POMPIDOU	Were we saying that?	퐁피두 우리가 그랬다고?

An IDEA comes to Skinner. Dark pleasure **blooms** on his face.

스키너에게 좋은 생각이 떠올랐다. 음흉한 생각을 하니 얼굴에 활기가 돋는다.

SKINNER	Very well. If it's Linguini they want...	스키너 아주 좋아. 손님이 링귀니를 원한다면…

He pulls Horst close and speaks to him quietly.

스키너가 홀스트를 끌어당겨 조용히 말한다.

SKINNER	...tell them "Chef" Linguini has prepared something special for them, something **definitely** "**off-menu**". Oh, and don't forget to **stress** its "Linguini-ness".	스키너 …손님들에게 "주방장" 링귀니가 특별 요리를 준비한다고 말해. "메뉴에도 없는" 스페셜 요리라고. 오, "링귀니표" 요리라는 걸 특히 강조하라고.
HORST	**Oui**, Chef.	홀스트 네, 주방장님.

Skinner turns to Linguini, a big shark-smile on his face.

스키너는 상어를 연상시키는 함박 미소를 지으며 링귀니를 향해 돌아본다.

SKINNER	**Now is your chance to try something worthy of your talent, Linguini.** [1] A forgotten favorite of the Chef's: "Sweetbread a la Gusteau"! Colette will help you!	스키너 링귀니, 이제 너의 재능을 시험할 기회가 왔어. 주방장의 잊혀진 최애 요리, "구스토의 송아지 곱창 요리"! 콜레트가 도와줄 거야!
COLETTE	Oui, Chef.	콜레트 네, 주방장님.
SKINNER	Now hurry up. Our diners are hungry!	스키너 서둘러. 손님들 시장하시겠다!

Skinner turns to go to his office, a worried LaRousse rushes up to him, speaking in a low, **concerned** voice.

스키너는 사무실로 들어가려고 하는데, 라루스가 걱정스러운 표정으로 그에게 달려가 우려하는 목소리로 작게 말한다.

LA ROUSSE	Are you sure? That recipe was a disaster. Gusteau himself said so.	라루스 정말요? 그 레시피는 최악이었어요. 구스토 자신도 그렇게 말했고요.

---

bloom 피어나다
definitely 확실히
off-menu 메뉴에 없는
stress 강조하다
oui [프랑스어] 네
worthy 가치 있는
sweetbread (송아지, 양의) 곱창 (췌장, 흉선)
concerned 걱정하는

> ❶ **Now is your chance to try something worthy of your talent, Linguini.**
> 링귀니, 이제 너의 재능을 시험할 기회가 왔어.
> Now is your chance to ~는 '지금이 네가 ~할 기회야'라는 뜻으로 상대방이 어떤 행동을 하도록 부추길 때 쓸 수 있는 표현이에요. It's your chance to ~ 역시 비슷한 뉘앙스로 자주 사용하는 표현이죠.

SKINNER	Just the sort of challenge a **budding** chef needs.	스키너 새로 시작한 요리사에게 안성맞춤인 도전 과제이지.

Skinner disappears inside his office.

스키너는 사무실로 사라진다.

WITH COLETTE & LINGUINI
Linguini looking over Colette's shoulder as she stares at an old, yellowing recipe card, **sizing up** its ingredients.

콜레트와 링귀니
콜레트가 낡고 빛바랜 레시피 카드를 읽으며 재료를 파악하고 있다. 링귀니는 어깨너머로 본다.

COLETTE	Sweetbread a la Gusteau. Sweetbread cooked in a seaweed salt crust with **cuttlefish tentacle**. Dog rose puree, **geoduck** egg, dried white **fungus, anchovy licorice** sauce…	콜레트 구스토의 송아지 곱창 요리. 송아지 곱창에 굵은 미역 소금을 넣고 갑오징어 다리와 삶는다. 들장미 퓌레, 백합조개알, 말린 백버섯, 멸치 감초 소스…
COLETTE	(to Linguini) I don't know this recipe. But it's Gusteau's, so– (calling out) Lalo! We have some **veal** stomach soaking, yes?	콜레트 (링귀니에게) 이 레시피는 처음 보네. 그래도 구스토 거잖아. 그러니… (큰 소리로) 랄로! 물에 불려 놓은 송아지 곱창 있지, 어?
LALO	(O.S.) Yes! Veal stomach, I get that.	랄로 (화면 밖)에 송아지 곱창. 있어.
LINGUINI	Veal stomach?	링귀니 송아지 곱창?

INSIDE LINGUINI'S TOQUE – MINUTES LATER
Remy pilots Linguini's hand to lift the small pot of snail **porridge** off the burner and up to Linguini's toque for an **obligatory** sniff. Remy looks at the porridge, then at the rack of fresh spices. Suddenly Remy pilots Linguini to go for the SPICES, lifting them rapidly one by one up the toque to SNIFF. Remy selects one that smells right and dumps it in the pot.

링귀니의 모자 안 – 잠시 후
레미는 링귀니의 손을 조종해서 버너에 놓여 있는 달팽이 죽 냄비를 링귀니의 모자 쪽으로 들어 올리고 냄새를 맡는다. 죽을 본 후 양념 선반을 바라보더니, 갑자기 링귀니를 조종해서 양념이 있는 곳으로 이동한다. 재빠르게 양념 하나하나를 들어 올리고 냄새를 맡은 후 괜찮은 양념을 골라서 냄비에 넣는다.

INSIDE LINGUINI'S TOQUE
Remy **takes a WHIFF**, likes what he smells. **Inspired**, he pilots Linguini out into the kitchen.

링귀니의 모자 안
냄새를 맡고 만족한 레미는 갑자기 좋은 생각이 떠올라 링귀니를 주방 쪽으로 움직이게 한다.

LINGUINI
–is alarmed by his sudden **ramble**, completely unsure of where he's going, what he's looking for.

링귀니
갑작스러운 움직임에 놀란다. 어디로 가는지, 무엇을 찾는지 전혀 알지 못한다.

---

budding 신예의, 피어나는
size up 판단하다
cuttlefish 갑오징어
tentacle 촉수
dog rose 들장미의 일종
geoduck 백합 조개
fungus 버섯, 곰팡이
anchovy 멸치

licorice 감초
veal 송아지 고기
porridge 죽
obligatory 의무적인, 꼭 ~하는
take a whiff 냄새 맡다
inspired 영감을 받아, 직관에 따라
ramble 걷기, 긴 산책

LINGUINI I'll be right back. Where…

LINGUINI Hey, I got to…

INSIDE LINGUINI'S TOQUE
Remy **maneuvers** Linguini **spasmodically** past the other cooks' stations, wildly sniffing around for the next ingredient, a **composer** hunting for the next note in a new symphony. He catches a pleasing scent in Lalo's station–

LINGUINI
SNATCHES some **SHALLOTS** from Lalo, who looks up in SHOCK, but Linguini is already gone, racing back to his station to add the new ingredients to a heating pan. Linguini JERKS forward, tilting his toque over the pan, then **PEELS OUT of** his station, once again on the move.

LINGUINI (ad-lib to cooks) **Don't mind me.**[●] I just need to borrow this real quick. Let's see, over here… I'll be back. Thank you.

To the others, Linguini looks **deranged**; a man who's clearly lost control of both his body and his **faculties**. Fear on his face, Linguini ZIPS about– snatching ingredients from other stations, a Porche apologizing for its driver.

LINGUINI Excuse me. I'm going to… Apparently, I need this. I'll be right… I'm going to pick that up. I got some of that spice.

Linguini **careens** back into his station and DUMPS the ingredients into his pan. Colette sees his–

COLETTE What are you doing? You are supposed to be preparing the Gusteau recipe.

LINGUINI (puts spices) This is the recipe—

링귀니 금방 올게. 어디로…

링귀니 저기, 내가…

링귀니의 모자 안
레미는 링귀니를 조종해서 황급히 다른 요리사의 조리대를 지나간다. 마치 새로운 교향곡의 악상을 찾아 헤매는 작곡가처럼 다음 요리 재료를 찾아 킁킁거리며 냄새를 맡다가 마침 랄로의 조리대에서 좋은 냄새를 찾는데…

링귀니
링귀니가 샬롯을 낚아채자 랄로가 깜짝 놀라 그를 바라보지만 링귀니는 이미 자신의 조리대로 재빨리 이동해서 달아오른 팬에 새 재료들을 넣는다. 링귀니는 또다시 몸을 숙여 팬 위로 모자를 기울인다. 그리고 자신의 조리대에서 다른 곳으로 미끄러지듯 움직인다.

링귀니 (요리사들에게 즉흥적으로) 신경 쓰지 마세요. 이거 좀 빌릴게요. 보자, 여기에… 곧 올게요. 감사합니다.

다른 요리사들에게는 링귀니가 정신이 나간 것처럼 보인다. 마음먹은 대로 몸을 가눌 수 없는 사람처럼 보인다. 두려움이 가득한 표정의 링귀니가 다른 요리사의 조리대에서 재료를 낚아채고 황급히 움직인다. 마치 포르쉐가 주인을 잘못 만나 이상하게 운전하는 것 같다.

링귀니 실례해요. 제가… 확실히 이게 필요해요. 곧 돌아… 이것도 필요해요. 그 양념도.

링귀니는 쓰러질 듯이 그의 조리대로 돌아와 재료를 냄비에 쏟아붓는다. 콜레트가 그의 행동을 보며…

콜레트 뭐 하는 거야? 구스토 레시피대로 준비해야지.

링귀니 (양념을 넣으며) 이게 레시피야…

---

maneuver 움직이다, 조종하다
spasmodically 돌발적으로
composer 작곡가
shallot 샬롯 (작은 양파의 일종)
peel out of 벗어나다, 나가다
deranged 제정신이 아닌
faculty (신체적, 정신적) 기능, 능력
careen 위태롭게 달리다

> ● **Don't mind me.**
> 신경 쓰지 마세요.
> Don't mind me.는 '저는 신경 쓰지 마세요'라는 뜻으로 상대방에게 자기 행동이 방해된다고 생각하고 양해를 구할 때 쓰는 표현이에요. 이때 mind는 '상관하다', '신경 쓰다'라는 뜻의 동사입니다.

바로 이장면!*

COLETTE	The recipe doesn't **call for** white **truffle oil**! What else have you– (looks in Linguini's pan) You are **improvising**?? This is no time to experiment. The customers are waiting!	콜레트 레시피에는 화이트 트러플 오일이 없잖아! 또 뭘 넣은… (그의 냄비 안을 보고) 즉흥으로 만드는 거야?? 지금 실험할 때가 아니야. 손님들이 기다린다고!

COLETTE The recipe doesn't **call for** white **truffle oil**! What else have you– (looks in Linguini's pan) You are **improvising**?? This is no time to experiment. The customers are waiting!

콜레트 레시피에는 화이트 트러플 오일이 없잖아! 또 뭘 넣은… (그의 냄비 안을 보고) 즉흥으로 만드는 거야?? 지금 실험할 때가 아니야. 손님들이 기다린다고!

LINGUINI You're right– (he **WHACKS** his toque) I should listen to you!

링귀니 네 말이 맞아… (자기 모자를 툭 치면서) 네 말을 들어야지!

Linguini suddenly **SLAPS** his own face, then LEANS his toque over the Sweetbread.

링귀니가 갑자기 자기 얼굴을 찰싹 때리고, 송아지 곱창 위로 모자를 기울인다.

COLETTE Stop that!

콜레트 그만 좀 해!

LINGUINI Stop what?

링귀니 뭘?

COLETTE **Freaking** me **out**! Whatever you're doing, stop it.

콜레트 놀래키는 게! 뭘 하든지 간에, 그만하라고.

HORST Where is the special order?

홀스트 스페셜 요리 어떻게 돼가는 거야?

Both Colette and Linguini are working quickly now, but on **separate** dishes, giving the **appearance** of a **competition**.

콜레트와 링귀니는 이제 서둘러 요리하지만, 경쟁하듯 다른 요리를 만드는 것처럼 보인다.

COLETTE Coming! (low to Linguini) I thought we were together on this.

콜레트 곧 나가요! (링귀니에게 작은 목소리로) 우리가 한 팀인 줄 알았어.

LINGUINI We are together.

링귀니 물론 그렇지.

COLETTE Then what are you doing?

콜레트 그런데 지금 뭐 하는 거야?

LINGUINI It's very hard to **explain**.

링귀니 정말 설명하기 힘들어.

HORST The special??

홀스트 스페셜 요리는??

---

call for 필요로 하다
truffle oil 트러플 오일
improvise 즉석에서 만들다
whack 후려치다
slap 때리다
freak ~ out 겁주다
separate 각각의
appearance 모습

competition 경쟁
explain 설명하다

COLETTE Come get it!

INSIDE LINGUINI'S TOQUE
Remy watches **anxiously** as Colette sets the plate at the pass to be picked up, a hank of hair in each paw, waiting for an opening.

COLETTE Whoa, whoa. I forgot the anchovy licorice sauce.

She rushes back to get it. Remy sees his chance. Linguini finds himself grabbing his pan and **hurtling** toward Colette.

AT THE PASS
Colette is about to add the licorice sauce when Linguini **swoops in** and **BLOCKS** HER HAND. Colette is **astonished**, her eyes FLASH at Linguini, who looks **petrified**, his left hand holds his pan of sauce, which **trembles** over the Sweetbread.

COLETTE Don't... you... **dare**.

LINGUINI I'm not, I'm not, I'm—

Linguini dumps his sauce into Colette's dish the moment before it is **swept away** by the waiter.

LINGUINI (CONT'D) –sorry.

Skinner enters, smiling as he walks up to Horst.

SKINNER Is Linguini's dish **done** yet?

HORST Ja. It's as bad as we remember. Just went out.

SKINNER (**serene**) Did you taste it?

HORST Ja, of course... before he changed it.

SKINNER Good- WHAT? How could he change it?

콜레트 나가요!

링귀니의 모자 안
콜레트가 음식을 손님에게 전달하는 테이블 위에 완성된 요리를 올려 놓는데 레미가 이를 걱정스럽게 바라본다. 양손에는 링귀니의 머리카락을 움켜쥐고 빨리 움직일 기회만 기다리고 있다.

콜레트 워, 워. 멸치 감초 소스가 빠졌네.

콜레트가 소스를 가지러 간다. 레미에게는 좋은 기회이다. 링귀니가 냄비를 들고 콜레트를 향해 돌진한다.

음식 운반 테이블
콜레트가 감초 소스를 부으려고 하자 링귀니가 갑자기 달려들더니 그녀의 손을 저지한다. 콜레트가 깜짝 놀라 노려보자 링귀니는 겁을 먹지만, 떨리는 왼손으로 소스 냄비를 들고 있다. 곱창 요리 위에 붓기 일보 직전이다.

콜레트 그러기만… 해 봐…

링귀니 아니, 안 해. 난…

링귀니가 콜레트의 접시 위에 소스를 붓자 웨이터가 바로 가지고 나간다.

링귀니 (계속) …미안해.

스키너가 들어와 웃으면서 홀스트에게 다가간다.

스키너 링귀니의 요리는 다 됐나?

홀스트 네, 옛날처럼 정말 최악이에요. 막 나갔어요.

스키너 (평온한 목소리로) 맛은 봤어?

홀스트 네, 물론이죠. 그가 바꾸기 전에 말이죠.

스키너 좋아… 뭐? 그가 어떻게 바꿀 수 있지?

---

anxiously 간절히, 열망하는
hurtle 돌진하다
swoop in 위에서 덮치다
block 막다
astonished 놀란
petrified 겁이 난
tremble 벌벌 떨다
dare 감히 ~하다, 도전하다

sweep away 확 가지고 가다
done 끝난
serene 평화로운

HORST	He changed it as it was going out the door!	홀스트 요리를 내어 가기 직전에 바꿨어요!

Skinner starts toward the door to the dining room, just as MUSTAFA **busts** through it, excited.

스키너가 식당 문으로 다가가는데, 갑자기 무스타파가 흥분한 채 문을 박차고 들어온다.

MUSTAFA	They love it! Other diners are already asking about it, about Linguini. I have seven more orders!	무스타파 맛있대! 다른 손님들도 링귀니 요리를 주문했어. 벌써 7개나 추가 주문받았어!

Colette is **nonplussed**. Skinner **FLINCHES**, then **forces a smile**.

콜레트는 몹시 놀라 어쩔 줄 모른다. 스키너는 움찔하더니 억지로 미소를 짓는다.

SKINNER	That's... wonderful.	스키너 그것… 잘됐군.
CUSTOMER #1	I'd like one of those.	손님 #1 저거 주문할게요.
HORST	Special Order!	홀스트 특별 요리요!
CUSTOMER #2	What is that?	손님 #2 저게 뭐죠?
HORST	Special order! Special order! Special order!	홀스트 특별 요리! 특별 요리! 특별 요리요!

Crosscut between the dining room and the kitchen: orders **pile up** as word of the "special" **spreads** between diners. Remy pilots Linguini, **preparing plate** after plate of their **hit**.

식당과 주방의 교차 화면. 손님들 사이에서 "특별 요리"가 퍼지면서 요리 주문이 쌓여간다. 레미가 링귀니를 조종하며 계속 요리를 준비한다.

---

bust 급습하다
nonplussed 매우 좋아하는
flinch 움찔하다
force a smile 억지로 미소 짓다
crosscut 교차 화면
pile up 쌓이다
spread 퍼지다
prepare 준비하다

plate 요리, 접시
hit 인기 작품

Disney • PIXAR
RATATOUILLE
(rat•a•too•ee)

Lesson About Food
음식 수업

🎧 16.mp3

THE KITCHEN – LATER
The dinner rush is over. The cooks congratulate their new **comrade** Linguini, **toasting** him glasses of table wine.

ALL	To Linguini. / Congratulations, Mr. Linguini. / Cheers, ja?

LAROUSSE Drink now, there's plenty.

Skinner watches from across the kitchen, STARING at the boy with a mixture of **confusion**, envy and **resentment**. As Linguini pass in front of a light Skinner SEES IT: a strange shadow within Linguini's toque— the SILHOUETTE OF A RAT. Skinner's EYES going WIDE.

EXT. BACK ENTRANCE – GUSTEAU'S
After a quick look around to make sure no one's watching, Linguini removes his toque and lets Remy out.

LINGUINI Take a break, Little Chef. Get some air. **We really did it tonight.**❶

Linguini unfolds a napkin, revealing a miniature picnic; fruit, bread, cheeses. Remy– **pooped** but **exhilarated**—**beams at** Linguini. Linguini smiles and turns back inside.

INT. KITCHEN
We follow Linguini as he enters the kitchen. PANNING INTO FRAME is Skinner; who has climbed high on a tray rack, so that Linguini's toque passes right in front of him. He SNATCHES the toque from Linguini's head and **gapes** in confusion when he sees nothing there. He looks at Linguini and SMILES.

주방 – 잠시 후
바쁜 저녁 시간이 끝났다. 요리사들은 와인으로 건배하며 새로운 동료인 링귀니의 성공을 축하한다.

모두 링귀니를 위해 건배. / 축하해, 링귀니. / 건배.

라루스 마셔. 술은 많이 있어.

스키너는 혼돈, 시기, 분노 등 복잡한 감정을 느끼며 주방 한편에서 링귀니를 노려보고 있다. 링귀니가 조명 앞을 지날 때 스키너가 링귀니의 모자 안에서 이상한 그림자를 발견하는데, 그건 바로… 쥐의 모습이다. 스키너의 눈이 커진다.

실외. 뒷문 – 구스토 식당
아무도 없는지 재빨리 확인한 후 링귀니는 모자를 벗어 레미가 나오도록 한다.

링귀니 좀 쉬어, 꼬마 요리사. 바깥 공기도 좀 마시고. 오늘 밤 우리 정말 잘했어.

링귀니가 냅킨을 펼치자 과일, 빵, 치즈 등의 미니 피크닉 음식이 보인다. 레미는 피곤하지만 기분이 매우 좋아 링귀니에게 활짝 웃는다. 링귀니는 웃으며 안으로 들어간다.

실내. 주방
링귀니가 주방으로 들어오는 모습이 보인다. 스키너가 화면에 잡히는데, 링귀니의 모자가 그의 앞을 지나가도록 높은 접시 선반 위에 올라가 있다. 스키너가 링귀니의 요리사 모자를 잡아채는데… 그의 머리 위에 아무것도 없자 당황한다. 스키너는 링귀니를 보고 씩 웃는다.

---

comrade 동지, 동료
toast 건배하다
confusion 혼란
resentment 분노
pooped 피곤한
exhilarated 기분이 좋은
beam at ~에게 웃다
gape 입을 딱 벌리고 바라보다

❶ **We really did it tonight.**
오늘 밤 우리 정말 잘했어.
We did it!은 '해냈어!'라는 뜻으로 힘겹게 어떤 일을 완수하고 성취감을 느끼며 크게 외치는 말이에요. We made it! 역시 같은 의미로 자주 쓰는 표현이죠.

SKINNER (**dangling** the toque) Got your toque!

Skinner chuckles as he hops down to the ground, brushing and **fluffing** the toque with his hand before handing it back to the **mystified** Linguini.

SKINNER Oh, seriously now, I'd love to have a little talk with you, Linguini... in my office.

LINGUINI Am I in trouble...?

SKINNER Trouble? Nooo... A little wine, a friendly chat. Just us cooks.

Colette watches Skinner steer Linguini into his office.

HORST (to Colette, re: Linguini) The **plongeur** won't be coming to you for advice anymore, eh Colette? (**teasing**) He's gotten all he needs.

He exits chuckling. Colette's hurt.

INT. SKINNER'S OFFICE
Skinner **settles in** behind the massive desk that was **formerly** Gusteau's. Linguini sits uneasily at a chair facing him, still holding his little glass of wine.

SKINNER **Toasting your success, eh Linguini?**❶ Good for you.

LINGUINI Oh, I just took it to be polite. I don't really drink, you know...

SKINNER Of course, you don't. I wouldn't either if I was drinking that–

Skinner plucks the glass from Linguini's hand, pours it into a **wastebasket**, and offers up a newly opened bottle of wine.

스키너 (모자를 들고 달랑거리며) 모자 여깄네!

스키너가 웃으며 바닥으로 뛰어내리고, 어리둥절한 링귀니에게 모자를 돌려주기 전에 그것을 손으로 툭툭 턴다.

스키너 오, 이제 진지하게 너와 이야기를 나눠야겠구나, 링귀니… 내 사무실에서 말이야.

링귀니 제가 실수라도…?

스키너 실수? 아니… 그냥 와인 마시면서, 편하게 수다나 떨자고, 우리 요리사끼리 말이야.

콜레트는 스키너가 링귀니를 데리고 사무실로 들어가는 모습을 본다.

홀스트 (링귀니에 대해 콜레트에게) 이제 저 쓰레기 담당이 조언을 얻으려고 네게 더 이상 안 가겠네, 어 콜레트? (놀리듯) 자기가 원하는 건 다 이루었으니까.

홀스트가 웃으면서 나간다. 콜레트는 마음의 상처를 입는다.

실내. 스키너의 사무실
스키너가 거대한 책상 뒤에 편안하게 앉았는데, 사실 그 책상은 구스토의 소유였다. 링귀니는 그를 마주 보고 의자에 불편하게 앉아 있는데, 여전히 작은 와인 잔을 들고 있다.

스키너 너의 성공을 위해 건배할까, 링귀니? 잘했어.

링귀니 오, 예의상 한 모금만 할게요. 제가 정말 술을 못해서요, 저…

스키너 물론, 못 마시지. 나도 이런 와인이라면 안 마셔.

스키너가 링귀니의 손에서 잔을 뺏더니 쓰레기통에 쏟아 버리고 새로 딴 와인을 건넨다.

---

dangle 달랑거리며 들고 있다
fluff 부풀리다
mystified 의아한
plongeur 잡일 하는 사람
teasing 짓궂게 괴롭히는, 성가신
settle in 자리를 잡다
formerly 예전에
wastebasket 쓰레기통

❶ **Toasting your success, eh Linguini?**
너의 성공을 위해 건배할까, 링귀니?
toast는 '~위해 건배하다'라는 뜻이에요.
우리가 잘 알고 있는 Cheers!는 짧게 '건배!'라고 외칠 때 감탄사처럼 쓰는 말이랍니다.

SKINNER (CONT'D) –but you would have to be an idiot of **elephantine** proportions not to appreciate this '61 Chateau Latour. And you, Monsieur Linguini, are no idiot. (raising his glass) Let us toast your non-**idiocy**!

They clink... and DRINK.

EXT. BACK ENTRANCE – GUSTEAU'S
Remy munches **contentedly** and stares at the night sky, loving his bread, his cheese, his life. He breaks the top off a grape and– holding the stem like a wine glass– slowly sips it into a raisin. Something STIRS behind the trash cans. Remy FREEZES, suddenly alert. Some kind of **CREATURE** is eating in the shadows. Remy grabs the cheese knife and timidly goes to **investigate**. The creature LOOKS UP, its glowing eyes fix on Remy. Remy GULPS, raises the knife. The creature LEAPS into the light–

EMILE   REMY!

REMY   Emile–??

They rush to each other, hugging and laughing.

EMILE   I can't believe it! You're alive! You made it!

REMY   I thought I'd never see you guys again!

EMILE   **We figured you didn't survive the rapids.** ❶

REMY   And what are you eating??

Emile stares at Remy, chewing. He looks down, **pondering** the **unrecognizable wad** in his hands for a long beat. He FROWNS.

EMILE   I don't really know. I think it was some sort of wrapper once.

스키너 (계속) 61년산 샤또 라뚜르를 마다하지는 않겠지. 링귀니 군, 자네는 바보가 아니잖아. (잔을 들고) '바보가 아닌 것'을 축하하며 건배!

잔을 부딪치고… 술을 마신다.

실외, 뒷문 – 구스토 식당
레미는 행복하게 음식을 먹고 있다. 밤하늘을 바라보며 지금 먹고 있는 빵과 치즈 그리고 자기 삶에 만족한다. 포도알갱이의 윗부분을 떼어내고 아래 줄기 부분을 마치 와인 잔처럼 들고 있다가 즙을 천천히 마시자 남은 부분은 건포도처럼 쪼그라든다. 이때 쓰레기통 뒤에서 무언가가 움직인다. 레미는 행동을 멈추고 경계한다. 어떤 동물이 어두운 곳에서 음식을 먹고 있다. 레미가 살펴보려고 치즈 나이프를 들고 떨면서 접근한다. 그 동물이 이글거리는 눈빛으로 레미를 바라보자 레미가 침을 꼴깍 삼키고 칼을 들어 올린다. 그 동물이 빛이 있는 곳으로 뛰어나온다.

에밀 레미!

레미 에밀…??

그들은 서로에게 달려가 웃으면서 껴안는다.

에밀 믿을 수 없어! 네가 살아 있다니! 살아 있었어!

레미 다시는 못 볼 줄 알았어!

에밀 우리는 네가 급류에 휩쓸려 죽은 줄 알았어.

레미 근데 뭘 먹는 거야??

무언가를 씹으면서 레미를 바라보던 에밀은 손에 들고 있던 정체를 알 수 없는 덩어리를 쳐다보며 잠시 생각에 잠긴다. 에밀은 얼굴을 찌푸린다.

에밀 나도 잘 몰라. 포장지로 쓰였던 것 같은데.

---

elephantine 거대한
idiocy 멍청함
contentedly 만족하며
creature 동물, 생명체
investigate 조사하다
ponder 궁금해하다
unrecognizable 분간할 수 없는
wad 뭉치

❶ **We figured you didn't survive the rapids.**
우리는 네가 급류에 휩쓸려 죽은 줄 알았어.
figure는 '계산하다', '형태', '수치' 등 여러 가지 뜻이 있지만 이 대사에서는 '~라고 생각하다'라는 의미로 쓰였어요. rapid는 원래 '(속도가) 빠른'이란 뜻이지만 rapids라고 하면 '(강의) 급류'라는 뜻이 된답니다.

REMY   What–? No.

Remy grabs the wad and throws it away with a **flourish**.

REMY   You're in Paris now, baby. My town. No brother of mine eats **rejectamenta** in my town.

Remy turns on his heel and marches back into the kitchen.

INT. KITCHEN – MOMENTS LATER
Remy climbs to the pull handle on the FOOD SAFE DOOR and hesitates there. LAUGHTER **emanates** from inside of Skinner's office. Remy leaps to the handle and with **considerable** effort pushes it open, UNLOCKING the **massive** door. GUSTEAU appears.

GUSTEAU   Remy... you are stealing? You told Linguini he could trust you.

REMY   And he can. It's for my brother...

GUSTEAU   But the boy could lose his job.

REMY   Which means I would, too. **It's under control, okay?**[1]

Remy shoves past the Gusteau and into the safe. The sprite **VANISHES**.

INT. SKINNER'S OFFICE – SAME TIME
Linguini sits back in his chair, looking a bit **tipsy**.

SKINNER   More wine?

LINGUINI   I shouldn't. But... okay.

He offers his glass to Skinner, who refills it **generously**.

SKINNER   So where did you train, Linguini?

레미   뭐라고…? 안 돼.

레미가 덩어리를 집어서 얼른 갖다 버린다.

레미   형은 파리에 있다고, 이봐. 여긴 내 무대라고, 내 형이 여기서 쓰레기나 먹게 할 순 없지.

레미가 뒤돌아 주방으로 걸어간다.

실내, 주방 – 잠시 후
레미가 식품 저장실 문손잡이 위로 올라가더니 잠시 망설인다. 스키너의 사무실에서 웃음소리가 들린다. 레미가 손잡이 위로 뛰어올라 힘껏 밀어내자 거대한 문이 열린다. 이때 구스토가 나타난다.

구스토   레미… 너 훔치는 거니? 링귀니에게 널 믿으라고 했잖아.

레미   물론이죠. 형에게 줄 거예요…

구스토   하지만 저 애가 해고될 수도 있어.

레미   그 말은 저도 그렇다는 거죠. 제가 알아서 할게요, 네?

레미는 구스토를 밀치고 저장실 안으로 들어간다. 구스토 요정이 사라진다.

실내, 스키너의 사무실 – 같은 시각
링귀니가 의자에 편안하게 앉아 있다. 술에 취한 듯하다.

스키너   와인 더 줄까?

링귀니   마시면 안 되는데, 하지만… 좋아요.

잔을 내밀자 스키너가 와인을 가득 채운다.

스키너   어디서 훈련했지, 링귀니?

---

flourish 과장된 동작
rejectamenta 쓰레기
emanate 나오다, 흘러나오다
considerable 상당한
massive 거대한
vanish 사라지다
tipsy 술에 취한
generously 관대하게, 많이

❶ It's under control, okay?
제가 알아서 할게요. 네?
이 표현은 자기가 알아서 할 테니 걱정하지 말라고 상대방을 안심시키면서 하는 말이에요. Everything's under control. '다 잘 되고 있어요.' 역시 비슷한 표현이죠. under control은 '잘 조절되는', '잘 관리되는'이란 뜻이에요.

LINGUINI (chuckles, drinking) **Train**? All right…

링귀니 (웃으며 술을 마시면서) 훈련이요? 좋아요…

SKINNER Surely you don't expect me to believe this is your first-time cooking?

스키너 이게 너의 첫 요리라고 믿길 바라는 건 분명 아니겠지?

LINGUINI It's not.

링귀니 아니죠.

SKINNER I KNEW IT!

스키너 그럴 줄 알았어!

LINGUINI It's my… (stops, counts on fingers) …second, third, four—fifth time. Monday was my first time. (Skinner **wilts**) But I've taken out the garbage lots of times before that, that's why I…

링귀니 이건 내… (말을 멈추고 손가락으로 센다) …둘, 셋, 넷, 다섯 번째 요리예요. 월요일이 첫 번째 요리였죠. (스키너가 실망한다) 하지만 그 이전에 쓰레기는 많이 버렸어요. 그래서 제가…

SKINNER (**cutting** him **off**, pouring) Yes, yes. Have some more wine. Tell me, Linguini, about your interests. Do you like animals?

스키너 (링귀니의 말을 자르고 와인을 따르며) 그래, 그래. 와인 더 마셔. 말해 봐, 링귀니. 네가 좋아하는 것 말야. 동물 좋아하니?

LINGUINI What–? Animals? What kind?

링귀니 네…? 동물이요? 어떤 종류요?

SKINNER Oh, the usual. Dogs, cats, horses, guinea pigs… (pointed) …rats.

스키너 오, 평범한 거 있잖아. 개, 고양이, 말, 기니피그… (강조하며) …쥐.

EXT. BACK ENTRANCE – GUSTEAU'S – NIGHT – MINUTES LATER
Remy carries a small **bundle** of **gourmet** foodstuffs from the kitchen, only to find Emile eating some garbage.

실외, 뒷문 – 구스토 식당 – 밤 – 잠시 후
레미가 주방에서 고급 음식을 소량으로 담아 오는데, 에밀이 쓰레기를 먹고 있는 장면을 목격한다.

REMY I brought you something to– AGH!! No, no, no, no! **Spit** that **out** right now! (Emile does, **shamed**) I have got to teach you about food! Close your eyes.

레미 뭐 좀 챙겨 왔어… 으액! 안 돼! 아냐, 아냐, 안 돼! 당장 뱉어! (에밀이 음식을 뱉고, 부끄러운 표정을 한다) 음식에 대해서 내가 교육해야겠군! 눈 감아.

As Emile closes his eyes, his **SURROUNDINGS** FADE TO BLACK. Remy **delicately** holds **a hunk of** cheese under Emile's nose—

에밀이 눈을 감자 주변이 검게 변한다. 레미가 섬세하게 에밀의 코 아래에 치즈 덩어리를 들어 올린다.

REMY Now… take a bite of thi–

레미 자… 이걸 조금만 깨물어…

---

train 교육(훈련)받다

wilt 시들다, 지치다

cut off (말을) 자르다

bundle 꾸러미

gourmet 고급 음식

spit (out) 내뱉다

shamed 수치스러운

surroundings 주변, 배경

delicately 섬세하게, 조심해서

a hunk of 한 덩이 (빵, 치즈, 고기)

Emile **INHALES** it. Horrified, Remy **scolds** him like a bad pet.

REMY   (CONT'D) NO NO NO! Don't just **hork** it down!

EMILE   Too late.

Annoyed, Remy hands him another piece of cheese. Emile eats it, this time more carefully.

REMY   Here. Chew it slowly... Only think about the taste. See?

A **vague**, grayish **BLOB** half-forms above his head. Emile **struggles to** experience the food...

EMILE   Not really.

REMY   Creamy, salty sweet. An **oaky nuttiness**? You **detect** that?

Emile opens his eyes (surroundings reappear), looks at Remy.

EMILE   Oh, I'm detecting nuttiness.

REMY   Close your eyes. Now taste this. (gives him a strawberry) Whole different thing, right? Sweet, **crisp**, slight **tang on the finish**?

The BLOB reappears, but this time with a hint of color.

EMILE   Okay.

REMY   Now, try them together.

에밀이 한입에 치즈 덩어리를 먹는다. 깜짝 놀란 레미는 반려동물 대하듯 에밀을 꾸짖는다.

레미 (계속) 아니, 아니, 아니야! 그냥 후루룩 먹지 말라고!

에밀 진작 말하지.

화가 난 레미는 에밀에게 치즈 조각을 다시 건넨다. 에밀은 이번에는 좀 더 신중하게 맛을 본다.

레미 자, 천천히 씹어 봐… 맛을 생각하는 거야. 알겠어?

형체를 알 수 없는 회색의 무언가가 그의 머리 위에 생기다가 사라진다. 에밀이 음식의 맛을 경험하려고 애를 쓴다.

에밀 잘 모르겠는데.

레미 부드럽고, 단짠의 맛. 오크향의 고소함도 있지? 느껴져?

에밀이 눈을 뜨고 (원래 배경이 다시 나타난다) 레미를 본다.

에밀 오, 고소함은 있는 것 같아.

레미 눈을 감아. 이번에는 이걸 먹어 봐. (딸기를 준다) 완전히 달라, 그렇지? 달콤하고, 바삭하고, 끝에 살짝 톡 쏘는 맛도 있지?

형체들이 다시 나타난다. 이번에는 색깔이 섞여 있다.

에밀 알겠어.

레미 이번에는, 같이 먹어 봐.

---

inhale 흡입하다
scold 비난하다
hork 빨리 먹다
annoyed 화가 난
vague 희미한, 애매한
blob (작은) 방울
struggle to ~하려고 애쓰다
oaky 오크향이 나는

nuttiness 고소함
detect 감지하다
crisp 바삭한
tang 톡 쏘는 듯한 맛
on the finish 끝맛

바로 이장면!*

Emile eats both together and chews, concentrating. Slowly the weak COLORS become bolder and more **complimentary**. They begin to dance and **intermingle** as a little melody **takes shape**...

에밀이 두 가지를 함께 입에 넣고 씹는다. 집중하는 표정이다. 서서히 옅은 색깔들이 점차 강렬해지고 서로 대비되는 모습이다. 형태들이 춤을 추기 시작하고 음악이 고조되면서 함께 어우러진다…

EMILE   Okay... I think I'm getting a little something there. It might be the nuttiness. Could be the tang.

에밀 좋아… 뭔가 느껴지는 것 같아. 고소한 것 같기도 하고, 톡 쏘는 것 같기도 해.

REMY   That's it! Now, imagine every great taste in the world being combined into **infinite** combinations. Tastes that no one has tried yet!! Discoveries to be made!

레미 바로 그거야! 세상에 있는 수많은 맛이 무한대로 결합해서 완전히 새로운 맛이 되는 걸 상상해 봐! 아무도 먹어보지 못한 맛이지!! 완전 신세계야!

EMILE   I think... **You lost me again.** ❶

에밀 저기… 또 못 알아듣겠어.

Emile opens his eyes. The SHAPES and SOUND FADE AWAY. Sensing Remy's disappointment, Emile **reassures** him.

에밀이 눈을 뜨자, 형체와 음악이 사라진다. 레미가 실망한 것을 눈치채고 에밀은 그를 위로한다.

EMILE   But that was interesting. Most interesting garbage I ever– HEY! What are we doing? Dad doesn't know you're alive yet. We've gotta go to the colony! Everyone will be thrilled!

에밀 그런데 괜찮았어. 지금까지 최고의 쓰레기였어… 이봐! 지금 뭐 하는 거지? 아빠는 네가 아직 살아 있는 걸 몰라. 집으로 가야지! 다들 좋아할 거야!

REMY   Yeah... but...

레미 그래… 그런데…

EMILE   What?

에밀 왜 그래?

REMY   Thing is... I kinda have to...

레미 사실… 난 할 일이…

Remy gestures **vaguely** at the kitchen. Emile frowns.

레미가 애매하게 주방을 가리킨다. 에밀이 얼굴을 찡그린다.

EMILE   What do you "have to" more than family? What's more important here?

에밀 가족보다 더 "중요한 게" 있다고? 뭐가 더 소중한 거야?

He stares **furiously** at Remy. Remy gazes back, his resolve starting to **crumble**.

에밀이 화를 내며 레미를 바라본다. 에밀을 보는 레미는 마음이 약해진다.

REMY   Well, I... it wouldn't hurt to visit.

레미 뭐, 잠깐 다녀오는 것도 나쁘지 않겠지.

---

complimentary 대비되는
intermingle 함께 섞이다
take shape 구체화하다
infinite 무한한
reassure 안심시키다
vaguely 모호하게
furiously 화를 내며
crumble 허물어지다

❶ **You lost me again.**
또 못 알아듣겠어.
You lost me.는 '잘 모르겠어', '이해가 잘 안돼'라는 뜻으로 상대방의 설명이 잘 이해되지 않는다고 할 때 쓰는 말이에요.

Humans Are Not Bad

인간은 나쁘지 않아요

🎧 17.mp3

INT. SKINNER'S OFFICE – STILL LATER
A few EMPTY BOTTLES of wine **litter** Skinner's desk. Linguini is **BOMBED**, but Skinner's **increasingly** desperate **inquisition** is getting nowhere.

SKINNER Have you ever had a pet rat??

LINGUINI Nope.

SKINNER Did you work in a **lab** with rats?

LINGUINI Nope.

SKINNER Perhaps you lived in **squalor** at some point??

LINGUINI Nopety nopety no.

SKINNER You know something about RATS! You know you do!!

LINGUINI You know who know do whacka-doo. Ratta-tatta. Hey! Why do they call it that?

SKINNER What?!

LINGUINI Ratatouille. It's like a **stew**, right? Why do they call it that? If you're gonna name a food, you should give it a name that sounds delicious. Ratatouille doesn't sound delicious. It sounds like rat and **patootie**. Rat patootie. Which does NOT sound delicious.

실내. 스키너의 사무실 – 잠시 후
빈 와인병 몇 개가 스키너의 책상 위에 어지럽게 널려 있다. 링귀니는 완전 취했고, 스키너는 더 집요하게 질문하지만 별 성과가 없어 보인다.

스키너 애완용 쥐를 키운 적이 있나??

링귀니 아니요.

스키너 쥐로 실험하는 곳에서 일한 적은?

링귀니 아니요.

스키너 아마도 언젠가 불결한 곳에서 산 적은 있겠지??

링귀니 아니, 아니옵니다.

스키너 쥐에 대해서 알고 있잖아! 그렇잖아!!

링귀니 알랑가 모를랑가. 라따–타따. 참! 왜 이름이 그래요?

스키너 뭐가?!

링귀니 라따뚜이요. 스튜 같은 거요, 맞죠? 왜 그렇게 부르죠? 요리 이름을 붙이려면 맛있게 들리는 걸로 해야죠. 라따뚜이는 맛없게 들려요. 쥐하고 궁뎅이처럼 들려요. 쥐 궁뎅이. 전혀 맛있게 안 들려요.

---

litter 쓰레기
bombed 완전히 취한
increasingly 매우
inquisition 심문
lab 실험실
squalor 불결한 상태
stew 스튜 (고기와 야채를 넣고 뭉근히 끓인 수프)
patootie 엉덩이

Linguini goes to sip, but finds his glass empty. He holds it out for Skinner to refill.

<u>SKINNER</u>   (scowling) Regrettably—

He drops the empty bottle into the trash with a loud THUNK.

<u>SKINNER</u>   (CONT'D) –**we are all out of wine.**❶

INT. SEWER – RAT COMMONS
Several channels converge into a wide, open area as dreary and **uninviting** as any other part of the sewer **save for** a **flotilla** of tiny BOATS **illuminated** by a scattering of multi-colored lanterns that answer the gloom with magic. Holding their clasped paws up victoriously, Django turns from Remy to face the assembled crowd of rats.

DJANGO   MY SON... HAS RETURNED!

An enormous CHEER erupts. Emile joins Django and Remy as the clan crowds around them. Remy's joy is clouded with doubt; what about his new life?

INT. RAT ENCAMPMENT – LATER
A PARTY is in full swing. The entire rat clan has come out to bop to **boisterous** MUSIC played by a jazzy RAT BAND, kicking down the jams in a unique gypsy/jitterbug dance style that takes full advantage of their tails and all four legs. Joined by his sons, Django sits at a prime table. A WAITER RAT serves a round of drinks in well-worn **thimbles** between them. Emile and Django suck theirs down. Remy **takes a discreet whiff** and sets it aside.

바로 이장면!*

DJANGO   And finding someone to replace you for poison checker has been a disaster. Nothing's been poisoned, thank God, but it hasn't been easy. You didn't make it easy.

링귀니가 술을 마시려는데 잔이 비었다. 스키너에게 잔을 채워 달라며 빈 잔을 내민다.

스키너 (노려보면서) 애석하지만…

스키너가 빈 병을 쓰레기통에 던져 넣자 둔탁한 소리가 크게 난다.

스키너 (계속) 와인이 다 떨어졌어.

실내. 하수구 – 쥐들의 소굴
여러 개의 수로가 만나 탁 트인 공간을 만들었는데 다른 하수구처럼 음울하고 칙칙하다. 그나마 여기저기에 다양한 색깔의 조명이 우울한 분위기를 달래며 작은 배들을 비추고 있다. 승리한 듯 주먹을 머리 위로 들어 올리고 장고는 레미를 바라보다가 함께 모여 있는 쥐들에게 말한다.

장고 내 아들이… 돌아왔다!

큰 환호가 터져 나온다. 에밀이 장고와 레미 옆에 서고 쥐들이 그들을 둘러싼다. 레미의 기쁜 마음에는 의심의 먹구름이 드리워진다: 이제 그의 새로운 삶은 어떻게 하지?

실내. 쥐들의 야영지 – 잠시 후
파티가 한창이다. 쥐들이 모두 나와 재즈 밴드의 활기찬 연주에 맞춰 춤을 춘다. 꼬리와 네 개의 다리를 총동원해서 쥐들만의 독특한 집시/지르박 풍의 춤을 자유롭게 즐기고 있다. 아들들과 함께 장고가 좋은 자리에 앉아 있다. 웨이터 쥐가 그들 사이에서 낡은 골무에 담긴 음료를 서빙한다. 에밀과 장고는 음료를 벌컥 들이켜지만 레미는 살짝 냄새를 맡고 옆으로 밀어 둔다.

장고 독약 감시반 자리에 널 대신할 쥐를 찾는 게 정말 힘들었어. 독이 없어서 다행이지, 힘들었다고. 너 때문이야.

---

uninviting 칙칙한
save for 제외하고
flotilla 작은 함대
illuminate 비추다
boisterous 활기가 넘치는
thimble 골무
take a whiff 냄새를 맡다
discreet 비밀스러운

❶ **We are all out of wine.**
와인이 다 떨어졌어.
out of ~는 '~가 없는', '~가 다 떨어진'이란 뜻이에요. 앞에 all을 붙이면 '완전히 다 떨어졌다'는 의미를 강조할 수 있어요. fresh out of ~라는 표현도 자주 쓰는 데 '막 다 떨어진'이란 뜻이랍니다.

REMY	I know. I am sorry, Dad.	레미	알아요. 죄송해요. 아빠.

DJANGO Well, the important thing is that you're home.

장고 뭐, 그래도 네가 돌아온 게 중요한 거지.

REMY Yeah... well, about that...

레미 네… 저, 그게 말이죠…

DJANGO You look thin. Why is that? A **shortage** of food or a **surplus** of **snobbery**?

장고 살이 빠졌네. 왜 그래? 식량 부족 아니면 너무 잘난 척해서 그런 거야?

Emile joins in as Django **cracks up** at his own joke.

장고가 자기 농담에 껄껄대고 웃자 에밀도 같이 웃는다.

DJANGO It's tough out there in the big world all alone, isn't it?

장고 저 넓은 세상에 혼자 있으려니 힘들지. 그렇지 않니?

REMY Sure... but, it's not like I'm a kid anymore.

레미 네… 하지만, 이제 애가 아니잖아요.

DJANGO Hey. Hey, boy. What's up?

장고 이봐. 이보게, 친구. 잘 지냈나?

A **well-wisher drops by** to say hello to Django. Remy **takes advantage of** the **distraction** to quickly **deliver** the bad news.

친구가 장고에게 와서 인사한다. 레미는 장고가 정신을 딴 데 팔고 있는 사이에 좋지 않은 소식을 빨리 전하려고 한다.

REMY No. I can take care of myself. I've found a nice spot not far away, so I'll be able to visit often.

레미 네. 혼자 지낼 수 있어요. 가까운 곳에 좋은 집도 얻었고, 자주 찾아볼게요.

DJANGO (resuming conversation) Nothing like a cold **splash** of reality to make you– (sudden realization) "visit"?

장고 (대화를 이어가며) 차가운 현실을 경험해 봐야 네가… (갑자기 레미가 한 말의 의미를 깨닫고) "찾아온다고"?

REMY I will. I promise. Often.

레미 네. 약속해요. 자주 올게요.

DJANGO You're not staying?

장고 여기에서 안 살고?

REMY It's not a big deal, Dad. (gently) I just... You didn't think I was going to stay forever, did you? **Eventually** a bird's gotta leave the **nest**.

레미 걱정 마세요, 아빠. (부드럽게) 그냥… 제가 영원히 여기서 살 거로 생각하진 않으셨잖아요. 그렇죠? 새들은 결국 둥지를 떠난다고요.

---

shortage 부족
surplus 과잉
snobbery 속물근성
crack up 마구 웃기 시작하다
well-wisher 지지자
drop by 지나가다
take advantage of ~을 이용하다
distraction 집중을 방해하는 것

deliver 전하다
splash (물 등을) 끼얹기, 뿌리기
eventually 결국에는
nest 둥지

DJANGO	We're not birds, we're rats. We don't leave our nests. We make them bigger.	장고 우리는 새가 아니라 쥐야. 우리는 둥지를 떠나지 않아. 더 크게 확장하지.
REMY	Well, maybe I'm a different kind of rat.	레미 그럼. 전 별난 쥐인가 보네요.
DJANGO	Maybe you're not a rat at all.	장고 쥐가 아닐지도 모르지.
REMY	Maybe that's a good thing.	레미 그럼 좋을게요.
EMILE	(trying to break **tension**) Hey, the band's really on tonight, huh?	에밀 (둘 사이의 긴장을 풀어 주려고) 저기, 오늘 밤 밴드가 끝내주네요, 그죠?
REMY	Rats. All we do is take, Dad. I'm tired of taking. I want to make things. I want to add something to this world.	레미 쥐들은. 우린 모두 훔치기만 하잖아요, 아빠. 난 훔치는 데 진절머리 났다고요. 뭔가를 만들어 내고 싶어요. 이 세상에 기여하고 싶다고요.
DJANGO	You're talking like a human.	장고 인간처럼 말하는구나.
REMY	Who are not as bad as you say.	레미 아빠가 말씀하시는 것만큼 인간은 나쁘지 않아요.
DJANGO	Oh yeah?	장고 오 그래?
DJANGO	**What makes you so sure?**^❶	장고 어쩜 그렇게 잘 아니?
EMILE	Oh man...	에밀 오 맙소사…

Remy **hesitates** for a beat, suddenly careful.　　　　　레미는 잠깐 주저하다가 조심스럽게 말한다.

REMY	I've been able to, uh, **observe** them at a close-ish sort of **range**.	레미 제가, 그러니까, 비교적 가까이에서 관찰할 수 있었거든요.
DJANGO	Yeah? How close?	장고 그래? 얼마나 가까이에서?
REMY	Close enough. And they're, you know, not so bad as you say they are.	레미 꽤 가까이요. 인간들은, 그러니까, 아빠가 말하는 것만큼 그리 나쁘지 않다고요.

Django **GLARES** at Remy, **scrutinizing** him.　　　　　장고가 마음을 꿰뚫어 보려는 듯 레미를 노려본다.

---

tension 긴장
be tired of ~가 싫증 나다
hesitate 망설이다
observe 관찰하다
range 범위
glare at 쏘아지게 바라보다
scrutinize 면밀히 조사하다

> ❶ **What makes you so sure?**
> 어쩜 그렇게 잘 아니?
> What makes you ~?를 직역하면 '무엇이 널 ~하게 만드니?'가 되잖아요? 이 표현은 '왜 ~하는 거니?' 혹은 '어떻게 해서 ~하는 거니?'라는 뜻으로 상대방의 의도를 물어볼 때 쓸 수 있는 말이에요.

DJANGO   Come with me... I got something I want you to see.

He moves from the table, **dropping to all fours** and heading off. **Reluctantly**, Remy does **likewise**, leaving Emile alone.

EMILE   You know... I'm going to stay here.

INT. KITCHEN – SAME TIME
The sound of raindrops **patter** against the skylight. Skinner, **bundled up** in a well-**tailored** overcoat, puts on a **beret**.

SKINNER   Make sure the floors and **countertops** are clean before you **lock up**.

LINGUINI   Wait. You want me to... stay and clean?

SKINNER   Is that a problem?

LINGUINI   Uhh. No.

SKINNER   Good boy. See you tomorrow.

Skinner exits, humming. Linguini watches him go with **weary** eyes. He turns to face the messy kitchen... and wilts.

EXT. NARROW PARIS STREET – NIGHT
It's raining harder now. Django and Remy arrive at a drain opening, through which can be glimpsed the rough **cobblestones** of a city street.

DJANGO   We're here.

Django scrambles out the curb-side drain and turns to face the **storefront** behind them. Remy sits next to him and looks up, following his father's gaze. His jaw drops in horror. Displayed in the window of the small shop are a variety of **nasty** looking metal traps, RAT TRAPS to be precise, and **alongside of** those hang row after row of DEAD RATS.

장고 따라와… 네가 봤으면 하는 게 있다.

장고는 테이블에서 일어나 네발로 걸어 나간다. 마지못해 레미도 네발로 움직인다. 에밀만 혼자 남았다.

에밀 저기… 저는 여기에 있을게요.

실내. 주방 – 같은 시각
채광창에 빗방울이 부딪히는 소리가 들린다. 잘 재단된 오버코트를 입은 스키너가 베레모를 쓴다.

스키너 문 잠그기 전에 바닥하고 조리대 확실하게 청소해 놔.

링귀니 잠깐만요. 여기… 남아서 청소하라고요?

스키너 문제 있나?

링귀니 어. 아니요.

스키너 좋아. 내일 보자고.

스키너가 흥얼거리며 주방을 나간다. 링귀니는 피곤한 눈으로 그가 나가는 것을 지켜본다. 난장판이 된 주방을 돌아보고… 풀이 죽는다.

실외. 파리의 좁은 거리 – 밤
비가 더 세차게 내린다. 장고와 레미가 배수구 입구에 도착한다. 입구를 지나 도시의 거리를 덮고 있는 거친 자갈이 보인다.

장고 다 왔다.

장고가 모퉁이에 있는 배수구 밖으로 나와서 뒤에 있는 상점을 마주하고 서 있다. 레미는 장고 옆에 앉으며 그의 시선을 따라 위를 올려다본다. 레미가 겁에 질려 입을 다물지 못한다. 작은 가게 유리창에는 여러 가지 사악한 모습의 덫들이 진열되어 있다. 더 정확히 말하면 쥐덫이 전시되어 있는데 그 옆으로는 죽은 쥐들이 줄지어 걸려 있다.

---

drop to all fours 네발로 걷다
reluctantly 마지못해
likewise 똑같이
patter 후드득하는 소리를 내다
bundle up (외투 등을) 입다
tailored 재단된
beret 베레모
countertop 조리대 상판

lock up 잠그다
weary 피곤한
cobblestone 자갈
storefront 상점 앞
nasty 사악한
alongside of ~의 옆에

DJANGO **Take a good, long look,**[1] Remy. This is what happens when a rat gets a little too comfortable around humans.

Remy looks away. Django's tone is tender, but **firm**.

DJANGO The world we live in belongs to the enemy. We must live carefully. We **look out for** our own **kind**, Remy. **When all is said and done**, we're all we've got.

His point made, Django turns to go. Remy stares up at the horrible window, then softly says—

REMY No.

DJANGO (stops in his tracks) What...?

REMY No. Dad, I don't believe it. You're telling me that the future is... can only be... (points at window) ... more of this?

DJANGO This... is the way things are. You can't change nature.

REMY Change IS nature, Dad. The part that we can **influence**. And it starts when we decide.

With that, Remy turns and– walking **upright** on two legs– starts back to Gusteau's. Django **calls after** him.

DJANGO Where you going?

REMY With luck... **forward**.

장고 똑똑히 잘 봐, 레미. 쥐가 인간하고 너무 가까워지면 이런 일이 생겨.

레미는 시선을 회피한다. 장고는 부드럽지만 확고한 목소리로 말한다.

장고 우리가 사는 곳은 적의 세상이야. 우리는 조심해서 살아야 해. 우리 스스로 종족을 지켜야 해, 레미. 이러니저러니 해도 결국 우리에겐 우리 동족밖에 없단다.

그의 생각을 확실히 전달하고 장고는 자리를 뜬다. 레미는 끔찍한 진열창을 바라보며 나지막이 말한다…

레미 아니에요.

장고 (가던 길을 멈추고) 뭐라고…?

레미 아니요, 아빠. 전 그렇게 생각하지 않아요. 아빠는 우리 미래가… 단지 (유리창을 가리키며) 저것밖에 안 된다는 거죠?

장고 이건… 자연의 섭리야. 넌 자연의 섭리를 바꿀 수 없어.

레미 변화가 바로 자연의 섭리에요, 아빠. 우리가 바꿀 수 있는 거고요. 우리가 결심하면 되는 거예요.

이 말과 함께 레미는 돌아서는데, 두 발로 서서 구스토의 식당으로 돌아간다. 장고가 뒤에서 레미에게 소리친다.

장고 어디 가니?

레미 행운을 믿고… 앞으로 나아가려고요.

---

firm 확고한

look out for 돌보다

kind (동물 등) 종, 족, 종류

when all is said and done 이러니저러니 해도

influence 영향을 미치다

upright 곧은 자세로

call after 뒤에서 부르다

forward 앞으로

❶ **Take a good, long look.**
똑똑히 잘 봐.

take a look (at ~)은 '~을 좀 봐요(보세요), 알아봅시다, 살펴봅시다' 등의 의미로 강의 중 관련 자료(영상)를 보여 줄 때나 방송 등에서도 자주 쓰이는 표현입니다. look 앞에 형용사 good, long을 넣어 강조할 수 있어요.

The Kiss
키스

🎧 18.mp3

EXT. BACK ENTRANCE – GUSTEAU'S – MORNING
The storm has passed and the sky is clear. As a weary Remy exits the sewer, the fresh air hits his **nostrils** and he draws it in like a sweet memory. He **exhales**, renewed and happy to be back in his brave new world. **Forgetting himself**, he trots for the kitchen entrance on two legs, throwing a **reckless** wave at a passing CYCLIST. The cyclist **DOUBLE-TAKES**, **craning** his **neck** to look at the **bizarre** sight– and **collides** with a parked car.

INT. KITCHEN
Remy enters and looks around. No one has arrived yet. Remy steps on to the countertop and surveys the kitchen, **savoring** the day ahead. And then he hears the sound. SNORING. He TAKES COVER and peers out. No one is there, but the SNORING persists. He peers cautiously over the edge. As Remy walks forward, revealing:

LINGUINI – curled up on the floor and **slumbering** like a **vagrant**. The SOUND of a motorcycle arriving at the rear entrance causes Remy to jump onto Linguini's head like a rough rider on a fallen horse. TUGGING hanks of Linguini's hair expertly, Remy manages to get Linguini to his feet, but- Linguini remains FAST ASLEEP. Remy lifts one of Linguini's heavy EYELIDS and waves **frantically** at a staring eye– but Linguini is OUT COLD. Remy looks around in desperation. He spies a pair of SUNGLASSES on a shelf.

Colette ENTERS, unpleasantly surprised to find LINGUINI already at work. She crosses to their station and starts prep. To hide Linguini's closed eyes, Remy has put sunglasses over them, **unintentionally** giving the already **rumpled** Linguini the appearance of a **smug**, spoiled ROCK STAR. Though Linguini remains fast ASLEEP, Remy pulls his hair to keep the boy's limbs working somewhat **convincingly**.

실외, 뒷문 – 구스토 식당 – 아침
폭풍이 지나가고 하늘은 청량하다. 피곤해 보이는 레미가 하수구에서 빠져나온다. 신선한 공기 냄새를 맡자 이를 좋은 기억으로 남기려는 듯 크게 들이마신다. 레미는 숨을 내쉬는데, 용감하게 새로운 세상으로 다시 돌아와 새롭고 행복한 기분이다. 자기가 쥐라는 사실을 까맣게 잊고 인간처럼 두 다리로 주방 입구를 향해 명랑하게 걷다가 자전거를 타고 지나가는 사람에게 손을 흔든다. 이 사람은 목이 빠지듯 이 광경을 기이하게 바라보다가 주차된 자동차에 충돌한다.

실내, 주방
레미가 안으로 들어와서 주변을 살펴본다. 아직 아무도 오지 않았다. 레미가 조리대에 올라가서 주방을 살펴보며 오늘 할 일을 생각한다. 이때 이상한 소리가 들린다. 코를 고는 소리이다. 레미가 재빨리 숨어서 빼꼼히 바라본다. 아무도 없는데 코 고는 소리만 계속 들린다. 레미가 조리대 끝을 조심스럽게 보면서 앞으로 다가가는데...

링귀니가– 바닥에서 몸을 웅크리고 부랑자처럼 자고 있다. 뒷문 밖에서 오토바이가 멈추는 소리에 레미는 쓰러진 말을 타는 터프한 카우보이처럼 링귀니의 머리 위에 뛰어올라 능숙하게 머리카락을 잡아당겨 그를 간신히 일으켜 세운다. 그러나, 링귀니는 아직 잠에서 깨지 않는다. 레미가 링귀니의 무거운 눈꺼풀을 들어 올리고 눈을 향해 미친 듯이 손을 흔들어 보지만 전혀 반응이 없다. 레미는 다급하게 주위를 둘러본다. 선반 위에 선글라스 하나가 보인다.

콜레트가 들어오고, 링귀니가 이미 출근한 것을 알고 언짢은 듯 놀란다. 콜레트는 두 사람의 조리대로 다가가 요리 준비를 시작한다. 레미는 링귀니의 감긴 눈을 가리기 위해 선글라스를 씌웠지만 이미 망가진 링귀니를 오히려 잘난 체하고 오만한 록스타처럼 보이게 만든다. 링귀니는 여전히 자고 있지만, 레미는 그의 머리카락을 당겨 그럴듯하게 팔다리를 움직인다.

---

nostril 콧구멍

exhale 숨을 내쉬다

forget oneself 분수를 모르다

reckless 무모한

double take 놀라서 반응을 느리게 하다

crane one's neck 목을 길게 뽑다

bizarre 이상한

collide 충돌하다

savor 감상하다

slumber 잠을 자다

vagrant 부랑자

frantically 미친 듯이

unintentionally 의도하지 않게

rumpled 헝클어진

smug 우쭐하는, 거만한 사람

convincingly 설득력 있게

COLETTE (cool, **formal**) Morning. (no response) Hmm. Good morning.	**콜레트** (쿨하게, 형식적으로) 좋은 아침. (반응이 없다) 흠. 좋은 아침.
Remy pulls hair, nervously **puppeting** the sleeping Linguini. How can he get Linguini to answer? He PULLS a side hair hank– causing Linguini's head to **loll** to Colette, give her a lazy nod, then turn back to his work.	레미가 머리를 잡아당기며, 아직도 잠에 빠진 링귀니를 안절부절못하며 조종하고 있다. 링귀니가 어떻게 말하게 할 것인가? 레미가 옆 머리를 잡아당기자 링귀니의 머리가 콜레트 쪽으로 축 늘어지는데 마치 귀찮은 듯 대충 고개를 끄덕이는 것처럼 보인다. 그리고 하던 일을 계속한다.
COLETTE So. The Chef. He invited you in for a drink? That's big... that's big. What did he say?	**콜레트** 그래서. 주방장님하고 한잔했다고? 대단하네… 대단해. 뭐라고 하셨어?
Remy hesitates. There's no hair he can pull for speech! **Desperate**, he pulls the head-turn hair again. Linguini's head lolls lazily back to Colette, the effect being a smug "What do you think he said, babe?"	레미는 어찌할 방법이 없다. 머리카락을 당겨서 말을 시킬 수는 없다! 필사적으로 다시 머리카락을 당겨 링귀니의 머리를 돌린다. 링귀니의 머리가 콜레트 쪽으로 다시 축 늘어지는데 마치 "뭐라고 했겠어, 자기?"라며 건방 떠는 사람처럼 보인다.
COLETTE What– you can't tell me?	**콜레트** 뭐야… 나한테는 못할 말이야?

바로 이장면!*

Linguini is silent. His **goofy smirk** aims forward, and he resumes stirring. Colette goes cold, her dicing gets angry.	링귀니는 말을 안 한다. 그냥 앞을 보고 얼빠진 사람처럼 능글맞은 표정으로 무언가를 젓고만 있다. 콜레트의 말투가 차가워진다. 화를 내며 재료를 썬다.
COLETTE Forgive me for **intruding** on your deep, personal relationship with the chef. Oh, I see how it is. You get me to teach you a few kitchen tricks to **dazzle** the boss and then you **blow past** me?	**콜레트** 주방장님과의 끈끈한 관계에 끼어들려고 해서 미안하군. 오, 어떻게 돌아가는지 알겠어. 나한테 요리 기술을 배워서 주방장님에게 잘 보이더니 이제 나는 안중에도 없는 거야?
INSIDE LINGUINI'S TOQUE Things are going bad fast. Remy keeps Linguini stirring, hoping desperately for an idea to **salvage the situation**.	링귀니의 모자 안 상황이 급속도로 악화된다. 레미는 이 상황을 벗어날 방법을 간절히 바라면서 링귀니가 계속 젓도록 조종한다.
REMY Wake up... wake up!	**레미** 일어나… 일어나라고!
COLETTE (small, hurt) I thought you were different. I thought you thought I was different. I thought–	**콜레트** (작은 목소리로, 상처를 입은 듯) 넌 다른 줄 알았어. 네가 난 다르다고 생각하는 줄 알았지. 난…

---

formal 정중한, 공식적인

puppet 꼭두각시처럼 조종하다

loll 기대다, 축 늘어지다

desperate 필사적인

goofy 바보 같은, 얼빠진

smirk 실실 웃다

intrude 침범하다

dazzle 눈부시게 하다, 아첨하다

blow past ~ ~을 휙 지나치다

salvage the situation 상황을 수습하다

Now, seemingly looking **straight** at her, Linguini **SNORES**. Colette **GASPS** and delivers a **roundhouse** SLAP to Linguini's face. Linguini **CORKSCREWS** and **CRASHES** to the floor. Linguini– now completely awake– looks up at the **furious** Colette with wide eyes.

COLETTE I didn't have to help you. If I looked out only for myself, I would have let you drown. But– (this is hard for her) I wanted you to succeed. I liked you. My mistake.

Colette turns, **storming out** the kitchen's back door.

LINGUINI Colette. Wait, wait. Colette! It's over, Little Chef. I can't do it anymore.

He grabs the toque with Remy inside and **runs after** Colette.

EXT. ALLEY BEHIND GUSTEAU'S
Colette is already on her motorcycle. Linguini runs to her.

LINGUINI Colette! Wait, wait! Don't motorcycle away– (she stops, looks at him) Look, I'm no good with words. I'm no good with food, either. At least not without your help.

COLETTE I hate **false modesty**. It's just another way to lie. You have talent.

LINGUINI No, but I don't! Really! It's not me.

LINGUINI When I added that extra **ingredient** instead of following the recipe like you said, that wasn't me either!

COLETTE What do you mean?

이제, 링귀니가 그녀를 쳐다보는 것 같더니, 코를 곤다. 콜레트가 놀라서 링귀니의 얼굴을 세게 때린다. 링귀니가 휘청하더니 바닥에 고꾸라진다. 링귀니는 이제 잠에서 완전 깨어 화가 난 콜레트를 놀란 눈으로 바라본다.

콜레트 널 도울 필요도 없었어. 나만 생각했더라면 넌 그냥 매장될 수도 있었겠지. 하지만… (이 순간이 그녀에게 너무 힘들다) 네가 성공하길 바랐어. 널 좋아했거든. 그게 내 실수였네.

콜레트는 돌아서서 주방 뒷문 밖으로 뛰쳐나간다.

링귀니 콜레트, 잠깐, 기다려. 콜레트! 다 끝났어, 꼬마 요리사. 더 이상 이 짓 못 하겠어.

링귀니는 레미가 있는 모자를 집어 들고 콜레트를 쫓아간다.

실외. 구스토 식당 뒷골목
콜레트는 오토바이에 벌써 앉았다. 링귀니가 그녀에게 달려간다.

링귀니 콜레트! 잠깐, 기다려! 가지 마… (그녀가 멈춰서 그를 본다) 이봐, 난 말주변이 없어. 요리도 못해. 네 도움이 없으면 못한다고.

콜레트 난 겸손한 척하는 게 싫어. 또 다른 거짓말이잖아. 너는 재능이 있어.

링귀니 아니, 그렇지 않아! 정말이야! 내가 하는 게 아니라고.

링귀니 네가 말한 레시피대로 하지 않고 다른 재료를 넣은 건, 그것도 내가 한 게 아니야!

콜레트 무슨 말이야?

---

straight 똑바로
snore 코를 골다
gasp 허걱하고 놀라다
roundhouse 옆으로 휘두르는
corkscrew 나선형으로 움직이다
crash 충돌하다, 나가떨어지다
furious 화가 난
storm out 박차고 나가다

run after 쫓아가다
false 틀린, 가짜의
modesty 겸손
ingredient 재료

LINGUINI	I mean I wouldn't have done that. I would've followed the recipe. I would've followed your advice. I would've followed your advice to the ends of the earth because I love– your advice.	**링귀니**	그렇게 안 했을 거라고. 레시피대로, 네 충고대로 했을 거야. 하늘이 두 쪽 나더라도 네 충고를 따랐을 거야. 왜냐하면 내가 좋아하니까… 너의 조언을.
COLETTE	But...?	**콜레트**	그런데…?
LINGUINI	But... I have a secret.	**링귀니**	그런데… 난 비밀이 있어.

INSIDE LINGUINI'S TOQUE
Remy's really getting worried now.

링귀니의 모자 안
레미는 이제 정말 걱정된다.

REMY	(to himself) Don't do it...	**레미**	(혼잣말로) 그러지 마…
LINGUINI	It's **sort of disturbing**.	**링귀니**	좀 충격적인 거야.

Colette watches with growing **discomfort**. Linguini straightens up, as if to make an **announcement**. He takes a deep breath.

콜레트는 불편한 마음이 커진 채 그를 바라본다. 링귀니는 중대 발표를 하려는 듯 자세를 바로 한다. 그가 숨을 크게 들이쉰다.

LINGUINI	I have a rr... aah...	**링귀니**	내가 쥐… 이…
COLETTE	What? You...	**콜레트**	뭐? 네가…
LINGUINI	I have a rahh... tsh-	**링귀니**	내가 쥐가…
COLETTE	**You have a rash?**❶	**콜레트**	뾰루지가 났다고?
LINGUINI	NO! No No... I have this **tiny**... a little, uh... little... (quickly **blurts** it **out**) a tiny chef who tells me what to do.	**링귀니**	아니! 그게 아니고… 내가 이 조그만· 작은. 어… 조만한… (재빠르게 말을 내뱉으며) 아주 작은 요리사가 내가 뭘 해야 하는지 알려 줘.
COLETTE	A tiny chef?	**콜레트**	아주 작은 요리사?
LINGUINI	Yes... yes, he's... uh, uhhhmmn... (points to toque) ...he's up here–	**링귀니**	그래… 응. 걔는… 어, 어어엄… (요리사 모자를 가리키며) …여기 있어.
COLETTE	In your brain.	**콜레트**	네 머릿속에.

---

sort of 어느 정도, 뭐랄까

disturbing 충격적인

discomfort 불편함

announcement 발표, 소식

rash 발진, 뾰루지

tiny 아주 작은

blurt out 불쑥 말하다

❶ **You have a rash?**
뾰루지가 났다고?
일종의 '언어유희'로 비슷한 발음을 위트있게 활용한 문장이에요. 즉 rat을 rash로 잘못 알아들어 소소한 재미를 준 거죠. rash는 사전상 '뾰루지, 발진'이라는 뜻이지만, 언어유희를 한글에 적용하면 '쥐가 났다고?' 정도가 되겠죠?

LINGUINI Why is it so hard to talk to you?? (gathering courage) Okay. Here we go. You– inspire me. I'm going to risk it all. I'm going to risk looking like the biggest idiot psycho you've ever seen.

Colette is starting to get scared. We follow her HAND as it drops **discreetly** into her BAG and emerges clutching a tiny cannister of PEPPER SPRAY. Linguini continues, impassioned.

LINGUINI **You wanna know why I'm such a fast learner?**[1] You wanna know why I'm such a great cook? Don't laugh! I'm going to show you–

Colette looks WORRIED. With great resolve and trembling hands, Linguini slowly reaches up to remove his toque—

REMY No, no!

INSIDE LINGUINI'S TOQUE
Through the cloth Remy watches LINGUINI'S HANDS CLOSING IN– about to expose him and ruin it all! He YANKS on Linguini's hair, **thrusting** Linguini forward toward Colette's face. Linguini plants a big KISS on Colette's lips. Colette is frozen, pepper spray in hand, her shock and surprise surpassed only by Linguini's own. **With furrowed brows** and **with gritted teeth**, Remy maintains Linguini's forward thrust kiss. This could go either way.

INTERCUT LINGUINI & COLETTE
–as they continue their startled kiss, their eyes flash through **a myriad of** emotions; surprise, fear, anger, **vulnerability**, happiness, and finally– **surrender**. Their arms wrap around each other.

INSIDE LINGUINI'S TOQUE
Remy COLLAPSES with relief. For the moment anyway, the **fragile** charade survives.

링귀니 너한테 말하는 게 왜 이렇게 힘들지?? (용기를 모아서) 좋아. 잘 들어 봐. 넌… 내게 영감을 줘. 다 털어놓을게. 정말 바보 멍청이처럼 보여도 괜찮아.

콜레트는 겁을 먹기 시작한다. 콜레트의 손이 조심스럽게 가방 안으로 들어가 작은 호신용 최루탄 스프레이를 꺼낸다. 링귀니는 열정적으로 말을 계속한다.

링귀니 내가 배우는 속도가 빠른 이유가 뭔지 알아? 어떻게 훌륭한 요리사가 되었는지 아니? 웃지 말라고! 내가 보여 줄 테니까…

콜레트는 걱정스러운 표정이다. 단단히 마음을 먹었지만 떨리는 손으로 링귀니는 천천히 모자를 벗으려고 하는데…

레미 안 돼, 안 돼!

링귀니의 모자 안
레미는 얇은 천 밖에서 링귀니의 손이 다가오는 것을 본다. 자신의 존재가 드러나서 모든 것을 망치기 일보 직전이다! 레미가 머리카락을 세게 잡아당겨 링귀니의 몸을 콜레트의 얼굴을 향해 밀어넣는데… 링귀니가 콜레트의 입술에 강렬하게 키스한다. 최루탄 스프레이를 손에 들고 있던 콜레트는 너무 놀라서 몸을 움직일 수 없다. 링귀니도 마찬가지다. 미간을 찡그리고 이를 악물며 레미는 링귀니의 갑작스러운 키스를 계속 조종한다. 상황이 다르게 흘러갔을 수도 있다.

링귀니와 콜레트의 장면
두 사람은 갑작스러운 키스를 계속하고 있다. 놀람, 두려움, 분노, 나약함, 행복 등 여러 감정이 들면서 눈이 떨리는데 결국 이 상황을 받아들인다. 이제 두 사람은 서로를 껴안는다.

링귀니의 모자 안
레미는 안도하며 쓰러진다. 당분간은 어쨌거나 아슬아슬한 이 거짓말이 계속될 것이다.

discreetly 몰래
thrust 밀치다, 찌르다
with furrowed brows 미간을 찡그리고
with gritted teeth 이를 악물고
a myriad of 많은
vulnerability 연약함
surrender 항복하다, 포기하다
fragile 연약한, 깨지기 쉬운

[1] **You wanna know why I'm such a fast learner?**
내가 배우는 속도가 빠른 이유가 뭔지 알아? such a는 '매우'라는 뜻으로 뒤에 나오는 형용사의 뜻을 강조하는 역할을 해요. 그리고 fast learner는 어떤 일이든 빠르게 배우고 숙달하는 사람을 의미하죠.

The Grim Eater
요리 평론의 저승사자

🎧 19.mp3

INT. EGO'S OFFICE – LATE AFTERNOON
A very tall, large room, **simultaneously** grand and **claustrophobic**. Its **soaring** windows are **framed** by heavy velvet **drapes** pulled nearly shut, allowing in only a thin sliver of pale light. The few pieces of antique furniture in the room are equally tall, narrow, **straight-backed** and uncomfortable looking. The faded **burgundy** walls are decorated with framed photographs and magazine covers, precisely **arranged** around a massive PORTRAIT PAINTING. Their single subject, a tall, **cadaverous** man dressed in an expensive suit; ANTON EGO– the same Anton Ego who now sits at a desk that is the room's **focal point**, **looming over** an ancient typewriter like a **vulture** with better **posture**. The room's lone door opens, and a short, **pudgy** man in his mid-thirties enters. This is Ego's assistant, AMBRISTER MINION.

실내. 이고의 방 – 늦은 오후
천장이 매우 높고 넓은 방으로, 장엄하면서도 폐쇄 공포를 느끼게 하는 분위기이다. 높이 솟구쳐 있는 창문에는 두꺼운 벨벳 커튼이 있으나 거의 닫혀 있어서 창백한 불빛 한 줄기만 간신히 들어온다. 방에는 앤틱 가구가 몇 개 있는데 그 역시 높고 좁으며 꼿꼿하게 세워져 있어 매우 불편해 보인다. 빛바랜 진홍색 벽에는 사진과 잡지 표지가 남긴 액자들이 거대한 초상화를 중심으로 간격을 정확히 맞춰 걸려 있다. 액자 속 주인공은 안톤 이고이다. 그는 키가 크고, 유령과 같은 얼굴을 하고 비싼 양복을 입고 있다. 액자 속 모습과 똑같이 생긴 안톤 이고가 방의 중심을 잡고 있는 책상에 앉아 있다. 이고는 낡은 타자기 위로 마치 독수리처럼 곧은 자세를 하고 있다. 방문이 열리고 키가 작고 땅딸막한 30대 중반의 남자가 들어온다. 이 사람은 이고의 조수 앰브리스더 미니온이다.

EGO	What is it, Ambrister?
AMBRISTER	Gusteau's.
EGO	Finally closing, is it?
AMBRISTER	No...
EGO	More **financial** trouble?
AMBRISTER	No, it's...
EGO	(losing patience) –announced a new line of microwave eggrolls? What? What? Spit it out.
AMBRISTER	–it's come back. It's... (**bewildered**) ...popular.

이고 뭐야, 앰브리스더?

앰브리스더 구스토 식당이.

이고 결국 문을 닫았군. 그렇지?

앰브리스더 아니요…

이고 재정 문제가 더 심해졌나?

앰브리스더 아뇨, 그게…

이고 (평정심을 잃고) 새로운 냉동 에그롤을 발표했나? 뭐야? 뭐냐고? 빨리 말해.

앰브리스더 …다시 돌아왔습니다. 그게… (당황해서) 손님이 몰려든다고 합니다.

---

simultaneously 동시에	cadaverous 유령 같은
claustrophobic 폐쇄 공포증을 느끼는	focal point 중심점
soaring 솟구치는, 높은	loom over ~의 위에 나타나다
frame (테를) 두르다	vulture 독수리
drape 커튼	posture 자세
straight-backed 꼿꼿하게 세워진	pudgy 땅딸막한
burgundy 진홍색의	financial 금전적인
arrange 배열하다	bewildered 당황한

He takes a sip of wine, then suddenly spits it out.

EGO   I haven't reviewed Gusteau's in years.

AMBRISTER No, Sir.

Ego pulls open his files, deftly **riffling through** folders.

EGO   My last review **condemned** it to the **tourist trade**.

AMBRISTER Yes, Sir...

Ego locates the review and plucks it from the files, reading it aloud as if it were **divinely** inspired.

EGO   I said– (reading) "Gusteau has finally found his rightful place in history, right alongside another equally famous Chef, "Monsieur Boyardee."

AMBRISTER **Touche...**❶

Rising from his desk, Ego moves **menacingly** toward Minion.

EGO   That is where I left it. That was my last word. The last word.

AMBRISTER Yes.

EGO   Then tell me, Ambrister...

Ego now LOOMS over the **cowering** Ambrister.

EGO   (CONT'D) ...how could it be... "popular"?

이고가 와인 한 모금을 마시더니 갑자기 내뿜는다.

이고 몇 년 동안 내가 구스토 식당 평을 안 썼지.

앰브리스더 네, 선생님.

이고가 서류가 든 파일을 열고 폴더를 뒤진다.

이고 마지막 리뷰에서 내가 관광 산업이라고 혹평했지.

앰브리스더 네, 그렇습니다만…

이고가 자기가 쓴 리뷰를 찾아 파일에서 빼낸 뒤 마치 신성한 글귀처럼 크게 읽는다.

이고 이렇게 썼군… (읽으며) "구스토가 그의 경력에 있어 마침내 적절한 자리를 찾은 것 같다. 그의 유명세에 버금가는 또 다른 요리사인 '보야디'의 옆자리 말이다."

앰브리스더 맞습니다…

자리에서 일어나, 이고는 미니온에게 위협적으로 다가간다.

이고 내가 그렇게 평을 했다고, 마지막으로 말이야. 마지막 평론.

앰브리스더 네.

이고 그럼 말해 보게… 앰브리스더.

이고가 겁에 질린 앰브리스더를 내려다본다.

이고 (계속) …어떻게 손님으로 "북적이는" 거지?

---

riffle through 획획 넘기다

condemn 비난하다

tourist trade 관광업

divinely 신성하게

Boyardee 보야디 (이탈리아계 미국인 셰프로 캔 파스타 등 식품 브랜드 사업으로 유명함)

menacingly 위협적으로

cowering 겁에 질린

---

❶ **Touche**
맞습니다.
Touche는 '네 말이 맞아'라는 뜻으로 상대방의 논점이 옳다(정곡을 찔렀다)고 인정할 때 쓰는 표현이에요. 펜싱 용어(프랑스어) '투셰; 찔렸다, 졌다'에서 유래됐어요.

INT. SKINNER'S OFFICE
Skinner **is seated** at his desk, his head in his hands. Talon stands near him, holding an espresso.

실내. 스키너의 사무실
스키너가 양손으로 머리를 감싸 쥐고 책상에 앉아 있다. 탤론이 근처에서 에스프레소를 들고 서 있다.

SKINNER   No no no NO NO NOOO!

스키너   아니, 아니, 아니야, 아니라고!

TALON   The DNA matches, the timing works, everything checks out. He is Gusteau's son.

탤론   DNA가 일치해요, 시기적으로도 맞고요, 모두 확인했어요. 그는 구스토의 아들이에요.

SKINNER   This can't just– happen! The whole thing is a **setup**! The boy knows!

스키너   정말… 말도 안 된다고! 이건 다 음모야! 저놈은 알고 있어!

Skinner goes to his window, parts the blinds to the kitchen.

스키너가 창문으로 다가가, 블라인드를 살짝 벌리고 주방을 살핀다.

바로 이장면!*

SKINNER   Look at him out there... **pretending to** be an idiot. He's **toying with** my mind, like a cat with a ball of... something!

스키너   저 녀석을 보라고… 멍청한 척하는 꼴이라니. 내 마음을 가지고 논다니까, 무슨 뭉치를 가지고 노는 고양이처럼 말이야… 저기 뭐냐!

TALON   String?

탤론   털실 뭉치 말인가요?

SKINNER   Yes! Playing dumb! **Taunting** me with that rat.

스키너   그래! 일부러 멍청한 척을 하는 거야! 그 쥐랑 같이 나를 조롱하는 거지.

TALON   Rat?

탤론   쥐라고요?

SKINNER   Yes! He's **consorting with** it! **Deliberately trying to make me think it's important!**[1]

스키너   그래! 쥐랑 같이 다닌다고! 내가 그 쥐를 중요한 존재라고 믿게 만드는 거지!

TALON   The rat.

탤론   쥐라.

SKINNER   Exactly.

스키너   맞아.

The lawyer is watching Skinner now, eyes wide with worry.

변호사는 걱정스러운 눈빛으로 스키너를 쳐다본다.

TALON   (**delicately**) Is the rat... "important"?

탤론   (조심스럽게) 그 쥐가… "중요"한가요?

---

be seated 앉아 있다
setup 음모
pretend to ~인 척하다
toy with 가지고 놀다
taunt 조롱하다
consort with ~와 어울리다
deliberately 의도적으로
delicately 섬세하게, 조심해서

> ❶ **Deliberately trying to make me think it's important!**
> 내가 그 쥐를 중요한 존재라고 믿게 만드는 거지!
> deliberately는 '신중하게'라는 뜻도 있지만 이 대사에서는 '의도적으로', '고의로'라는 뜻으로 쓰였어요. 회화에서는 on purpose 역시 '고의로'라는 뜻으로 자주 쓴답니다.

SKINNER (obsessed) Of course not! He just wants me to think that it is! Oh, I see the **theatricality** of it; a rat appears on the boy's first night. I order him to kill it. And now he wants me to see it everywhere– wooooooooo– (**snaps fingers wildly**) -it's here. No it isn't, it's here! Am I seeing things, am I crazy? Is there a **phantom** rat or is there not? But ohhh no! I **refuse to** be **sucked into** his little game... of...

스키너 (괴로워하며) 물론 아니지! 저놈은 내가 그렇게 생각하도록 만들고 싶은 거야! 완전 쇼하는 거지. 쟤가 처음 온 날 밤 쥐가 나와서, 내가 죽이라고 했지. 근데 여기저기 내 눈에 띄게 만드는 거야. 우우우우 (거칠게 손가락을 튕기면서) 여기 있다. 아니네, 여기에 있어! 내가 헛것이 보이나, 미친 건가. 쥐 유령이라도 있나, 아닌가? 그런데 오 오 아니야! 저놈의 계략에 절대 말려들지 않겠어...

Skinner is suddenly **aware** that Talon is **staring at** him.

갑자기 스키너는 탤론이 자신을 유심히 바라보고 있다는 사실을 깨닫는다.

TALON Should I be **concerned** about this? (pointing) About you?

탤론 제가 걱정해야 할 일인가요? (가리키며) 당신 말이에요?

---

obsessed 괴로워하는

theatricality 연극같이 꾸민 상황

snap fingers 손가락을 튕기다

phantom 유령

refuse to ~하기를 거절하다

suck into ~에 휘말리게 하다

aware ~을 알다, 의식하다

stare at ~을 응시하다

concerned 걱정하는

Rodent Hair?
쥐털이라고?

🎧 20.mp3

INT. KITCHEN
Linguini/Remy are cooking. As Colette walks by, Linguini's eyes, then head start to follow her–

INSIDE LINGUINI'S TOQUE
Remy **wonders** why Linguini's head has **drifted away** from the task at hand. He looks up: sees Colette. Rolling his eyes at Linguini's **limited concentration**, he pulls Linguini's hair. Linguini's head jerks face forward. Linguini frowns, annoyed at Remy's **correction**. And **in a moment** his eyes have drifted back to Colette cooking behind him again... up her legs... following her **curves** slowly up... to her FACE as she turns around, catching him in the act. She SMILES. He smiles back. With a **peeved** expression, Remy again **JERKS** Remy back on task.

실내. 주방
링귀니/레미가 요리하고 있다. 콜레트가 지나가자, 링귀니의 눈이 먼저 돌아가고 이어서 머리가 따라간다.

링귀니의 모자 안
레미는 지금 하는 일을 제쳐두고 링귀니의 머리가 왜 돌아갔는지 궁금하다. 그가 위를 올려다보니 콜레트의 모습이 보인다. 링귀니의 짧은 집중력이 한심하다는 듯 눈을 굴리며 레미는 그의 머리를 잡아당긴다. 머리가 정면으로 갑자기 틀어지자 링귀니는 인상을 찌푸린다. 레미의 지적에 화가 난 것이다. 잠시 후 링귀니는 뒤에서 요리하는 콜레트를 바라보는데 그의 시선이 콜레트의 다리에서 볼륨 있는 몸매를 따라 천천히 얼굴로 향한다. 콜레트가 고개를 돌려 링귀니가 자신을 바라본다는 것을 알고 미소를 짓는다. 링귀니도 미소를 보낸다. 짜증이 난 레미는 링귀니의 머리를 확 당겨서 다시 일에 집중하도록 만든다.

바로 이장면!*

INT. SKINNER'S OFFICE – SAME TIME
Skinner **PACES back and forth** in front of Talon.

실내. 스키너의 사무실 – 같은 시각
스키너가 탤론 앞에서 초조한 듯 이리저리 걸어다닌다.

SKINNER   I can't fire him! He's getting attention. If I fire him now, everyone will wonder why. And the last thing I want is people looking into this!

스키너 쟤를 해고할 수 없어! 지금 주목을 받고 있잖아. 쟤를 자르면 모두 의아해할 거야. 이 문제에 사람들이 관심을 갖는 게 싫어!

TALON   What are you so worried about? Isn't it good to have **the press**? Isn't it good to have Gusteau's name getting **headlines**?

탤론 뭘 그리 걱정하나요? 언론의 관심을 받는 건 좋은 거 아닌가요? 구스토의 이름이 1면에 실리는 건데요?

---

wonder 궁금하다

drift away 멀어지다

limited 제한된, 짧은

concentration 집중력

correction 수정, 고침

in a moment 곧바로

curve 곡선 (좋은 몸매)

peeved 짜증이 난

jerk 갑자기 당기다

pace 서성거리다

back and forth 왔다갔다

the press 언론

headline (신문 기사의) 1면 표제, 주요 뉴스

SKINNER (points at Linguini photo) Not if they're over his face! Gusteau's already has a face, and it's fat and **lovable** and familiar! And it sells burritos! Millions and millions of burritos!	스키너 (링귀니의 사진을 가리키며) 얘 얼굴로 도배되는 건 싫어! 구스토는 이미 후덕하고 사랑스럽고 친숙한 얼굴이 있다고! 부리토를 잘 팔 수 있는 얼굴이야! 수백만 개는 족히 팔 수 있지!
TALON The deadline passes in three days. Then you can fire him whenever he **ceases to** be **valuable** and no one will ever know.	탤론 유언장 만기가 사흘 후면 끝나죠. 그 후에 쟤가 쓸모없게 되면 언제든지 잘라요. 아무도 모를 거예요.
Talon is preparing to leave. He hesitates at the door–	탤론이 나가려고 한다. 그러다 문 앞에서 조심스럽게 말을 꺼낸다.
TALON I was worried about the hair sample you gave me. I had to send them back to the lab.	탤론 제게 주신 머리카락 샘플 때문에 걱정했어요. 실험실에 다시 보내야 했거든요.
SKINNER Why?	스키너 왜?
TALON Because the first time it came back **identified** as "**rodent** hair".	탤론 처음에 "쥐털"이라고 나왔거든요.
Talon EXITS. Skinner stares, **HAUNTED**.	탤론이 나간다. 스키너는 정신이 나간 것처럼 멍하게 바라본다.

INT. KITCHEN Under Remy's **direction**, Linguini reaches for a spice. Colette **interrupts**, handing him another one.	실내. 주방 레미의 지도 아래 링귀니가 양념을 집으려고 한다. 콜레트가 나서서 그에게 다른 양념을 건네준다.
COLETTE No, no. no.	콜레트 아니. 아니. 아니야.
LINGUINI What?	링귀니 왜?
COLETTE **Try this.**❶ It's better.	콜레트 이걸 써 봐. 더 괜찮아.
INSIDE LINGUINI'S TOQUE Remy looks at the offered spice, and scowls; he begs to differ. As Linguini reaches to take the spice, Remy pulls back on his hair–	링귀니의 모자 안 레미는 콜레트가 준 양념을 보고 인상을 찡그린다. 그의 마음에 들지 않는다. 링귀니가 양념을 잡으려고 하자 레미가 그의 머리카락을 잡아당긴다.

---

lovable 사랑 받는

cease to 더 이상 ~하지 않다

valuable 가치 있는

identify 확인하다, 발견하다

rodent 쥐, 설치류

haunted 겁에 질린, 걱정 가득한

direction 지도, 지휘

interrupt 가로막다, 방해하다

> ❶ **Try this.**
> 이걸 써 봐.
> 상대방이 경험하지 못한 새로운 것을 권유할 때 Try ~라는 표현을 사용해요. 음식의 맛을 보거나 새 옷을 입어보라고 권할 때 등으로 자주 쓰니 이 대사는 입에 붙을 수 있도록 연습해 두세요.

LINGUINI & COLETTE WITH REMY
Linguini FLINCHES, his hand HESITATING; **withdrawing** then reaching–forward–back–forward–back. Colette watches this **odd** display, still holding the spice out. Linguini grabs the wrist of his reaching hand, forcing it toward the spices, as REMY TUGS at Linguini's hair, directing him just as hard in the opposite direction. It's a battle for control that Linguini WINS; his hand finally grabs her spice tin. He smiles at Colette. **Underneath** the toque, Remy **GRIMACES**.

EXT. ALLEYWAY BEHIND GUSTEAU'S – LATER
The dinner rush finished, Linguini and Colette exit the kitchen laughing and holding hands. She pulls him aboard her motorcycle and they **peel out** into the young Paris night.

EXT. PARIS STREETS – TRAVELING – NIGHT
Linguini and Colette laugh and scream as the wind **rips by**, Linguini barely able to **hang on to** his toque and we realize– REMY IS STILL INSIDE, **HOLDING ON FOR DEAR LIFE**! As Colette takes a sharp turn, LINGUINI'S TOQUE (WITH REMY INSIDE) FLIES OFF HIS HEAD and tumbles to the street! **Dazed**, Remy emerges from the toque to see Colette's cycle disappear over the horizon!
Car horns BLARE. Remy turns to see a massive WALL OF TRAFFIC **barreling** toward him. He dives clear as CARS roar past, wheels **screech** and lights flash in all directions as he madly scrambles out of their way, finally making it to the curb. Remy looks up as a young woman screams.

WOMAN   RAT!

Her **escort** swats at Remy with his coat. Remy runs, jumping into a nearby **STORM DRAIN**.

INSIDE THE STORM DRAIN
Remy tumbles to the cement floor, his heart pounding. Through the **grate** he sees the legs of the WOMAN and her ESCORT.

WOMAN   (O.S.) **Disgusting** little creatures...

링귀니, 콜레트, 레미
링귀니가 움찔한다. 그의 손도 망설이고 있다. 양념으로 손이 가다가 이내 빠지는데 손이 계속 왔다 갔다 한다. 양념을 계속 쥐고 있는 콜레트는 이 기이한 광경을 보고 있다. 링귀니가 뻗은 손의 손목을 부여잡고 양념이 있는 쪽으로 강제로 움직인다. 레미가 링귀니의 머리카락을 당겨서 반대 방향으로 힘차게 몸을 움직인다. 몸을 조종하기 위한 싸움이 시작되었는데 결국 링귀니가 승리한다. 링귀니의 손이 결국 양념통을 붙잡은 것이다. 링귀니가 콜레트에게 웃어 보인다. 모자 안에서 레미가 우거지상을 하고 있다.

실외. 구스토 식당 뒷골목 – 잠시 후
바쁜 저녁 시간이 끝나고 링귀니와 콜레트가 손을 잡고 웃으며 주방을 나선다. 콜레트가 링귀니를 오토바이에 태우고 아직 한창 즐길 수 있는 파리 시내로 질주한다.

실외. 파리의 거리 – 이동 장면 – 밤
바람을 가르며 질주하며 링귀니와 콜레트는 크게 웃고 소리를 지른다. 링귀니의 모자가 거의 날아갈 것 같다. 여전히 모자 안에 있는 레미는 날아가지 않으려고 필사적으로 붙들고 있다. 콜레트가 급회전하자 링귀니의 모자가 (레미가 안에 있음) 머리에서 날아가 길바닥에 떨어진다! 멍해진 레미가 모자에서 나와 콜레트의 오토바이가 저 멀리 사라지는 모습을 본다!
갑자기 자동차 경적이 들린다. 고개를 돌리니 거대한 자동차들이 그를 향해 쏜살같이 달려온다. 레미는 온몸을 던져 지나가는 차들을 피한다. 타이어가 미끄러지며 급제동하고 불빛들이 사방으로 번쩍이는 가운데 레미는 미친 듯이 도망쳐서 연석으로 피한다. 레미가 위를 올려다보자 젊은 여자가 비명을 지른다.

여자 쥐야!

그녀의 애인이 그의 코트로 레미를 내려친다. 레미는 재빨리 근처에 있는 빗물 배수관로 들어간다.

빗물 배수관 안
레미가 시멘트 바닥으로 굴러떨어지고, 심장이 콩닥콩닥 뛴다. 레미는 창살을 통해서 여자와 애인의 다리를 바라본다.

여자 (화면 밖) 정말 역겨운 짐승이야…

---

withdraw 물러나다, 빼다

odd 이상한

underneath 밑에서

grimace 얼굴을 찡그리다

peel out 빠르게 이동하다

rip by 빠른 속도로 지나가다

hang on to ~를 붙잡다

hold on for dear life 꽉 매달리다

dazed 몽롱한

barrel 쏜살같이 달리다

screech 끽하는 소리를 내다, 급제동하다

escort 연인

storm drain 빗물 배수관

grate 쇠창살

disgusting 역겨운

Remy listens, **pained**. He spies his **reflection** in a pool of water at his feet. He turns, slowly disappearing into the sewer's darkness.

REMY   (V.O.) I was reminded how **fragile** it all was. How the world really saw me. And it just kept getting better...

EXT. BACK ENTRANCE – GUSTEAU'S
Remy emerges from the **curb** drain, turns into the alley behind GUSTEAU'S and heads up the back steps...

EMILE   (O.S.) Remy. Psst!

Remy turns. EMILE peeks out from behind the trash cans, where he waits with a GROUP OF RATS, including GIT, the lab rat.

EMILE   Hey, hey, hey, little brother! **We were afraid you weren't going to, you know, show up.** ❶

GIT   Hey Remy. Howya doin'?

OTHER RATS (**assorted** greetings)

Remy **takes** Emile **aside**, speaking in an angry whisper.

REMY   You told them? Emile, that's exactly what I said not to do!

EMILE   But you know these guys. They're my friends. I didn't think you meant them. Look, I'm sorry.

REMY   Don't tell me you're sorry, tell them you're sorry-

GIT has **approached**.

GIT   Is there a problem over here?

REMY   (SCOWLS at Emile) No, there is not. Wait here.

이 말을 듣고 레미는 가슴이 아프다. 발아래 물웅덩이에 비친 자기 모습을 바라본다. 그는 뒤돌아, 하수구의 어둠 속으로 천천히 사라진다.

레미 (목소리) 나는 얼마나 나약한 존재인지 다시 알게 되었다. 세상이 나를 어떻게 바라보는지도 말이다. 그리고 계속 안 좋은 일만 일어나는데…

실외, 뒷문 – 구스토 식당
모퉁이에 있는 배수관에서 나오는 레미, 구스토 식당 뒤에 있는 골목으로 돌아서 계단을 올라가는데…

에밀 (화면 밖) 레미, 여기!

레미가 돌아본다. 에밀이 쓰레기통 뒤에서 고개를 내밀고 있는데 실험실 쥐인 '짓'을 포함해서 여러 쥐와 함께 기다리고 있다.

에밀 이봐, 동생! 잘 있었어? 우린 걱정했지 뭐야, 저기, 네가 안 나타날까 봐.

짓 야 레미, 잘 지냈어?

다른 쥐들 (여러 인사를 건넨다)

레미는 에밀을 따로 불러서 작은 목소리로 화를 낸다.

레미 쟤들한테 말했어? 에밀, 내가 절대로 말하지 말라고 했잖아!

에밀 하지만 쟤들이 남이야? 내 친구들이잖아. 쟤들한테 말하지 말라고 하는 줄 몰랐지. 이봐, 미안해.

레미 나 말고, 쟤들한테 미안하다고 해.

짓이 다가온다.

짓 무슨 문제라도 있어?

레미 (에밀을 노려보며) 아니, 문제없어. 여기서 기다려.

---

pained 상처를 받은
reflection 반사된 모습
fragile 연약한, 약한
curb 연석, 도로 경계석
assorted 다양한
take ~ aside 옆으로 데리고 가다
approach 다가가다

❶ **We were afraid you weren't going to, you know, show up.**
우린 걱정했지 뭐야, 저기, 네가 안 나타날까 봐.
We are afraid ~ 혹은 I am afraid ~는 '~인 것 같아'라는 뜻으로 부정적인 생각을 말할 때 자주 쓰는 회화 표현이에요. 그리고 show up은 '(갑자기) 나타나다', '등장하다'라는 의미예요.

Remy Stole the Will
레미, 유언장을 훔치다

🎧 21.mp3

INT. KITCHEN
Assured the kitchen is empty, Remy looks up the door handle of the food safe. The door is LOCKED.

REMY　It's locked?

Remy is **puzzled**. He looks toward SKINNER'S OFFICE.

INT. SKINNER'S OFFICE
Remy enters, a little **nervous**, and scampers up to Skinner's desk. A framed black and white PHOTO of Gusteau speaks.

GUSTEAU PHOTO　Remy, what are you doing in here?

REMY　Okay. Emile **shows up** with… Okay, I said not to. I told him… He goes and **blabs** to… Yeah, it's a **disaster**. Anyway, they're hungry, the food safe is locked, I need the key.

GUSTEAU PHOTO　They want you to steal food?

REMY　Yes. No—It's… it's **complicated**. It's family. They don't have your **ideals**.

The collection of **cardboard** GUSTEAU **STANDEES** come to life:

TEXAN GUSTEAU　Ideals? If Chef **Fancy Pants** had any ideals, you think I'd be **hawking** barbecue over here?

MEXICAN GUSTEAU　Or Microwave **burritos**?

실내. 주방
주방이 빈 것을 확인하고 레미는 식품 저장실 문 손잡이를 올려다보는데, 문이 잠겼다.

레미　잠겼네?

레미는 낭황해서, 스키너의 사무실을 바라본다.

실내. 스키너의 사무실
레미는 약간 긴장한 채 방으로 들어가 스키너의 책상으로 재빨리 이동한다. 이때 구스토의 흑백 사진이 말을 한다.

구스토의 사진　레미, 여기서 뭐 하니?

레미　자, 에밀이 와서… 그래요. 그러지 말라고 했는데. 형한테 말했거든요… 근데 애들한테 말해서… 네, 완전 난장판이에요. 어쨌든, 다들 배가 고픈데 식품 저장실은 잠겼고, 열쇠가 필요해요.

구스토의 사진　너한테 음식을 훔쳐 달래?

레미　네. 아니요… 이건… 좀 복잡해요. 가족 문제라서. 쟤들은 당신처럼 생각하지 않아요.

구스토의 인간판들이 살아난다:

텍사스 구스토　생각? 저렇게 고귀한 척하는 요리사가 생각이 있다면 내가 이렇게 바비큐나 팔고 있겠어?

멕시칸 구스토　즉석 브리토도 그렇고.

---

assured 확인하는
puzzled 당황한
nervous 불안해 하는
show up 나타나다
blab 발설하다
disaster 재앙, 불행
complicated 복잡한
ideal 이상적인 생각

cardboard 판지
standee 서 있는 사람 (입석 손님)
fancy pants 잘난 척하는 사람
hawk 판매하다
burrito 부리토

COLONEL GUSTEAU Or tooth- I say, tooth pickin' Chicken? About as French as a Corn Dog!

대령 구스토 한입… 그니까, 한입 치킨은? 핫도그도 프랑스 요리처럼 파는데!

The SKETCH of Gusteau as a dog-like **ear of corn BARKS**.

개의 모습을 한 옥수수 몸통의 구스토 밑그림이 개처럼 짖는다.

CORN DOG GUSTEAU (waves COMING SOON sign) Coming Soon!

핫도그 구스토 (출시 임박 피켓을 흔들며) 멍멍! 곧 만나요!

TEXAN GUSTEAU We're inventing new ways to sell out over here!

텍사스 구스토 햐! 팔아먹을 방법을 쥐어짜고 있군!

SCOTTISH GUSTEAU Will ye be wanting some **HAGGIS** BITES?

스코틀랜드 구스토 해기스 요리도 먹고 싶어?

GUSTEAU PHOTO I cannot control how they use my image, Remy. I am dead!

구스토의 사진 내 이미지가 도용되는 걸 막을 수는 없어, 레미. 난 죽었으니깨!

REMY Can you guys SHUT UP?? (they do, **instantly**) I've gotta think!

레미 다들 조용히 해 줄래요?? (즉시 조용해진다) 저도 생각을 좀 해야겠어요!

바로 이장면!*

Remy climbs over the edge of Skinner's desk, pushes open the drawer, and begins to **rummage through** its **contents**.

레미가 스키너의 책상 끝으로 올라가서 서랍을 열고 안에 있는 물건을 뒤지기 시작한다.

REMY Word's getting out. If I can't keep them quiet, the entire clan's going to be after me with their mouths open and- (he finds the key) –ah! Here it is. Hey...

레미 말이 새어 나갈 거예요. 쟤들 입막음을 하지 않으면 온 쥐들이 입을 벌리고 나를 따라올 거고… (열쇠를 발견하고) …애! 여기 있다. 어라…

Remy notices a FILE **labeled** "GUSTEAU: **Last Will & Testament**".

레미가 "구스토의 유언장"이라고 적힌 파일을 발견한다.

REMY ...your will!

레미 …당신 유언장이네요!

Remy pulls the file from the **drawer** and **lays** it on the desk. He turns to the Gusteau **portrait**.

레미가 서랍에서 그 파일을 꺼내 책상 위에 올린다. 그가 구스토의 사진을 바라보며 말한다.

---

colonel 대령
ear of corn 옥수수 몸통
bark 짖다
haggis 해기스 (양 내장으로 만든 스코틀랜드 음식)
instantly 즉시, 즉각
rummage through 뒤지다
content 내용물
labeled ~라고 표시된

Last Will & Testament 유언장
drawer 서랍장
lay 올려 두다
portrait 초상화

REMY   Oh, this is interesting. Mind if I…?

GUSTEAU PHOTO Not at all.❶

Remy flips open the file. There, **alongside** Gusteau's will, are recent press **clippings featuring** LINGUINI, and the letter to Skinner from Linguini's mother.

REMY   "Linguini"..? Why would Linguini be filed with your will?

GUSTEAU PHOTO   This used to be my office.

MUSIC **BUILDS** as Remy reads; his eyes jumping between the LETTER and the WILL– his mind working, eyes getting BIGGER until–

REMY   HE'S YOUR SON???

GUSTEAU PHOTO   I… have a… SON?

REMY   How could you not know this??

GUSTEAU PHOTO (defensive) I am a **figment** of your **imagination**! You did not know, how could I??

REMY   Well, YOUR SON is the **rightful** owner of this restaurant!

SKINNER No! No! The rat!

The office door OPENS: SKINNER FREEZES– so stunned by the bizarre sight of a RAT on his desk top– it takes a moment for him to react. Remy SNATCHES the LETTER and the WILL in his mouth and RUNS.

레미 오, 흥미롭네요. 봐도 될까요…?

구스토의 사진 얼마든지.

레미가 파일을 펼친다. 구스토의 유언장 옆에는 링귀니와 관련된 최근 신문 기사 조각들과 함께 링귀니의 엄마가 스키너에게 쓴 편지도 있다.

레미 "링귀니"…? 왜 링귀니 자료가 당신 유언장에 함께 있는 거죠?

구스토의 사진 여기가 내 방이었거든.

레미가 읽는데 음악이 고조된다. 레미는 편지와 유언장을 번갈아 빠르게 읽어 내려간다– 사태를 파악하면서 그의 눈이 점점 커지는데…

레미 그가 당신 아들이라고요???

구스토의 사진 내게… 아들이… 있다고?

레미 이걸 어떻게 모를 수가 있어요??

구스토의 사진 (변명하듯) 난 너의 상상이라고! 너도 모르는데, 내가 어떻게 알겠니??

레미 자, 당신 아들이 이 식당의 진정한 주인이라고요!

스키너 안 돼! 안 돼! 쥐다!

방문이 열리고, 스키너가 책상 위에 있는 쥐를 보고 깜짝 놀라 꼼짝 않고 그 자리에 서 있다. 그가 행동을 취하기까지 시간이 다소 걸린다. 레미가 편지와 유언장을 입에 물고 도망간다.

---

alongside 옆에

clipping 조각

featuring 나타나는, 등장하는

build 고조되다

defensive 방어적인, 수비의

figment 허구, 꾸며낸 것

imagination 상상력

rightful 합법적인

❶ **Not at all.**
얼마든지.
상대방이 Do you mind ~? 혹은 Mind if ~?를 사용해서 허락을 물어볼 때는 대답을 잘해야 합니다. mind가 '~를 꺼리다, 싫어하다'라는 뜻이 있어서 Yes라고 하면 '하지 말라'는 의미가 되죠. '해도 돼요'라고 허락할 때는 Not at all.이나 No, go ahead.같이 부정어를 사용해야 해요.

Hot on his heels, Skinner **runs smack into** LALO on a **moped**. Lalo is **MORTIFIED**, but before he can apologize Skinner is back on his feet and shouting.

LALO   Sorry, chef.

SKINNER   The rat! It's stolen my documents! It's getting away!!

With a crazed shriek, Skinner pushes Lalo off the scooter, jumps on and roars off down the street.

EXT. PARIS STREETS
Skinner screeches to a stop at the INTERSECTION, looks around wildly for Remy. He sights the DOCUMENTS scampering through traffic and guns the motor, **recklessly giving chase**.

EXT. NEAR THE SEINE – MOVING WITH SKINNER
Closing in on Remy, Skinner reaches down to snatch the documents when the rat suddenly VEERS. Skinner's Moped **plunges** down a flight of steps to the river, where it lays in a heap at the bottom. Skinner looks up, sees– REMY– looking down at him from the **balustrade**, documents still clutched in his mouth. Remy LAUGHS. A gust from a passing BUS sweeps the WILL from Remy's open jaws and high into the air, where it flutters out over the river's edge.

EXT. MOVING ALONG THE BANKS – CONTINUOUS
SKINNER sees his chance. He **clambers aboard** the Moped and takes off after the will, **dodging obstacles** and passers-by to pursue from the banks below. Remy chases it from the balustrade above, the letter still in his mouth. THE WILL begins to **descend**, **flitting** toward Skinner below, who reaches for it, his fingers spreading wide. Remy makes two desperate LEAPS; from the balustrade to a tree, from the tree into the air just above Skinner where he– **INTERCEPTS** the will– sailing toward the water and landing with a FWOP on the canvas roof of a **Bateux Mouche**. Remy can't believe he's got both documents again. Neither can Skinner. He **ditches** the Moped and LEAPS to the deck of the Seine boat.

스키너도 그의 뒤를 바짝 쫓아 나오는데 스쿠터를 타고 오는 랄로와 정면으로 부딪친다. 깜짝 놀란 랄로가 사과하기도 전에 스키너는 다시 일어나 소리친다.

랄로 죄송해요, 주방장님.

스키너 쥐를 잡아! 내 서류를 훔쳐 갔어! 도망가잖아!!

미친 듯 비명을 지르며 스키너가 랄로의 스쿠터를 빼앗아 타고 거리를 쏜살같이 달린다.

실외, 파리의 거리
스키너가 교차로에서 급정거한다. 다급하게 주위를 둘러보며 레미를 찾는다. 서류가 자동차들을 헤치고 빠르게 달려 나가는 것을 보고 스쿠터를 몰아 난폭하게 추적한다.

실외, 센강 근처 – 스키너의 추격 장면
레미에게 거의 근접하는 스키너가 서류를 낚아채려 몸을 숙이는데 바로 그때 레미가 방향을 바꾼다. 스키너의 스쿠터는 강 쪽으로 가는 계단 아래로 거꾸러지며 결국 계단 바닥으로 추락한다. 스키너가 위를 쳐다보는데… 레미가 서류를 입에 문 채 난간에서 그를 내려다본다. 레미가 비웃는다. 이때 지나가는 버스 때문에 바람이 불어 레미의 입에서 유언장이 공중으로 높이 솟구치더니 강가로 펄럭이며 날아간다.

실외, 강둑에서의 추격 – 계속
스키너에게 기회가 왔다. 스쿠터를 타고 유언장을 따라간다. 여러 장애물과 사람들을 피하면서 아래에 있는 강둑에서 계속 추격하고 있다. 레미도 위에 있는 난간에서 유언장을 따라간다. 입에 아직 편지를 문 채 유언장이 아래로 내려오더니, 스키너를 향해 다가온다. 그가 그것을 잡으려고 손을 쫙 뻗는다. 다급해진 레미가 난간에서 나무로, 그리고 나무에서 스키너를 지나 공중으로 두 번의 필사적인 점프를 한다. 그리고, 결국 유언장을 낚아채 센강 쪽으로 날아가더니 유람선의 천 지붕 위에 착륙한다. 레미는 자신이 두 서류를 되찾았다는 사실을 믿을 수 없다. 스키너도 서류를 빼앗겼다는 사실이 믿기지 않는다. 스쿠터를 버리고 센강에 있는 배의 갑판에 뛰어든다.

---

hot on one's heels ~ 뒤를 바짝 붙어
run smack into ~와 정면충돌하다
moped 스쿠터
mortified 깜짝 놀란
recklessly 난폭하게
give chase 추격하다
plunge 거꾸러지다, 처박히다
balustrade 난간

clamber aboard 올라타다
dodge 피하다
obstacle 장애물
descend 내려가다
flit 스치다
intercept 낚아채다
Bateux Mouche 바토 무슈 (파리 센강의 유람선)
ditch 버리다

ON THE SEINE – MOVING BETWEEN THE BOATS
Remy, documents in mouth, leaps to another passing boat, Skinner
still hot **on his tail**. A jam of water traffic keeps this game alive, the
two leaping from boat to boat, but the last leap, to a DINING BOAT-
is too far. Remy tries anyway; launching into the air, the documents
in his mouth **sweep** back like WINGS and he– catches an **updraft**!
He SAILS across the gulf, landing **miraculously** on the deck. Skinner
crazily follows, making the leap of his life as he stretches out for the
dining boats' **railing** and falls short, grasping instead the tablecloth
of a couple dining near the railing, which he **yanks** out from under
their breakfast like an **inept** magician as he plunges into the river.
Skinner **sputters** in the middle of the Seine as Remy hops up to a
bridge passing overhead, scampering safely away with Skinner's
papers.

INT. SKINNER'S (NOW LINGUINI'S) OFFICE – LATER
Skinner returns to his office, soaked and **furious**... only to find
LINGUINI sitting at his desk.

SKINNER You?? **Get out of** my office.

COLETTE He's not in your office. You are in his.

Colette holds up GUSTEAU'S WILL. Skinner's **jaw drops**. He looks at
Linguini, who can only shrug with **embarrassment**.

센강에서 – 배 사이를 움직이는 장면
서류를 입에 물고 레미는 옆에 지나가는 배로 뛰
어든다. 스키너가 여전히 그를 추격한다. 강에 있
는 많은 배들이 추격 장면을 더 실감 나게 한다.
스키너와 레미가 배 사이를 이리저리 뛰어다닌다.
마지막에 있는 식당 배는 너무 멀어 보이지만, 레
미가 점프를 시도한다. 레미가 공중으로 뛰어오르
는데 입에 물고 있는 서류들이 마치 날개처럼 파
닥거리더니… 그를 공중으로 밀어 올린다! 레미가
강을 가로질러 기적같이 갑판에 착륙한다. 미친 듯
이 따라가는 스키너도 식당 배 난간을 붙잡으려
고 인생 최고의 높이로 점프하지만 좀 짧아서 난
간 근처에서 식사하는 연인의 식탁보를 황급히 붙
잡는데 마치 서투른 마술사처럼 음식은 테이블에
두고 식탁보만 빼서 강으로 빠진다 스키너가 센강
에 빠져 분개하는 사이에 레미는 다리 위로 올라
가 스키너의 서류를 가지고 안전하게 도망간다.

실내. 스키너의(이제는 링귀니의) 사무실 – 잠시
후
흠뻑 젖어 씩씩대며 스키너가 사무실로 돌아왔지
만… 그의 책상에 앉아있는 링귀니를 볼뿐이다.

스키너 네가 감히?? 내 사무실에서 나가.

콜레트 당신 사무실이 아니죠. 당신이 이 사람 사
무실에 있는 거죠.

콜레트가 구스토의 유언장을 들고 있다. 스키너는
놀라서 입을 다물 수 없다. 그가 링귀니를 바라보
는데 링귀니는 쑥스러운 듯 어깨를 으쓱한다.

---

on one's tail 바로 뒤에 있는
sweep 미끄러지듯 움직이다
updraft 상승기류
miraculously 기적적으로
railing 난간
yank 확 잡아당기다
inept 서투른
sputter (분노, 충격으로) 씩씩거리다

furious 화가 난
get out of ~에서 나가다
jaw drop 입이 딱 벌어지게 놀라는
embarrassment 당황함

Ego Challenges Linguini
이고가 링귀니에게 도전장을 내밀다

🎧 22.mp3

INT. SKINNER'S (NOW LINGUINI'S) OFFICE
Linguini is surrounded by the other COOKS, who **raise flutes** of champagne in a toast to their new owner. Laughing, Colette and Linguini hug. Watching from the **shadows**, REMY smiles.

<u>CHEFS</u>　　**Bottoms up**, Linguini!

<u>HORST</u>　　Cheers, ja.

THE FRONT PAGE OF A NEWSPAPER
–spins into a close up. Above a PHOTO OF LINGUINI, a deer-in-headlights look on his face, a HEADLINE reads: **"RISING** STAR CHEF **DECLARED LEGAL** OWNER OF GUSTEAU'S"

SERIES OF SHOTS, to music.
Linguini and Colette raise the blinds in Skinner's old office, opening it to light and a clear view of the Kitchen.
In the alley behind the kitchen, the COOKS **symbolically** burn the GUSTEAU STANDEES created to **promote** Skinner's hated FROZEN FOOD line. All cheer as the **FLAMES** rise higher.
Skinner reads a NEWSPAPER headline; "LINGUINI CANCELS FROZEN FOOD", gets angry.
Linguini shows Remy their new, larger apartment.
Skinner reads a NEWSPAPER headline; "NEW OWNER NEW GUSTEAU'S".
EMILE waits with a GROUP OF RATS. Remy carries some foodstuffs from the kitchen.
Skinner, **spying on** Gusteau's, is kicked out.
EMILE brings with a MORE GROUP OF RATS. Remy is embarrassed.
Linguini and Colette have a good time.

실내. 스키너의(이제는 링귀니의) 사무실
요리사들이 링귀니 주변에 모여 있다. 식당의 새 주인을 반기며 샴페인 잔을 들고 건배한다. 콜레트와 링귀니가 웃으면서 포옹한다. 구석에서 이 모습을 보며 레미도 행복한 미소를 짓는다.

요리사들　마셔, 링귀니!

홀스트　건배.

신문 1면
몇 차례 회전하더니 크게 클로즈업된다. 자동차 헤드라이트를 보고 뛰어드는 사슴 같은 표정을 한 링귀니의 얼굴과 그 위에 다음과 같은 제목이 보인다: "라이징 스타 요리사, 구스토 식당의 법적 소유주로 판명되다"

여러 장면이 음악과 함께 나온다.
링귀니와 콜레트가 스키너의 오래된 사무실의 블라인드를 걷어 올리자 빛이 들어오고 주방을 더 명확하게 볼 수 있게 되었다.
주방 뒷골목에서 요리사들이 스키너의 냉동 음식 홍보용으로 제작된 구스토 입간판들을 태우고 있다. 불꽃이 높이 솟구치자 모두 환호한다.
스키너가 신문 제목. "링귀니, 냉동 음식을 처분한다"을 읽고, 화를 낸다.
링귀니가 레미에게 더 큰 새 아파트를 보여 준다.
스키너가 신문 제목. "구스토의 새 주인"을 읽는다.
에밀과 다른 쥐 무리가 기다리고, 레미가 주방에서 음식물을 가져다준다.
스키너가 식당을 몰래 염탐하다 쫓겨난다.
에밀이 더 많은 쥐 무리를 데리고 온다. 레미가 난감해한다.
링귀니와 콜레트가 즐거운 시간을 보낸다.

---

raise 들어 올리다
flute 길쭉한 샴페인 잔
shadows 어두운 곳
Bottoms up! 마셔! (한번에 다 들이키라는 말)
rise 성공. 떠오르는
declare 선언하다
legal 법적인
symbolically 상징적으로

promote 홍보하다. 촉진하다
flame 불꽃
spy on ~을 감시하다

INT. DINING AREA – EARLY EVENING
FLASHES **POP**. Several JOURNALISTS **hover** just behind the lights shouting questions at Linguini, who poses for photos.

실내. 식당 – 이른 저녁
카메라 플래시가 터진다. 여러 기자가 조명 뒤에서 링귀니에게 큰소리로 질문한다. 링귀니는 사진 촬영을 위해 포즈를 잡고 있다.

REPORTER #1 Chef Linguini! Your rise has been **meteoric**, and yet you have no **formal** training. What is the secret to your genius?

기자 #1 링귀니 주방장님! 일약 스타가 되셨는데, 공식적인 요리 수업은 받지 않으셨어요. 그 비결은 무엇인가요?

LINGUINI Secret? You want the truth?

링귀니 비결이요? 진실을 알고 싶으신가요?

INSIDE LINGUINI'S TOQUE
Remy **reacts** to the question, looking down at the head beneath him as if to say: "Yeah smart guy, what is your secret?"

링귀니의 모자 안
레미가 이 질문을 듣고 "그래 똑똑아, 네 비결이 뭐니?"라고 물어보는 듯 링귀니의 머리를 내려다 본다.

LINGUINI I'm Gusteau's son. It's in my blood I guess.

링귀니 저는 구스토의 아들이에요. 피는 못 속이는 것 같아요.

REPORTER #2 But you weren't **aware of** that fact until very recently–

기자 #2 하지만 최근까지 그 사실을 모르고 계셨잖아요.

LINGUINI No...

링귀니 몰랐죠…

REPORTER #3 –and it **resulted in** your **taking ownership of** this restaurant. How did you find out?

기자 #3 그렇게 해서 이 식당의 주인이 되셨는데, 어떻게 알게 되신 건가요?

ON REMY: His face says "Because I **risked my neck**."

레미 화면: "내가 목숨 걸고 진실을 밝혔기 때문이지."라고 하는 표정이다.

LINGUINI Well, some part of me just knew... (**lamely**, trying it out) ...The Gusteau part?

링귀니 글쎄요, 제 안에 있는 무언가가 알고 있었어요… (궁색하게 말을 풀어 가며) …구스토의 일부랄까?

INSIDE LINGUINI'S TOQUE
Remy **tugs** a hair **tuft**, causing Linguini to **bop** himself in the head with his frying pan.

링귀니의 모자 안
레미가 머리채를 잡아당기자 링귀니가 프라이팬으로 자기 머리를 때린다.

REPORTER #4 Where do you get your **inspiration**?

기자 #4 영감은 어디서 얻죠?

Again, Remy pricks up his ears.

다시, 레미가 귀를 쫑긋 세운다.

---

pop 터지다
hover 주변에 맴돌다
meteoric 갑작스럽게 된
formal 공식적인
react 반응하다
be aware of ~를 알고 있다
result in ~의 결과를 가져오다
take ownership of ~를 소유하다

risk one's neck 목숨을 걸고 지키다
lamely 설득력 없이
tug 잡아당기다
tuft 다발, 술
bop (가볍게) 때리다
inspiration 영감

LINGUINI Inspiration has many names. Mine is named Colette.

REMY   WHAT?!!

An **outraged SQUEAK erupts** from inside Linguini's toque. Linguini quickly **muffles** Remy's squeaks with both hands as he sets his toque down on the table. Linguini sucks on his teeth, making a squeaking sound.

LINGUINI (CONT'D) Something **stuck** in my teeth.

INT. MINISTRY OF HEALTH – OFFICE
Drab and **cluttered**. A **battered** telephone rings at the desk of NADAR LESSARD, a bored **bureaucrat**. He turns from a pile of paperwork and answers.

LESSARD Health **Inspector**.

EXT. PHONE BOOTH – ACROSS FROM GUSTEAU'S – SAME TIME
Anxious, wrapped in a trench coat that makes him look vaguely like a **pervert**, Skinner speaks into a pay phone.

SKINNER I wish to report a rat **infestation**. It's **taken over** my... Gusteau's restaurant!

LESSARD Gusteau's, eh? I can drop by. Let's see... (**consults** appointment log) First opening is... three months.

SKINNER It must happen now! It's a gourmet restaurant!

LESSARD Monsieur, I have the information. If someone cancels, I'll **slot** you **in**.

SKINNER But the rat! You must...

Lessard hangs up. Skinner listens to the dial tone, **deflated**.

링귀니 영감에는 많은 이름이 있어요. 제 영감의 이름은 콜레트입니다.

레미 뭐라고?!!

화가 나서 찍찍대는 소리가 링귀니의 모자 안에서 터져 나온다. 링귀니는 모자를 테이블 위에 올려 두고 양손으로 레미가 내는 소리를 재빨리 막아 버린다. 링귀니가 이빨로 공기를 빨아들이며 찍찍 소리를 내는 시늉을 한다.

링귀니 (계속) 이에 뭐가 끼었네요.

실내. 보건부 – 사무실
칙칙하고 짐이 잔뜩 쌓여있다. 나다르 레살드의 책상 위에 있는 낡은 전화기가 울린다. 그는 심심해 보이는 행정 관료이다. 잔뜩 쌓인 서류를 보다가 전화를 받는다.

레살드 보건부 검사관입니다.

실외. 공중전화 부스 – 구스토 식당 맞은 편 – 같은 시각
초조한 표정의 스키너가 트렌치코트를 입고 있는데 흡사 변태처럼 보인다. 공중전화로 통화하고 있다.

스키너 쥐가 나타났다고 신고하려고요. 제 식당… 아니 구스토 식당에서 들끓고 있어요!

레살드 구스토 말이죠? 가보도록 하죠. 어디 보자… (예약 목록을 보면서) 제일 빠른 게… 석 달 뒤군요.

스키너 지금 당장 와야 해요! 고급 식당이라고요!

레살드 선생님. 접수했습니다. 다른 사람이 취소하면, 더 빨리 해 드릴게요.

스키너 하지만 그 쥐가! 당장 가야…

레살드가 전화를 끊는다. 스키너가 통화 완료 신호음을 듣고 기분이 상한다.

---

outraged 화가 난
squeak 찍찍 소리
erupt 터져 나오다
muffle 죽이다, 감싸다
stuck 끼인
drab 칙칙한
cluttered 짐이 많은
battered 낡은

bureaucrat 관료
inspector 검사관
pervert 변태
infestation 침입
take over 점령하다
consult 찾아보다, 확인하다
slot ~ in ~를 위한 자리를 마련하다
deflated 기분이 상한

SKINNER   It stole my documents.

INT. KITCHEN
Horst looks at the clock, scowls, and turns to Colette.

HORST   It's past opening time.

COLETTE   **He should have finished an hour ago.**❶

She **heaves** an annoyed **sigh** and **heads out to** the dining area.

INT. DINING AREA
Colette enters the swirl of activity to **confront** Linguini. He shoots her a **cocky** smile.

LINGUINI   Bon jour, **Ma Cherie**. Join us. We were talking about my inspiration.

COLETTE   (to journalists) Yes, he calls it his "tiny chef".

Linguini muffles another SQUEAK of protest from under his Toque. He shoots Colette a **reprimanding** look, leans in and says in a low, tight voice-

LINGUINI   Not that, dearest... I meant you.

Just then– the front door swings open, spilling cold white light into the womb-like warmth of the restaurant. The press swings its attention to the tall, backlit **spectre** entering the dining room, whispering his **legendary** name: "Ego".

REPORTER #1   It's him.

REPORTER #2   Ego?

REPORTER #3   Anton Ego!

REPORTER #4   Is that Ego?

스키너   내 서류를 훔쳐 갔다고.

실내. 주방
시계를 보는 홀스트. 인상을 쓰며 콜레트를 바라본다.

홀스트   오픈 시간 지났어.

콜레트   한 시간 전에는 끝냈어야 했는데.

콜레트는 짜증나는 듯 한숨 쉬며 식당으로 나간다.

실내. 식당
콜레트가 혼란스러운 현장으로 들어가 링귀니를 마주한다. 그가 그녀에게 거만한 미소를 지어 보인다.

링귀니   안녕, 자기. 어서 와. 나의 영감에 대해 이야기하고 있었어.

콜레트   (기자들에게) 네, 이 사람은 그걸 "꼬마 요리사"라고 부르죠.

링귀니는 모자에 들리는 저항의 소리를 다시 죽인다. 그리고 질책하는 표정으로 콜레트를 바라보며 그녀를 향해 작은 목소리로 말한다.

링귀니   그거 말고, 자기… 당신 말이야.

이때 앞문이 활짝 열리고 차가운 빛이 따뜻한 식당 안으로 밀려든다. 기자들이 일제히 돌아보는 데 키가 크고 후광이 나는 유령 같은 모습의 남자가 식당으로 들어온다. 그의 전설적인 이름 "이고"를 속삭이는 목소리가 들린다.

기자 #1   그 사람이야.

기자 #2   이고?

기자 #3   안톤 이고!

기자 #4   이고 맞아?

heave a sigh 한숨을 쉬다
head out to ~로 나가다
confront 마주하다
cocky 거만한
Ma Cherie [프랑스어] 자기
reprimanding 질책하는
spectre 유령, 귀신
legendary 전설적인

❶ **He should have finished an hour ago.**
한 시간 전에는 끝냈어야 했는데.
should have p.p는 어떤 일을 했어야 했는데 하지 못했다는 의미예요. 반대로 shouldn't have p.p는 '~를 하지 말았어야 했는데'라는 뜻으로 어떤 일을 해 버린 것에 대한 후회나 아쉬움을 표현하는 말이에요.

REPORTER #5 I can't believe it.

Ego **glides** through them without **acknowledging** them, and stops in front of Linguini, who is still seated.

EGO　　You are Monsieur Linguini?

LINGUINI　Uh, hello.

EGO　　Pardon me for interrupting your... **premature celebration**. But I thought it only fair to give you a **sporting** chance as you are new to this game.

INSIDE LINGUINI'S TOQUE
Remy watches with fear and **awe**.

LINGUINI　Uh... game?

EGO　　Yes. And you've been playing without an **opponent**. Which is, as you may have guessed, **against the rules**.

LINGUINI　You're Anton Ego.

바로 이장면!*

Ego chuckles, turning to the **gallery**, a lion almost **sympathetic** toward the **sacrificial** lamb.

EGO　　You're slow for someone in the fast lane.

LINGUINI　And you're thin for someone who likes food.

The lamb bites back. A **murmur** of surprised delight **ripples through** the **assembled**. Ego's eyes FLASH.

기자 #5 믿을 수가 없군.

이고는 기자들은 안중에 없다는 듯 그들 사이를 지나서 링귀니 앞에 멈춰 선다. 링귀니는 여전히 자리에 앉아 있다.

이고 자네가 링귀니 군인가?

링귀니 네, 안녕하세요.

이고 성급한 축하 파티를… 방해해서 미안하네. 하지만 자네에게 공평한 기회를 줘야 할 것 같아서. 자네가 이 게임을 시작하기로 했으니 말이야.

링귀니의 모자 안
레미는 두려움과 경외심을 가지고 지켜본다.

링귀니 어… 게임이요?

이고 그래. 지금까지는 상대편 없이 경기를 했지. 그건 자네도 알겠지만 규칙에 어긋나는 거야.

링귀니 당신이 안톤 이고 씨군요.

이고는 웃으며 사람들을 돌아본다. 마치 희생양을 불쌍하게 여기는 사자와 같은 모습이다.

이고 일약 스타치고는 눈치가 느리군.

링귀니 음식을 좋아하는 사람치고는 마르셨네요.

양이 사자의 코털을 건드렸다. 모여든 사람들이 놀라서 웅성거린다. 이고의 눈이 반짝인다.

---

glide 미끄러지듯 움직이다
acknowledge 인정하다
premature 너무 이른
celebration 축하
sporting 정당한
awe 경외심
opponent 상대
against the rules 규칙에 어긋난

gallery 모인 사람들
sympathetic 동정하는
sacrificial 희생하는
murmur 웅성거리는 소리
ripple through ~로 퍼져 나가다
assembled 모인

EGO I don't "like" food, I love it. If I don't love it, I don't... **swallow**.

이고 난 음식을 "좋아"하지 않아. "사랑"하지. 난 맛이 없으면, 삼키지… 않아.

Linguini SWALLOWS. Ego **regained upper hand**–

링귀니는 침을 꿀꺽 삼킨다. 이고는 다시 우위를 빼앗는다.

EGO (CONT'D) I will return tomorrow night with high **expectations**. Pray you don't disappoint me.

이고 (계속) 내일 밤에 큰 기대를 하고 다시 오겠네. 내가 실망하지 않기를 기도하라고.

Ego turns and **sweeps out of** the restaurant. There is a heavy PAUSE. Colette turns to the assembled press.

이고가 돌아서며 식당을 빠져나간다. 무거운 정적이 흐른다. 콜레트가 모여 있는 기자들에게 말한다.

COLETTE Listen, we hate to be **rude**, but we're French. And it's dinner time.

콜레트 자, 무례한 것은 싫지만, 우린 프랑스인이잖아요. 그리고 이제 저녁 식사 시간이에요.

She pulls Linguini from the table and heads back to the kitchen. He calls back to the press in **apology**–

콜레트가 링귀니를 테이블에서 끌어내서 주방으로 데리고 간다. 링귀니가 기자들에게 크게 사과한다.

LINGUINI She meant to say, "It's dinner time and we're French."…

링귀니 그녀가 말하려던 것은, "이제 저녁 식사 시간이고 우린 프랑스인이에요."…

---

swallow 삼키다
regain 되찾다, 회복하다
upper hand 우세, 우위
expectation 기대
sweep 미끄러지듯 움직이다
rude 무례한
apology 사과

The First Quarrel
첫 번째 싸움

🎧 23.mp3

바로 이장면!

INT. GUSTEAU'S OFFICE – MOMENTS LATER
Remy stands on the desk top, **glowering** at Linguini.

실내. 구스토의 사무실 – 잠시 후
레미가 링귀니를 노려보면서 책상 위에 서 있다.

LINGUINI   Don't give me that look. You were **distracting** me in front of the press. How am I supposed to **concentrate** with you yanking my hair all the time?

링귀니   그렇게 쳐다보지 마. 기자들 앞에서 너 때문에 정신없었어. 계속 머리를 잡아당기는데 내가 어떻게 집중할 수 있겠어?

Linguini sticks out his hand, offering Remy a now familiar **ramp** to his post atop Linguini's head. Remy shoots Linguini an "about time" look, climbs up his arm and under his toque.

링귀니가 손을 뻗는다. 이를 경사로처럼 이용해서 레미는 이제 능숙하게 링귀니의 머리 위로 올라갈 수 있다. 레미는 "요리할 시간이야"라는 표정으로 링귀니를 바라보고 모자 안으로 들어간다.

LINGUINI   **And that's another thing.**❶ Your opinion isn't the only one that **matters** here. Colette knows how to cook, too, you know–

링귀니   그건 그거고. 이제 네 의견만 중요한 게 아니야. 콜레트도 요리하는 방법을 안다고. 너도 알겠지만…

INSIDE LINGUINI'S TOQUE
The **last straw**. Remy grabs a hair hank and pulls– too hard.

링귀니의 모자 안
화가 단단히 난 레미가 머리를 한 움큼 잡아서 매우 세게 당긴다.

LINGUINI   Ow! Alright, that's it!!

링귀니   아야! 됐어. 이제 못 참겠어!!

EXT. BACK ENTRANCE – GUSTEAU'S
The door bangs open, Linguini storms out, **mashing** his toque against his head. He yanks his toque off and talks to Remy.

실외. 뒷문 – 구스토 식당
갑자기 문이 열린다. 링귀니가 모자를 머리에 꾹 눌러쓰고 나온다. 모자를 홱 벗고 레미에게 말한다.

LINGUINI   You take a break, Little Chef. I'm not your **puppet**, and you're not my puppet-controlling guy!

링귀니   넌 좀 쉬어, 꼬마 요리사. 난 네 꼭두각시 인형이 아니고, 너도 나를 조종하는… 사람이 아니라고!

---

glower 노려보다
distract 산만하게 하다
concentrate 집중하다
ramp 경사로
matter 중요하다
last straw 화가 난 상태
mash 으깨다, 꾹 누르다
puppet 꼭두각시

❶ **And that's another thing.**
그건 그거고.
That's another thing.은 '그건 다른 거지', '그건 그거고'라는 뜻으로 상대방의 주장이나 상황이 지금의 논쟁과는 완전히 다른 성격의 것이라고 말할 때 쓰는 표현이에요.

FROM THE ROOF ABOVE
SKINNER watches this strange scene, his jaw hanging open...

SKINNER The rat is the cook?!

LINGUINI You **cool off** and get your mind right, Little Chef. Ego is coming, and I need to focus!

지붕 위
스키너가 이 장면을 바라보고 있다. 놀라서 입을 다물지 못하는데…

스키너 저 쥐가 요리사라고?!

링귀니 쉬면서 마음을 가라앉혀, 꼬마 요리사. 이고가 오니까 난 집중해야 돼!

Skinner watches as Linguini storms back into the kitchen, he EXITS.

REMY You stupid...

He's FURIOUS. In a **pint-sized fit** of rage he kicks a can, then, **tottering** under its weight, picks up a bottle, drops it to the ground, and suddenly finds himself face to face with- EMILE and his RAT **PALS**.

EMILE Wow. I've never seen that before.

GIT Yeah... it's like you're his **fluffy** bunny or something.

The other rats laugh. Remy's face goes hard.

EMILE I'm sorry, Remy. I know there are too many guys. I tried to limit...

REMY You know what? It's okay. (to group) I've been **selfish**. You guys hungry? (RATS respond eagerly) All right. **Dinner's on me.**❶ We'll go after closing time. In fact– (to Emile, evil grin) –tell Dad to bring the whole clan.

스키너는 링귀니가 화를 내며 주방으로 들어가는 것을 보고, 자리를 뜬다

레미 멍청한…

레미는 매우 화가 났다. 깡통을 발로 차며 소심하게 분노를 표출한다. 그 후 유리병을 들어 올리는데 무게를 이기지 못하고 비틀거리면서 바닥에 떨어뜨린다. 바로 그때 에밀과 그의 친구들이 나타난다.

에밀 와. 사람하고 그러는 건 처음 봐.

짓 그래… 네가 그 사람 토끼 인형처럼 보이던데.

다른 쥐들이 비웃는다. 레미의 얼굴이 굳어진다.

에밀 미안해, 레미. 너무 많이 데리고 온 건 알아. 줄이려고 했는데…

레미 그거? 괜찮아. (쥐들에게) 내가 너무 이기적이었어. 다들 배고프지? (쥐들이 열렬하게 반응한다) 좋아. 저녁은 내가 쏠게. 영업시간 끝나고 들어갈 거야. 그냥… (사악하게 웃으면서, 에밀에게) 아빠한테 쥐를 다 데려오라고 해.

---

cool off 진정하다
pint-sized 작은
fit 발작
totter 비틀거리다
pal 친구
fluffy 솜털로 뒤덮인
selfish 이기적인

❶ **Dinner's on me.**
저녁은 내가 쏠게.
~ is on me.는 '~는 내가 낼게'라는 뜻으로 상대방에게 식사 대접 등을 할 때 사용하는 표현이에요. 보통 It's on me. '내가 낼게.'라는 말로 자주 활용하죠. 한편 '각자 내자'라고 할 때는 Let's go Dutch.라고 해 주세요.

Remy's Betrayal

레미의 배신

🎧 24.mp3

INT. LINGUINI'S APARTMENT – NIGHT Linguini returns, **calling out** in the darkened apartment.	실내. 링귀니의 아파트 – 밤 링귀니가 어두운 아파트로 들어오며 레미를 찾는다.
LINGUINI Little Chef…?	**링귀니** 꼬마 요리사…?
He looks in Remy's little sleeping area, finding it EMPTY.	링귀니가 레미의 침실을 살펴보는데, 비어 있다.

바로 이장면!

INT. KITCHEN – AFTER CLOSING Horst **puts** the kitchen **to bed**. He turns the LIGHTS OUT. Beat. A metal GRATE in the floor lifts up, Remy and Django **peek out**.	실내. 주방 – 영업 마감 후 홀스트가 주방을 마지막으로 정리한다. 그는 소등한다. 정적이 흐른다. 바닥에 있는 금속 쇠살대가 올라가고, 레미와 장고가 밖을 엿본다.
DJANGO This is great, son. An **inside job**. (too loudly) I see the **appeal**–!	**장고** 잘했다. 아들. 같은 편이 이런 짓을 꾸밀 줄은 모를 거야. (큰 목소리로) 네가 왜 그랬는지 알겠어!
REMY Shhh!	**레미** 쉬!
An army of RATS- a **crack** FOOD THEFT **UNIT**- pour in after him, **mobilizing effectively** to **raid** the vault as he opens the door, when all of a sudden– LINGUINI RETURNS to the kitchen.	레미가 문을 열자 쥐 부대(음식 탈취 정예 부대)가 그를 따라 쏟아져 들어와서, 효율적으로 이동하며 식품 저장실을 습격한다. 그때 갑자기, 링귀니가 주방으로 들어온다.
LINGUINI Little Chef…? Little Chef?	**링귀니** 꼬마 요리사니…? 꼬마 요리사?
The CLAN RATS instantly **freeze**, camouflaging themselves. It is both amazing and **precarious**, any close look will **betray** the **deception**. Remy steps out, revealing himself to Linguini.	쥐들이 즉각 행동을 멈추고 위장 태세를 취한다. 꽤 훌륭하지만 위태롭기도 하다. 자세히 보면 위장이 탄로 날 수 있다. 레미가 밖으로 나와 링귀니를 상대한다.
LINGUINI Hey, Little Chef. I thought you went back to the apartment. Then when you weren't there, I don't know, it didn't seem right—	**링귀니** 이봐, 꼬마 요리사. 네가 아파트로 돌아간 줄 알았어. 그런데 네가 거기에 없어서, 뭐랄까, 뭔가 잘못된 것 같아서…

call out 크게 부르다
put ~ to bed 마감하다, 끝내다
peek out ~을 엿보다
inside job 내부인이 저지른 범죄
appeal 매력
crack 정예의, 뛰어난
unit 부대, 단체
mobilize 움직이다

effectively 효과적으로
raid 급습하다
freeze 행동을 멈추다
precarious 위태로운
betray 노출시키다
deception 속임, 속임수

131

As Linguini opens up to Remy, we cut to QUICK SHOTS: visual gags of the rat clan hiding in **plain sight**, desperate to avoid discovery. Remy listens, distracted.

LINGUINI (CONT'D) –to leave things the way we did, so…

Linguini is so **absorbed** in his own feelings that he's **utterly** blind to the fact that the food safe door is **ajar**, and that he's caught the rats MID-**HEIST**.

LINGUINI (CONT'D) Look. I don't want to fight. I've been under a lot of, you know, **pressure**. A lot has changed in not very much time, you know? I'm suddenly a Gusteau and I gotta be a Gusteau or people will be disappointed. It's **weird**…

INSIDE THE FOOD SAFE
RATS HIDE; up on the shelves, inside the holes in a **wedge** of SWISS CHEESE, in EGG CARTONS, **submerged** in an open **sack** of COFFEE BEANS, leaving only their tiny NOSES visible. EMILE hides in the center of an ASPARAGUS **BUNCH** held together by a rubber band. His eyes **latch on** to a juicy BUNCH OF GRAPES, which hang literally in front of his face. **Enticed**, he leans forward just enough to get his lips around the end of a single grape, and s-l-o-w-l-y **SUCKS** IT OFF THE **STEM** into his mouth, swallowing it whole. Mmmnn.

LINGUINI (CONT'D) You know, I've never disappointed anyone before, because nobody's ever expected anything of me. And the only reason anyone expects anything from me now is because of you.

REMY listens to Linguini, shamed by his kind words.

LINGUINI I haven't been fair to you. You've never failed me, and I should never forget that.

링귀니가 레미에게 솔직하게 말하는 동안, 쥐들의 익살스러운 장면들이 빠르게 지나간다. 쥐들은 발각되지 않으려고 필사적으로 몸을 숨겼지만, 너무 잘 보이는 곳에 숨었다. 레미가 링귀니의 말을 듣고 있지만 집중할 수가 없다.

링귀니 (계속) 그렇게 헤어진 게 말이야, 그래서…

링귀니는 자기 감정에 너무 도취되어 식품 저장실이 열려 있고 쥐들이 음식을 훔치고 있다는 사실을 알지 못한다.

링귀니 (계속) 이봐. 난 싸우고 싶지 않아. 내가 저기… 스트레스를 많이 받고 있었어. 짧은 시간에 너무 많이 변해서, 알지? 갑자기 구스토 집안사람이 되었고 구스토처럼 되어야 해, 그렇지 않으면 다들 실망할 거야. 정말 이상해…

식품 저장실 안
쥐들이 선반 위, 스위스 치즈 구멍 안, 계란판 안에 숨어 있다. 또한 커피콩이 담긴 부대 자루에 코만 내밀고 숨어 있기도 하다. 에밀은 고무줄로 묶어 놓은 아스파라거스 다발 가운데에 숨어 있다. 그의 얼굴 바로 앞에는 탐스러운 포도송이가 걸려 있다. 포도에 마음이 뺏긴 에밀이 몸을 앞으로 빼서 입술을 포도알갱이 쪽으로 내민다. 그리고 천천히 입으로 빨아 당기면서 포도알갱이를 삼킨다. 음… 맛있군.

링귀니 (계속) 있지, 난 아무도 실망시킨 적이 없어. 아무도 나한테 기대한 게 없기 때문이지. 이제 사람들이 나에게 무언가를 기대하는 이유는 다 너 때문이야.

레미는 링귀니의 칭찬을 듣고 가책을 느낀다.

링귀니 내가 나빴어. 넌 날 실망시킨 적이 없고, 나도 그걸 잊어서는 안 돼.

---

plain sight 잘 보이는 곳
absorbed 몰두하는
utterly 매우
ajar 열려 있는
heist 강도
pressure 압박, 스트레스
weird 이상한
wedge 쐐기 모양

submerge ~ 속에 잠기다
sack 자루
bunch 다발, 묶음
latch on ~에 달라붙다
entice 유인하다
suck 빨아 먹다
stem 줄기

INSIDE THE FOOD SAFE
Emile, now **stuffed** and **lumpy** with grapes, eyes the last REMAINING GRAPE on the stem. Balancing on a CHEESE WHEEL, he **lashes** the asparagus rubber band to the shelf and leans out over the edge, **straining** to reach the lone grape...

LINGUINI You've been a good friend. The most **honorable** friend a guy could ever ask–

The cheese wheel SHIFTS. Emile loses his balance and falls, hits the floor **spread-eagled**. The CHEESE lands on top of him, causing his bellyful of GRAPES to machine gun from his mouth and hit the back of Linguini's neck. He TURNS– sees that the food safe door is OPEN.

LINGUINI What is this? What's going on?

He pulls open the door and flips the light on. The RATS **FLEE– spilling** from the shelves in a squeaking, fur covered WAVE that rushes past Linguini's feet and out the open door.

LINGUINI (to Remy, betrayed) You're stealing food? How could you? I thought you were my friend! I trusted you!

EXT. BACK ENTRANCE – GUSTEAU'S
The door bursts open and a flood of rats **pour out** the rear door into the alley, Linguini behind them **brandishing** a mop.

LINGUINI Get out! You and all your rat buddies! Don't come back! Or I'll **treat** you the way restaurants are supposed to treat **pests**!

Linguini ducks back inside, SLAMMING the door behind him. Remy stares in silence, **devastated** by what he's done. DJANGO and the rest of the RAT CLAN emerges from the shadows, gathering around the group including Remy and Emile.

식품 저장실 안
포도알이 배에 가득한 에밀이 가지에 마지막으로 달린 포도알갱이를 바라본다. 바퀴처럼 커다란 원형 치즈 위에 균형을 잡고 아스파라거스 고무줄을 선반에 묶은 후 가장자리 쪽으로 몸을 쭉 내밀어 마지막 남은 포도알을 잡으려고 애쓰는데…

링귀니 넌 좋은 친구였어. 가장 존경하는 친구…

이때 치즈가 움직이자 에밀이 균형을 잃고 떨어지는데 결국 바닥에 대자로 쫙 뻗어 버린다. 그 후 치즈가 몸 위에 떨어져 배 속에 가득했던 포도알이 입에서 기관총처럼 발사되어 링귀니의 목뒤를 맞춘다. 링귀니가 뒤돌아보니 식품 저장실이 열려 있다.

링귀니 이게 뭐야? 이게 무슨 일이야?

링귀니가 문을 열고 불을 켜자 쥐들이 달아난다. 선반에서 찍찍거리는 털들이 파도처럼 쏟아져 내려와 링귀니의 발을 지나 열린 문으로 황급히 흘러나간다

링귀니 (레미에게, 배신감을 느끼며) 음식을 훔치고 있었니? 어떻게 그럴 수가? 난 네가 친구라고 생각했어! 널 믿었다고!

실외 뒷문 – 구스토 식당
문이 활짝 열리고 쥐떼가 뒷문으로 쏟아져 나오더니 골목으로 사라진다. 링귀니가 그 뒤로 대걸레를 휘두른다.

링귀니 나가! 쥐떼들도 데리고! 다신 오지 마! 또 오면 다른 식당에서 쥐를 잡는 것처럼 똑같이 해줄 거야!

링귀니는 안으로 들어가며 문을 세차게 닫는다. 자기 행동에 크게 상심한 레미는 이를 말없이 바라본다. 장고와 다른 쥐들이 어두운 곳에서 나타나 레미와 에밀 주위에 몰려든다.

---

stuffed 잔뜩 넣은

lumpy 불뚝한

lash 단단히 묶다

strain 안간힘을 쓰다

honorable 훌륭한, 정직한

spread-eagled 대자로 뻗은 자세의

flee 도망가다

spill 쏟아지다

pour out 쏟아져 나오다

brandish 휘두르다

treat 대하다, 취급하다

pest 유해 동물

devastated 충격을 받은

REMY   You're right, Dad. Who am I kidding? We are
              what we are. And we're rats.

Remy turns, **unconsciously** drops to four legs and walks slowly
away, his voice **distant** and sad.

REMY   Well, he'll leave soon... and now you know
              how to get in. Steal all you want.

DJANGO   You're not coming?

REMY   I've lost my **appetite**.

레미 아빠 말이 맞아요. 내가 왜 그랬죠? 주제 파
악을 해야지. 우리는 쥐일 뿐인데.

레미가 천천히 돌아서는데, 이번에는 무의식적으
로 네발로 기어가고 있다. 그의 목소리는 무뚝뚝하
고 슬프게 들린다.

레미 뭐, 그는 곧 떠날 거예요… 이제 어떻게 들
어가는지 아니까. 마음껏 훔쳐요.

장고 넌 안 가니?

레미 입맛이 없네요.

---

unconsciously 무의식적으로
distant 먼, 동떨어진, 쌀쌀한
appetite 식욕

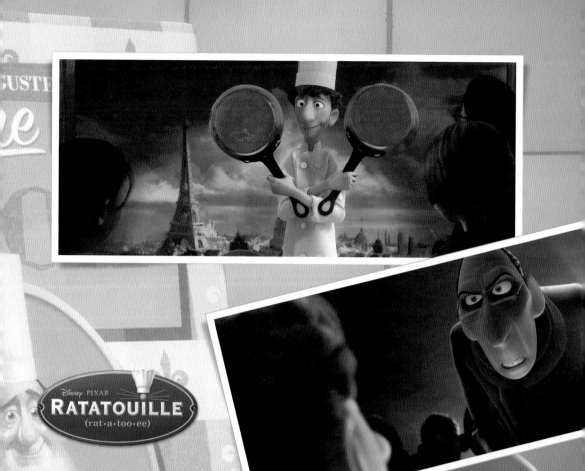

135

Remy's Trapped
레미가 갇히다

🎧 25.mp3

INT. GUSTEAU'S RESTAURANT – NIGHT
Linguini, strangely, is dressed as a WAITER. He **waits on** a **lone** DINER, whose face is hidden behind a menu.

LINGUINI Do you know what you'd like this evening, sir?

The MENU **lowers**, **revealing** EGO. He GRINS, **ravenous**.

EGO Yes; I'd like your heart, roasted on a **spit**–!

Linguini is frozen in fear, his heart **pounding** as Ego's cold chuckle turns into a **ROAR**. He AWAKENS to find the POUNDING is at his office door.

LINGUINI C–come... COME IN!!

The door opens and Colette leans in, speaking **tenderly**–

COLETTE Today's a big day. You should say something to them.

LINGUINI Like what...?

COLETTE You are the boss. Inspire them.

INT. KITCHEN – MINUTES LATER
Linguini places a **step ladder** at the front of the kitchen and stands on the top step. He **clears his throat**.

LINGUINI Attention. Attention, everyone.

The staff **pauses** and turns their attentions to Linguini.

실내. 구스토 식당 – 밤
링귀니가 어색하게 웨이터 복장을 했다. 그는 메뉴 판 뒤로 얼굴을 가린 한 손님을 기다린다.

링귀니 뭘 드실지 결정하셨나요, 손님?

메뉴판이 내려가면서 이고의 얼굴이 나타난다. 그가 탐욕스럽게 웃는다.

이고 그래, 네 심장을 먹고 싶군. 꼬챙이에 꽂아 구워서 말이야…!

링귀니는 두려움에 꼼짝할 수 없다. 이고의 차가운 웃음소리가 큰 고함소리로 바뀌면서 그의 심장은 미친 듯이 뛴다. 그의 사무실 문을 두드리는 소리에 잠에서 깬다.

링귀니 드–들어… 들어 와요!!

문이 열리고 콜레트가 들어와서, 부드럽게 말한다.

콜레트 오늘은 중요한 날이야. 한마디 해 줘.

링귀니 무슨 말…?

콜레트 네가 주방장이잖아. 격려하는 말을 해.

실내. 주방 – 잠시 후
링귀니가 주방 앞에 작은 발판 사다리를 놓고 올라선다. 그가 목청을 가다듬는다.

링귀니 주목. 다들 주목해 주세요.

요리사들이 하던 일을 멈추고 링귀니에게 주목한다.

---

wait on 시중들다, 서빙을 하다
lone 혼자 있는
lower 내려가다
reveal 드러내다, 밝히다
ravenous 탐욕스러운
spit 쇠꼬챙이
pound 두드리다
roar 큰 고함소리

tenderly 상냥하게, 친절하게
step ladder 발판으로 사용하는 사다리
clear one's throat 목을 가다듬다, 헛기침하다
pause 잠시 멈추다

바로 이장면!*

LINGUINI Tonight is a big night. Appetite is coming, and he's going to have a big **ego**. (stops, corrects himself) I mean, Ego. He's coming. The **critic**. And he's going to order something. Something from our menu. And we'll have to cook it, unless he orders something cold.

The COOKS exchange confused **glances**. Colette wilts. This is not the inspiration she had in mind.

EXT. BACK ENTRANCE – GUSTEAU'S – SAME MOMENT
Remy is watching this through the kitchen window. He sighs.

EMILE Just can't leave it alone, can ya'?

Emile is by the trash. Remy HOPS DOWN and walks over to him.

REMY You really shouldn't be here during restaurant hours, it's not safe.

EMILE I'm hungry! And I don't need the inside food to be happy. The key, my friend, is to not be picky. **Observe**...

Emile lifts the corner of a **toppled**-over BOX, **exposing** a chunk of CHEESE. Emile chuckles, reaching for the cheese–

REMY No– WAIT–

Remy pushes Emile out. A **HINGE** DROPS, trapping Remy inside a CAGE. Emile rushes to Remy, **panicked**.

EMILE Oh no! No, no! What do we do?! **I'll go get Dad!**❶

링귀니 오늘 밤은 아주 중요합니다. 식욕이 몰려드는데 자존심이 센 식욕이에요. (잠시 말을 멈추고 실수를 수정하며) 아니, 이고. 그가 온다고요. 요리 평론가 말이에요. 그가 뭔가 주문할 거예요. 메뉴에서 뭔가를 선택하겠죠. 우리는 그걸 지지고 볶아야겠죠. 차가운 음식을 주문하지 않는다면 말이죠.

요리사들이 혼란스러운 표정으로 서로를 바라본다. 콜레트도 맥이 빠진다. 자기가 생각했던 격려의 말과는 거리가 멀다.

실외. 뒷문 – 구스토 식당 – 같은 시각
레미가 주방 창문으로 이 광경을 지켜보며, 한숨을 짓는다.

에밀 그냥 두고 볼 수 없는 거야, 어?

에밀이 쓰레기 옆에 서 있다. 레미가 뛰어내려가 그에게 다가간다.

레미 영업시간에는 여기에 오지 말라니까. 위험해.

에밀 배고파! 행복하기 위해서 저 안에 음식이 필요한 건 아니야. 중요한 건 말야. 입맛이 까탈스럽지 않아야 한다는 거야. 잘 봐…

에밀이 다 쓰러져가는 상자의 모퉁이를 들어 올리자 치즈 조각이 보인다. 킥킥 웃으면서 에밀은 치즈를 향해 가는데…

레미 안 돼 – 기다려…

레미가 에밀을 밀어내고, 경첩이 내려와 레미가 쥐덫 안에 갇힌다. 에밀이 매우 당황하며 레미에게 달려간다.

에밀 오 이런! 안 돼, 안 돼! 이제 어쩌지? 아빠를 데려올게!

---

ego 자존심
critic 비평가
glance 흘깃 봄
observe 지켜보다
topple 쓰러뜨리다
expose 드러내다, 보이다
hinge 경첩
panicked 놀란

❶ **I'll go get Dad!**
아빠를 데려올게!
go get ~은 '가서 ~를 데려오다'라는 뜻이에요. 'go + 동사'는 회화에서 자주 쓰는 표현으로 '가서 ~를 하다'라는 의미예요. go tell (가서 말하다), go fix (가서 ~를 고치다)와 같이 응용해서 쓸 수 있어요.

A SHADOW looms over them. Emile quickly hides. SKINNER picks up the trap/cage, **grinning ear to ear**.

그림자가 이들 위에 드리워진다. 에밀은 황급히 숨는다. 스키너가 쥐덫 우리를 집어 드는데 함박웃음을 짓고 있다.

SKINNER   You might think you are a chef, but you are still... only a rat.

스키너   네가 요리사라고 생각하나 본데, 하지만 넌 그냥… 쥐일 뿐이야.

INT. KITCHEN – SAME TIME
The cooks are sitting now, bored out of their minds. Linguini is still talking.

실내. 주방 – 같은 시각
요리사들은 따분한 모습으로 앉아 있다. 링귀니는 아직도 일장 연설을 하고 있다.

LINGUINI   (CONT'D) Sure, he **took away** a star last time he reviewed this place. Sure, it probably killed Gust– Dad.

링귀니   (계속) 그래요, 이고가 마지막으로 이곳의 평론을 써서 별이 하나 날아갔어요. 그래서, 그것 때문에 아마도 구스, 아니 아버지가 돌아가셨죠.

LALO   (softly to himself) Oh, this is very bad **juju** right here.

랄로   (조용히 혼잣말로) 오, 불길하게 그런 말을 하다니.

LINGUINI   (CONT'D) But I'll tell you one thing–

링귀니   (계속) 한 가지 말씀드리고 싶은 건…

Mustafa **bursts through** the dining room door, interrupting–

무스타파가 식당으로 향하는 문을 박차고 들어와 링귀니의 말을 끊는다.

MUSTAFA   Ego is here.

무스타파   이고가 왔어.

CHEFS   Ego? He is here?

요리사들   이고가? 그가 왔다고?

The air is suddenly sucked from the room. The cooks stand **alert**, frightened. Sensing what is needed, Colette **steps up**.

갑자기 주방에 긴장감이 돈다. 요리사들이 정신을 차리는데, 겁먹은 표정이다. 지금 필요한 것이 무엇인지를 감지한 콜레트가 나선다.

COLETTE   Anton Ego is just another customer. Let's cook!

콜레트   안톤 이고도 손님일 뿐이에요. 시작해요!

An **intent** look sweeps the faces of the staff. With a burst of **grunts**, cries and hand claps they return to work.

요리사들의 얼굴에 흥분이 감돈다. 화이팅을 외치는 소리, 박수 소리와 함께 그들이 일을 시작한다.

LINGUINI   (a bit too late) Yeah–! Let's– okay...

링귀니   (타이밍을 놓치고) 그래…! 같이… 좋아…

EXT. STREET NEAR GUSTEAU'S – MOMENTS LATER
Remy's cage is set down inside the trunk of SKINNER'S CAR. Remy looks up at Skinner.

실외. 구스토 식당 근처 거리 – 잠시 후
레미가 갇힌 우리가 스키너의 차 트렁크로 들어간다. 레미가 스키너를 바라본다.

---

grin ear to ear 활짝 웃다
take away 제거하다, 줄이다
juju 부적, 액막이
burst through 박차고 들어오다
alert 경계하는, 정신이 초롱초롱한
step up 나서다
intent 흥미로운
grunt 끙 앓는 소리

<u>**SKINNER**</u> So! I have in mind a simple **arrangement**; you will **create** for me a new **line** of Chef Skinner frozen foods, and I, **in return**, will not kill you.

스키너 그러니깐! 간단한 제안을 하지. 새로운 스키너 냉동식품을 개발해 줘. 그러면, 그 대가로 널 살려 주지.

Remy **STARTLES**, looks **aghast**. Laughing, Skinner **SLAMS SHUT** the trunk and EXITS toward the restaurant. Nearby, EMILE watches cautiously.

레미가 놀라며 경악한 모습이다. 스키너는 웃으며 트렁크를 닫고 식당으로 들어간다. 에밀이 근처에서 이를 조심스럽게 바라본다.

<u>**SKINNER**</u> **Au revoir**, rat!

스키너 안녕, 쥐새끼!

---

arrangement 협의
create 창조(창작)하다
line (상품의) 종류
in return 대신에, 답례로
startle 놀라다
aghast 겁에 질린, 경악한
slam shut 쾅 닫다
Au revoir [프랑스어] 안녕, 또 봐

Django Saves Remy

장고, 레미를 구하다

🎧 26.mp3

INT. DINING AREA
Mustafa **draws** a deep breath, **gathering** enough courage to **approach** Ego's table.

MUSTAFA Do you know what you would like this evening, sir?

실내. 식당
무스타파가 크게 심호흡하고 용기를 내서 이고의 테이블로 다가간다.

무스타파 뭐 드실지 결정하셨나요, 손님?

*바로 이장면!**

Ego lifts his **dead-eyed** gaze to Mustafa.

EGO Yes, I think I do. After reading a lot of **overheated puffery** about your new cook, you know what I'm **craving**? A little **perspective**.

Ego SNAPS his menu shut and hands it to Mustafa.

EGO That's it. I'd like some fresh, clear, well-**seasoned** perspective. Can you suggest a good wine to go with that?

MUSTAFA (**baffled**) With what, sir?

EGO Perspective. **Fresh out**, I take it?

MUSTAFA I'm…

EGO Very well. Since you're all out of perspective and no one else seems to have it in this **bloody** town, I'll make you a deal. You provide the food, I'll provide the perspective. Which would go nicely with a bottle of Cheval Blanc 1947.

이고가 서늘한 눈빛으로 무스타파를 올려다본다.

이고 그래요. 결정한 것 같군요. 새로운 주방장을 과대 칭찬하는 글을 읽고, 내가 먹고 싶은 게 뭔지 아시오? 바로 "새로운 시각"이요.

이고가 메뉴판을 탁 접고 무스타파에게 건네준다.

이고 그겁니다. 신선하고, 양념이 잘된 "새로운 시각"을 주문하죠. 그리고 어울릴만한 와인을 추천해 주겠소?

무스타파 (당황해서) 무엇이요, 손님?

이고 "새로운 시각". 다 떨어졌나요?

무스타파 저…

이고 좋소. "새로운 시각"이 다 떨어졌고 이 망할 동네에는 아무도 그게 없는 것 같으니 이렇게 합시다. 음식을 가져오면 내가 "새로운 시각"을 보여주겠소. 1947년산 세발 블랑 와인과 잘 어울릴 거요.

---

draw 흡입하다
gather 모으다
approach 접근하다
dead-eyed 감정이 없어 보이는(공허한) 눈빛
overheated 과열된
puffery 과장된 칭찬
crave 먹고 싶다
perspective 관점, 시각

seasoned 양념한
baffled 당황한
fresh out 막 다 떨어진
bloody 빌어먹을

MUSTAFA Uhm... I'm afraid I... your dinner selection...?

Ego **jumps to his feet**, suddenly eye to eye with Mustafa.

EGO Tell your "Chef Linguini" that I want whatever he **dares** to serve me. **Tell him to hit me with his best shot.**❶

Mustafa **scurries off**. Seated at a nearby table (and **disguised** in a trenchcoat, sunglasses and beret), SKINNER speaks to his waiter–

SKINNER (deep voice) I will have whatever he is having.

무스타파	으음… 죄송하지만 제가… 어떤 저녁 메뉴인지…?

이고가 벌떡 일어나. 갑자기 무스타파의 눈을 노려 본다.

이고	당신의 "주방장 링귀니"에게 어떤 요리든 내게 가져오라고 해요. 그가 가장 잘 할 수 있는 요리로 말이오.

무스타파가 황급히 자리를 뜬다. 근처 테이블에 앉 아 있는 (트렌치코트에 선글라스와 베레모를 쓰고 변장한) 스키너가 담당 웨이터에게 말한다.

스키너	(나지막이) 지 사람이 먹는 거로 하겠소.

INT. SKINNER'S CAR TRUNK
Remy sits in the corner of his cage, alone and **defeated**. The GUSTEAU SPRITE appears. He studies Remy, speaking quietly.

GUSTEAU So... we have given up.

REMY Why do you say that?

GUSTEAU (looks around, shrugs) We are in a cage. Inside a car trunk. Awaiting a future in frozen food products.

REMY No, I'm the one in a cage. I've given up. You... are free.

GUSTEAU I am only as free as you imagine me to be. As you are.

REMY Oh, please. **I'm sick of pretending.**❷ I pretend to be a rat for my father. I pretend to be a human through Linguini. I pretend you exist so I have someone to talk to! You only tell me stuff I already know! I know who I am! Why do I need you to tell me? Why do I need to pretend?

실내. 스키너의 차 트렁크
레미가 우리의 구석에 앉아 있는데, 외롭고 풀이 죽은 모습이다. 구스토 요정이 나타나 레미를 물끄 러미 바라보며 조용히 말한다.

구스토	그럼… 우린 이제 끝났네.
레미	어째서요?
구스토	(주변을 둘러보며 어깨를 으쓱한다) 우리 안에 있잖아. 차 트렁크 안에. 머지않아 냉동식품 출시를 기다리며.
레미	아니에요. 갇힌 건 나라고요. 내가 끝난 거 죠. 당신은… 자유잖아요.
구스토	난 네 상상으로만 자유로울 수 있어. 너도 그럴 수 있어.
레미	오, 제발요. 이제 척하는 건 지겨워요. 아빠 를 위해서 쥐 행세를 하고 링귀니를 통해서 인간 인 척하죠. 얘기할 사람이 필요해서 당신이 있는 척하는 거예요! 당신은 내가 이미 아는 것만 말하 잖아요! 난 내가 누구인지 알아요! 왜 내가 당신 말 을 들어야 하죠? 왜 내가 척하는 거죠?

jump to one's feet 갑자기 일어나다
dare to 감히 ~하다
scurry off 황급히 이동하다
disguise 변장을 시키다
defeated 낙담한
be sick of ~가 실증 나다
pretend to ~인 척하다

❶ **Tell him to hit me with his best shot.** 그가 가장 잘 할 수 있는 요리로 말이오.
〈hit + 사람 + with one's best shot〉은 '자신이 가지고 있는 최고의 것으로 ~를 공략하다'라는 뜻이에요.

❷ **I'm sick of pretending.**
이제 척하는 건 지겨워요.
I'm sick of ~는 '~하는 게 정말 싫어', '~하는 데 신물이 나요'라는 뜻으로 어떤 행동을 더 이상 하지 못하겠다고 울분을 토하며 하는 말이에요.

Gusteau smiles with **affection** and **relief**.

GUSTEAU But you don't, Remy...

He floats to Remy, puts his hands **squarely** on the rat's shoulders.

GUSTEAU (CONT'D) ...you never did.

And with that, Gusteau... FADES AWAY. A loud **THUNK** as something hits the street **pavement** outside.

EXT. CATHEDRAL ACROSS FROM GUSTEAU'S – DUSK
A STONE **GARGOYLE** has just missed the trunk of Skinner's car and **SHATTERED** on the pavement. DJANGO, clearly annoyed, calls to GIT the **musclebound** lab rat, who's **perched** on the one gargoyle-less **balustrade** above.

DJANGO No. My OTHER left!

Git grunts, moves to the next gargoyle and PUSHES–

INT. SKINNER'S CAR TRUNK
Remy, alert and excited now, calls out.

REMY Dad? Dad, I'm in here! I'm inside the trunk! What the...

WHAM! –the top of the trunk suddenly **CAVES IN** from the second GARGOYLE's **impact**. Light **streams in** as EMILE appears.

REMY Dad!

EMILE Hey, little brother!

REMY Emile!

구스토가 다정하게 미소를 짓는다.

구스토 하지만 그럴 필요 없어, 레미…

구스토가 레미에게 다가가 그의 어깨에 손을 올린다.

구스토 (계속) …넌 예전에도 안 그랬으니까.

그 말을 하고, 구스토는… 희미하게 사라진다. 밖에서 무언가가 인도를 쿵 때리는 소리가 크게 들린다.

실외. 구스토 식당 맞은 편 성당 – 해 질 녘
괴물 석상이 위에서 떨어져 스키너의 차를 빗맞고 인도 위에 부서진다. 화가 난 장고가 근육질 몸의 실험실 쥐인 짓에게 소리치는데, 짓은 방금 괴물 석상이 있었던 난간에 앉아 있다.

장고 아니야, 내 왼쪽으로!

짓이 투덜대며 다른 석상으로 이동하더니 돌을 밀어낸다.

실내. 스키너의 차 트렁크
레미가 정신을 차리고 이제 흥분해서 외친다.

레미 아빠? 아빠, 저 여기에 있어요! 트렁크 안이에요! 이게 무슨…

쿵! 두 번째 석상이 떨어져 트렁크 위가 찌그러진다. 트렁크 안으로 빛이 들어오고 에밀의 모습이 보인다.

레미 아빠!

에밀 어이, 동생!

레미 에밀!

---

affection 애정
relief 안도, 안심
squarely 곧바로
thunk 쿵 하는 소리
pavement 인도
gargoyle 괴물 석상
shatter 부서지다
musclebound 근육질의

perch 앉아 있다
balustrade 난간
wham 쿵 하는 소리
cave in 함몰하다, 찌그러지다
impact 충격
stream in 흘러 들어오다

Django joins Emile as he grabs the cage **latch** from the outside. Straining with all their **might**, the three rats **pop** it **open**. Remy jumps out, gives Django and Emile quick hugs–

에밀이 밖에서 쥐덫 잠금장치를 붙잡고, 장고도 합류한다. 온 힘을 다해 세 쥐가 덫을 연다. 레미가 뛰어나와 장고와 에밀을 급히 껴안고…

REMY   I love you guys.

레미   다들 사랑해요.

-then **scrambles** out the trunk and takes off toward GUSTEAU'S.

그리고 트렁크에서 나와 구스토 식당으로 달려간다.

DJANGO   Where are you going??

장고   어디 가니??

REMY   (calling back) Back to the restaurant! They'll fail without me!

레미   (크게 대답하며) 식당으로 돌아가요! 내가 없으면 안 돼요!

DJANGO   WHY DO YOU CARE??

장고   네가 왜 신경 쓰는데??

REMY   BECAUSE I'M A COOK!!

레미   왜냐하면 전 요리사니까요!!

---

latch 걸쇠, 자물쇠
might 힘, 에너지
pop ~ open 힘차게 열다
scramble 재빨리 움직이다

The Real Cook
진짜 요리사

🎧 27.mp3

INT. KITCHEN
CHAOS. **Tempers** are **flaring**, orders are piling up and the kitchen is **dissolving** under Linguini's leadership. Holding a pan filled with grey **glop**, Horst **confronts** Linguini.

실내. 주방
주방은 혼란 그 자체이다. 모두 화가 나 있고 주문은 쌓여 가는데 링귀니 이끄는 주방은 외면되기 일보 직전이다. 질편한 회색 소스가 담긴 냄비를 들고 홀스트가 링귀니에게 따진다.

HORST	It's your recipe! How can you not know your own recipe?	**홀스트** 네 레시피잖아! 어떻게 본인 레시피를 모를 수 있어?
LINGUINI	I didn't write it down, it just– came to me!	**링귀니** 적어 놓지 않았어요. 즉석에서… 떠오른 거라!
HORST	Then make it come to you again, ja? Because we can't serve this!!	**홀스트** 그럼 다시 떠올려 봐, 어? 이렇게는 못 나가니깐!
MUSTAFA	Where's my order??	**무스타파** 주문한 거 멀었어??
LINGUINI	Can't we serve them something else? Something I didn't invent?	**링귀니** 다른 거 나가면 안 될까요? 내가 안 만들었던 걸로?
LAROUSSE	This is what they're ordering!!	**라루스** 손님들이 주문한 건 이거라고!!
LINGUINI	Make them order something else!! Tell them we're all out!	**링귀니** 다른 걸 주문하게 해요!! 재료가 다 떨어졌다고!
POMPIDOU	We can't be all out, we just opened-	**퐁피두** 다 떨어질 수가 없지. 방금 오픈했는데…
LAROUSSE	I have another idea; **what if we served them what they order??**❶	**라루스** 좋은 생각이 났어. 그들이 주문한 걸 만드는 건 어때??
COLETTE	We will make it. Just tell us what you did!	**콜레트** 우리가 만들 거야. 네가 어떻게 만들었는지 말만 해!
LINGUINI	I don't know what I did!	**링귀니** 어떻게 했는지 모르겠다고!

---

temper 성질, 울화통
flare 타오르다
dissolve 사라지다, 용해되다
glop 질척이는 음식
confront 부딪치다
be out 다 떨어지다

❶ **What if we served them what they order?**
그들이 주문한 걸 만드는 건 어때?
What if ~?는 '~하면 어떻게 하지?'라는 뜻으로 일어나지 않은 일을 상상하거나 염려할 때 자주 쓰는 표현이에요. 하지만 이 대사에서는 '~하는 게 어떨까?'라는 뜻으로 무언가를 제안하는 표현으로 사용되었답니다.

HORST   We need to tell the **customers** something!

홀스트 손님들에게 뭐라도 얘기해야 돼!

LINGUINI   (hysteria building) Then tell them– tell them– AUGH!!

링귀니 (매우 흥분해서) 그럼 그들에게 말해요… 그들에게… 아악!!

Linguini runs into his office and slams the door closed.

자기 사무실로 도망가는 링귀니. 문을 쾅 하고 닫는다.

LAROUSSE   (beat, to Lalo) "Augh"...?

라루스 (정적, 랄로에게) "아악"…?

EXT. BACK ENTRANCE – GUSTEAU'S
Django and Emile rush to stop Remy as he **heads toward** the kitchen door–

실외. 뒷문 – 구스토 식당
장고와 에밀이 주방 문을 향해 뛰어가는 레미를 황급히 멈춰 세운다.

DJANGO   Don't do it. Remy!

장고 그러지 마, 레미!

EMILE   Don't! Stop! They'll see you! STOP!

에밀 그만해! 멈춰! 들킨다고! 들어가지 마!

–but Remy pushes them away long enough to get inside the doorway, **exposing** himself to two COOKS. The other rats HIDE.

하지만 레미는 그들을 밀치고 안으로 들어가는데, 두 명의 요리사에게 발각된다. 다른 쥐들은 숨는다.

HORST   We are not talking about me! We're talking about what to do right–!

홀스트 문제는 내가 아니야! 지금 당장 어떻게 해야 하는지 얘기해야…!

Horst suddenly FREEZES– his gaze **fixed** on the back entrance. There, **smack dab** in the middle of the doorway, stands REMY.

홀스트가 갑자기 말을 멈추고 뒷문 입구를 바라보는데, 한가운데 레미가 서 있다.

COLETTE   RAAAAT!!

콜레트 쥐다!!

DJANGO   Remy!

장고 레미!

HORST   Get my knife!

홀스트 내 칼 가져와!

Instantly the other COOKS **seize** dangerous utensils and **CHARGE at** Remy. But REMY DOESN'T MOVE. Suddenly, a voice SHOUTS–

단번에 다른 요리사들이 살벌한 요리 기구를 집어 들고 레미에게 달려든다. 그러나 레미는 도망가지 않는다. 갑자기 큰 목소리가 들린다…

LINGUINI   DON'T TOUCH HIM!!

링귀니 건드리지 마!!

---

customer 손님
hysteria 신경질
build 점점 커지다
head toward ~을 향해 가다
expose 드러내다
fix 고정하다
smack dab 정면으로
instantly 즉시

seize 꽉 잡다, 움켜잡다
charge at ~에게 달려들다

Miraculously, everyone STOPS, their weapons raised, their gaze **shifting** to LINGUINI, who **rushes** in front of the group.

기적처럼 모두 행동을 멈춘다. 무기를 들고 눈은 링귀니를 쳐다보는데, 링귀니는 그들 앞으로 달려 간다.

LINGUINI (to Remy) Thanks for coming back, Little Chef.

링귀니 (레미에게) 돌아와 줘서 고마워, 꼬마 요 리사.

LINGUINI I know this sounds insane. But well, the truth sounds **insane** sometimes, but that doesn't mean it's not... the truth.

링귀니 미친 것처럼 들리는 것 알아요. 하지만, 진실은 가끔 미친 소리처럼 들리긴 하죠. 그렇다고 진실이… 아닌 건 아니에요.

The COOKS exchange confused **glances**.

요리사들은 영문을 몰라 서로를 바라본다.

LINGUINI And the truth is, I have no **talent** at all. But this rat... he's the one behind these recipes. He's the cook. The real cook.

링귀니 사실은, 난 요리에 재능이 전혀 없어요. 하지만 이 쥐가… 그 레시피들을 만든 장본인이에 요. 얘가 요리사예요. 진짜 요리사.

Linguini lifts Remy up to his head to **demonstrate**. The COOKS watch in **amazement**.

링귀니가 레미를 자기 머리 위로 올리고 설명한다. 요리사들은 놀라서 쳐다본다.

LINGUINI He's been hiding under my toque.

링귀니 내 모자 밑에 숨어 있었던 거예요.

LINGUINI (CONT'D) –he's been controlling my actions.

링귀니 (계속) …그리고 내 행동을 조종하고 있었 어요.

Remy gives Linguini's hair a few tugs to demonstrate, Linguini's **limbs** move **correspondingly**. The other cooks react; this strange and **familiar** action of Linguini's is suddenly stranger than ever.

레미가 시범으로 링귀니의 머리를 잡아당기자 링 귀니의 팔이 반응하며 움직인다. 다른 요리사들에 게 링귀니의 이런 이상하면서도 익숙한 행동은 너 무 낯설다.

LINGUINI He's the reason I can cook the food that's exciting everyone. The reason Ego is outside that door. You've been **giving** me **credit** for his gift. I know it's a hard thing to believe, but hey– you believed I could cook, right?

링귀니 얘 때문에 사람들이 좋아하는 요리를 할 수 있는 거고, 이고가 저 문 밖에서 기다리고 있는 거예요. 얘 재능 덕분에 여러분들이 나를 믿어 주 었던 거예요. 믿기 힘들다는 거 알지만, 봐요, 당신 들도 내가 요리할 수 있다고 믿었잖아요, 그렇죠?

Linguini laughs. The cooks stare. He looks at them, **earnest**.

링귀니가 웃는다. 요리사들은 그를 바라보고 있는 데 링귀니도 진지한 표정으로 그들을 바라본다.

---

shift 바뀌다

rush 달려들다

insane 미친

glance 눈빛

talent 재능

demonstrate 설명하다

amazement 놀라움

limb 팔

correspondingly 상응하여

familiar 익숙한

give ~ credit ~를 믿다

earnest 진심인

LINGUINI Look. This works. It's crazy, but it works. We can be the greatest restaurant in Paris. And this rat, this brilliant Little Chef can lead us there. What do you say? You with me?

링귀니 봐요. 가능해요. 미친 짓 같지만, 가능하다니까요. 우리는 파리 최고의 식당이 될 수 있어요. 이 쥐가, 이 천재 꼬마 요리사가 그렇게 만들어 줄 거예요. 이때요? 함께해 보시겠어요?

For a moment no one moves. Then HORST, **tears welling up** in his eyes, crosses to a **grateful**, moved Linguini and hands him his apron... EXITING silently out the back door. Linguini watches– **stunned**– as, one by one, the rest of the STAFF exits with him, leaving only COLETTE. Colette locks eyes with Linguini, both anger and tears welling up. Her hand comes up to slap him but doesn't. Her hand just **trembles**, and finally drops to her side. She pushes past Linguini and out the door. Linguini looks out at Dining room: Ego WAITS, **drumming** his fingers. Soon the customers will get **restless**. Linguini exchanges a sad look with Remy, shrinks into his office, closes the door behind him.

잠깐 아무도 움직이지 않는다. 눈에 눈물이 맺힌 홀스트가 고마움과 감동을 느끼고 있는 링귀니에게 다가가더니 그에게 앞치마를 건네주고… 뒷문으로 조용히 나간다. 놀란 표정으로 이를 바라보는 링귀니. 요리사들이 하나둘 자리를 뜨고 결국 콜레트 혼자 남는다. 콜레트는 링귀니를 가만히 바라본다. 화나고 눈물이 차오른다. 뺨을 때리려고 손을 올리지만 그럴 수가 없다. 떨리는 손을 옆으로 떨어뜨린다. 링귀니를 밀치고 문 밖으로 나간다. 링귀니가 식당을 바라본다. 이고가 지루한 듯 테이블 위에 손가락을 튕기고 있다. 곧 손님들이 기다리지 못하고 안달할 것이다. 링귀니는 슬픈 표정으로 레미를 바라보고 자기 사무실로 들어가 문을 닫는다.

EXT. PARIS STREETS – MOVING WITH COLETTE – NIGHT
COLETTE **speeds** her motorcycle **recklessly** through the streets, crying. A car **horn** BLASTS. She **STARTLES**, hits the brakes and **skids** TO A STOP, nearly running the red light. She exhales, her heart racing **at the close call**. She looks up. A familiar COOKBOOK **beckons** from the display window of a used bookstore: Gusteau's "ANYONE CAN COOK". Colette **stares at** it, feeling a **pang** of emotion. Behind her the traffic light TURNS green. The traffic on either side of her begins to go. Colette sits atop her motorcycle– **motionless**.

실외. 파리의 거리 – 콜레트의 이동 장면 – 밤
콜레트가 오토바이를 타고 거리를 빠르게 질주한다. 울고 있다. 자동차 경적이 크게 울리자 콜레트가 깜짝 놀라 브레이크를 잡고 미끄러지듯 멈춘다. 거의 빨간 불을 지나칠 뻔했다. 콜레트가 숨을 크게 내쉰다. 간신히 사고를 피하고 심장이 요동친다. 콜레트가 고개를 드는데 중고 서점의 진열창에서 친숙한 요리책이 눈에 들어온다. 구스토의 "누구나 요리할 수 있다"이다. 책을 응시하는 콜레트는 양심의 가책을 느낀다. 그녀 뒤로 신호등이 파란불로 바뀐다. 콜레트 옆으로 차들이 움직인다. 그러나 그녀는 움직이지 않고 오토바이에 계속 앉아 있다.

---

tears well up 눈물이 고이다

grateful 감사하는

stunned 놀란

tremble 떨리다

drum 두드리다

restless 안절부절못하는

speed 빠른 속도로 가다

recklessly 무모하게

horn 경적 소리

startle 놀라다

skid 미끄러지다

at the close call 구사일생으로

beckon 매력적으로 보이다

stare at ~를 바라보다

pang 정신적인 고통, 가책

motionless 움직이지 않는

The Rats Are Cooking
쥐들이 요리하다

🎧 28.mp3

바로 이장면!*

RESUME GUSTEAU'S KITCHEN
Alone in the empty kitchen, Remy faces the dining room door, feeling Ego on the other side, waiting. Remy slowly turns away... then realizes that DJANGO is also there.

구스토 식당 주방 장면 계속
빈 주방에 혼자 있는 레미, 식당 문 앞에 서 있는데 맞은 편에서 이고가 기다리고 있는 것을 알고 있다. 레미가 천천히 뒤돌아보는데… 거기에 장고가 서 있다.

REMY Dad–! (he goes to Django) Dad, I– I don't know what to say.

레미 아빠..! (장고에게 다가가서) 아빠, 제… 제가 드릴 말씀이 없네요.

DJANGO I was wrong about your friend. And about you.

장고 네 친구를 오해했구나. 그리고 너도.

REMY I don't want you to think I'm choosing this over family. I can't choose between two halves of myself.

레미 가족을 버리고 이걸 선택한 건 아니에요. 두 가지 중에 하나만 선택할 수 없어요.

DJANGO I'm not talking about cooking. I'm talking about guts. This really means that much to you?

장고 요리 얘기가 아니야. 용기 얘기지. 이게 너한테 정말 중요한 거니?

Almost **apologetically**, Remy NODS. Django sighs, then lets out a loud **whistle**. The RAT CLAN emerges from the shadows, quickly surrounding them.

미안한 마음에 레미가 고개를 끄덕인다. 장고가 한숨을 쉬더니 휘파람을 크게 불어 쥐들에게 신호를 보낸다. 쥐들이 어두운 곳에서 나타나 그들을 둘러싼다.

DJANGO We're not cooks, but we are family. **You tell us what to do, and we'll get it done.**❶

장고 우리는 요리를 못하지만 가족이잖아. 뭐든지 시켜, 확실히 끝내주마.

A DOOR **CREAK** turns the rats' attention to the back door where– THE HEALTH INSPECTOR has just entered. His **eyes bug** at the **surreal** sight: the KITCHEN IS FILLED WITH RATS. Slowly, he **backs** toward the EXIT... and **BOLTS**!

문이 열리는 소리가 나자 쥐들이 돌아보는데… 보건부 검사관이 막 들어왔다. 주방에 쥐들이 가득한 기상천외한 광경을 보고 그의 눈이 커진다. 검사관은 천천히 출구를 향해 뒷걸음치다가… 얼른 줄행랑친다!

---

apologetically 미안한 듯
whistle 휘파람을 불다
creak 삐걱거림
eyes bug 눈이 튀어나오다, 눈이 커지다
surreal 비현실적인
back 뒤로 물러서다
bolt (놀라서) 갑자기 달아나다

❶ **You tell us what to do, and we'll get it done.**
뭐든지 시켜, 확실히 끝내주마.
get it done은 '완수하다', '끝내다'라는 뜻이에요. 이때 done은 finished처럼 '완전히 끝난', '완성된'이란 의미가 담겨 있어요.

REMY   STOP THAT HEALTH **INSPECTOR!**

Immediately DJANGO leads half the RAT CLAN after the inspector, yelling as he exits out the door.

DJANGO   DELTA TEAM GO. GO. GO. GO! THE REST OF YOU STAY AND HELP REMY!

레미 저 검사관을 잡아!

곧바로 장고가 쥐떼 중 반 정도를 데리고 검사관을 따라간다. 문을 나가면서 크게 소리친다.

장고 델타 팀 이동해! 가. 가. 가. 개 나머지는 남아서 레미를 도와!

EXT. ALLEY BEHIND GUSTEAU'S – INSIDE INSPECTOR'S CAR
The inspector **JAMS** his keys into the **ignition** and turns. The ENGINE won't **turn over**. He glances at the rearview mirror and sees: a **ground-level STAMPEDE** OF RATS moving out from the kitchen TOWARD HIM. The RATS **engulf** the car, covering it like a blanket. The ENGINE comes to life. Tires SQUEAL, smoking as the car roars from the alley **in reverse** and into the street, the rats covering it like a grey **moss**–

실외. 구스토 식당 뒷골목 – 검사관의 차 안
검사관이 키를 꽂고 시동을 건다. 그러나 시동이 걸리지 않는다. 백미러를 바라보니 쥐들이 주방에서 우르르 몰려나와 그를 향해 달려오고 있다. 쥐들이 담요를 덮은 것처럼 차를 완전히 에워싼다. 마침내 시동이 걸리고 타이어가 미끄러지며 연기가 올라온다. 후진으로 골목을 빠르게 질주하는 자동차가 거리로 진입한다. 쥐들이 아직도 회색 이끼가 낀 것처럼 차를 뒤덮고 있다.

INT. KITCHEN – SAME TIME
The **dishwasher** opens with a WHOOSH of steam: DOZENS OF RATS EMERGE, their fur clean and fluffy. They **disperse** with **SWAT team precision** as Remy barks orders.

실내. 주방 – 같은 시각
'쏴'하는 수증기 소리와 함께 식기 세척기가 열린다. 수십 마리의 쥐들이 나오는데 털이 깨끗하고 뽀송뽀송하다. 레미가 명령을 내리자 특수 기동대처럼 신속하게 이동한다.

REMY   TEAM THREE WILL BE HANDLING FISH, TEAM FOUR: ROASTED ITEMS, TEAM FIVE: GRILL, TEAM SIX: SAUCES! GET TO YOUR STATIONS! LET'S GO, GO, GO!

REMY   Those **handling** food will walk on two legs.

레미 3팀은 생선 손질. 4팀은 오븐 요리. 5팀은 구이. 6팀은 소스! 각자 위치로! 서둘러!

Linguini emerges from his office and is astonished by the sight. Remy and the rats see him and suddenly PAUSE. Linguini walks up to Remy, suddenly filled with purpose.

레미 음식 손질하는 쥐들은 두 발로 걸어.

링귀니가 사무실에서 나와서 이 광경을 보고 매우 놀란다. 레미와 쥐들이 그를 보고 행동을 멈춘다. 링귀니가 레미에게 다가가고, 갑자기 자기가 할 일이 떠올랐다.

LINGUINI We need someone to wait tables.

Remy NODS.

링귀니 서빙할 사람이 있어야지.

레미가 고개를 끄덕인다.

---

inspector 감시관
jam 밀어 넣다
ignition 점화 장치
turn over 돌아가다
ground-level 바닥
stampede 우르르 몰림
engulf 완전히 에워싸다
in reverse 후진으로

moss 이끼
dishwasher 식기 세척기
disperse 해산하다
SWAT team 특수 기동대
precision 정확, 정밀함
handle 다루다

INT. DINING AREA
Linguini, wearing the blades and a WAITERS OUTFIT, **explodes through** the double doors and sweeps into the dining room, distributing MENUS to the diners with **economical** precision, followed miraculously by DRINKS, BREAD, WATER. He arrives at Skinner's table to refill his water.

실내. 식당
롤러스케이트를 신고 웨이터 복장을 한 링귀니가 양문을 힘차게 열어젖히면서 식당으로 잽싸게 미끄러지듯 들어온다. 메뉴판을 손님들에게 신속하게 나눠 준 뒤 음료와 빵, 물을 현란하게 서빙한다. 링귀니가 스키너의 테이블로 와서 물을 리필해 준다.

LINGUINI I'm sorry for any delay, but we're a little short tonight.

링귀니 늦어서 죄송합니다. 오늘 밤은 일손이 부족해서요.

SKINNER Please. Take all the time you need.

스키너 얼마든지. 천천히 해요.

INT. KITCHEN
The kitchen is **going like blazes**; RATS are sauteing, spicing, grilling, **cooking up a storm**. Remy is miraculously handling it.

실내. 주방
주방은 신속하게 잘 돌아간다. 쥐들이 볶기, 양념, 굽기 등을 담당하며 한꺼번에 많은 양을 요리하고 있다. 레미는 일을 완벽하게 수행하고 있다.

REMY Make sure that steak is nice and **tenderized**. Work it. **Stick and move.**[1] Stick and move. Easy with that sole meuniere. Less salt. More butter. Only use the mimolette cheese. Whoa! Compose the salad like you were painting a picture. Not too much vinaigrette on that salade composee. Don't let that beurre blanc separate. Keep whisking. Gently **poach** the scallops. Taste check. Spoon down. Good. Too much salt. Good. Don't boil the consommé, it'll toughen the **pheasant**.

레미 고기는 부드럽게. 그렇지. 치고 빠져. 치고 빠져. 생선은 살살 다뤄. 소금은 적게. 버터 더 넣어. 미몰레뜨 치즈만 쓰도록. 웬 샐러드는 그림을 그리듯 만들어야 해. 모든 샐러드에는 식초를 너무 많이 넣지 마. 뵈르 블랑 소스가 분리되면 안 돼. 계속 저어. 가리비는 살짝만 데쳐. 맛을 볼 거야. 스푼 내려. 좋아. 너무 짜. 좋아. 콩소메는 오래 끓이지 마. 꿩고기가 질겨져.

Stationed at the pass, EMILE wipes the sauce of the edges of the plates with a cloth, the last **crucial** bit of quality control. Tempted by the sauce, he tries to sneak a lick.

에밀은 음식을 손님에게 내보내는 테이블에 서서 접시 가장자리에 묻은 소스를 천으로 닦는 일을 하고 있다. 요리의 품격을 좌우하는 중요한 역할이다. 에밀이 소스가 먹고 싶어 살짝 핥아먹으려고 한다.

REMY (O.S.) EMILE!

레미 (화면 밖) 에밀!

EMILE (stopping himself) Sorry!

에밀 (행동을 멈추고) 미안!

---

explode through 재빨리 통과하다
economical 실속 있는, 경제적인
go like blazes 빠른 속도로 진행되다
cook up a storm 한꺼번에 많은 요리를 하다
tenderize 부드럽게 하다
poach 살짝 데치다
pheasant 꿩고기
crucial 중대한

❶ Stick and move.
치고 빠져.
Stick and move.은 권투에서 나온 표현인데 '재빨리 펀치를 찌르고 빠르게 후퇴하는' 동작을 말해요. 이때 stick은 '찌르다'라는 뜻이에요. 영화에서는 고기를 부드럽게 하기 위해서 고기를 샌드백 삼아 두들기는 모습이 나와요.

Ego's Soul Food
이고의 소울 푸드

🎧 29.mp3

INT. KITCHEN
The RATS are **functioning** like a **well-oiled** machine; The back door pushes open to REVEAL: COLETTE– **staggered** by the **bizarre spectacle**. Looking like she may **vomit**, she wheels back to the exit, when Linguini rushes in, throwing his arms around her.

__LINGUINI__   Colette, wait! Colette! You came back. Colette…

__COLETTE__   DON'T say a word. If I think about it, I might change my mind. Just tell me what the rat wants to cook.

MOMENTS LATER
Remy **flips through** Gusteau's recipe box, finds a certain card and pulls it, showing it to Colette. She frowns.

__COLETTE__   Ratatouille? It's a **peasant** dish. Are you sure you want to serve this to Ego?

Remy NODS. Colette shrugs and starts to prepare the dish.
A TIRE **SCREECH** is followed by a LOUD CRASH outside. COLETTE looks up as the back door bangs open: the HEALTH INSPECTOR, **bound** and taped, **floats** across the floor on a cushion of RATS, who quickly dump him in the food safe. Colette shrugs, going with the strange night. She starts to prepare the ratatouille, but is blocked by a WOODEN SPOON. She looks down: sees it's held by Remy.

__COLETTE__   What. I'm making the ratatouille…

He looks at her ingredients and **makes a face**.

__COLETTE__   Well, how would you prepare it?

실내. 주방
쥐들은 기름칠이 잘된 기계처럼 매우 잘 움직이고 있다. 이때 뒷문이 열리고 누군가가 나타난다. 바로 콜레트이다. 그녀가 이 기이한 광경을 보고 충격을 받은 듯 비틀거린다. 토할 것 같아서 나가려고 뒷걸음을 치는데 링귀니가 황급히 달려와 그녀를 끌어안는다.

링귀니 콜레트, 기다려! 콜레트! 돌아왔구나. 콜레트…

콜레트 아무 말 하지 마. 이거 생각하면 마음이 변할지도 모르니까. 저 쥐가 무슨 요리하는지만 말해 줘.

잠시 후
레미가 구스토의 레시피 상자에 있는 카드들을 휙휙 넘기더니 카드 하나를 꺼내 콜레트에게 보여 준다. 그녀는 인상을 쓴다.

콜레트 라따뚜이? 시골 음식이잖아. 이걸 이고에게 내놓는다고?

레미가 고개를 끄덕인다. 콜레트는 어쩔 수 없다는 표정으로 음식 준비를 한다.
밖에서 타이어 미끄러지는 소리와 함께 무언가가 크게 충돌하는 소리가 들린다. 콜레트가 쳐다보는데 뒷문이 활짝 열리고 검사관이 몸에 밧줄을 묶고 입에는 테이프를 붙인 채 나타난다. 쥐들이 그를 들고 주방을 가로질러 식품 저장실에 던져 버린다. 콜레트가 오늘 밤은 그냥 받아들이기로 한 듯 대수롭지 않게 어깨를 으쓱한다. 라따뚜이를 만들려고 하는데 갑자기 나무 주걱이 이를 방해한다. 그녀가 내려다보니 레미가 주걱을 들고 있다.

콜레트 뭐야. 라따뚜이 만들고 있잖아…

레미가 그녀의 재료를 보고 얼굴을 찌푸린다.

콜레트 그럼, 넌 어떻게 하는데?

---

function 기능을 하다, 움직이다	screech 끼익하는 소리를 내다
well-oiled 기름을 친	bound 묶인
stagger 비틀거리다	float 떠다니다
bizarre 기이한	make a face 얼굴을 찌푸리다
spectacle 광경	
vomit 토하다	
flip through 휙휙 넘기다	
peasant 소작농, 농민	

Remy PAUSES, considering this.
A SERIES OF SHOTS: Remy is making the ratatouille.

INT. DINING AREA
The MEAL ARRIVES AT EGO'S TABLE. Linguini serves the **identical** meal to Skinner nearby. Skinner is appalled and **amused** to find that Ego has been served–

SKINNER   Ratatouille? They must be joking...

Skinner looks over at Ego, cackles. Ego takes a pen, and intends to scribble a few notes in his pad.

ON EGO
With no visible **enthusiasm**, he pokes a fork into the vegetables, **examines** them for a moment, then brings the food to his lips. Linguini watches, **withering**. As Ego's lips close around the ratatouille, the sound, the restaurant around him is **WHISKED AWAY**–

FLASHBACK: FRENCH COUNTRYSIDE – A LIFETIME AGO
We are inside a cozy **cottage** on a golden summer day. The front door is open, a newly crashed BICYCLE lays on the ground outside. Next to it stands a five-year-old ANTON EGO with a **skinned** knee, **valiantly holding back tears**. His young mother turns from her cooking, and gives him a **sympathetic** smile. Like all mothers, she knows what to do.

MOMENTS LATER
Young EGO, already feeling better, is at a table. His mother touches his cheek and sets a freshly made bowl of ratatouille before him, warm and **inviting**. The boy takes a spoonful into his mouth–

AND THE PRESENT RUSHES BACK
Ego is frozen. **Astounded.** His PEN **slips** from his hand. It **CLATTERS** to the floor, breaking the spell. Ego blinks. Slowly a long-lost feeling blooms inside him. He smiles. And has another forkful. Skinner has seen this. He looks at his ratatouille and tastes it. He's stunned; loving and hating it all at once–

레미는 잠시 멈추고 생각한다.
요리 장면: 레미가 라따뚜이를 만들고 있다.

실내. 식당
음식이 이고의 테이블에 도착한다. 링귀니가 같은 음식을 근처에 있는 스키너에게도 전달한다. 스키너는 이고에게 전달된 음식이 무엇인지 알고 깜짝 놀라지만 이내 기분이 좋아진다.

스키너   라따뚜이? 어이가 없군…

그가 이고를 바라보며 킥킥대며 웃는다. 이고는 펜을 들고 메모에 뭔가 끄적이려고 한다.

이고 화면
무표정하게 이고가 포크로 야채를 집어 유심히 바라본 후 입으로 가지고 간다. 링귀니는 이를 바라보며 긴장한다. 이고가 라따뚜이를 입 안에 넣자 식당의 소리와 주변 배경이 순식간에 사라지고 장면이 바뀐다.

과거 회상: 프랑스 시골 – 아주 오래전
화면은 어느 멋진 여름날, 아늑한 시골 집 안을 보여 준다. 현관문이 열려 있는데 밖에는 방금 충돌한 것처럼 보이는 자전거가 바닥에 쓰러져 있다. 그 옆으로 5살의 안톤 이고가 서 있는데 무릎이 까졌지만 용감하게 눈물을 참고 있다. 어린 모습의 엄마가 요리하다가 돌아서서 그에게 위로하는 미소를 보낸다. 다른 엄마들이 그러하듯 그의 엄마도 무엇을 해야 하는지 알고 있다.

잠시 후
어린 이고는 식탁에 앉아 있다. 벌써 기분이 좋아졌다. 엄마가 그의 볼을 쓰다듬고 갓 만든 라따뚜이 한 접시를 이고 앞에 올려놓는다. 따끈하고 맛있어 보인다. 어린 이고가 한 숟갈 떠서 입 안에 넣는다.

현재 장면으로 빠른 화면 전환
이고는 미동도 하지 않는다. 깜짝 놀란 표정이다. 펜이 손에서 빠져나가서 바닥에 쿵 하고 떨어지자 그제야 정신을 차린 것 같다. 이고는 눈을 깜빡인다. 오랫동안 잊고 지냈던 감정이 천천히 살아난다. 그가 미소를 짓고 한입 더 먹는다. 이를 지켜보던 스키너도 앞에 있는 라따뚜이를 바라보고 시식한다. 그도 놀란다. 매우 좋아하는 감정과 싫어하는 감정이 동시에 생긴다.

---

identical 동일한

amuse 즐겁게(미소 짓게) 하다

enthusiasm 열정

examine 자세히 바라보다

wither 말라 죽다, 시들다

whisk away 확 빼앗아 가다

cottage (시골의) 작은 집, 오두막

skinned 피부가 벗겨진

valiantly 용감하게, 씩씩하게

hold back tears 눈물을 삼키다, 참다

sympathetic 동정적인

inviting 매력적인

astounded 몹시 놀란, 경악한

slip 빠져나가다

clatter 덜커덩하는 소리를 내다

<u>**SKINNER**</u> (as he eats) No, it can't be...

스키너 (계속 먹으면서) 안 돼, 이럴 수는 없어…

INT. KITCHEN
Skinner BURSTS through the double doors.

실내. 주방
스키너가 양문을 벌컥 열고 들어온다.

<u>**SKINNER**</u> Who cooked the ratatouille?! **I demand to know!**❶

스키너 누가 라따뚜이를 만들었어?! 꼭 알아야겠어!

A kitchen full of RATS all stop and LOOK UP AT HIM.

이때 주방에 있던 쥐들이 행동을 멈추고 그를 바라본다.

INT. FOOD SAFE
Skinner, bound and taped, is tossed **roughly** into the corner, where he lands next to the equally bound and taped HEALTH INSPECTOR. They yell **muffled protests** as the door slams shut.

실내. 식품 저장실
몸이 묶이고 입에 테이프를 붙인 스키너가 구석에 거칠게 던져지는데 그 옆에는 같은 모습을 한 감시관이 있다. 문이 닫히려고 하자 두 사람은 저항하며 소리 지르지만 잘 들리지 않는다.

---

*바로 이장면!**

INT. DINING AREA
A long FINGER **dabs** the last **smear** of remaining sauce from the plate of ratatouille. We follow it to Ego's smiling lips. He kisses the sauce off his fingertip and turns to Linguini.

실내. 식당
기다란 손가락이 라따뚜이 접시에 남아 있는 마지막 소스 자국을 닦는다. 화면은 이고의 미소를 띠고 있는 입술을 따라 올라간다. 이고는 손가락 끝에 묻은 소스를 입으로 가지고 간다. 그리고 링귀니를 향해 말한다.

<u>**EGO**</u> I can't remember the last time I asked a waiter to give my **compliments** to the chef. And now I find myself in the **extraordinary** position of having my waiter be the chef...

이고 주방장에게 감사를 전하고 싶다고 웨이터에게 부탁하는 것도 참 오랜만이네. 오늘은 웨이터가 주방장이라 내가 운이 좋은 거군…

<u>**LINGUINI**</u> Thanks, but I'm just your waiter tonight.

링귀니 감사합니다. 하지만 오늘 밤 저는 웨이터일 뿐입니다.

<u>**EGO**</u> Then who do I thank for the meal?

이고 그럼 누구에게 감사를 전하지?

Linguini stares for a moment, wondering how to **respond**.

링귀니는 어떻게 대답할지 몰라 이고를 물끄러미 바라본다.

<u>**LINGUINI**</u> Excuse me a minute.

링귀니 잠시만요.

---

roughly 거칠게, 험하게, 거의
muffled (소리가) 낮아진, 죽은
protest 저항하다
dab 가볍게 문지르다
smear 얼룩, 자국
compliment 칭찬
extraordinary 특별한
respond 대답하다

❶ **I demand to know!**
꼭 알아야겠어!
I demand to ~는 '~해야겠어!', '~하게 해줘'라는 뜻으로 상대방에게 무언가를 강하게 요구할 때 쓰는 표현이에요. 원래 demand to ~는 '~를 촉구하다, 요구하다'라는 뜻이에요.

Linguini skates to the kitchen doors, where Colette has been watching **from a distance**. Ego **squints**; Linguini and Colette are visible through the window panels in a heated discussion. Linguini returns to Ego's table, this time with Colette.

EGO   You must be the chef–

COLETTE   (interrupts) If you wish to meet the chef, you will have to wait until all the other customers have gone.

Taken aback by the **unprecedented** demand, Ego **acquiesces**.

EGO   So be it.

링귀니는 스케이트를 타고 주방문으로 달려간다. 문 뒤에서 콜레트가 거리를 두고 이 광경을 지켜보고 있었다. 이고가 눈을 가늘게 뜨고 문 쪽을 바라본다. 열띤 논쟁을 하는 링귀니와 콜레트의 모습이 문에 있는 창으로 보인다. 링귀니가 이고의 테이블로 돌아오는데 이번에는 콜레트도 함께 있다.

이고 당신이 주방장이군요…

콜레트 (말을 끊으며) 주방장을 만나고 싶으면 손님들이 다 나갈 때까지 기다리셔야 합니다.

전례 없는 특이한 요구에 놀랐지만 이고는 순순히 따른다.

이고 좋소.

Colette and Linguini **exchange a look**. DISSOLVE TO:

LATER. The restaurant has cleared, **save for** Ego, who waits with **grim patience**. Linguini and Colette emerge from the kitchen and silently cross to Ego's table, Linguini holding a toque **upright** on the flat of and **outstretched** hand. Ego stares, his **curiosity piqued** by this strange sight. Linguini takes a breath and lifts up the toque, revealing REMY sitting up on the palm of his hand.

REMY   (V.O.) At first, Ego thinks it's a joke, but as Linguini explains, Ego's smile disappears...

A SERIES OF SHOTS: Inside the rat-filled kitchen, Linguini and Remy demonstrate their unique working style to Ego, first together, then with Remy alone. Ego STARES at this in grim **deadpan**.

REMY   (V.O.) He doesn't react beyond asking an **occasional** question.

콜레트와 링귀니가 서로를 바라본다. 서서히 화면이 전환된다.

잠시 후, 인내심을 가지고 기다리는 이고를 제외하고 식당에는 손님들이 사라진다. 링귀니와 콜레트가 식당에서 나와서 조용히 이고의 테이블로 다가온다. 링귀니가 쫙 뻗은 손 위에 요리사 모자를 들고 있다. 이고가 이 이상한 광경을 호기심 있게 바라본다. 링귀니가 숨을 크게 들이쉬고 모자를 들어올리자 레미가 곧은 자세를 하고 손바닥에 앉아 있다.

레미 (목소리) 처음에 이고는 농담하는 줄 알았지. 하지만 링귀니의 설명을 들으며 이고의 미소가 사라졌어…

여러 장면: 쥐들이 가득한 주방에서 링귀니와 레미가 이고에게 그들의 독특한 요리 스타일을 보여준다. 처음에는 함께 요리하고, 나중에는 레미 혼자 요리한다. 이고가 이 모습을 진지하고 무표정하게 바라본다.

레미 (목소리) 가끔 질문을 던지는 것 말고 다른 반응을 보이지 않았지.

---

from a distance 멀리서	upright 똑바른, 꼿꼿한
squint 눈을 가늘게 뜨다	outstretch 펴다
unprecedented 전례 없는	pique one's curiosity 호기심을 자극하다
acquiesce 순순히 따르다	deadpan 진지한 표정
exchange a look 시선을 교환하다	occasional 가끔의
save for ~를 제외하고	
grim 엄숙한	
patience 인내	

INT. DINING AREA
Linguini and Colette are now seated at a table **opposite** Ego. Remy sits on the table facing Ego, who occasionally **glances** down at him. Finally Ego gets up, and **bows slightly**.

실내. 식당
링귀니와 콜레트가 이고의 맞은편에 앉아 있다. 레미는 이고를 마주하고 테이블 위에 앉아 있는데 가끔 이고가 레미를 내려다본다. 마침내 이고가 자리에서 일어나 가볍게 인사한다.

REMY   (V.O.) And when the story is done, Ego stands, thanks us for the meal–

레미 (목소리) 이야기를 듣고 이고는 자리에서 일어나 음식을 잘 먹었다고 말했지…

EGO   **Thank you for the meal.❶**

이고 음식 잘 먹었네.

REMY   (V.O.) –and leaves without another word.

레미 (목소리) 그리고 다른 말 없이 식당을 나갔어.

---

opposite 맞은 편의
glance 바라보다
bow 고개를 끄덕하며 인사하다
slightly 약간

❶ **Thank you for the meal.**
음식 잘 먹었네.
Thank you for ~는 일상생활에서 자주 사용할 수 있는 표현입니다. '~에 고마워'라는 의미로 뒤에 명사나 동사-ing(동명사) 형태가 옵니다. Thank you for + the nice lunch/ your help/inviting me. 등 다양하게 활용할 수 있어요.

A New Beginning
새로운 시작

🎧 30.mp3

INT. EGO'S OFFICE – NIGHT (TO DAWN)
In a SERIES OF SHOTS Ego is seen **pacing**, **brooding**, staring out one of the enormous picture windows **flanking** his portrait into the night, visibly **unsettled**...

실내. 이고의 방 – 밤 (새벽까지)
여러 장면이 지나간다. 이고는 생각에 잠겨 방 주위를 서성이다가 자신의 초상화 옆에 있는 창 밖으로 야경을 바라본다. 마음이 동요하는 듯하다.

REMY (V.O.) The following day his review appears...

레미 (목소리) 다음 날 그의 평이 나왔지…

EGO (V.O.) In many ways, the work of a critic is easy. We risk very little, yet enjoy a position over those who offer up their work and their selves to our **judgement**. We **thrive on** negative **criticism**, which is fun to write and to read.

이고 (목소리) 여러모로 요리 비평가는 참 편한 직업이다. 크게 힘들이지 않고도 남이 열심히 만든 음식을 먹고 평가만 하면 되니까. 우리는 혹평을 즐기는데 이는 쓰기도, 읽기도 재미있다.

-until finally, he sits down at his desk and begins to write.

…이제 이고는 책상에 앉아 글을 쓰기 시작한다.

EGO (V.O.) But the **bitter truth** we critics must face is that, **in the grand scheme of things**... the average piece of junk is probably more meaningful than our criticism **designating** it so. But there are times when a critic truly risks something... and that is in the discovery and defense of the new.

이고 (목소리) 하지만 우리 비평가들이 인정하기 힘든 진실은, 여러 가지를 고려해서… 우리의 비평이 쓰레기보다 더 못할 때가 있다는 것이다. 비평가가 모험을 할 때도 있다… 새로운 것을 발견하고 그것을 보호하려고 할 때가 그렇다.

MONTAGE: AFTER CLOSING
Linguini and Colette emerge from Gusteau's kitchen into the **brisk** night air, Remy with them, walking upright. No one knows what to think. Colette and Linguini HUG anyway.

몽타주 장면: 영업시간 후
링귀니와 콜레트가 주방을 나온다. 상쾌한 밤공기가 느껴진다. 레미도 이들과 함께 있는데 두 발로 걷고 있다. 모두 별다른 생각을 하지 않는다. 콜레트와 링귀니가 포옹한다.

EGO (V.O.) The world is often unkind to new talent, new creations. The new needs friends.

이고 (목소리) 세상은 새로운 재능과 새로운 창조물에 인색하다. 새로움은 친구가 필요하다.

---

pace 서성이다
brood 다시 생각하다
flank 옆에 배치되다
unsettled 불안정한, 불확실한
judgement 평가
thrive on ~를 즐기다
criticism 비판, 비평
bitter truth 인정하기 힘든 진실

in the grand scheme of things 모든 것을 고려할 때
designate 지적하다, 지명하다
brisk 춥지만 상쾌한

In the alley behind the kitchen, the strange human/rat **alliance amicably** part ways and head to their **respective** homes above and below the streets of Paris. Only Remy stays behind, **electing to** take in the night and think.

주방 뒷골목에서 인간과 쥐의 이 낯선 동맹은 우호적으로 갈라진다. 이들은 파리 거리 위와 아래에 위치한 각자의 집으로 향한다. 레미만 뒤에 남아, 이 밤을 즐기며 생각에 잠긴다.

EGO   (V.O.) Last night, I experienced something new, an **extraordinary** meal from a **singularly** unexpected source. To say that both the meal and its maker have challenged my **preconceptions** about fine cooking, is a **gross understatement**—they have **rocked** me to my **core**.

이고 (목소리) 어젯밤, 난 새로운 경험을 했다. 전혀 예상치 못했던 곳에서 최고의 요리를 말이다. 그 요리와 요리사가 고급 요리에 대해 내가 가지고 있던 선입견을 깨뜨렸다고 하는 것은 적절하지 않다. 그들이 요리에 대한 나의 믿음을 송두리째 흔들었으니까.

EGO'S V.O. CONTINUES as we DISSOLVE between LINGUINI, COLETTE, EMILE and DJANGO, and see that no one, rat or human - is able to sleep this night.

이고의 독백이 계속된다. 링귀니, 콜레트, 에밀, 장고의 장면이 서서히 겹치며 사라지는데 아무도 잠을 이루지 못한다.

EGO   (V.O.) In the past, I have made no secret of my **disdain** for Chef Gusteau's famous **motto**: "Anyone Can Cook". But I realize only now do I truly understand what he meant. Not everyone can become a great artist, but a great artist can come from anywhere.

이고 (목소리) 예전에 나는 "누구나 요리할 수 있다"라는 구스토의 명언을 공공연하게 비판했다. 하지만 이제 그 말의 참된 의미를 알 것 같다. 모두가 위대한 예술가가 될 수는 없지만 위대한 예술가는 그 어디에서도 탄생할 수 있다.

MONTAGE CONCLUDES with REMY staring at the Eiffel Tower as the sky **creeps into** dawn.

몽타주 화면이 끝나고 레미가 에펠탑을 바라보고 있다. 하늘을 보니 동이 트려고 한다.

EGO   (V.O.) It is difficult to imagine more **humble origins** than those of the genius now cooking at Gusteau's, who is, in this critic's opinion, nothing less than the finest chef in France.

이고 (목소리) 구스토 식당의 천재 요리사는 상상도 못 할 만큼 천한 배경을 가지고 있다. 하지만 음식 비평가로서 나는 그가 프랑스 최고의 요리사라고 생각한다.

INT. KITCHEN - MORNING
V.O. CONTINUES as a Colette & Linguini read EGO'S REVIEW—

실내. 주방 - 아침
콜레트와 링귀니가 이고의 평론을 읽는다. 이고의 독백이 계속된다.

EGO   (V.O.) I will be returning to Gusteau's soon, hungry for more.

이고 (목소리) 나는 구스토 식당을 다시 찾을 것이다. 왕성한 식욕을 가지고서.

---

alliance 동맹, 연합

amicably 우호적으로

respective 각각의

elect to 선택하다

extraordinary 특별한

singularly 아주, 몹시

preconception 선입견

gross 큰

understatement 과소평가

rock 흔들다

core 중심, 근간

disdain 경멸, 혐오

motto 좌우명

creep into 서서히 진행되다

humble 겸손한, 천한

origin 출신 배경

Colette and Linguini HUG. Gathered with them in Gusteau's kitchen, Remy & the rat clan CHEER.

콜레트와 링귀니가 포옹한다. 레미와 쥐들이 두 사람 주변에 모여 환호한다.

REMY   (V.O.) It was a great night. The happiest of my life. But the only thing **predictable** about life is its–

레미 (목소리) 내 생애 최고의 밤이었지. 하지만 우리 인생에서 유일하게 예측할 수 있는 것은…

SHOT: A bored worker for the MINISTRY OF HEALTH pastes "CLOSED" notices over the front door of GUSTEAU'S.

화면: 지루한 표정의 보건부 직원이 "폐업" 안내장을 구스토 식당 정문에 붙인다.

REMY   (CONT'D) –**unpredictability**. We had to **let** Skinner and the health inspector **loose**, and of course they **ratted** us out. The food didn't matter. Once it got out there were rats in the kitchen, oh, man, the restaurant was closed and Ego lost his job and his **credibility**. But don't feel too bad for him...

레미 (계속) …예측 불가능하다는 거야. 스키너와 보건부 검사관을 풀어 줄 수밖에 없었는데, 그들이 우리를 신고했지. 음식 맛은 중요하지 않았어. 주방에 쥐가 있다는 말이 나왔고, 오, 이런, 식당은 문을 닫고 이고가 일자리도, 신용도 잃어버렸지. 하지만 그를 그리 안쓰럽게 생각하지 않아도 돼…

A **BISTRO** – DAY – THE PRESENT
In a tiny, warmly lit room, a GROUP OF RATS (including DJANGO & EMILE) are seated around a basket, which has been **overturned** and covered with a napkin to **function** as a table, listening as REMY finishes his story.

작은 식당 – 낮 – 현재
따사로운 조명이 있는 작은 방에서 장고와 에밀을 포함한 쥐들이 테이블에 모여 있다. 테이블은 바구니를 뒤집어 냅킨을 덮어 놓은 것이다. 레미가 자기 이야기를 마무리하고 쥐들이 이를 듣고 있다.

REMY   (CONT'D) ...he's doing very well as a small business **investor**. He seems very happy.

레미 (계속) …작은 사업에 투자해서 잘살고 있으니까. 그는 매우 행복해 보여.

Seated next to Remy, a teenage rat frowns, **skeptical**.

레미 옆에 앉아 있던 10대 쥐가 인상을 쓰며 회의적인 태도로 물어본다.

TEEN RAT How do you know?

10대 쥐 어떻게 알아요?

*바로 이장면!**

Remy smiles and points through the small window into the main dining room. There ANTON EGO, whose face now has color and a few new pounds, dines happily at a prime table.

레미가 미소를 지으며 작은 창문을 너머 식당을 가리킨다. 식당에는 이고가 상석에 앉아 행복하게 식사하고 있다. 안색이 매우 좋아 보이고 살도 찐 것 같다.

---

predictable 예측할 수 있는
unpredictability 예측 불가능함
let ~ loose 풀어주다
rat out 밀고하다
credibility 신뢰
bistro 작은 식당
overturn 뒤집다
function 역할을 하다

investor 투자가
skeptical 회의적인

A small BELL rings. Remy glances down into the kitchen. Colette is looking up at him, tapping her **wristwatch**.

REMY   (to other rats) Gotta go. **Dinner rush.**❶

He takes off, jumping into a **counter-weighted** BASKET made especially for him. He's quickly dropped into the kitchen.

INT. KITCHEN
The BASKET with Remy drops to the counter and Remy hops off. Colette sets down a plate of Remy's now-famous Ratatouille, leaving the **finish** to Remy.

COLETTE You know how he likes it.

LINGUINI Thanks, Little Chef.

Remy nods and quickly, **expertly** finishes the presentation. WE FOLLOW LINGUINI, now the **Maitre d'**, as he takes the plate into the dining room and delivers it to Ego.

LINGUINI Can I interest you in a dessert this evening?

EGO   Don't you always?

LINGUINI Which one would you like?

Ego grins, turns toward the window in the kitchen door where Remy is watching, and calls out–

EGO   Surprise me...!❷

작은 종이 울리자 레미가 주방을 내려다본다. 콜레트가 손목시계를 두드리며 그를 바라본다.

레미 (다른 쥐들에게) 가야겠어. 저녁 손님이 몰려들 시간이야.

레미가 일어나서 그를 위해 특별히 제작된 도르래 바구니 안으로 들어간다. 레미가 빠르게 주방으로 내려간다.

실내. 주방
레미를 태운 바구니가 조리대에 멈춰 서고 그가 바구니에서 뛰어내린다. 콜레트가 이제는 아주 유명해진 레미표 라따뚜이 접시를 내려놓고 레미가 마무리하게 한다.

콜레트 이고 취향 알고 있지?

링귀니 고마워, 꼬마 요리사.

레미가 고개를 끄덕하고 재빨리 숙련된 솜씨로 마무리한다. 화면은 이제 지배인이 된 링귀니를 따라간다. 링귀니가 접시를 들고 식당으로 나가서 요리를 이고에게 건네준다.

링귀니 디저트 드시겠어요?

이고 늘 그러지 않나?

링귀니 어떤 걸로 하시겠어요?

이고가 웃으며 주방문 창으로 고개를 돌린다. 레미가 그를 바라보고 있다. 이고가 크게 말한다.

이고 자네가 원하는 걸로…!

Remy **signals** Ego in the **affirmative** and **goes off to** create something delicious.

레미가 이고에게 긍정의 신호를 보내고 맛있는 디저트를 만들기 위해 자리를 뜬다.

---

wristwatch 손목시계
counter-weighted 평형추가 달린 도르래
finish 마무리 작업
expertly 능숙하게
maitre d' 지배인, 지배인 웨이터
signal 신호를 하다
affirmative 긍정, 동의
go off to ~를 하러 가다

❶ **Dinner rush.** 저녁 손님이 몰려들 시간이야.
rush는 '혼잡함', '몰림'이란 뜻이에요. 차가 많이 몰리는 교통 시간을 rush hour라고 하죠. dinner rush는 식당에서 손님들이 많이 몰리는 저녁 타임을 뜻해요.

❷ **Surprise me...!** 자네가 원하는 걸로…!
'너 좋을 대로 해', '네가 알아서 좋을 걸로 선택해'라는 뜻으로 상대방이 알아서 적절한 것을 선택하라는 말이에요.

LINGUINI   (to customers) **Can I interest you in a dessert this evening?**❶

CAMERA pulls away from this happy scene to reveal a BISTRO jammed with **open-minded foodies**; a hip, cultured **mixture** of artists, kids, **bohemians** of all ages... all there to enjoy good food and life.

DJANGO   Hey, believe me, that story gets better when I tell it, okay?

RAT   (O.S.) Come on. Bring some food over here, we're **starving**!

CAMERA CONTINUES out the window and up. A long line of customers has formed outside, waiting to get in. The bistro's SIGN comes into view-

LA Ratatouille

FINE (THE END)

링귀니 (손님들에게) 디저트 드시겠어요?

이 행복한 장면에서 카메라가 뒤로 빠진다. 개방적인 모습을 한 미식가들이 식당 안에 가득하다. 나이와 상관없이 유행에 민감하고 여러 문화가 어우러진 예술가나, 아이들, 보헤미안들이 그곳에서 음식과 인생을 즐기고 있다.

장고 이봐, 정말이라니까. 그 얘기는 내가 해야 더 재밌다고. 응?

쥐 (화면 밖) 어서. 얼른 음식을 가져와. 배고프다고!

카메라가 계속 움직이더니 창문밖으로 나간다. 손님들이 밖에서 길게 줄을 서서 입장을 기다리고 있다. 식당의 간판이 보이는데 그 이름은…

"라따뚜이"이다.

끝

---

open-minded 개방적인
foodie 미식가
mixture 혼합, 섞임
bohemian 자유분방한 사람, 보헤미안
starving 배가 고픈

❶ **Can I interest you in a dessert this evening?**
디저트는 뭐로 하시겠어요?
Can I interest you in ~?은 '~에 관심 있나요?', '~는 어떠세요?'의 뜻으로 상대방에게 권유할 때 쓸 수 있는 표현입니다. 비슷한 표현으로 Would you like to~?가 있어요.

30장면으로 끝내는
스크린 영어회화 – 라푼젤

구성
· 전체 대본
· 훈련용 워크북
· mp3 CD

라이언 강 해설 | 324면 | 18,000원

국내 유일 ! 〈라푼젤〉 전체 대본 수록 !

21미터 금발 소녀의 짜릿한 모험!
〈라푼젤〉의 30장면만 익히면 영어 왕초보도 영화 주인공처럼 말할 수 있다!

난이도	첫걸음	초급	중급	고급

기간 30일

대상 영화 대본으로 재미있게
영어를 배우고 싶은 독자

목표 30일 안에
영화 주인공처럼 말하기

30장면으로 끝내는
스크린 영어회화 - 코코

구성
· 전체 대본
· 훈련용 워크북
· mp3 CD

라이언 강 해설 | 372면 | 18,000원

국내 유일! 〈코코〉 전체 대본 수록!

기억해줘♬ 전 세계는 지금 '코코' 열풍!
〈코코〉의 30장면만 익히면 영어 왕초보도 영화 주인공처럼 말할 수 있다!

난이도	첫걸음	초급 중급	고급	기간	30일

| 대상 | 영화 대본으로 재미있게 영어를 배우고 싶은 독자 | 목표 | 30일 안에 영화 주인공처럼 말하기 |

30장면으로 끝내는

스크린 영어회화

해설 **라이언 박**

이 책은 스크립트북과 워크북, 전 2권으로 구성되어 있습니다. 이 책은 워크북으로 전체 대본에서 뽑은 30장면을 집중 훈련할 수 있습니다.

Day 01

Remy Has a Gift
레미는 재능이 있어

프랑스 어느 시골 농가에 이슬비가 내리고 있어요. 마지막 잎새들이 강풍에 흔들리는 소리만 들릴 뿐 주위는 매우 조용해요. 이때 작은 집 안에서 고요한 침묵을 깨는 큰 총소리가 들리고 갑자기 요리책이 날아와 창문이 산산조각으로 깨져 버려요. 자세히 보니 뻐쩍 마른 쥐 한 마리가 요리책을 들고 겁을 먹은 채 도망가고 있군요. 바로 이 영화의 주인공 '레미'예요. 레미는 음식 쓰레기를 뒤지는 쥐들과는 달리 매우 발달된 미각과 후각을 가지고 있어요. 아빠는 이런 재능이 전혀 쓸모없는 것이라고 말하지만, 레미가 타고난 감각으로 쥐약 냄새를 맡은 후 생각이 바뀐 것 같아요. 그에게 쥐들의 생존과 직결된 특별한 임무를 맡기셨거든요.

Warm Up! 바로 이 표현

오늘 등장하는 표현들입니다. 어떤 표현이 들어가야 할지 생각해 보세요.

- He is _____ to achieve a five-star rating.
  별 5개를 획득한 최연소 요리사이기도 합니다.
- But _____ celebrates its success. 최고의 책이 성공했다 모두가 축하해 주는 건 아니었답니다.
- _____ Gusteau actually seems to believe it.
  더 재미있는 건 구스토가 이 말들을 실제로 믿는다는 거예요.
- I, on the other hand, _____
  반면에, 저는 맛으로 맛을 이룬 쥐종이라 생각하는 사람입니다.

바로 이 장면! 오디오 파일을 듣고 3번 따라 말해보세요.

TV NARRATOR Although each of the world's countries would like to dispute t 해설가 fact, we French know the truth: The best food in the World is m in France. The best food in France is made in Paris. And the food in Paris, some say, is made by Chef Auguste Gusteau.
다른 나라들이 반박하겠지만 우리 프랑스 사람들은 알고 있습니다. 세계 최고의 요리는 프랑스 요리라는 사실을. 프랑스에서도 최고는 파리 요리이며, 그 최고의 요리는 바로 요리사 오귀스트 구스토의 손끝에서 만들어집니다.

TV NARRATOR Gusteau's restaurant is the toast of Paris, booked five month 해설가 advance, and his dazzling ascent to the top of Fine French Cui has made his competitors envious. He is **the youngest chef eve** achieve a five-star rating. Chef Gusteau's cookbook "Anyone Cook!" has climbed to the top of the bestseller list. But **not every** celebrates its success.
구스토의 식당은 파리의 명물이라서 5개월 전에 예약해야 합니다. 그가 프랑스 정통 요리에서 눈부신 성공을 거두어 다른 요리사들에게 선망의 대상이 되었으며 그는 별 5개를 획득한 최연소 요리사이기도 합니다. 구스토 요리책 "누구나 요리할 수 있다!"는 베스트셀러가 되었죠. 하지만 최고의 책이 성공을 모두가 축하해 주는 건 아니었답니다.

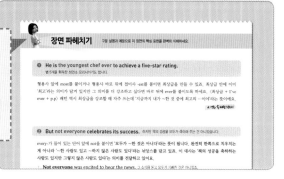

장면 파헤치기
'바로 이 장면!'에서 뽑은
핵심 표현들을 친절한
설명과 유용한 예문을 통해
깊이 있게 알아봅니다.

영화 속 패턴 익히기
영화에 나오는 패턴을 활용하여
다양한 표현을 만들 수 있습니다.
Step1에서 기본 패턴을 익히고,
Step2에서 패턴을 응용하고,
Step3에서 실생활 대화에서
패턴을 적용하는 훈련을 합니다.

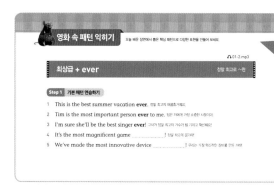

확인학습
오늘 배운 표현과 패턴을
확인해 보는 코너입니다.
문제를 풀며 표현들을 완벽히
내 것으로 만드세요.

A | 영화 속 대화를 완성해 보세요.

T.V. NARRATOR Although each of the world's countries would like to dispute this fact, we French know ⓐ＿＿＿＿＿＿: The best food in the World is made in France. The best food in France is made in Paris. And the ⓑ＿＿＿＿＿ in Paris, some say, is made by Chef Auguste Gusteau. 다른 나라에서 반일지 몰라도 우리 프랑스 사람들은 알고 있습니다. 세계 최고의 요리는 프랑스 요리라는 사실을 말이고요. 프랑스에서도 최고는 파리 요리인데, 그 중 최고의 요리는 요리사 오귀스트 구스테요 스웨어가 만든다네요.

T.V. NARRATOR Gusteau's restaurant is the toast of Paris, booked five months in advance, and his ⓒ＿＿＿＿＿ ascent to the top of Fine French Cuisine has made his competitors ⓓ＿＿＿＿＿ He is the youngest chef ⓔ＿＿＿＿＿ to achieve a five-star rating. Chef Gusteau's cookbook "Anyone Can Cook!" has climbed to the top of the bestseller list. But ⓕ＿＿＿＿＿ celebrates its 구스테의 식당은 파리의 명물이라서 5개월 전에 예약해야 합니다.

정답 A
ⓐ the truth
ⓑ best food

차례

Remy Has a Gift

레미는 재능이 있어

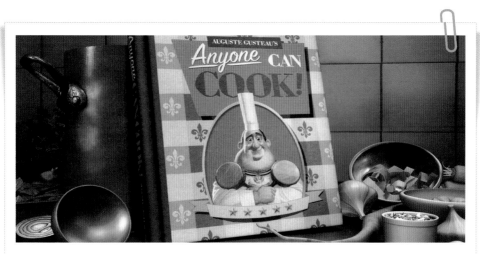

프랑스 어느 시골 농가에^{farmhouse} 이슬비가 내리고 있어요. 마지막 잎새들이 강풍에^{gust} 흔들리는^{tremble} 소리만 들릴 뿐 주위는 매우 조용해요. 이때 작은 집^{cottage} 안에서 고요한 침묵을 깨는 큰 총소리가^{gunshot} 들리고 갑자기 요리책이 날아와 창문이 산산조각으로 깨져 버려요.^{shatter} 자세히 보니 삐쩍 마른^{scrawny} 쥐 한 마리가 요리책을 들고 겁을 먹은 채^{frightened} 도망가고 있군요. 바로 이 영화의 주인공 '레미'예요. 레미는 음식 쓰레기를^{compost} 뒤지는 쥐들과는 달리 매우 발달된^{highly developed} 미각과 후각을 가지고 있어요. 아빠는 이런 재능이 전혀 쓸모없는 것이라고^{useless} 말하지만, 레미가 타고난 감각으로 쥐약^{rat poison} 냄새를 맡은 후 생각이 바뀐 것 같아요. 그에게 쥐들의 생존과 직결된 특별한 임무를 맡기셨거든요.

Warm Up! 오늘 배울 표현   오늘 등장하는 표현들입니다. 어떤 표현이 들어가야 할지 생각해 보세요.

* He is ⬚⬚⬚⬚⬚⬚⬚⬚⬚⬚⬚⬚ to achieve a five-star rating.
  별 5개를 획득한 최연소 요리사이기도 합니다.

* But ⬚⬚⬚⬚⬚⬚⬚⬚ celebrates its success. 하지만 책의 성공을 모두가 축하해 주는 건 아니었습니다.

* ⬚⬚⬚⬚⬚⬚⬚⬚⬚⬚⬚⬚ Gusteau actually seems to believe it.
  더 재미있는 건 구스토가 이 말을 진짜로 믿는다는 거예요.

* I, on the other hand, ⬚⬚⬚⬚⬚⬚⬚⬚⬚⬚⬚. 반면에, 저는 요리를 아주 신중하게 생각하는 사람입니다.

TV NARRATOR
해설가

Although each of the world's countries would like to dispute this fact, we French know the truth: The best food in the World is made in France. The best food in France is made in Paris. And the best food in Paris, some say, is made by Chef Auguste Gusteau.

다른 나라에서 반발하겠지만 우리 프랑스 사람들은 알고 있습니다. 세계 최고의 요리는 프랑스 요리라는 사실을 말이죠. 프랑스에서도 최고는 파리 요리인데, 그 최고의 요리는 바로 요리사 오귀스토 구스토의 손끝에서 만들어집니다.

TV NARRATOR
해설가

Gusteau's restaurant is the toast of Paris, booked five months in advance, and his dazzling ascent to the top of Fine French Cuisine has made his competitors envious. He is **the youngest chef ever** to achieve a five-star rating.❶ Chef Gusteau's cookbook "Anyone Can Cook!" has climbed to the top of the bestseller list. But **not everyone** celebrates its success.❷

구스토의 식당은 파리의 명물이라서 5개월 전에 미리 예약해야 합니다. 그는 프랑스 정통 요리에서 눈부신 성공을 거두어 다른 요리사들에게 선망의 대상이 되었으며 별 5개를 획득한 최연소 요리사이기도 합니다. 그가 펴낸 요리책 "누구나 요리할 수 있다!"는 베스트셀러가 되기도 했죠. 하지만 책의 성공을 모두가 축하해 주는 건 아니었습니다.

EGO
이고

Amusing title, "Anyone Can Cook". **What's even more amusing is that** Gusteau actually seems to believe it.❸ I, on the other hand, **take cooking seriously** and no–❹ I don't think "anyone" can do it...

"누구나 요리할 수 있다" 재미있는 제목이군요. 더 재미있는 건 구스토가 이 말을 진짜로 믿는다는 거예요. 반면에, 저는 요리를 아주 신중하게 생각하는 사람입니다. "누구나" 할 수 있는 건 아니죠…

❶ He is the youngest chef ever to achieve a five-star rating.
별 5개를 획득한 최연소 요리사이기도 합니다.

형용사 앞에 most를 붙이거나 형용사 바로 뒤에 접미사 -est를 붙이면 최상급을 만들 수 있죠. 최상급 안에 이미 '최고'라는 의미가 담겨 있지만 그 의미를 더 강조하고 싶다면 바로 뒤에 ever를 붙이도록 하세요. 〈최상급 + I've ever + p.p〉 패턴 역시 최상급을 강조할 때 자주 쓰는데 '지금까지 내가 ~한 것 중에 최고의 …이야'라는 뜻이에요.

★ 영화 속 패턴 익히기

❷ But not everyone celebrates its success. 하지만 책의 성공을 모두가 축하해 주는 건 아니었습니다.

every-가 들어 있는 단어 앞에 not을 붙이면 '모두가 ~한 것은 아니다'라는 뜻이 됩니다. 완전히 한쪽으로 치우치는 게 아니라 '~한 사람도 있고 ~하지 않은 사람도 있다'라는 뉘앙스를 담고 있죠. 이 대사는 '책의 성공을 축하하는 사람도 있지만 그렇지 않은 사람도 있다'는 의미를 전달하고 있어요.

* **Not everyone** was excited to hear the news. 그 소식을 듣고 모두가 기뻐한 것은 아니었죠.
* **Not every** sailor goes out to sea. 모든 선원이 바다로 나가는 건 아니야.

❸ What's even more amusing is that Gusteau actually seems to believe it.
더 재미있는 건 구스토가 이 말을 진짜로 믿는다는 거예요.

What's more amusing is that ~은 '더 재미있는 것은 ~이에요'라는 뜻으로 자기 생각을 좀 더 발전시켜 설명할 때 쓰는 표현이에요. 회화에서는 What's more interesting is that ~ '더 흥미로운 것은 ~입니다' 역시 비슷한 의미로 자주 사용하고 있어요. 그리고 이 대사에 등장한 even은 비교급의 의미를 강조하는 역할을 하고 있어요. '훨씬'이라고 해석할 수 있는데 이처럼 비교급을 강조하는 단어로는 far, still, a lot 등이 있답니다.

* **What's more amusing is** they all have the same last name, *Kim*.
  더 재미있는 건 그들 모두 성이 김 씨라는 거야.
* **What's more interesting is that** no one broke her record until now.
  더 흥미로운 건 지금까지 아무도 그녀의 기록을 깨지 못했다는 겁니다.

❹ I, on the other hand, take cooking seriously. 반면에, 저는 요리를 아주 신중하게 생각하는 사람입니다.

take는 매우 다양한 의미가 있는데 여기서는 '생각하다', '여기다'라는 뜻으로 쓴 거예요. 그렇다면 take ~ seriously는 '~를 심각하게 여기다'라고 해석할 수 있겠죠?

* You gotta **take the matter seriously**. I mean it! 그 문제를 심각하게 받아들여야 해. 진짜야!
* We're not playing a game. You should **take it more seriously**.
  장난하는 게 아니야. 좀 더 심각하게 생각하라고.

9

오늘 배운 장면에서 뽑은 핵심 패턴으로 다양한 표현을 만들어 보세요.

🎧 01-2.mp3

최상급 + ever
정말 최고로 ~한

Step 1 기본 패턴 연습하기

1 This is the best summer vacation **ever**. 정말 최고의 여름휴가예요.

2 Tim is the most important person **ever** to me. 팀은 저에게 가장 소중한 사람이야.

3 I'm sure she'll be the best singer **ever**! 그녀가 정말 최고의 가수가 될 거라고 확신해요!

4 It's the most magnificent game _____! 정말 최고의 경기야!

5 We've made the most innovative device _____! 우리는 가장 혁신적인 장비를 만든 거야!

Step 2 패턴 응용하기 | 최상급 + I've ever p.p

1 Today is the most glorious day **I've ever had** in my life.
오늘은 내 인생에서 최고로 영광스러운 날입니다.

2 It's the best hotel **I've ever stayed in**. 제가 묵은 호텔 중에 최고네요.

3 It was the most exciting thing **I've ever experienced**. 내가 경험한 것 중에 제일 짜릿한 거였지.

4 This is the most expensive coat _____. 이건 내가 지금까지 산 코트 중에 제일 비싼 거야.

5 You're the most amazing person _____. 당신은 내가 지금껏 만난 사람 중에 가장 멋진 분이에요.

Step 3 실생활에 적용하기

A What do you think? Do you like it?

B 정말 최고의 애플파이야! I really love the crust.

A It's my mom's recipe. I'm so happy you like it.

A 어때? 괜찮아?

B It's the best apple pie ever! 껍질 부분이 예술이야.

A 우리 엄마의 레시피이지. 네가 맛있다니 기분 좋은데.

정답 Step 1 4 ever 5 ever   Step 2 4 I've ever bought 5 I've ever met

10

A | 영화 속 대화를 완성해 보세요.

T.V. NARRATOR Although each of the world's countries would like to dispute this fact, we French know ❶_____: The best food in the World is made in France. The best food in France is made in Paris. And the ❷_____ in Paris, some say, is made by Chef Auguste Gusteau. 다른 나라에서 반발하겠지만 우리 프랑스 사람들은 알고 있습니다. 세계 최고의 요리는 프랑스 요리라는 사실을 말이죠. 프랑스에서도 최고는 파리 요리인데, 그 최고의 요리는 바로 요리사 오귀스토 구스토의 손끝에서 만들어집니다.

T.V. NARRATOR Gusteau's restaurant is the toast of Paris, booked five months in advance, and his ❸_____ ascent to the top of Fine French Cuisine has made his competitors ❹_____. He is the youngest chef ❺_____ to achieve a five-star rating. Chef Gusteau's cookbook "Anyone Can Cook!" has climbed to the top of the bestseller list. But ❻_____ celebrates its ❼_____. 구스토의 식당은 파리의 명물이라서 5개월 전에 미리 예약해야 합니다. 그는 프랑스 정통 요리에서 눈부신 성공을 거두어 다른 요리사들에게 선망의 대상이 되었으며 별 5개를 획득한 최연소 요리사이기도 합니다. 그가 펴낸 요리책 "누구나 요리할 수 있다!"는 베스트셀러가 되기도 했죠. 하지만 책의 성공을 모두가 축하해 주는 건 아니었습니다.

EGO Amusing title, "Anyone Can Cook". ❽_____ even more amusing is that Gusteau actually seems to ❾_____ it. I, on the other hand, take cooking ❿_____ and no– I don't think "anyone" can do it... "누구나 요리할 수 있다" 재미있는 제목이군요. 더 재미있는 건 구스토가 이 말을 진짜로 믿는다는 거예요. 반면에, 저는 요리를 아주 신중하게 생각하는 사람입니다. "누구나" 할 수 있는 건 아니죠…

B | 다음 빈칸을 채워 문장을 완성해 보세요.

1 정말 최고의 여름휴가예요.
   This is the best summer vacation _____.

2 그녀가 정말 최고의 가수가 될 거라고 확신해요!
   I'm sure she'll be the best singer _____!

3 정말 최고의 경기야!
   It's the most magnificent game _____!

4 제가 묵은 호텔 중에 최고네요.
   It's the best hotel _____.

5 이건 내가 지금까지 산 코트 중에 제일 비싼 거야.
   This is the most expensive coat _____.

11

Dad Has a Different Point of View

아빠는 생각이 달라

레미는 음식 쓰레기에 독약이 있는지를 검사하는^{inspect} 임무를 맡았지만 이 일이 그리 달갑지 않아요^{not impressed}. 아빠는 레미가 매우 고귀한^{noble} 일을 하는 것이라며 자랑스러워^{proud} 하지만 레미는 쥐들이 쓰레기나^{garbage} 훔치는 도둑이라고^{thieves} 반박하죠. 음식에 관해서라면 아빠와 레미는 매우 다른 견해를^{different point of view} 가지고 있어요. 아빠는 음식은 몸에 들어가는 연료일^{fuel} 뿐이라서 무엇을 먹든 간에 까다로울^{picky} 필요가 없다고 하죠. 하지만 레미는 음식은 나를 정의하는^{define} 것이기 때문에 이왕 먹는 거면 인간의 주방에서 좋은 음식을 먹자고 제안해요. 아빠는 레미의 생각이 마음에 들지 않아요. 인간은 쥐들에게 매우 위험한 존재라고 믿고 있거든요.

 **Warm Up!** 오늘 배울 표현 　　오늘 등장하는 표현들입니다. 어떤 표현이 들어가야 할지 생각해 보세요.

* _____. 됐어요.

* Well, it _____. 아빠는 자랑스러워하셨다.

* And what we're stealing is, _____, garbage.
  그리고 우리가 훔치는 건, 쓰레기라는 걸 인정하자고요.

* _____ we have different points of view. 서로의 견해가 다르다고 해 두자.

REMY
레미

Clean... clean... cleanerific... cleanerino... close to godliness—
깨끗… 깨끗해요… 깨끗합니다… 깨끗하고 말고요… 하나님의 복을 받을 만큼 말이죠.

REMY
레미

–which means "clean". You know– "Cleanliness is close to–?"
"깨끗하다"는 말이에요. 그 말 몰라요? "청결한 자가 하나님의…"

REMY
레미

Never mind. Move on...❶
됐어요. 그만 가 봐요….

REMY
레미

Well, it **made my Dad proud**.❷
아빠는 자랑스러워하셨다.

DJANGO
장고

Now don't you feel better, Remy? You've helped a noble cause.
레미, 기분 좋지 않니? 넌 고귀한 일을 한 거야.

REMY
레미

Noble? We're thieves, Dad. And what we're stealing is, **let's face it**, garbage.❸
고귀한 일이요? 우린 도둑이에요, 아빠. 그리고 우리가 훔치는 건, 쓰레기라는 걸 인정하자고요.

DJANGO
장고

It isn't stealing if no one wants it.
훔치는 건 아니지 버린 거니까.

REMY
레미

If no one wants it, why are we stealing it?
버린 걸 왜 훔치는 거예요?

REMY
레미

Let's just say we have different points of view.❹
서로의 견해가 다르다고 해 두자.

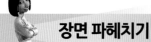
❶ Never mind. 됐어요.

상대방이 내 말을 이해하지 못했을 때 다시 설명해 주자니 복잡하고 귀찮아서 그만두는 경우가 있잖아요. Never mind는 이럴 때 쓰면 아주 적절한 표현인데 '됐어', '신경 쓰지 마'라는 뜻이에요. 회화에서는 Forget it. 역시 비슷한 의미로 자주 쓴답니다.

* **Never mind.** Just finish what you're doing. 됐어. 하던 일이나 끝내.
* **Never mind.** I'll change her diaper. 신경 쓰지 마. 애 기저귀는 내가 갈아 줄게.

❷ Well, it made my Dad proud. 아빠는 자랑스러워하셨다.

〈make + 사람 + 감정 형용사〉 패턴은 '…가 ~한 감정이 들도록 하다'라는 뜻이에요. 이때 make는 '만들다'가 아니라 '~하게 하다'라는 의미로 쓰였답니다. 이와 더불어 〈make + 사람 + 동사 기본형〉의 패턴도 연습해 두세요. '…가 ~하도록 하다'라는 뜻인데 문맥에 따라서는 '무언가로 인해서 그 사람이 어떤 행동을 하게 되었다'는 의미로 쓰기도 합니다. 가령, You made me go.라는 문장은 '네가 나를 가게 했어'라는 뜻인데, '너 때문에 내가 간 거야'라고도 해석할 수 있어요.

★영화 속 패턴 익히기

❸ And what we're stealing is, let's face it, garbage. 그리고 우리가 훔치는 건, 쓰레기라는 걸 인정하자고요.

Let's face it.은 '솔직히 말해서', '터놓고 말하면'이란 뜻으로 별로 달갑지 않은 사실을 말하려고 할 때 쓰는 표현이에요. 이때 face는 '직면하다', '마주하다'라는 뜻을 가진 동사예요.

* **Let's face it**, negotiating your salary isn't easy at all. 솔직히 말해서 연봉 협상이 쉬운 일은 절대 아니에요.
* **Let's face it**, she's not ready to live an independent life. 솔직히 걔는 독립할 준비가 안 되어 있어.

❹ Let's just say we have different points of view. 서로의 견해가 다르다고 해 두자.

레미는 아빠와 더 이상 말다툼하고 싶지 않아서 애매한 결론으로 논쟁을 끝내려고 하네요. 이처럼 Let's just say ~는 복잡한 이야기는 건너뛰고 결론을 말하려고 할 때 쓰는 회화 표현이에요. '그냥 ~라고 하죠', '그냥 ~라고 해 두죠'라고 해석하는 게 좋아요. 또한 Let's say ~는 '예를 들어 ~라고 합시다'라는 뜻으로 어떤 상황을 가정해서 설명할 때 쓰기도 해요.

* A: How was his birthday party last night? 어젯밤 그의 생일 파티는 어땠어요?
  B: Well, **let's just say** it was very interesting. 글쎄요. 아주 흥미로웠다고 해 두죠.

make + 사람 + 감정 형용사 ...가 ~한 감정이 들도록 하다.

Step 1 기본 패턴 연습하기

1 Think of one thing that **made you so happy** last week.
지난 주 당신을 행복하게 했던 것을 하나만 떠올려 보세요.

2 Please stop running around. You're **making me dizzy**. 제발 뛰어다니지 마. 너 때문에 머리가 아파.

3 The hormones **make me so emotional** these days. 요즘 호르몬 때문에 내가 너무 감정적이 되는 것 같아.

4 I know you're trying to .... 네가 나를 화나게 하려는 거 알아.

5 My boss .... that I just ran out of the office.
사장님 때문에 너무 화가 나서 사무실을 뛰쳐나왔어요.

Step 2 패턴 응용하기 | make + 사람 + 동사의 기본형

1 I didn't want to, but you **made me write** the letter. 난 원하지 않았지만, 당신이 편지를 쓰게 했잖아요.

2 What you said **made me think** about my feelings for you.
네 말을 듣고 너에 대한 나의 감정을 생각하게 되었지.

3 I can't **make my kids believe in** him anymore.
우리 애들이 더 이상 그를 믿게 할 수는 없겠더군요.

4 Her story .... that I deserve to be happy.
그녀의 이야기를 듣고 난 행복할 권리가 있다는 것을 깨달았지.

5 He .... when I'm down. 내가 우울할 때 그는 나를 웃게 해요.

Step 3 실생활에 적용하기

A Did you hear John's quitting next month?

B Yeah, I heard. 소식을 듣고 많이 슬프더라. I really like him.

A Well, he said he's gonna open his own coffee shop.

A 존이 다음 달에 그만 둔다는 소식 들었어?

B 응. It makes me so sad. 정말 좋은 사람인데.

A 커피숍을 차릴 거라고 하는군.

정답 Step 1 4 make me angry 5 made me so mad Step 2 4 made me realize 5 makes me laugh

15

확인학습

문제를 풀며 오늘 배운 표현을 완벽히 내 것으로 만드세요.

A | 영화 속 대화를 완성해 보세요.

REMY Clean... clean... cleanerific... cleanerino... close to godliness— 깨끗··· 깨끗해요··· 깨끗합니다··· 깨끗하고 말고요··· 하나님의 복을 받을 만큼 말이죠.

REMY –which ❶ _____ "clean". You know– "Cleanliness is close to–?" "깨끗하다"는 말이에요. 그 말 몰라요? "청결한 자가 하나님의···"

REMY ❷ _____. ❸ _____ on... 됐어요. 그만 가 봐요···.

REMY Well, it made my Dad ❹ _____. 아빠는 자랑스러워하셨다.

DJANGO Now don't you feel better, Remy? You've helped a noble ❺ _____. 레미, 기분 좋지 않니? 넌 고귀한 일을 한 거야.

REMY Noble? We're ❻ _____, Dad. And what we're stealing is, ❼ _____, garbage. 고귀한 일이요? 우린 도둑이에요, 아빠. 그리고 우리가 훔치는 건, 쓰레기라는 걸 인정하자고요.

DJANGO It isn't ❽ _____ if no one wants it. 훔치는 건 아니지 버린 거니까.

REMY If no one wants it, why are we stealing it? 버린 걸 왜 훔치는 거예요?

REMY Let's just ❾ _____ we have different ❿ _____. 서로의 견해가 다르다고 해 두자.

정답 A

❶ means
❷ Never mind
❸ Move
❹ proud
❺ cause
❻ thieves
❼ let's face it
❽ stealing
❾ say
❿ points of view

B | 다음 빈칸을 채워 문장을 완성해 보세요.

1 지난 주 당신을 행복하게 했던 것을 하나만 떠올려 보세요.
   Think of one thing that _____ last week.

2 나를 화나게 하려는 거 알아.
   I know you're trying to _____.

3 사장님 때문에 너무 화가 나서 사무실을 뛰쳐나왔어요.
   My boss _____ that I just ran out of the office.

4 네 말을 듣고 너에 대한 나의 감정을 생각하게 되었지.
   What you said _____ about my feelings for you.

5 내가 우울할 때 그는 나를 웃게 해요.
   He _____ when I'm down.

정답 B

1 made you so happy
2 make me angry
3 made me so mad
4 made me think
5 makes me laugh

16

Let's Cook the Mushroom

버섯 요리를 하자

레미는 무언가를 발견하고^{discover} 창조해내는^{create} 인간들을 동경하고 있어요. 특히 인간의 음식은 완전히 새로운 세계를 경험하게 하죠. 오늘도 레미는 맛있는 냄새를^{pleasant scent} 따라가다가 근사한 버섯 하나를 발견해요. 그리고 에밀이 입에 물고 있는^{grip between teeth} 봉투 안에서 버섯과 어울릴만한^{go with} 고급 치즈를 찾아내죠. 흥분한 레미는 주변에서 또 다른 요리 재료를 찾기 시작해요. 땅에서 로즈마리를 뽑고^{pluck}, 허브의 즙을 짜서^{squeeze} 버섯 위에 뿌리기도 하죠. 이제 이 훌륭한 재료들을 어떻게 요리하느냐가 문제인데… 아! 저 멀리 연기가 피어나는 굴뚝이^{smoking chimney} 보이는군요.

 **Warm Up!** 오늘 배울 표현   오늘 등장하는 표현들입니다. 어떤 표현이 들어가야 할지 생각해 보세요.

* He doesn't understand me, but I can _____ him.
  날 잘 이해하지 못하지만, 형 앞에서는 내 모습을 숨기지 않아도 된다.

* But _____ Dad sees you walking like that, he _____.
  그런데 그렇게 걷는 걸 아빠가 보면 별로 안 좋아하실걸.

* _____? 그 안에 뭐가 있는 거야?

* That would _____ my mushroom!   내가 찾은 버섯하고 정말 잘 어울리겠어!

17

REMY
레미

He doesn't understand me, but I can **be myself around** him.❶

날 잘 이해하지 못하지만, 형 앞에서는 내 모습을 숨기지 않아도 된다.

EMILE
에밀

Why are you walking like that?

왜 그렇게 걷는 거야?

REMY
레미

I don't want to constantly have to wash my paws. Do you ever think about how we walk on the same paws that we handle food with? You ever think about what we put into our mouths?

앞발을 자꾸 씻기 싫어서. 음식 만지는 발로 걸어 다닌다는 생각은 안 해 봤어? 우리 입에 어떤 걸 집어넣는지 생각해 보냐고?

EMILE
에밀

All the time.

먹는 거는 항상 생각하지.

REMY
레미

When I eat, I don't want to taste everywhere my paws have been.

밥 먹을 때 내 발이 디뎠던 곳의 맛을 느끼고 싶지 않아.

EMILE
에밀

Well, go ahead. But **if** Dad sees you walking like that, he**'s not gonna like it.**❷

뭐, 맘대로 해. 그런데 그렇게 걷는 걸 아빠가 보면 별로 안 좋아하실걸.

REMY
레미

What have you got there?❸

그 안에 뭐가 있는 거야?

REMY
레미

You found CHEESE? And not just any cheese- Tomme De Chevre de Pays! That would **go beautifully with** my mushroom!❹ And! And and and-

치즈를 발견한 거야? 그냥 치즈도 아니고 염소젖으로 만든 치즈네! 내가 찾은 버섯하고 정말 잘 어울리겠어! 그리고! 그리고 말이지…

❶ He doesn't understand me, but I can be myself around him.
날 잘 이해하지 못하지만, 형 앞에서는 내 모습을 숨기지 않아도 된다.

be oneself는 '자기 모습을 그대로 드러내다'라는 뜻이에요. '나의 참모습을 숨기지 않고 당당하게 보여 준다'라는 긍정적인 뉘앙스를 가진 표현이죠. 팝송 가사에 자주 나오는 Be Yourself는 '당당해야 해', '널 숨기지 마'라며 용기를 주는 말이랍니다. 여러분도 주변에 굴복하지 않고 꼭 Be Yourself! 하시길 바라요.

* I can **be myself around** my parents. 부모님 앞에서는 내 모습을 숨기지 않아도 돼요.
* I want you to know that you can **be yourself around** me. 내 앞에서는 당신의 모습을 숨기지 않아도 돼요.

❷ But if Dad sees you walking like that, he's not gonna like it.
그런데 그렇게 걷는 걸 아빠가 보면 별로 안 좋아하실걸.

~ is not gonna like it은 '~가 달가워하지 않을 거야'라는 뜻이에요. 주로 이 패턴 앞이나 뒤에 if 절을 붙여서 쓰는데 어떤 일이 벌어지면 그 사람이 언짢아할 것이라고 염려하는 말이죠. 반대로 '~가 기뻐할 거야'라고 할 때는 ~ is gonna like it을 쓸 수 있어요. 물론 이 표현 앞이나 뒤에도 조건을 나타내는 if절을 붙일 수 있죠. 뒤에서 여러 예문으로 연습해 볼게요.

★ 영화 속 패턴 익히기

❸ What have you got there? 그 안에 뭐가 있는 거야?

상대방이 가지고 있는 물건이 무엇인지 물어보는 말이에요. 또한 상대방이 어떤 일이나 상황을 마주하고 있는지 물어볼 때 쓰는 말이기도 해요. What do you have?도 같은 의미로 쓸 수 있는 표현이에요.

* A: I'll fix breakfast this morning. **What have you got here?** 오늘 아침은 내가 만들게. 여기에 뭐가 있지?
  B: Not much. Potatoes, green onions, and… we have bacon. 별거 없어. 감자랑 파, 그리고… 베이컨이 있네.

❹ That would go beautifully with my mushroom! 내가 찾은 버섯하고 정말 잘 어울리겠어!

이 대사를 '치즈가 버섯과 같이 간다'라고 번역하면 매우 어색하겠죠? 여기서 go with ~는 '~와 어울리다', '~와 조화를 이루다'라는 뜻이에요. 중간에 있는 beautifully는 '아름답게'라기 보다는 '훌륭하게'라고 해석하는 게 좋아요. go perfectly with '완벽하게 조화를 이루다', go well with '잘 어울리다'처럼 응용해서 쓸 수도 있어요.

* The blue tie **goes perfectly with** your shirt. 파란색 타이가 네 셔츠랑 정말 잘 어울리네.
* Your spicy sauce **goes well with** the grilled chicken. 네가 만든 매콤 소스가 구운 닭요리랑 잘 어울리네.

오늘 배운 장면에서 뽑은 핵심 패턴으로 다양한 표현을 만들어 보세요.

🎧 03-2.mp3

~ is not gonna like it if ...

···하면 ~가 달가워하지 않을 거야

Step 1 기본 패턴 연습하기

1 He's **not gonna like it if** he finds out you're behind this.
네가 이 일을 꾸미고 있다는 걸 그가 알면 별로 안 좋아할 거야.

2 Nina's **not gonna like it if** you block her on social media.
네가 니나를 SNS에서 차단하면 걔 기분이 별로 안 좋을걸.

3 Your wife's **not gonna like it if** you buy the car without asking her.
상의도 없이 그 차를 사면 너희 아내가 별로 안 좋아할걸.

4 You're _____ you are grounded for a week.
일주일 동안 외출 금지를 당하면 네 기분이 안 좋을 텐데.

5 No one's _____ you put yourself before them.
네가 너무 이기적으로 굴면 아무도 안 좋아할 거야.

Step 2 패턴 응용하기 | is gonna like it if ~

1 My mom's **gonna like it if** you move next door. 옆집으로 이사 오시면 엄마가 정말 좋아하실 거예요.

2 You're **gonna like it if** you have a pet. 반려동물이 있으면 정말 좋을 거야.

3 He's **gonna like it if** you take his side. 네가 편을 들어주면 그가 정말 좋아할 거야.

4 You're _____ you live here with me. 나랑 여기서 살면 정말 좋을 거야.

5 You're _____ you enroll in the art class. 미술 수업에 등록하면 정말 좋을 거야.

Step 3 실생활에 적용하기

A You broke mom's favorite tea kettle.
엄마가 알면 안 좋아하실 거야.

B Don't worry. I'll fix it. Where's the super glue?

A Super glue? Are you kidding?

A 넌 엄마가 제일 좋아하는 찻주전자를 깨뜨렸다고.
She's not gonna like it if she finds out.

B 걱정 마. 고쳐 놓을 테니까. 강력 접착제 어디에 있어?

A 강력 접착제? 너 지금 농담하니?

정답 Step 1 4 not gonna like it if 5 gonna like it if Step 2 4 gonna like it if 5 gonna like it if

확인학습

문제를 풀며 오늘 배운 표현을 완벽히 내 것으로 만드세요.

A | 영화 속 대화를 완성해 보세요.

REMY　He doesn't ❶............................ me, but I can be ❷............................
around him.
날 잘 이해하지 못하지만, 형 앞에서는 내 모습을 숨기지 않아도 된다.

EMILE　Why are you ❸............................ like that? 왜 그렇게 걷는 거야?

REMY　I don't want to ❹............................ have to wash my paws.
Do you ever think about how we walk on the same paws
that we ❺............................ food with? You ever think about
what we put into our mouths? 앞발을 자꾸 씻기 싫어서. 음식 만지는 발로
걸어 다닌다는 생각은 안 해 봤어? 우리 입에 어떤 걸 집어넣는지 생각해 보냐고?

EMILE　❻............................. 먹는 거는 항상 생각하지.

REMY　When I eat, I don't want to taste ❼............................ my
paws have been. 밥 먹을 때 내 발이 디뎠던 곳의 맛을 느끼고 싶지 않아.

EMILE　Well, go ahead. But if Dad sees you walking like that,
he's not gonna ❽.............................
뭐, 맘대로 해. 그런데 그렇게 걷는 걸 아빠가 보면 별로 안 좋아하실걸.

REMY　❾............................ there? 그 안에 뭐가 있는 거야?

REMY　You found CHEESE? And not just any cheese- Tomme De
Chevre de Pays! That would ❿............................ my
mushroom! And! And and and- 치즈를 발견한 거야? 그냥 치즈도 아니고
염소젖으로 만든 치즈네! 내가 찾은 버섯하고 정말 잘 어울리겠어! 그리고! 그리고 말이지…

정답 A

❶ understand
❷ myself
❸ walking
❹ constantly
❺ handle
❻ All the time
❼ everywhere
❽ like it
❾ What have you got
❿ go beautifully with

B | 다음 빈칸을 채워 문장을 완성해 보세요.

1　네가 이 일을 꾸미고 있다는 걸 그가 알면 별로 안 좋아할 거야.
　He's .... he finds out you're behind this.

2　네가 니나를 SNS에서 차단하면 걔 기분이 별로 안 좋을걸.
　Nina's .... you block her on social media.

3　반려동물이 있으면 정말 좋을 거야.
　You're .... you have a pet.

4　네가 편을 들어주면 그가 정말 좋아할 거야.
　He's .... you take his side.

5　나랑 여기서 살면 정말 좋을 거야.
　You're .... you live here with me.

정답 B

1　not gonna like it if
2　not gonna like it if
3　gonna like it if
4　gonna like it if
5　gonna like it if

21

In the Farmhouse Kitchen
농가 주방에서

레미는 버섯을 TV 안테나를 꼬챙이로 ^{skewer} 꿰고 굴뚝 위에서 바비큐 굽듯이 돌리고 있어요. 불향이 ^{smoky flavor} 골고루 ^{evenly} 배게 정성스럽게 요리하고 있는데 갑자기 번개가 쳐서 레미와 에밀이 지붕 아래로 떨어져요 ^{knock off the rooftop}. 위대한 작품은 우연한 실수로 탄생하기도 하는 법. 번개를 맞은 버섯은 환상적인 요리로 탈바꿈해요. 여기에 구스토도 인정한 ^{swear by} 사프란만 더하면 최고의 요리가 탄생할 것 같아요. 그래서 레미와 에밀은 사프란을 찾으러 할머니의 주방으로 몰래 들어가죠 ^{sneak into the kitchen}. 주방에서 레미는 태연하게 양념을 뒤지고 ^{rummage} 있지만 에밀은 할머니가 깨어날까 봐 ^{wake up} 초조해하고 ^{fret} 있어요. 이들이 할머니에게 들키지 않고 무사히 양념을 찾아낼 수 있을까요?

 **Warm Up!** 오늘 배울 표현   오늘 등장하는 표현들입니다. 어떤 표현이 들어가야 할지 생각해 보세요.

* **You've been here** ＿＿＿＿＿＿＿? 수백 번이나 왔다고?

* ＿＿＿＿＿＿＿, **saffron'll be just the thing.** 내가 장담하는데 사프란이 딱이라고.

* **Gusteau** ＿＿＿＿＿＿＿ **it.** 구스토도 확신하는 비법이지.

* ＿＿＿＿＿＿＿? 얘들은 왜 이렇게 오래 걸리는 거야?

EMILE
에밀

You've been here **a million times**?❶

수백 번이나 왔다고?

REMY
레미

I'm telling you, saffron'll be just the thing.❷ Gusteau **swears by** it.❸

내가 장담하는데 사프란이 딱이라고. 구스토도 확신하는 비법이지.

EMILE
에밀

Okay, who's Gusteau?

응, 구스토가 누군데?

REMY
레미

Just the greatest chef in the world. He wrote this cookbook.

세계 최고의 요리사야. 이 요리책도 썼어.

EMILE
에밀

Wait. you.... read?

잠깐. 너… 글도 읽을 수 있어?

REMY
레미

Well, not... excessively.

어, 완벽하게는… 아니고.

EMILE
에밀

Oh, man. Does dad know?

오, 맙소사. 아빠도 알아?

REMY
레미

You could fill a book– a lot of books– with things Dad doesn't know. And they have, which is why I read. Which is also our secret.

아빠가 모른 것만 따져도 책 수백 권은 쓸 수 있을 거야. 인간들은 많은 책을 썼지. 그래서 내가 책을 읽는 거야. 이것도 우리 비밀이야.

EMILE
에밀

I don't like secrets. All this cooking and reading and TV-watching while we read and cook. It's like you're involving me in crime. And I let you. Why do I let you?

난 비밀이 싫어. 이렇게 요리하고 책 읽고, TV 보고 하는 거 말이야. 내가 공범이 된 것 같잖아. 시키길래 나도 그러겠다고 했지. 내가 왜 그랬지?

DJANGO
장고

What's taking those kids so long?❹

얘들은 왜 이렇게 오래 걸리는 거야?

23

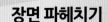
❶ **You've been here a million times?** 수백 번이나 왔다고?

숫자 뒤에 붙는 times는 '~번'이라는 뜻으로 횟수를 말할 때 쓰는 표현이에요. 그럼 a million times는 '백만 번'이란 뜻이 되니까 밥 먹듯이 많이 했다는 의미가 되죠. 또한 숫자 뒤에 붙는 times는 '몇 ~배'라는 뜻으로도 자주 쓴답니다. ten times (10배), a hundred times (100배)처럼 말이죠. 문맥에 따라 두 가지 뜻을 잘 구별해서 쓰셔야 합니다.

* I've watched the baby penguin video **a million times**. 새끼 펭귄 비디오를 수도 없이 봤다고요.
* I've told her the story **a million times**, but she never gets tired of it.
  그 이야기를 많이 해 줬는데도 그 애는 절대 싫증을 내지 않아요.

❷ **I'm telling you, saffron'll be just the thing.** 내가 장담하는데 사프란이 딱이라고.

I'm telling you는 자기 생각에 대해 100% 확신을 가지고 강하게 주장할 때 쓰는 표현이에요. '정말로 ~하다고', '내가 확실히 말해 두는데…' 정도로 해석할 수 있어요. 그리고 just the thing은 '단지 물건이다'가 아니라 '안성맞춤인 것', '꼭 필요한 것'이란 뜻이에요.

* **I'm telling you**, your son has potential to be a superstar.
  제가 장담하는데 아드님은 슈퍼스타가 될 잠재력이 있습니다.
* **I'm telling you**, I'm right here to protect you. 내가 확실히 여기에서 널 지켜 줄게.

❸ **Gusteau swears by it.** 구스토도 확신하는 비법이지.

swear by는 '확실히 신뢰하다', '정말 좋아하다'라는 뜻이에요. 특히 어떤 물건의 효능이나 유용함을 믿고 전폭적으로 지지하고 좋아한다는 의미를 담고 있는 표현이죠. 회화에서 swear는 I swear to God. 표현으로도 자주 활용하는데 이 말은 하나님께 맹세할 수 있을 정도로 자기 말이 옳다고 확신하는 의미예요. '내가 장담해', 혹은 '정말로 맹세해'라는 해석으로 알아 두세요.

* This is one of my favorite restaurants. I **swear by** their potato salad.
  여기는 내가 제일 좋아하는 식당 중의 하나예요. 감자샐러드가 정말 끝내줘요.
* My dad has been taking vitamin D for years. He **swears by** it.
  우리 아빠가 비타민D를 몇 년간 복용하셨어. 그 효과를 정말 신뢰하신다니까.

❹ **What's taking those kids so long?** 얘들은 왜 이렇게 오래 걸리는 거야?

〈What's taking + 사람 + so long?〉은 '~가 왜 이렇게 오래 걸리는 거지?'라는 뜻으로 생각보다 어떤 행동이 오래 걸린다며 살짝 불평하는 말이에요. 이때 take는 '(시간이) 걸리다'라는 의미가 있어요. 또한, 〈It takes + 사람 + so long + to 부정사〉 패턴은 '~가 …를 하는 데 시간이 오래 걸리다'라는 뜻이에요. 시간과 관련된 이 take 패턴들은 평소에 많이 사용하니까 뒤에서 자세하게 연습해 보세요.

★ 영화 속 패턴 익히기

24

영화 속 패턴 익히기

오늘 배운 장면에서 뽑은 핵심 패턴으로 다양한 표현을 만들어 보세요.

🎧 04-2.mp3

What's taking + 사람 + so long? ~가 왜 이렇게 오래 걸리는 거지?

Step 1 기본 패턴 연습하기

1 **What took you so long**? I've been waiting for ages. 왜 이렇게 오래 걸린 거야? 오랫동안 기다렸잖아.

2 I have no idea **what takes her so long**. 그녀가 왜 이렇게 오래 걸리는지 이유를 모르겠어.

3 Did you call Dr. Duke? **What's taking him so long**? 듀크 박사님께 전화 드렸어요? 왜 이렇게 오래 걸리시지?

4 _____? There are people waiting out here.
왜 이렇게 오래 걸리는 거니? 밖에 기다리는 사람들이 있어.

5 _____? Go check if he's still there.
얘는 왜 이렇게 오래 걸리는 거야? 아직 거기에 있는지 가서 확인해 봐.

Step 2 패턴 응용하기 | It takes + 사람 + so long + to 부정사

1 **It usually takes him so long to** get ready. 그는 준비하는 데 시간이 오래 걸려요.

2 **It didn't take her so long to** text him back. 그녀가 그에게 답신 문자를 보내는 데는 오래 걸리지 않았죠.

3 **It took him so long to** answer the tricky question. 까다로운 질문에 그가 대답하기까지 오랜 시간이 걸렸죠.

4 _____ put up the tent. 아이들이 텐트를 치는 데는 오랜 시간이 걸릴 거예요.

5 _____ write the first sentence. 그가 첫 문장을 쓰기까지는 오랜 시간이 걸렸어요.

Step 3 실생활에 적용하기

A 왜 이렇게 오래 걸린 거야? I've been waiting almost an hour.

B I'm so sorry. I couldn't just sneak out.

A Oh, I thought you were done with work.

A What took you so long? 거의 한 시간이나 기다리고 있었어.

B 정말 미안. 그냥 몰래 빠져나올 수가 없었어.

A 오, 난 네가 일이 다 끝난 줄 알았지.

정답 Step 1 4 What's taking you so long 5 What's taking him so long Step 2 4 It will take the kids so long to 5 It took him so long to

A │ 영화 속 대화를 완성해 보세요.

EMILE You've been here a million ❶_____? 수백 번이나 왔다고?

REMY ❷_____, saffron'll be just the thing. Gusteau ❸_____ it. 내가 장담하는데 사프란이 딱이라고, 구스토도 확신하는 비법이지.

EMILE Okay, who's Gusteau? 응, 구스토가 누군데?

REMY Just the ❹_____ chef in the world. He wrote this cookbook. 세계 최고의 요리사야. 이 요리책도 썼어.

EMILE Wait. you.... read? 잠깐. 너… 글도 읽을 수 있어?

REMY Well, not... ❺_____. 어, 완벽하게는… 아니고.

EMILE Oh, man. Does dad know? 오, 맙소사. 아빠도 알아?

REMY You could ❻_____ a book– a lot of books– with things Dad doesn't know. And they have, which is why I read. Which is also our ❼_____. 아빠가 모른 것만 따져도 책 수백 권은 쓸 수 있을 거야. 인간들은 많은 책을 썼지, 그래서 내가 책을 읽는 거야. 이것도 우리 비밀이야.

EMILE I don't like secrets. All this cooking and reading and TV-watching while we read and cook. It's like you're ❽_____ me in crime. And I ❾_____ you. Why do I let you? 난 비밀이 싫어. 이렇게 요리하고 책 읽고, TV 보고 하는 거 말이야. 내가 공범이 된 것 같잖아. 시키길래 나도 그러겠다고 했지. 내가 왜 그랬지?

DJANGO What's ❿_____ those kids so long? 얘들은 왜 이렇게 오래 걸리는 거야?

B │ 다음 빈칸을 채워 문장을 완성해 보세요.

1 왜 이렇게 오래 걸린 거야? 오랫동안 기다렸잖아.
_____? I've been waiting for ages.

2 듀크 박사님께 전화 드렸어요? 왜 이렇게 오래 걸리시지?
Did you call Dr. Duke? _____?

3 왜 이렇게 오래 걸리는 거니? 밖에 기다리는 사람들이 있어.
_____? There are people waiting out here.

4 그는 준비하는 데 시간이 오래 걸려요.
_____ get ready.

5 그녀가 그에게 답신 문자를 보내는 데는 오래 걸리지 않았죠.
_____ text him back.

Run! The Old Lady's Awake!
도망가! 할머니가 깨어났어!

사프란을 발견하고^{spot} 기쁜 것도 잠시, 레미는 TV에서 구스토가 생을 마감했다는 충격적인^{shocking} 소식을 들어요. 이때 갑자기 TV가 꺼지더니 잠에서 깬^{awake} 할머니가 엽총으로^{shotgun} 레미와 에밀을 겨냥하고 긴박한 추격전이 이어집니다. 몇 차례 발사 후 갑자기 천장이 갈라지더니 쥐 수백 마리가 바닥에 떨어지고 할머니는 깜짝 놀랍니다^{freak out}. 쥐들은 마치 훈련이라도 한 듯 능숙하게^{with proficiency} 농가를 벗어나 냇가에 숨겨둔 배를 타고 탈출하지만^{make escape} 레미는 구스토의 요리책을 가지고 나오느라 많이 뒤처졌어요. 레미는 할머니의 총알 세례를 간신히 피해서 하수관으로^{sewer} 진입하는데 잠시 후 거대한 폭포를^{massive waterfall} 만나 급류 아래로 추락하고 말아요.

 **Warm Up!** 오늘 배울 표현 오늘 등장하는 표현들입니다. 어떤 표현이 들어가야 할지 생각해 보세요.

* _____ the old lady is a food lover. 저 할머니가 미식가인 게 정말 다행이네.

* You must be imaginative, _____. 요리를 하려면 상상력이 풍부하고, 의지가 강해야 해요.

* And you _____ let anyone define your limits because of where you come from. 다른 사람들이 당신의 출신 배경 때문에 한계를 규정하도록 하지 마세요.

* It was a severe blow to Gusteau, and the broken-hearted Chef died shortly afterward, _____, according to tradition, _____ the loss of another star.
그에게는 큰 충격이었죠. 상심한 구스토는 얼마 지나지 않아 사망했고, 전례에 따라 별을 또 하나 잃게 되었습니다.

27

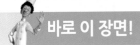
REMY
레미

Ah. L'Aquila saffron. Italian. Huh? Gusteau says it's excellent. **Good thing** the old lady is a food lov—❶

아. 라퀼라 사프란이네. 이태리산. 어? 구스토가 최고라고 했던 거야. 저 할머니가 미식가인 게 정말 다행이네…

GUSTEAU
구스토

Forget mystique. This is about your cooking.

신비한 건 필요 없어요. 여러분의 요리니까요.

REMY
레미

–hey! That's Gusteau! Emile, look—

어이! 저분이 구스토야! 에밀, 잘 봐…

GUSTEAU
구스토

Great cooking is not for the faint of heart. You must be imaginative, **strong-hearted.** ❷ You must try things that may not work. And you **must not** let anyone define your limits because of where you come from. ❸ Your only limit is your soul. What I say is true, anyone can cook... But only the fearless can be great.

위대한 요리는 겁쟁이들은 할 수 없죠. 요리를 하려면 상상력이 풍부하고, 의지가 강해야 하며, 안 될 것 같은 것도 도전해 봐야 합니다. 다른 사람들이 당신의 출신 배경 때문에 한계를 규정하도록 하지 마세요. 당신의 유일한 한계는 본인의 정신뿐입니다. 내가 한 말은 사실이에요, 누구나 요리를 할 수 있어요… 그러나 용기 있는 자만이 위대한 요리사가 될 수 있습니다.

REMY
레미

Pure poetry.

완벽한 시군.

TV NARRATOR
해설가

But it was not to last. Gusteau's restaurant lost one of its five stars after a scathing review by France's top food critic Anton Ego.

하지만 이는 오래 가지 못했습니다. 프랑스 최고의 요리 평론가 안톤 이고에게 혹평을 받은 후 구스토 식당은 5개의 별 중 하나를 잃게 되었습니다.

TV NARRATOR
해설가

It was a severe blow to Gusteau, and the broken-hearted Chef died shortly afterward, **which**, according to tradition, **meant** the loss of another star.❹

그에게는 큰 충격이었죠. 상심한 구스토는 얼마 지나지 않아 사망했고, 전례에 따라 별을 또 하나 잃게 되었습니다.

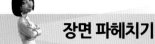
❶ Good thing the old lady is a food lover. 저 할머니가 미식가인 게 정말 다행이네.

Good thing ~은 '~해서 다행이야', '~해서 잘 됐어'라는 뜻으로 어떤 상황을 긍정적으로 생각하는 말이에요. It's a good thing that ~을 줄여서 쓴 표현인데 회화에서는 이렇게 줄여서 쓰는 게 좋아요. Good thing 뒤에는 '주어 + 동사'의 문장 형태를 써 주세요.

* It's a **good thing** that we have a backup file. 우리가 백업 파일이 있어서 다행이야.
* **Good thing** that you cancelled the trip before the snowstorm.
  눈보라가 치기 전에 여행을 취소해서 다행이군.

❷ You must be imaginative, strong-hearted. 요리를 하려면 상상력이 풍부하고, 의지가 강해야 해요.

심장(heart)이 우리의 마음을 대변하는 신체 기관이라서 그런지 '형용사-hearted'는 사람의 성향이나 성격을 간단히 묘사하는 표현이에요. heavy-hearted (침울한), warm-hearted (마음이 따뜻한), cold-hearted (인정 없는), tender-hearted (마음씨가 고운), broken-hearted (상심한) 등과 같이 여러 형용사를 활용해서 다양한 응용 단어를 만들어 낼 수 있어요.

* I'm very **heavy-hearted** to announce that our best friend, Fred, is going to leave us.
  우리의 친구 프레드가 떠난다는 말을 하게 되어서 마음이 무겁네요.
* I hope my son grows up to be a **warm-hearted** man like you.
  우리 아들이 당신처럼 마음이 따뜻한 사람이 되면 좋겠어요.

❸ And you must not let anyone define your limits because of where you come from.
다른 사람들이 당신의 출신 배경 때문에 한계를 규정하도록 하지 마세요.

must와 같은 조동사들은 부정형을 만들 때 don't이 아닌 not을 붙여야 합니다. You must not ~은 '~하지 말아야 해', '~를 해서는 안 돼'라는 뜻으로 상대방에게 어떤 행동을 하지 말라고 강하게 명령할 때 쓰는 표현이에요.

* You **must not** patronize me. 절 동정하지 마세요.
* You **must not** get a brand-new phone yet. 아직 새 휴대폰을 사면 안 돼요.

❹ It was a severe blow to Gusteau, and the broken-hearted Chef died shortly afterward, which, according to tradition, meant the loss of another star.
그에게는 큰 충격이었죠. 상심한 구스토는 얼마 지나지 않아 사망했고, 전례에 따라 별을 또 하나 잃게 되었습니다.

, which means는 앞에서 언급한 것이 어떤 의미인지 다시 부연해서 말하고자 할 때 쓰는 표현이에요. '그게 말이지', '이 말은 ~하다는 거예요'처럼 문장을 연결해 주는 양념 같은 해석을 붙이는 게 좋아요. which is 역시 앞에서 언급한 내용이나 어떤 특정 단어에 대해 구체적으로 설명을 덧붙일 때 쓰는 표현이에요. 부연 설명을 할 때는 which 앞에 콤마(,)를 찍어 주세요.

★ 영화 속 패턴 익히기

오늘 배운 장면에서 뽑은 핵심 패턴으로 다양한 표현을 만들어 보세요.

🎧 05-2.mp3

, which means ~ 이 말은 ~한다는 거예요.

Step 1 기본 패턴 연습하기

1 The guys refused to cooperate, **which means** we don't need to be nice to them.
그 사람들이 협조하지 않기로 했어요. 이 말은 우리가 그들에게 잘해 줄 필요가 없다는 거죠.

2 Everybody knows you're with me, **which means** they'll be here in a moment.
다들 네가 나와 함께 있다는 것을 알고 있어. 이 말은 그들이 곧 여기에 들이닥칠 거란 거지.

3 No one can beat us, **which means** we're the champions!
아무도 우리를 이길 수 없어. 이 말은 우리가 챔피언이란 거지!

4 Their leader is going to resign, ＿＿＿＿＿＿＿＿＿ it's our chance to win.
그쪽 지도자가 사임할 거예요. 이 말은 이제 우리가 승리할 기회를 잡았다는 거죠.

5 The light is on, ＿＿＿＿＿＿＿＿＿ the power's back on. 불이 켜졌어. 이 말은 전기가 다시 들어왔다는 거지.

Step 2 패턴 응용하기 , which is ~

1 The finalists are going to receive a grand prize, **which is** a brand-new cell phone.
결승 진출자들은 부상을 받게 되는데요, 바로 최신 휴대폰입니다.

2 Mr. Dean is going to step down, **which is** why I'm leaving too.
딘 선생님이 그 자리에서 내려가실 거예요. 그래서 저도 떠나는 거예요.

3 It began raining as we were driving, **which was** the last thing I wanted.
우리가 운전하기 시작했을 때 비가오기 시작했어. 그런데 그건 정말 원하지 않던 거야.

4 She intended to trap the mouse in the box, ＿＿＿＿＿＿＿＿＿ a bad idea.
그녀는 쥐를 상자 안에 가두려고 했지. 근데 그게 안 좋은 생각이었던 거야.

5 He's donating one million dollars to help the children, ＿＿＿＿＿＿＿＿＿ not
surprising to us. 그가 아이들을 돕기 위해서 백만 달러를 기부한다는데. 그건 우리에게 그렇게 놀라운 일도 아니에요.

Step 3 실생활에 적용하기

A 오늘은 7월 20일이야. 이 말은… 우리 결혼
10주년이라는 거지!

B Oh, I totally forgot. I have to fly to
London this afternoon.

A How did you forget our anniversary?

A Today's July 20th, which means... it's
our 10th anniversary!

B 오, 완전히 잊고 있었네. 나 오늘 오후에 런던에
가야 해.

A 어떻게 우리 기념일을 잊어버릴 수 있어?

정답 Step 1 4 which means 5 which means Step 2 4 which was 5 which is

A | 영화 속 대화를 완성해 보세요.

REMY
Ah. L'Aquila saffron. Italian. Huh? Gusteau says it's
❶ _____. ❷ _____ the old lady is a
food lov— 아. 라퀼라 사프란이네. 이태리산. 어? 구스토가 최고라고 했던 거야. 저
할머니가 미식가인 게 정말 다행이네…

GUSTEAU
❸ _____ mystique. This is about your cooking.
신비한 건 필요 없어요. 여러분의 요리니까요.

REMY
–hey! That's Gusteau! Emile, look— 어이! 저분이 구스토야! 에밀, 잘 봐…

GUSTEAU
Great cooking is not for the ❹ _____ of heart. You
must be ❺ _____, ❻ _____. You must
try things that may not work. And ❼ _____
let anyone define your limits because of where you
come from. Your only limit is your soul. What I say
is true, anyone can cook... But only the fearless can
be great. 위대한 요리는 겁쟁이들은 할 수 없죠. 요리를 하려면 상상력이 풍부하고, 의지가
강해야 하며, 안 될 것 같은 것도 도전해 봐야 합니다. 다른 사람들이 당신의 출신 배경 때문에 한계를
규정하도록 하지 마세요. 당신의 유일한 한계는 본인의 정신뿐입니다. 내가 한 말은 사실이에요, 누구나
요리를 할 수 있어요… 그러나 용기 있는 자만이 위대한 요리사가 될 수 있습니다.

REMY
Pure poetry. 완벽한 시군.

TV NARRATOR
But it was not to last. Gusteau's restaurant lost one of its
five stars after a ❽ _____ review by France's
top food critic Anton Ego. 하지만 이는 오래 가지 못했습니다. 프랑스 최고의
요리 평론가 안톤 이고에게 혹평을 받은 후 구스토 식당은 5개의 별 중 하나를 잃게 되었습니다.

TV NARRATOR
It was a severe ❾ _____ to Gusteau, and the
broken-hearted Chef died shortly afterward, which,
according to tradition, meant the ❿ _____ of
another star. 그에게는 큰 충격이었죠. 상심한 구스토는 얼마 지나지 않아 사망했고,
전례에 따라 별을 또 하나 잃게 되었습니다.

정답 A

❶ excellent
❷ Good thing
❸ Forget
❹ faint
❺ imaginative
❻ strong-hearted
❼ you must not
❽ scathing
❾ blow
❿ loss

B | 다음 빈칸을 채워 문장을 완성해 보세요.

1 다들 네가 나와 함께 있다는 것을 알고 있어. 이 말은 그들이 곧 여기에 들이닥칠 거란 거지.
Everybody knows you're with me, _____ they'll be here in a moment.

2 아무도 우리를 이길 수 없어. 이 말은 우리가 챔피언이란 거지!
No one can beat us, _____ we're the champions!

3 불이 켜졌어. 이 말은 전기가 다시 들어왔다는 거지.
The light is on, _____ the power's back on.

4 우리가 운전하기 시작했을 때 비가오기 시작했어. 그런데 그건 정말 원하지 않던 거야.
It began raining as we were driving, _____ the last thing I wanted.

5 그녀는 쥐를 상자 안에 가두려고 했지. 근데 그게 안 좋은 생각이었던 거야.
She intended to trap the mouse in the box, _____ a bad idea.

정답 B

1 which means
2 which means
3 which means
4 which was
5 which was

급류에서 ^{rapids} 겨우 목숨을 구한 레미는 몸이 흠뻑 젖어 ^{soaked} 매우 지친 ^{exhausted} 모습이에요. 얼마 후 간신히 기력을 회복하고 구스토의 요리책을 읽고 있는데 갑자기 구스토의 그림이 ^{illustration} 살아나 ^{come to life} 레미에게 말을 걸어요. 그는 레미를 위로하며 과거에만 집착하지 말고 올라가서 주위를 둘러보라는 ^{look around} 조언을 해요. 이 말을 들고 레미는 건물 이곳저곳을 기어 다니며 마침내 지붕 위에 올라가는데… 그의 눈앞에는 숨이 멎을 정도로 ^{breathtaking} 황홀한 ^{gorgeous} 파리의 야경이 펼쳐져 있어요. 그리고 바로 몇 블록 너머에는 레미가 존경하는 구스토의 식당이 자리하고 있어요. 설마 이게 꿈은 아니겠죠?

Warm Up! 오늘 배울 표현

오늘 등장하는 표현들입니다. 어떤 표현이 들어가야 할지 생각해 보세요.

* Ah... but that ⬚⬚⬚⬚⬚⬚⬚ wishful thinking. 아… 그래도 희망을 갖는 게 제일 좋은 거야.

* If you focus on what you've ⬚⬚⬚⬚⬚⬚ you will never be able to see what lies ahead. 과거에만 집착하면 미래를 내다볼 수 없어.

* If you focus on what you've left behind you ⬚⬚⬚⬚⬚⬚⬚ see what lies ahead. 과거에만 집착하면 미래를 내다볼 수 없어.

* Food always comes to ⬚⬚⬚⬚⬚⬚ love to cook. 요리를 좋아하는 사람들에게는 항상 음식이 찾아온단다.

GUSTEAU
구스토

Well, you just lost your family. All your friends. You are lonely.

넌 방금 가족하고 헤어졌잖아. 친구들도 말이야. 넌 외로운 거야.

REMY
레미

Yeah, well, you're dead.

그래요. 그런데 당신은 죽었잖아요.

GUSTEAU
구스토

Ah... but that **is no match for** wishful thinking. ❶ If you focus on what you've **left behind** you **will never be able to** see what lies ahead. ❷, ❸ Now go up and look around.

아… 그래도 희망을 갖는 게 제일 좋은 거야. 과거에만 집착하면 미래를 내다볼 수 없어. 올라가서 주위를 둘러봐.

GUSTEAU
구스토

What are you doing?!!

뭐 하는 짓이야?!!

REMY
레미

I'm hungry! I don't know where I am and I don't know when I'll find food again...

배고파요! 내가 어디에 있는지도 모르겠고 언제 다시 음식을 찾을 수 있을지도 모른다고요…

GUSTEAU
구스토

Remy. You are better than that. You are a cook! A cook makes. A thief takes. You are not a thief.

레미. 넌 그런 짓을 할 아이가 아니잖니. 넌 요리사야! 요리사는 창조를 하는 거야. 훔치는 건 도둑이나 하는 거라고. 넌 도둑이 아니야.

REMY
레미

But I am hungry...

하지만 배고파요…

GUSTEAU
구스토

Food will come, Remy. Food always comes to **those who** love to cook... ❹

조만간 음식이 나타날 거야. 레미. 요리를 좋아하는 사람들에게는 항상 음식이 찾아온단다…

장면 파헤치기

구문 설명과 예문으로 이 장면의 핵심 표현을 완벽히 이해하세요.

❶ Ah... but that is no match for wishful thinking. 아… 그래도 희망을 갖는 게 제일 좋은 거야.

be no match for ~는 '~를 당해 낼 수는 없다', '~의 적수가 되지 못한다'라는 뜻으로 '~가 최고이다'라는 의미예요. 그리고 wishful thinking은 '희망을 담은 생각' 즉 '긍정적으로 생각하기'라는 뜻입니다. 이 대사를 직역하면 '긍정적인 생각에는 적수가 없다', 즉 '긍정적인 생각이 최고야'라는 뜻입니다.

* Look at his huge arms. You **are no match for** him. 저 사람 팔뚝을 봐. 넌 적수가 안돼.
* Even though we **are no match for** them, I want to fight to the end.
  우리가 그들을 당해 낼 수 없더라도 난 끝까지 싸울 겁니다.

❷ If you focus on what you've left behind you will never be able to see what lies ahead. 과거에만 집착하면 미래를 내다볼 수 없어.

leave behind는 '뒤에 남겨 두다'라는 뜻인데 이 대사에서는 '과거'를 의미하는 말이에요. 반대로 lie ahead는 '앞에 놓여 있다'라는 뜻으로 '미래'를 의미하는 말이죠. 저는 이 대사가 너무 감동적이라 여러 번 적으면서 머릿속에 저장해 두었어요. 여러분도 마음에 와닿는 영어 대사를 발견한다면 저처럼 암기해 보세요. 영어 공부에 도움이 될 뿐만 아니라 내 인생의 명언이 될 수도 있으니까요.

* Why do you care so much about what you **left behind**? 왜 과거에 그렇게 집착하는 거야?
* The boxer wants to **leave behind** a legacy. 그 복싱 선수는 유산을 남기고 싶어 해요.

❸ If you focus on what you've left behind you will never be able to see what lies ahead. 과거에만 집착하면 미래를 내다볼 수 없어.

You'll never be able to ~는 '결코 ~를 할 수 없을 거야'라는 뜻으로 상대방이 실패할 것을 장담하는 표현이에요. 반대로 You'll be able to ~는 '넌 ~를 할 수 있어'라는 의미로 상대방이 어떤 일을 해낼 능력이 충분히 있다고 확신하는 표현이죠. You'll은 [유 윌]이라고 명확하게 발음하지 말고 [유을]과 같이 살짝 흘리면서 발음해 주세요.

★ 영화 속 패턴 읽기

❹ Food always comes to those who love to cook. 요리를 좋아하는 사람들에게는 항상 음식이 찾아온단다.

those who ~는 '~한 사람들'이란 뜻으로 자주 쓰는 표현이에요. 이때 those는 that의 복수형이 아니라 일반 사람들을 지칭하는 대명사입니다.

* I don't want to work with **those who** don't understand me.
  나를 이해하지 못하는 사람들과는 함께 일하고 싶지 않아.
* She wanted to finish the race for **those who** have been so kind to her.
  그녀는 자신에게 친절을 베풀었던 사람들을 위해 경기를 완주하고 싶었어요.

🎧 06-2.mp3

will never be able to ~
결코 ~를 할 수 없을 거야.

Step 1 기본 패턴 연습하기

1 You **will never be able to** fly again. 넌 다시 날 수 없을 거야.

2 You**'ll never be able to** buy these shoes in another store. 다른 가게에서 이런 신발을 살 수 없을 거예요.

3 They **will never be able to** find the hidden treasure. 그들은 숨겨진 보물을 찾을 수 없을 거야.

4 I know I _____ return to work. 다시 일터로 돌아갈 수 없다는 거 알아요.

5 They _____ stop his plan. 그들은 그의 계획을 막을 수 없을 거예요.

Step 2 패턴 응용하기 | will be able to ~

1 We **will be able to** figure out what that means. 우리는 그게 무슨 의미인지 파악할 수 있을 거예요.

2 Are you sure we **will be able to** control the train remotely? 정말로 기차를 원격 조종할 수 있을까요?

3 She **will be able to** play solo anytime. She's ready. 그녀는 언제든 혼자 잘 할 수 있어요. 준비된 사람입니다.

4 You _____ play with Daddy very soon. 아빠와 곧 놀 수 있을 거야.

5 Once I'm done with this work, I _____ spend more time with her.
이 일을 끝내면 그녀와 더 많은 시간을 보낼 수 있을 거예요.

Step 3 실생활에 적용하기

A I broke up with Eddie. I thought he was the one for me.	A 나 에디와 헤어졌어. 그 사람이 나의 반쪽이라고 생각했었는데.
B I'm so sorry to hear that.	B 정말 안됐다.
A This is it. 난 다시는 사랑할 수 없을 거야.	A 이제 다 끝났어. I will never be able to love again.

정답 Step 1 4 will never be able to 5 will never be able to Step 2 4 will be able to 5 will be able to

A | 영화 속 대화를 완성해 보세요.

GUSTEAU   Well, you just lost your family. All your friends. You are
① _____. 넌 방금 가족하고 헤어졌잖아. 친구들도 말이야. 넌 외로운 거야.

REMY   Yeah, well, you're ② _____. 그래요. 그런데 당신은 죽었잖아요.

GUSTEAU   Ah... but that is no ③ _____ wishful thinking.
If you focus on what you've ④ _____ you will
never be able to see what ⑤ _____. Now go up
and look around. 아… 그래도 희망을 갖는 게 제일 좋은 거야. 과거에만 집착하면
미래를 내다볼 수 없어. 올라가서 주위를 둘러봐.

GUSTEAU   What are you doing?!! 뭐 하는 짓이야?!!

REMY   I'm ⑥ _____! I don't know ⑦ _____ I am
and I don't know when I'll find food again...
배고파요! 내가 어디에 있는지도 모르겠고 언제 다시 음식을 찾을 수 있을지도 모른다고…

GUSTEAU   Remy. You are ⑧ _____ than that. You are a cook!
A cook makes. A thief ⑨ _____. You are not a
thief. 레미. 넌 그런 짓을 할 아이가 아니잖니. 넌 요리사야! 요리사는 창조를 하는 거야. 훔치는 건
도둑이나 하는 거라고. 넌 도둑이 아니야.

REMY   But I am hungry... 하지만 배고파요…

GUSTEAU   Food will come, Remy. Food always comes to ⑩ _____
_____ love to cook...
조만간 음식이 나타날 거야. 레미. 요리를 좋아하는 사람들에게는 항상 음식이 찾아온단다…

정답 A
① lonely
② dead
③ match for
④ left behind
⑤ lies ahead
⑥ hungry
⑦ where
⑧ better
⑨ takes
⑩ those who

B | 다음 빈칸을 채워 문장을 완성해 보세요.

1   넌 다시 날 수 없을 거야.
You _____ fly again.

2   그들은 숨겨진 보물을 찾을 수 없을 거야.
They _____ find the hidden treasure.

3   다시 일터로 돌아갈 수 없다는 거 알아요.
I know I _____ return to work.

4   정말로 기차를 원격 조종할 수 있을까요?
Are you sure we _____ control the train remotely?

5   아빠와 곧 놀 수 있을 거야.
You _____ play with Daddy very soon.

정답 B
1 will never be able to
2 will never be able to
3 will never be able to
4 will be able to
5 will be able to

36

A New Garbage Boy

새로 온 쓰레기 담당

주방에서는 요리사들이 이리저리 분주하게^{bustle back and forth} 움직이며 세련된^{elaborate} 음식을 요리하고 있어요. 이때 키가 작고 비열하게 생긴^{nasty-looking} 주방장 스키너가 못마땅한^{annoyed} 표정으로 들어와요. 요리사 라루스가 구스토의 옛 연인이었던 레나타의 아들 링귀니를 소개해 주는데 스키너는 별로 관심이 없어요.^{disinterested} 링귀니는 볼품없는^{gawky} 몸에 헝클어진 대걸레같은^{unruly mop} 머리를 하고 있는데 얼핏 봐도 요리사의 모습은 아니에요. 자기 허락도 없이^{without permission} 링귀니를 식당에 채용했다는^{hire} 소식에 스키너는 불같이 화를 내지만^{outraged} 쓰레기 담당이란 말에 다행이라고 생각하고 억지로 미소를 지어 보여요.

 Warm Up! 오늘 배울 표현   오늘 등장하는 표현들입니다. 어떤 표현이 들어가야 할지 생각해 보세요.

* **She believed in heaven so she's... covered... you know.** _____.
  천국을 믿으셔서… 괜찮으실 거예요… 아시겠지만. 사후 세계의 관점으로 말이죠.

* **Well, we could file this, and if _____ opens up—**
  음, 이건 잘 보관하고 있다가 적절한 자리가 나면…

* **_____ it worked out.** 잘 돼서 다행이군.

* **I'm glad it _____.** 잘 돼서 다행이군.

LINGUINI
링귀니

Don't be. She believed in heaven so she's... covered... you know. **Afterlife-wise.** ❶
안 그러셔도 돼요. 천국을 믿으셔서… 괜찮으실 거예요… 아시겠지만. 사후 세계의 관점으로 말이죠.

SKINNER
스키너

What's this?
이게 뭐지?

LINGUINI
링귀니

She left it for you. I think she hoped it would help... me, you know, get a job... here…
전해 드리라고 하셨어요. 제게 도움이 될 거라고… 제가, 저, 취직하는데 말이죠… 여기서…

LAROUSSE
라루스

Of course, Gusteau wouldn't hesitate. Any son of Renata's is more than…
물론, 구스토 주방장님은 망설이지 않았을 거예요. 레나타의 어떤 아들이라도…

SKINNER
스키너

Yes. Well, we could file this, and if **something suitable** opens up— ❷
그래. 음, 이건 잘 보관하고 있다가 적절한 자리가 나면…

LAROUSSE
라루스

We've already hired him.
벌써 채용했어요.

SKINNER
스키너

What?! How dare you hire someone without my-
뭐라고?! 감히 내 허락도 없이 채용하다니…

HORST
홀스트

We needed a garbage boy.
쓰레기 처리하는 애가 필요했어요.

SKINNER
스키너

Oh. Garbage. Well...**I'm glad** it **worked out.** ❸ ❹
오, 쓰레기 담당이라. 그럼… 잘 돼서 다행이군.

38

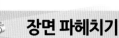
❶ **She believed in heaven so she's... covered... you know. Afterlife-wise.**
천국을 믿으셔서… 괜찮으실 거예요… 아시겠지만. 사후 세계의 관점으로 말이죠.

이 대사에 등장하는 wise는 '현명한'의 뜻이 아니에요. 특정한 영역과 관련해서 무언가를 설명하려고 할 때 -wise라는 표현을 쓸 수 있는데 '~와 관련해서', '~의 관점에서' 혹은 '~를 고려해서' 등 문맥에 맞게 다양한 해석을 할 수 있어요. 또한 wise는 방향을 나타내는 뜻으로도 자주 쓰이는데 clockwise (시계 방향), counter-clockwise (반시계 방향), lengthwise (세로 방향으로)처럼 활용할 수 있답니다.

* **Moneywise**, you don't need to worry about a thing. 돈에 관해서라면 전혀 걱정하지 않아도 돼.
* **Temperature wise**, today was the hottest day so far. 기온을 보면 오늘이 가장 더운 날이었어요.

❷ **Well, we could file this, and if something suitable opens up—**
음, 이건 잘 보관하고 있다가 적절한 자리가 나면…

형용사가 명사를 수식할 때는 명사 앞에 위치하는 게 정석이죠. beautiful flowers (아름다운 꽃), suitable job (알맞은 직업)처럼 말이죠. 하지만 something, anything, nothing과 같이 -thing이 붙은 단어를 수식할 때는 형용사가 반드시 뒤에 있어야 해요. 그래서 이 대사에서도 suitable something이라고 하지 않고 something suitable이라고 한 거예요.

* I smell **something great**. What are you cooking? 냄새 좋은데. 무슨 요리하는 거야?
* This Christmas, my daughter wants **something different**.
  이번 크리스마스에 우리 딸은 뭔가 색다른 걸 원해요.

❸ **I'm glad it worked out.** 잘 돼서 다행이군.

I'm glad ~는 '~하다니 기쁘네요', '~해서 다행이에요'라는 뜻으로 기쁜 감정을 표현할 때 문장 맨 앞에 붙이는 말이에요. I'm glad 뒤에는 어떤 일로 기쁜지 이유를 쓰면 되는데 보통 '주어 + 동사'의 문장 형태나 'to 부정사'의 형태를 사용한답니다.

★ 영화 속 패턴 익히기

❹ **I'm glad it worked out.** 잘 돼서 다행이군.

work out은 '일이 잘 진행되다', '원만하게 해결되다'라는 의미예요. 또한 exercise처럼 '운동을 하다'라는 뜻도 있어요. 이 대사는 대화에서 자주 사용하는 경우가 많으니까 입에 착 붙을 수 있도록 문장 전체를 암기해 두세요.

* I'm so frustrated. Nothing **worked out** as we planned.
  당황스럽네요. 우리가 계획한 대로 진행된 게 하나도 없잖아요.
* Before **working out**, you need to have a proper stretch. 운동하기 전에 스트레칭을 제대로 해야 합니다.

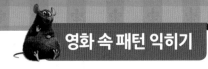
오늘 배운 장면에서 뽑은 핵심 패턴으로 다양한 표현을 만들어 보세요.

🎧 07-2.mp3

I'm glad ~   ~하다니 기쁘네요.

Step 1 기본 패턴 연습하기

1   **I'm glad** you are home. 집에 오셔서 기쁘네요.

2   **I'm glad** it's in stock. I'll get it for you. 재고가 있어서 다행이에요. 가져다 드릴게요.

3   **I'm glad** we're taking the same class. 우리가 같은 수업을 듣게 되어 기쁘네요.

4   .... you didn't show the damaged part to him.
그에게 파손된 부분을 보여 주지 않아서 다행이군.

5   .... you're feeling much better. 기분이 좋아졌다니 다행이야.

Step 2 패턴 응용하기 | I'm glad to ~

1   **I'm glad to** hear you're doing well in your new place. 새 집에서 잘 지낸다니 다행이야.

2   **I'm so glad to** help you out with this. 이렇게 당신을 도와줄 수 있어서 다행이에요.

3   **I'm glad to** meet you at last. 드디어 당신을 만나게 되어 정말 기뻐요.

4   .... do something nice for you. 당신을 위해 뭔가 좋은 일을 할 수 있어 다행이에요.

5   .... make a new friend. 새 친구를 사귀게 되어서 기뻐요.

Step 3 실생활에 적용하기

A   Oh, you came. 잘 찾아와서 다행이네.

B   Thank you for having us. This is my wife, Julie.

A   Nice to meet you.

A   왔구나. I'm glad you made it.

B   초대해 줘서 고마워. 여기는 내 와이프, 줄리.

A   반가워요.

정답   Step 1 4 I'm glad 5 I'm glad   Step 2 4 I'm glad to 5 I'm glad to

확인학습

문제를 풀며 오늘 배운 표현을 완벽히 내 것으로 만드세요.

A | 영화 속 대화를 완성해 보세요.

LINGUINI Don't be. She believed in ❶............................ so she's... covered... you know. ❷............................ .

안 그러셔도 돼요. 천국을 믿으셔서… 괜찮으실 거예요… 아시겠지만. 사후 세계의 관점으로 말이죠.

SKINNER What's this? 이게 뭐지?

LINGUINI She ❸............................ it for you. I think she hoped it would help... me, you know, ❹............................... here...

전해 드리라고 하셨어요. 제게 도움이 될 거라고… 제가, 저, 취직하는데 말이죠… 여기서…

LAROUSSE Of course, Gusteau wouldn't ❺............................ . Any son of Renata's is more than...

물론, 구스토 주방장님은 망설이지 않았을 거예요. 레나타의 어떤 아들이라도…

SKINNER Yes. Well, we could ❻............................ this, and if something ❼............................ opens up—

그래. 음, 이건 잘 보관하고 있다가 적절한 자리가 나면…

LAROUSSE We've already ❽............................ him. 벌써 채용했어요.

SKINNER What?! How ❾............................ you hire someone without my- 뭐라고?! 감히 내 허락도 없이 채용하다니…

HORST We needed a garbage boy. 쓰레기 처리하는 애가 필요했어요.

SKINNER Oh. Garbage. Well... ❿............................ it worked out.

오, 쓰레기 담당이라. 그럼… 잘 돼서 다행이군.

정답 A

❶ heaven
❷ Afterlife-wise
❸ left
❹ get a job
❺ hesitate
❻ file
❼ suitable
❽ hired
❾ dare
❿ I'm glad

B | 다음 빈칸을 채워 문장을 완성해 보세요.

1 집에 오셔서 기쁘네요.

.... you are home.

2 재고가 있어서 다행이에요. 가져다 드릴게요.

.... it's in stock. I'll get it for you.

3 기분이 좋아졌다니 다행이야.

.... you're feeling much better.

4 드디어 당신을 만나게 되어 정말 기뻐요.

.... meet you at last.

5 새 친구를 사귀게 되어서 기뻐요.

.... make a new friend.

정답 B

1 I'm glad
2 I'm glad
3 I'm glad
4 I'm glad to
5 I'm glad to

Remy Fixed the Soup

레미, 수프를 살리다

레미는 요리사들의 멋진 모습을 완전히 몰입해서^{rapt} 바라보고 있어요. 그런데 링귀니가 수프를 바닥에 쏟고^{knock over} 무턱대고 이상한 양념을 집어넣는 장면을 목격해요. 레미는 그 모습에 경악해요.^{aghast} 그때 갑자기 채광창이^{skylight} 열리면서 주방으로 떨어지고 말아요. 레미는 들키지 않으려고^{not to be seen} 정신없이 도망 다니다가 창문이 열려 있는 것을 발견해요.^{spot} 창문으로 탈출하려는 순간 링귀니가 만든 수프의 역한^{disgusting} 냄새를 맡고 도저히 그냥 지나칠 수 없어요. 본능적으로^{instinctively} 여러 양념을 집어넣으며 수프를 살리고 있는데^{fix the soup}… 갑자기 링귀니와 눈이 마주쳐요. 당황한 링귀니가 채반을 덮어씌워서 레미를 가두고^{trap} 이 상황을 오해한 주방장 스키너는 감히 쓰레기 청소 담당이 요리를 한 거냐며 노발대발합니다. 이 난리 통에 웨이터는 수프를 들고 식당으로 나가 버려요.

Warm Up! 오늘 배울 표현

오늘 등장하는 표현들입니다. 어떤 표현이 들어가야 할지 생각해 보세요.

* ⬚⬚⬚⬚⬚⬚⬚⬚⬚ cook in my kitchen! 내 주방에서 감히 요리를 하다니!

* ⬚⬚⬚⬚⬚⬚⬚⬚⬚⬚⬚ even attempt something so monumentally idiotic?
  그렇게 무식한 짓을 할 배짱은 어디서 나온 거야?

* I think the law ⬚⬚⬚⬚⬚⬚! 법도 내 편이야!

* What are you ⬚⬚⬚⬚⬚⬚ about?! 뭐라고 중얼거리는 거야?!

SKINNER
스키너

You are COOKING? **How dare you** cook in my kitchen!❶

네가 요리한 거냐? 내 주방에서 감히 요리를 하다니!

SKINNER
스키너

Where do you get the gall to even attempt something so monumentally idiotic?❷ I should have you drawn and quartered! I'll do it! I think the law **is on my side!**❸ Larousse! Draw and quarter this man! AFTER you put him in the duck press to squeeze the fat out of his head.

그렇게 무식한 짓을 할 배짱은 어디서 나온 거야? 널 교수형에 처할 테야! 그러고 말겠어! 법도 내 편이야! 라루스! 이놈을 교수형 시켜! 착즙기에 넣고 머리에서 기름을 짜내라고.

LINGUINI
링귀니

Oh, no... no no, ohhhh nooo—

오, 안 돼… 안 돼요, 오오 안 돼….

SKINNER
스키너

What are you **blathering** about?!❹

뭐라고 중얼거리는 거야?!

LINGUINI
링귀니

-but don't let- th– sou... soup–!

저 수… 수프를 막아야…!

SKINNER
스키너

Soup...? STOP THAT SOUP! Noooo!

수프…? 저 수프를 막아! 안 돼!

43

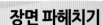
❶ How dare you cook in my kitchen! 내 주방에서 감히 요리를 하다니!

스키너가 링귀니에게 매우 화가 난 모양이에요. 이처럼 How dare you ~는 '감히 ~하다니'라는 뜻으로 상대방에게 불같이 화를 낼 때 쓰는 표현인데 나보다 나이가 어리거나 사회적인 지위가 낮은 사람을 얕잡아 보며 하는 말이랍니다. dare가 들어간 표현 중에서 Don't you dare ~ 역시 회화에서 자주 쓰는데 '~하기만 해 봐!'라며 상대방에게 강하게 경고하는 말이에요.

★ 영화 속 패턴 익히기

❷ Where do you get the gall to even attempt something so monumentally idiotic?
그렇게 무식한 짓을 할 배짱은 어디서 나온 거야?

the gall은 '뻔뻔함', '배짱'이란 뜻이에요. Where do you get the gall to ~?는 '어디서 뻔뻔하게 ~하고 그래?', '무슨 배짱으로 ~하는 거야?'라는 의미로 상대방의 행동이 매우 불쾌해서 따지듯이 하는 말이에요. 의문문이지만 상대의 대답을 들으려고 하는 게 아니라 못마땅한 심경을 그대로 표출하는 말이죠. monumentally는 '엄청나게', '어처구니가 없을 정도로'라는 의미로 부정적인 단어를 강조할 때 쓰는 표현이에요.

* I don't **have the gall to** tell the doctors what to do. 의사 선생님들에게 어떻게 하라고 말할 용기가 없어요.
* **Where did you get the gall to** blame our coach? 우리 코치 선생님을 비난할 배짱은 도대체 어디서 나온 거죠?

❸ I think the law is on my side! 법도 내 편이야!

'법이 내 옆에 있다'는 말은 '법도 내 편이다'라는 의미가 되겠죠? 이렇게 be on one's side는 '~의 편을 들다', '~를 지지하다'라는 뜻이에요. on one's side는 단어 그대로의 뜻을 살려 '옆으로', '옆쪽으로'라고도 자주 쓴답니다. Stand on my side. '내 옆에 서도록 해'나 I sleep on my side. '나는 옆으로 누워서 자요'처럼 활용할 수 있어요.

* We're **on your side** no matter what they say. 그들이 뭐라고 해도 우리는 네 편이야.
* How could you **be on her side**? You should've supported me.
  어떻게 그녀의 편을 들 수 있어? 날 지지해 줘야 했잖아.

❹ What are you blathering about?! 뭐라고 중얼거리는 거야?!

'뭐라고 지껄이는 거야?'라는 의미로 상대방이 한 말에 투덜거리며 화를 표출하는 말이에요. 앞에서 배운 How dare you ~처럼 상대방을 얕잡아 보는 태도가 담긴 말이니 조심해서 사용하셔야 해요. blather는 '(쓸데없는 말을) 지껄이다'라는 뜻의 동사이지만 '허튼소리'라는 명사로도 쓸 수 있어요.

* **Blather** all you want. No one will listen to you. 마음대로 지껄여. 아무도 네 말을 듣지 않을 테니까.
* I know all the silly **blather** about my business. 제 사업에 대한 쓸데없는 소문은 다 알고 있습니다.

🎧 08-2.mp3

How dare you ~   감히 ~하다니

Step 1 기본 패턴 연습하기

1 **How dare you** disobey me like this. 감히 나를 이렇게 거역하다니.

2 **How dare you** dump your trash in my yard! 감히 내 앞마당에 쓰레기를 버리다니!

3 **How dare you** mock me in front of my co-workers! 동료들 앞에서 나를 조롱하다니!

4 .... talk to your mom that way! 엄마에게 그런 식으로 말을 하다니!

5 .... disrespect me in front of my guests! 감히 손님들 앞에서 내게 무례하게 굴다니!

Step 2 패턴 응용하기 | Don't you dare ~

1 **Don't you dare** come near me. 가까이 오기만 해 봐.

2 **Don't you dare** talk about Diana again. 다이애나 이야기는 다시는 꺼내지 마.

3 **Don't you dare** hang up while I'm talking to you. 내가 말하는 데 전화를 끊기나 해 봐.

4 .... call me a boy! 나를 꼬마라고 부르지 말라고요!

5 .... question my love for you! 당신에 대한 나의 사랑을 절대 의심하지 말라고!

Step 3 실생활에 적용하기

A 감히 우리 언니에게 그딴 식으로 말하다니!

B It was just a joke. She was not offended at all.

A She was! Didn't you see her turn red?

A How dare you speak to my sister like that?

B 농담이었어. 언니도 기분 나빠 하지 않았다고.

A 아니야! 얼굴이 빨개지는 거 못 봤어?

정답 Step 1 4 How dare you 5 How dare you Step 2 4 Don't you dare 5 Don't you dare

45

A | 영화 속 대화를 완성해 보세요.

SKINNER You are ❶_____? ❷_____ you cook in my kitchen! 네가 요리한 거야? 내 주방에서 감히 요리를 하다니!

SKINNER Where do you get the ❸_____ to even ❹_____ something so monumentally ❺_____? I should have you drawn and ❻_____! I'll do it! I think the law is ❼_____! Larousse! Draw and quarter this man! AFTER you put him in the duck press to ❽_____ the fat out of his head.
그렇게 무식한 짓을 할 배짱은 어디서 나온 거야? 널 교수형에 처할 테야! 그러고 말겠어! 법도 내 편이야! 라루스! 이놈을 교수형 시켜! 착즙기에 넣고 머리에서 기름을 짜내라고.

LINGUINI Oh, no... no no, ohhhh nooo—
오, 안 돼… 안 돼요, 오오 안 돼….

SKINNER What are you ❾_____ about?!
뭐라고 중얼거리는 거야?!

LINGUINI -but don't let- th– sou... soup–!
저 수… 수프를 막아야…!

SKINNER Soup...? ❿_____ THAT SOUP! Noooo!
수프…? 저 수프를 막아! 안 돼!

정답 A

❶ COOKING
❷ How dare
❸ gall
❹ attempt
❺ idiotic
❻ quartered
❼ on my side
❽ squeeze
❾ blathering
❿ STOP

B | 다음 빈칸을 채워 문장을 완성해 보세요.

1 감히 나를 이렇게 거역하다니.
_____ disobey me like this.

2 감히 내 앞마당에 쓰레기를 버리다니!
_____ dump your trash in my yard!

3 감히 손님들 앞에서 내게 무례하게 굴다니!
_____ disrespect me in front of my guests!

4 다이애나 이야기는 다시는 꺼내지 마.
_____ talk about Diana again.

5 나를 꼬마라고 부르지 말라고요!
_____ call me a boy!

정답 B

1 How dare you
2 How dare you
3 How dare you
4 Don't you dare
5 Don't you dare

The Soup Is Amazing!

수프가 끝내줘요!

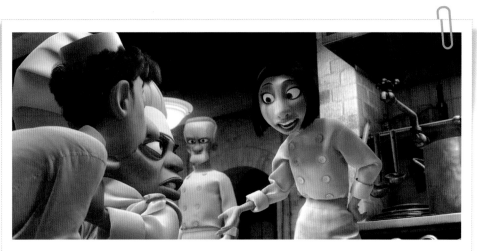

수프의 맛을 본^{taste} 손님이 주방장을 보고 싶다는 요청을^{request} 전해 듣고 스키너의 얼굴은 잿빛으로 변해요. 잠시 후, 스키너가 당황한^{bewildered} 표정으로 주방으로 돌아오더니 링귀니에게 무슨 수작을 꾸미고 있냐며 불같이 화를 내요^{enraged}. 알고 보니 그 손님은 요리 평론가^{food critic}였고 수프 맛을 크게 칭찬했던^{praise} 거예요. 스키너는 링귀니가 못마땅해서 해고하려고^{fire} 하는데 갑자기 콜레트가 용기를 내서^{summon some courage} 링귀니를 두둔해요. 모든 요리사가 이 상황을 지켜보고 있어서 스키너는 억지로 화를 참으며 링귀니를 해고하지 않기로 해요. 자, 지금이 주방을 빠져나갈 수 있는 절호의 기회예요. 레미, 빨리 움직여!

Warm Up! 오늘 배울 표현

오늘 등장하는 표현들입니다. 어떤 표현이 들어가야 할지 생각해 보세요.

* ▨▨▨▨▨▨▨ "wait"? 기다리라뇨?
* ▨▨▨▨▨▨▨ I'm in this mess! 내가 이렇게 된 건 다 당신 때문이에요!
* You're the reason I'm in this ▨▨▨▨▨! 내가 이렇게 된 건 다 당신 때문이에요!
* ▨▨▨▨▨▨▨▨? 무슨 수작이야?

REMY
레미

What do you mean "wait"?❶ **You're the reason** I'm in this **mess!**❷ ❸
기다리라뇨? 내가 이렇게 된 건 다 당신 때문이에요!

GUSTEAU
구스토

Someone is asking about your soup!
네 수프에 관심을 보이고 있잖아!

SKINNER
스키너

What are you playing at?❹
무슨 수작이야?

LINGUINI
링귀니

I, uhm, am I still fired?
저, 엄, 저 여전히 해고된 건가요?

COLETTE
콜레트

You can't fire him.
해고하면 안 되죠.

SKINNER
스키너

What–!?
뭐라고…!?

COLETTE
콜레트

LeClaire likes it, yeah? She made a point of telling you so. If she writes a review to that effect, and finds out you fired the cook responsible—
르끌레어가 맛있다잖아요, 그죠? 직접 그렇게 말했고요. 호평을 썼는데 당신이 수프를 만든 요리사를 자른 걸 안다면…

SKINNER
스키너

He's a garbage boy...
얘는 쓰레기 담당이잖아…

COLETTE
콜레트

–who made something she liked. How can we claim to represent the name of Gusteau if we don't uphold his most cherished belief?
…그 여자가 좋아하는 음식을 만들기도 했죠. 구스토의 신념을 지키지 않으면서 어떻게 그의 이름을 걸고 장사를 할 수 있겠어요?

48

❶ **What do you mean "wait"?** 기다리라뇨?

레미가 wait의 뜻을 몰라서 물어보는 건 아닐 거예요. What do you mean ~?은 상대방이 한 말에 대해서 정확한 의도를 물어볼 때나 추가적인 설명을 요구할 때 쓰는 표현이에요. '~라니?' 혹은 '~가 무슨 말이야?'라고 해석할 수 있어요. What do you mean by ~? 역시 비슷한 의미인데 회화에서는 What do you mean by that? '그게 무슨 말이야?'라는 문장으로 자주 쓴답니다.

* **What do you mean**, "You're not going"? "넌 안 간다"는 게 무슨 말이야?
* **What do you mean** by "accidentally"? "우연히"라니?

❷ **You're the reason I'm in this mess!** 내가 이렇게 된 건 다 당신 때문이에요!

You're the reason ~을 직역하면 '네가 ~한 이유야'가 되네요. 이 말을 다르게 표현하면 '너 때문에 ~한 거야'라는 의미가 되는데 어떤 일의 원인을 상대방에게 돌릴 때 쓰는 말이에요. You're the reason ~ 뒤에는 〈why + 주어 + 동사〉의 패턴을 주로 붙이는데 이때 why는 생략할 수 있어요. 뒤에서는 because of you를 이용해서 다양한 문장을 만들어 볼 거예요.

★영화 속 패턴 익히기

❸ **You're the reason I'm in this mess!** 내가 이렇게 된 건 다 당신 때문이에요!

mess는 원래 '난장판', '쓰레기'라는 뜻인데 이 대사처럼 '난처한 상황', '혼란의 상태'를 의미하기도 해요. 그래서 be in a mess는 '난처한 상황에 있다', '혼란스럽다'라는 뜻으로 해석할 수 있어요. 또한 사람을 mess라고 묘사할 때는 '지저분한 사람', '실패자'라는 의미를 담고 있답니다. mess up이란 표현도 회화에서는 자주 쓰는데 '완전히 망치다', '크게 실패하다'라는 뜻이에요.

* You're such a **mess**! What happened to the guy who's passionate about helping others?
  너 완전히 엉망이야! 다른 사람을 돕는데 열정적이었던 그 모습은 어디로 간 거야?

* I **messed up** so bad, but please, give me one more chance.
  내가 완전히 망친 건 알지만, 제발 기회를 한 번만 더 주세요.

❹ **What are you playing at?** 무슨 수작이야?

이렇게 심각한 상황에서 갑자기 '무슨 놀이를 하는 거야?'라고 물어보는 건 아니겠죠? What are you playing at?은 상대방이 저지른 나쁜 행동의 의도를 추궁하며 물어보는 말이에요. '무슨 꿍꿍이가 있는 거야?', '어떤 속셈인 거야?'라는 뜻인데 못마땅한 표정으로 추궁하듯이 말하는 게 포인트예요.

* A: **What do you think you're playing at?** 무슨 수작을 부리는 거야?
  B: Nothing. I was… just… trying to help. 그게 아니라. 전… 그냥… 도와 드리려고 했어요.

49

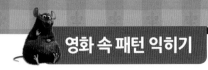

영화 속 패턴 익히기   오늘 배운 장면에서 뽑은 핵심 패턴으로 다양한 표현을 만들어 보세요.

🎧 09-2.mp3

You're the reason ~

너 때문에 ~한 거야.

Step 1   기본 패턴 연습하기

1 **You're the reason** people like me so much. 사람들이 나를 좋아하는 이유는 다 너 때문이야.

2 **You're the reason** why she wanted to be a tennis player.
당신 때문에 걔가 테니스 선수가 되길 원했어요.

3 **You're the reason** why Mike's married to Julie. 너 때문에 마이크가 줄리와 결혼을 한 거야.

4 .... why I love Jazz. 내가 재즈를 좋아하는 건 당신 때문이에요.

5 .... he felt so jealous. 그가 질투심을 느끼는 건 너 때문이야.

Step 2   패턴 응용하기   because of you

1 I could get a cheaper washing machine **because of you**. 너 덕택에 더 싼 세탁기를 구입할 수 있었어.

2 **Because of you**, my office looks so organized. 너 덕택에 내 사무실이 정갈해 보이는데.

3 **Because of you**, he has changed for good. 당신 때문에 그는 좋은 사람으로 변했어요.

4 ...., I learned that anything's possible.
당신 때문에 저는 어떤 것도 가능하다는 것을 배웠죠.

5 My husband got back to writing ....
네 덕분에 우리 남편이 다시 글을 쓰게 되었어.

Step 3   실생활에 적용하기

A 내가 배우가 된 건 당신 덕분이라는 걸 말씀드리고 싶어요.

B Oh, really? Thank you for saying so.

A Thank YOU for changing my life.

A I want you to know you're the reason I became an actor.

B 오, 정말요? 그렇게 말씀해 주셔서 감사해요.

A 제 인생을 바꿔 주셔서 제가 감사하죠.

정답   Step 1   4 You're the reason   5 You're the reason   Step 2   4 Because of you   5 because of you

A │ 영화 속 대화를 완성해 보세요.

REMY What do you ❶_____ "wait"? You're the ❷_____
I'm in this ❸_____!
기다리라뇨? 내가 이렇게 된 건 다 당신 때문이에요!

GUSTEAU Someone is asking about your soup! 네 수프에 관심을 보이고 있잖아!

SKINNER What are you ❹_____? 무슨 수작이야?

LINGUINI I, uhm, am I still ❺_____? 전… 저, 엄, 저 여전히 해고된 건가요?

COLETTE You can't fire him. 해고하면 안 되죠.

SKINNER What–!? 뭐라고…!?

COLETTE LeClaire likes it, yeah? She made a ❻_____ of
telling you so. If she writes a review to that effect, and
❼_____ you fired the cook responsible—
르끌레어가 맛있다잖아요. 그죠? 직접 그렇게 말했고요. 호평을 썼는데 당신이 수프를 만든 요리사를
자른 걸 안다면…

SKINNER He's a ❽_____ boy... 얘는 쓰레기 담당이잖아…

COLETTE –who made something she liked. How can we claim
to ❾_____ the name of Gusteau if we don't
uphold his most cherished ❿_____?
…그 여자가 좋아하는 음식을 만들기도 했죠. 구스토의 신념을 지키지 않으면서 어떻게 그의 이름을
걸고 장사를 할 수 있겠어요?

B │ 다음 빈칸을 채워 문장을 완성해 보세요.

1 사람들이 나를 좋아하는 이유는 다 너 때문이야.
_____ people like me so much.

2 내가 재즈를 좋아하는 건 당신 때문이에요.
_____ why I love Jazz.

3 그가 질투심을 느끼는 건 너 때문이야.
_____ he felt so jealous.

4 당신 때문에 그는 좋은 사람으로 변했어요.
_____, he has changed for good.

5 당신 때문에 저는 어떤 것도 가능하다는 것을 배웠죠.
_____, I learned that anything's possible.

We're Together on This!
우리는 한 팀이야!

레미가 창문으로 나가려는 순간 스키너가 그를 발견하고[spy] 주방은 순식간에 아수라장이 되고 말아요. 요리사들이 분주히 쫓아다니지만[come after him] 재빠른 레미를 잡을 수는 없어요. 이때 링귀니가 큰 유리병에[jar] 레미를 가둬 버려요[trap]. 스키너의 명령에 링귀니는 레미가 들어 있는 유리병을 센강에 던지려고 해요. 레미가 겁에 질린[terrified] 표정으로 간절하게[desperately] 바라보자 마음이 약해진 링귀니는 레미를 죽이지 않기로 해요. 그리고 속마음을 털어놓는데 레미가 고개를 끄덕이며[nod] 반응하자 자기 말을 알아듣는다는 것을 알게 되고 레미에게 함께 요리할 것을 제안해요[propose]. 링귀니가 풀어주자[release] 레미는 잽싸게 도망가지만, 그의 모습이 너무 불쌍해[pitiful] 보여 다시 돌아와요. 이제 링귀니와 레미는 한 팀이 된 거예요.

Warm Up! 오늘 배울 표현

오늘 등장하는 표현들입니다. 어떤 표현이 들어가야 할지 생각해 보세요.

* _____ 's trapped. 너만 갇힌 신세가 아니라고.

* I was just trying to _____. 그냥 사고만 안 치려고 했다고.

* I don't know how to cook, and now I'm talking to a rat _____ you…
  난 요리를 할 줄 몰라. 이제는 쥐랑 이야기를 하네 마치 네가…

* _____ you did, they liked it. 네가 무슨 짓을 했든지 간에 사람들이 좋아했잖아.

LINGUINI
링귀니

Don't look at me like that! **You aren't the only one who**'s trapped. ❶
They expect me to cook it again!

그렇게 쳐다보지 마! 너만 갇힌 신세가 아니라고. 나더러 그 요리를 또 하라잖아!

LINGUINI
링귀니

I mean, I'm not ambitious. I wasn't trying to cook. I was just trying
to **stay out of trouble**. ❷ You're the one who was getting fancy with
the spices!

내 말은, 난 야망이 없어. 요리하려고 그랬던 건 아니야. 그냥 사고만 안 치려고 했다고. 양념으로 무슨 짓을 한 건 바로
너잖아!

LINGUINI
링귀니

What did you throw in there? Oregano? No? What? Rosemary?
That's a spice, isn't it? Rosemary? You didn't throw rosemary in
there? Then what was all the flipping and all the throwing the…

거기에 뭘 넣은 거야? 오레가노? 아니라고? 뭐야? 로즈마리? 그것도 양념이지, 안 그래? 로즈마리 말이야. 거기에
로즈마리는 안 넣었지? 그럼 휘젓고 던져 넣고 했던 건 다 뭐…

LINGUINI
링귀니

I need this job. I've lost so many. I don't know how to cook, and
now I'm talking to a rat **as if** you… ❸ did you NOD? Have you been
nodding? You UNDERSTAND ME?? So I'm not crazy. Wait a second,
wait a second. I can't cook, can I? But you… You can, right?

난 이 일이 필요해. 너무 많이 잘렸거든. 난 요리를 할 줄 몰라. 이제는 쥐랑 이야기를 하네 마치 네가… 너 고개 끄덕였니?
계속 끄덕였던 거야? 너 내 말 알아들어?? 내가 미친 게 아닌 거네. 잠깐, 잠깐만. 난 요리를 못해. 그렇지? 하지만 넌… 할
수 있지, 그렇지?

LINGUINI
링귀니

Look, don't be so modest. You're a rat, for Pete's sake. **Whatever** you
did, they liked it. ❹ Yeah. This could work. Hey, they liked the soup!

이봐, 너무 겸손할 필요 없어. 넌 그냥 쥐일 뿐이야. 네가 무슨 짓을 했든지 간에 사람들이 좋아했잖아. 그래. 이렇게 하면 될
거야. 이봐, 그 수프가 좋았다잖아!

장면 파헤치기   구문 설명과 예문으로 이 장면의 핵심 표현을 완벽히 이해하세요.

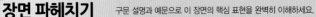

❶ You aren't the only one who's trapped. 너만 갇힌 신세가 아니라고.

링귀니는 유리병에 갇힌 레미를 바라보며 궁지에 몰린 자신의 신세를 한탄하고 있네요. 여기서 trap은 '가두다'와 '궁지에 몰리게 하다'라는 이중적인 의미가 있어요. 그리고 You're the one who ~는 '~한 사람은 바로 너야'라는 뜻으로 상대방이 어떤 존재인지를 강조해서 말할 때 쓰는 표현이에요. I'm the one who ~, She's the one who ~ 처럼 주어를 바꾸어서 연습해 보세요.   ★영화 속 패턴 익히기

❷ I was just trying to stay out of trouble. 그냥 사고만 안 치려고 했다고.

out of는 '~에서 벗어난', '~에서 떨어진'이란 뜻이에요. 그리고 stay는 '머무르다'라는 뜻 이외에 '(~한 상태에) 있다'라는 뜻도 있죠. 그래서 stay out of trouble을 단어 그대로 해석하면 '사고에서 벗어나 있다'라고 할 수 있는데 이 말은 '사고를 치지 않다', '위험한 행동을 하지 않다'라는 의미예요. 말썽을 자주 일으키는 철없는 친구가 옆에 있다면 Stay out of trouble!이라고 따끔하게 조언해 주세요.

* A: Just **stay out of trouble**. And don't say anything weird. 사고 치지 마. 이상한 말도 하지 말고.
  B: Why do you always think I make trouble? 왜 항상 내가 사고만 칠 거로 생각하는 거예요?

❸ I don't know how to cook, and now I'm talking to a rat as if you...
난 요리를 할 줄 몰라. 이제는 쥐랑 이야기를 하네 마치 네가…

as if ~ 혹은 as though ~는 '마치 ~처럼'이란 뜻으로 어떤 일이 실제 일어난 것처럼 가정해서 말할 때 쓰는 표현이에요. 회화에서는 As if!라고 단독으로 쓰는 경우도 많은데 상대방의 말을 신뢰하지 않거나 듣지 않겠다는 의도로 하는 말이에요. '퍽이나 그러겠네!', '됐다 그래!'와 가장 잘 어울리는 영어 표현이랍니다.

* She's talking **as if** she's living in the 70s. 그녀는 70년대에 살고 있는 것처럼 말을 해요.
* It feels **as if** I have been to this garden before. 전에 이 정원에 와 본 느낌이 들어.

❹ Whatever you did, they liked it. 네가 무슨 짓을 했든지 간에 사람들이 좋아했잖아.

what, where, when 등의 의문사에 -ever라는 접미사를 붙이면 '~이든 간에', '~일지라도'라는 의미가 돼요. whatever (무엇이든지), whenever (언제든지), wherever (어디든지), whichever (어느 것이든지), whoever (누구든지)와 같이 만들 수 있어요. 또한 상대방의 말에 뭐든 상관없다는 듯 별 관심을 보이고 싶지 않을 때는 Whatever.라고 짧게 대답해 주세요. '뭐든지', '아무거나'라는 뜻이에요.

* **Whatever** you do, I'm still your friend. 네가 뭘 하든 간에 난 너의 친구라고.
* **Whatever** you want to do, I will help you. 네가 하고 싶은 일은 뭐든지 도와줄게.

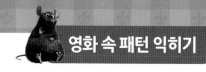

영화 속 패턴 익히기

오늘 배운 장면에서 뽑은 핵심 패턴으로 다양한 표현을 만들어 보세요.

🎧 10-2.mp3

You are the one who ~

~한 사람은 바로 너야.

Step 1 기본 패턴 연습하기

1 **You're the one who** took me to my very first concert. 제 생애 첫 콘서트를 데리고 간 사람은 바로 당신이에요.

2 **You're the one who** can stop him. 그를 막을 수 있는 사람은 바로 당신이에요.

3 **You're the one who** sent me the flowers. 내게 꽃을 보낸 사람은 바로 너잖아.

4 ─────────────── always makes me smile. 나를 항상 미소 짓게 하는 사람은 당신이에요.

5 ─────────────── allowed Mike to use my card.
마이크에게 내 카드를 쓰라고 허락한 사람은 당신이야.

Step 2 패턴 응용하기 | I'm/He's/She's the one who ~

1 **I'm the one who** is taking a huge risk. 큰 위험을 떠안은 사람은 바로 저예요.

2 **She's the one who** talked him into selling his bike. 그에게 자전거를 팔라고 설득한 사람은 바로 그녀예요.

3 **I was the one who** designed the electric bike. 전기 자전거를 설계한 사람은 저였어요.

4 ─────────────── taught me how to dance. 저에게 춤을 가르쳐 준 사람은 바로 그였죠.

5 ─────────────── should take the formal training.
공식적인 훈련을 받아야 하는 사람은 바로 저예요.

Step 3 실생활에 적용하기

A "행복한 기차"를 쓰신 분이군요, 그렇죠?

B Yes, I am. Did you like it?

A Yeah, it was amazing. I couldn't put the book down.

A You're the one who wrote "The Happy Train," aren't you?

B 네, 맞아요. 재미있게 읽으셨어요?

A 네, 정말 좋았어요. 손에서 책을 내려놓을 수가 없을 정도였죠.

정답 Step 1 4 You're the one who 5 You're the one who Step 2 4 He's the one who 5 I'm the one who

55

A | 영화 속 대화를 완성해 보세요.

LINGUINI Don't ❶.................... me like that! You aren't ❷..................
.... who's trapped. They expect me to cook it
again! 그렇게 쳐다보지 마! 너만 갇힌 신세가 아니라고. 나더러 그 요리를 또 하라잖아!

LINGUINI I mean, I'm not ❸..................... I wasn't trying to cook.
I was just trying to ❹................................... You're the
one who was getting ❺.................... with the spices!
내 말은, 난 야망이 없어. 요리하려고 그랬던 건 아니야. 그냥 사고만 안 치려고 했다고. 양념으로 무슨
짓을 한 건 바로 너잖아!

LINGUINI What did you throw in there? Oregano? No? What?
Rosemary? That's a spice, isn't it? Rosemary? You
didn't throw rosemary in there? Then what was all the
❻.................... and all the throwing the...
거기에 뭘 넣은 거야? 오레가노? 아니라고? 뭐야? 로즈마리? 그것도 양념이지, 안 그래? 로즈마리
말이야. 거기에 로즈마리는 안 넣었지? 그럼 휘젓고 던져 넣고 했던 건 다 뭐…

LINGUINI I need this job. I've lost so many. I don't know
❼.................... cook, and now I'm talking to a rat
❽.................... you... did you NOD? Have you been
nodding? You UNDERSTAND ME?? So I'm not crazy. Wait
a second, wait a second. I can't cook, can I? But you...
You can, right? 난 이 일이 필요해. 너무 많이 잘렸거든. 난 요리를 할 줄 몰라. 이제는
쥐랑 이야기를 하네 마치 네가… 너 고개 끄덕였니? 계속 끄덕였던 거야? 너 내 말 알아들어?? 내가
미친 게 아닌 거네. 잠깐, 잠깐만. 난 요리를 못해, 그렇지? 하지만 넌… 할 수 있지, 그렇지?

LINGUINI Look, don't be so ❾.................... You're a rat, for Pete's
sake. ❿.................... you did, they liked it. Yeah. This
could work. Hey, they liked the soup! 이봐, 너무 겸손할 필요 없어. 넌
그냥 쥐일 뿐이야. 네가 무슨 짓을 했든지 간에 사람들이 좋아했잖아. 그래. 이렇게 하면 될 거야. 이봐,
그 수프가 좋았다잖아!

정답 A

❶ look at
❷ the only one
❸ ambitious
❹ stay out of trouble
❺ fancy
❻ flipping
❼ how to
❽ as if
❾ modest
❿ Whatever

B | 다음 빈칸을 채워 문장을 완성해 보세요.

1 그를 막을 수 있는 사람은 바로 당신이에요.
.... can stop him.

2 내게 꽃을 보낸 사람은 바로 너잖아.
.... sent me the flowers.

3 나를 항상 미소 짓게 하는 사람은 당신이에요.
.... always makes me smile.

4 전기 자전거를 설계한 사람은 저였어요.
.... designed the electric bike.

5 저에게 춤을 가르쳐 준 사람은 바로 그였죠.
.... taught me how to dance.

정답 B

1 You're the one who
2 You're the one who
3 You're the one who
4 I was the one who
5 He's the one who

Little Chef

꼬마 요리사

링귀니의 아파트는^{flat} 매우 협소하지만^{tiny} 레미는 이곳이 마음에 들어요. 레미를 위한 침대는 오븐용 장갑으로^{oven mitt} 대신했어요. 창가 옆에 누워 파리의 야경을 바라보는^{gaze} 레미는 행복한 표정을 지으며 잠이 들어요. 다음 날 아침, 링귀니가 잠에서 깨어나^{awake} 레미를 찾아보지만 그의 모습은 보이지 않아요^{disappear}. 쥐에게 배신당했다고^{betrayed} 생각하고 크게 화를 내고 있는데 어디선가 맛있는 냄새가 나네요. 알고 보니 레미가 이른 아침부터 링귀니를 위해서 오믈렛을 만들고 있었어요. 레미의 오믈렛은 정말 맛있지만^{amazing} 여유롭게 아침 식사를 즐길 시간이 없어요. 식당 출근 첫날부터 늦을 수는 없거든요.

 Warm Up! 오늘 배울 표현   오늘 등장하는 표현들입니다. 어떤 표현이 들어가야 할지 생각해 보세요.

* Though I, like many other critics, had written off Gusteau's as irrelevant since the great Chef's death, the soup was a _____.
  다른 평론가들처럼 나도 구스토가 사망하고 이 식당의 가치가 떨어졌다고 생각했지만, 수프 맛은 신세계 그 자체였다.

* _____, Gusteau's has recaptured our attention.
  어려움도 있었으나 구스토 식당은 다시 관심을 받게 되었다.

* _____ they deserve it.   그럴 가치가 있는지는 좀 더 시간이 지나면 알게 될 것이다.

* Look, I know it's stupid and weird, but _____ us can do this alone.
  나도 멍청하고 이상한 생각이라는 거 알아. 하지만 혼자서는 할 수 없다고.

LINGUINI
링귀니

Look. It's delicious. But don't steal. I'll buy some spices, okay?

이봐. 맛있기는 한데, 훔치지는 마. 내가 양념을 사 줄게, 알겠어?

LINGUINI
링귀니

Oh, no. We're gonna be late. And on the first day!

오, 이런. 늦겠다. 그것도 첫날에!

LINGUINI
링귀니

Come on, Little Chef!

가자, 꼬마 요리사!

COLETTE
콜레트

"Though I, like many other critics, had written off Gusteau's as irrelevant since the great Chef's death, the soup was a **revelation**.❶ A spicy yet subtle taste experience."

"다른 평론가들처럼 나도 구스토가 사망하고 이 식당의 가치가 떨어졌다고 생각했지만, 수프 맛은 신세계 그 자체였다. 매콤하면서 미묘한 맛을 경험할 수 있었다."

SKINNER
스키너

Solene LeClaire?

솔렌 르끌레어가?

COLETTE
콜레트

Yes...! "**Against all odds**, Gusteau's has recaptured our attention.❷ **Only time will tell if** they deserve it."❸

네! "어려움도 있었으나 구스토 식당은 다시 관심을 받게 되었다. 그럴 가치가 있는지는 좀 더 시간이 지나면 알게 될 것이다."

LINGUINI
링귀니

Well, uhm...

어, 음…

LINGUINI
링귀니

You know.

이봐.

LINGUINI
링귀니

Look, I know it's stupid and weird, but **neither of** us can do this alone.❹ So we gotta do it together, right? You with me?

나도 멍청하고 이상한 생각이라는 거 알아. 하지만 혼자서는 할 수 없다고. 한 팀이 되어야 해, 응? 함께할 거지?

❶ Though I, like many other critics, had written off Gusteau's as irrelevant since the great Chef's death, the soup was a revelation.

다른 평론가들처럼 나도 구스토가 사망하고 이 식당의 가치가 떨어졌다고 생각했지만, 수프 맛은 신세계 그 자체였다.

revelation은 '폭로', '놀라움'이란 뜻으로 자주 쓰이지만, 이 대사에서는 '놀라울 정도로 훌륭한 것' 혹은 '예전에는 경험하지 못했던 신선한 것'이란 의미로 쓰였답니다.

* **His debut album was a complete revelation to me.** 그의 데뷔 앨범은 내게 신세계 그 자체였다.
* **The 6-year-old girl, who has never had any acting experience, was a total revelation.**
  연기 경력이 전혀 없었지만 6살 꼬마 아이는 놀라움 그 자체였다.

❷ Against all odds, Gusteau's has recaptured our attention.

어려움도 있었으나 구스토 식당은 다시 관심을 받게 되었다.

against all odds는 '역경에도 불구하고', '어려움을 극복하고'라는 뜻인데 많은 시련들을 헤치고 극복하는 과정을 묘사하는 말이에요. 이때 odds는 '고난', '문제', '구설수' 등의 다양한 악조건을 의미하는 단어예요. against the odds, against all the odds 역시 같은 의미로 활용할 수 있는 표현입니다.

* **Against all odds, she tried to make the world a better place.**
  역경에도 불구하고 그녀는 세상을 더 좋은 곳으로 만들기 위해 노력했습니다.
* **Against all odds, she was elected as the first female mayor.**
  온갖 어려움에도 불구하고 그녀는 첫 번째 여성 시장으로 선출되었습니다.

❸ Only time will tell if they deserve it. 그럴 가치가 있는지는 좀 더 시간이 지나면 알게 될 것이다.

Only time will tell ~은 '시간이 지나면 알게 될 것이다', '앞으로 두고 보면 알 것이다'라는 뜻이에요. 이때 if는 '만일 ~라면'이 아니라 '~인지 아닌지'라는 뜻으로 쓴 거랍니다. 그리고 deserve는 '(보상) 등을 받을 만하다', '~를 누릴 자격이 있다'라는 뜻이에요.

* **Only time will tell if he made the right decision.** 그가 옳은 결정을 내린 것인지 시간이 지나면 알게 되겠지.
* **Only time will tell if I'm right or wrong.** 내가 옳은지 아닌지는 시간이 지나면 알게 될 거예요.

❹ Look, I know it's stupid and weird, but neither of us can do this alone.

나도 멍청하고 이상한 생각이라는 거 알아. 하지만 혼자서는 할 수 없다고.

neither of ~는 '둘 다 ~하지 않은'이라는 부정의 뜻을 지닌 표현이에요. neither는 〈not + either〉를 결합한 단어라서 그 안에 부정의 의미가 담겨 있어요. 이와 반대로 '둘 다 ~한'이라고 할 때는 both of ~라는 표현을 사용하세요. 뒤에서 여러 예문으로 두 표현을 연습해 볼게요.   ★영화 속 패턴 익히기

🎧 11-2.mp3

neither of ~

둘 다 ~하지 않은

Step 1 기본 패턴 연습하기

1 **Neither of** us could sleep because the dog snored too loudly.
개가 코를 심하게 골아서 우리 둘 다 잠을 잘 수 없었어.

2 **Neither of** you can leave right now. 너희 둘 다 지금 나갈 수 없어.

3 **Neither of** us wanted to go camping. 우리 둘 다 캠핑 가는 걸 원하지 않았잖아.

4 I'm afraid .... you can get in without a pass. 통행증이 없으면 너희 둘 다 들어갈 수 없어.

5 .... the officers were injured in the accident. 두 경찰 모두 사고 현장에서 다치지 않았어요.

Step 2 패턴 응용하기 | both of ~

1 **Both of** them have a lot of experience with snow plowing. 두 사람 모두 제설 작업에 경험이 많아요.

2 **Both of** your names were listed on the document. 너희들 이름 둘 다 서류에 올라가 있어.

3 **Both of** them are available at the moment. 지금 둘 다 가능합니다.

4 .... the skaters advanced to the final game. 두 명의 스케이터 모두 결승에 진출했어요.

5 .... the ointments will work on your skin. 그 연고 둘 다 네 피부에는 괜찮을 거야.

Step 3 실생활에 적용하기

A I'd like to return these flashlights.

B May I ask why?

A 둘 다 작동이 안 돼요.

A 이 손전등을 환불하고 싶어요.

B 이유가 뭐죠?

A Neither of them work.

정답 Step 1 4 neither of 5 Neither of Step 2 4 Both of 5 Both of

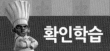

A | 영화 속 대화를 완성해 보세요.

LINGUINI Look. It's delicious. But don't ❶_____. I'll buy some ❷_____, okay?
이봐. 맛있기는 한데, 훔치지는 마. 내가 양념을 사 줄게. 알겠어?

LINGUINI Oh, no. We're gonna be late. And on the first day!
오, 이런. 늦겠다. 그것도 첫날에!

LINGUINI Come on, Little Chef! 가자, 꼬마 요리사!

COLETTE "Though I, like many other ❸_____, had written off Gusteau's as ❹_____ since the great Chef's death, the soup was a ❺_____. A spicy yet ❻_____ taste experience."
"다른 평론가들처럼 나도 구스토가 사망하고 이 식당의 가치가 떨어졌다고 생각했지만, 수프 맛은 신세계 그 자체였다. 매콤하면서 미묘한 맛을 경험할 수 있었다."

SKINNER Solene LeClaire? 솔렌 르끌레어가?

COLETTE Yes...! "❼_____, Gusteau's has recaptured our attention. ❽_____ if they deserve it."
네! "어려움도 있었으나 구스토 식당은 다시 관심을 받게 되었다. 그럴 가치가 있는지는 좀 더 시간이 지나면 알게 될 것이다."

LINGUINI Well, uhm... 어, 음...

LINGUINI You know. 이봐.

LINGUINI Look, I know it's stupid and weird, but ❾_____ us can do this alone. So we gotta do it together, right? You ❿_____ me? 나도 멍청하고 이상한 생각이라는 거 알아. 하지만 혼자서는 할 수 없다고. 한 팀이 되어야 해, 응? 함께할 거지?

B | 다음 빈칸을 채워 문장을 완성해 보세요.

1 우리 둘 다 캠핑 가는 걸 원하지 않았잖아.
_____ us wanted to go camping.

2 통행증이 없으면 너희 둘 다 들어갈 수 없어.
I'm afraid _____ you can get in without a pass.

3 두 사람 모두 제설 작업에 경험이 많아요.
_____ them have a lot of experience with snow plowing.

4 너희들 이름 둘 다 서류에 올라가 있어.
_____ your names were listed on the document.

5 지금 둘 다 가능합니다.
_____ them are available at the moment.

Remy Pilots Linguini

레미, 링귀니를 조종하다

수프를 다시 재현하라는 스키너의 명령에 링귀니는 잔뜩 풀이 죽어 있어요^{wilt}. 다양한^{various} 재료들이^{ingredients} 조리대 위에 가지런히 올려져 있지만^{laid out} 링귀니는 무엇을 어떻게 시작할지 전혀 감이 없어요. 마구잡이로^{at random} 양념을 집으려고^{grab} 하자 레미가 링귀니의 손을 꽉 깨물어 버려요^{nip}. 서로 물고 때리고를 반복하며 링귀니는 정신 나간 사람처럼 몸을 움찔거리네요. 화가 난 링귀니는 식품 저장실로 들어가 레미와 요리하는 방법을 다시 상의하는데 갑자기 스키너가 들어와요^{barge in}. 당황한 링귀니가 레미를 자기 요리사 모자^{toque} 안에 숨기는데 이게 신의 한 수였어요. 레미가 모자 안에서 머리카락을 잡아당겨서^{jerk} 링귀니의 행동을 조종할 수 있게^{pilot} 되었거든요.

Warm Up! 오늘 배울 표현   오늘 등장하는 표현들입니다. 어떤 표현이 들어가야 할지 생각해 보세요.

* I am gonna _____ if we do this anymore.   계속 이렇게 했다간 내가 정신이 나갈 거야.

* _____ figure out something else.   다른 걸 찾아봐야 해.

* I'M _____ !   내가 미쳤군!

* I'm just _____ , you know, the vegetables... and such.
  그냥 익숙해지려고요, 그니까, 야채들하고… 그런 것들.

LINGUINI
링귀니

This is NOT gonna work, Little Chef! I am gonna **lose it** if we do this anymore. ❶ **We gotta** figure out something else. ❷ Something that doesn't involve any biting or nipping or running up and down my body with your little rat feet. The biting! NO! Scampering! NO! No scampering or scurrying. Understand, Little Chef? Little Chef...?

이건 안 되겠어, 꼬마 요리사! 계속 이렇게 했다간 내가 정신이 나갈 거야. 다른 걸 찾아봐야 해. 깨물기, 물어뜯기, 내 몸 위에서 네 작은 발로 여기저기 기어 다니는 거 말고 다른 거 말이야. 깨물기! 안 돼! 후닥닥 뛰는 것도 안 돼! 알겠어, 꼬마 요리사? 꼬마 요리사…?

LINGUINI
링귀니

Oh... you're hungry.

오… 너 배고프구나.

LINGUINI
링귀니

Okay... So, let's think this out. You know how to cook. And I know how... to appear... human. We need to work out a system so that I do what you want in a way that doesn't look like I'm being controlled by a tiny rat chef oh WOULD YOU LISTEN TO ME? I'M **INSANE!** ❸ I'M INSANE! I'M INSIDE A REFRIGERATOR TALKING TO A RAT ABOUT COOKING IN A GOURMET RESTAURANT. I WILL NEVER PULL THIS OFF...!

좋아… 자, 생각해 보자고. 넌 요리를 할 줄 알고. 난… 인간처럼… 보일 줄 알지. 계획대로 진행하면 되는 거야, 네가 원하는 대로 내가 움직이는데 꼬마 쥐 요리사가 조종하는 것처럼 보이면 안 되지. 오, 내 말 듣고 있어? 내가 미쳤군! 미쳤어! 고급 식당 식품 저장실 안에서 쥐와 요리 얘기를 하고 있다니. 이건 절대 안 될 거야…!

SKINNER
스키너

Linguini...?

링귀니…?

LINGUINI
링귀니

We gotta communicate! I can't be constantly checking for a yes or no head shake from a rat th-

우리는 소통해야 해! 쥐가 맞다 아니다 하며 머리를 흔들어대는 걸 내가 계속 확인할 수가 없잖…

SKINNER
스키너

The rat! I saw it!

쥐잖아! 내가 봤다고!

LINGUINI
링귀니

A rat?

쥐라고요?

SKINNER
스키너

Yes, a rat! Right next to you- What are you doing in here?

그래, 쥐라고! 바로 네 옆에… 여기서 뭐 하는 거야?

LINGUINI
링귀니

I'm just **familiarizing myself with**, you know, the vegetables... and such. ❹

그냥 익숙해지려고요. 그니까, 야채들하고… 그런 것들.

63

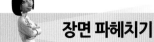
❶ I am gonna lose it if we do this anymore. 계속 이렇게 했다간 내가 정신이 나갈 거야.

lose it의 의미를 모르면 이 대사를 '그걸 잃어버릴 거야!'라고 번역할 수밖에 없을 거예요. lose it은 감정을 통제하지 못하고 갑자기 표출시키는 것을 의미하는데 '참지 못하다', '미쳐 날뛰다'라고 해석할 수 있어요. 참았던 울음을 터트리거나 갑자기 화낼 때, 혹은 웃음을 억누르지 못하고 박장대소할 때 lose it이라고 해요.

* If I tell him the truth, he's gonna totally **lose it**. 내가 사실을 말하면 그는 완전히 이성을 잃을 거예요.
* You should have seen him yelling and screaming. He completely **lost it**.
  그가 소리를 지르는 걸 봤어야 해. 완전히 정신이 나갔더라고.

❷ We gotta figure out something else. 다른 걸 찾아봐야 해.

We gotta는 We've got to를 빠르게 발음한 대로 표기한 말이에요. 이 표현은 We have to ~처럼 '우리가 ~해야 한다'라는 의무를 나타낼 때 쓸 수 있어요. We gotta 뒤에는 반드시 동사의 기본형을 써야 하는데 뒤에서 I gotta ~ '내가 ~해야 해', You gotta ~ '네가 ~해야 해' 등의 응용 표현도 연습해 보세요. ★ 영화 속 대사 익히기

❸ I'M INSANE! 내가 미쳤군!

'미친'을 crazy로만 알고 있었다면 이제 insane도 기억해 두세요. insane은 '제정신이 아닌', '미친'이란 뜻으로 회화에서 자주 쓰는 단어예요. out of one's mind 역시 '제정신이 아닌'이란 뜻으로 자주 쓰는 표현입니다. insane의 반대말 sane은 '정신이 온전한', '분별력이 있는'이란 뜻이에요.

* I've never seen him acting like this before. He's **insane**.
  그가 이렇게 행동하는 것을 본 적이 없어요. 완전 제정신이 아니라니까요.
* She's beyond **insane**. She's trying to destroy everything we've accomplished.
  그녀는 완전히 제정신이 아니에요. 우리가 이룩한 것들을 무너뜨리려 한다고요.

❹ I'm just familiarizing myself with, you know, the vegetables... and such.
  그냥 익숙해지려고요, 그니까, 야채하고… 그런 것들.

형용사나 명사 바로 뒤에 접미사 -ize를 붙이면 '~하게 만들다'라는 뜻의 동사가 됩니다. 이 대사에 등장한 familiarize는 familiar (친숙한) 뒤에 -ize를 붙여서 만든 동사로 '익숙하게 하다'라는 뜻이에요. familiarize oneself with ~를 직역하면 '~에 스스로를 익숙하게 하다'가 되는데 이는 '~에 익숙해지다', '~에 친숙해지다'라는 의미로 쓰는 말이에요. -ize가 붙어서 동사로 탈바꿈한 단어로는 hospitalize (입원시키다), specialize (특화시키다), criticize (비난하다) 등이 있어요.

* You need to **familiarize yourself with** the names and the dates. 이름과 날짜에 익숙해져야 해요.
* The first step is to **familiarize yourself with** where you are.
  첫 번째 단계로 당신이 지금 있는 곳에 친숙해져야 합니다.

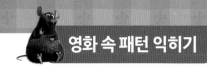
🎧 12-2.mp3

We gotta ~   ~해야 해.

Step 1   기본 패턴 연습하기

1 **We gotta** stay calm and think. 마음을 가라앉히고 생각을 해야 해.

2 **We gotta** move fast before they come. 그들이 오기 전에 빨리 움직여야 해.

3 **We gotta** do something for her. 그녀를 위해서 뭔가를 해야 한다고.

4 _____ split. I'll go this way. You go that way. 갈라지자. 나는 이쪽으로 갈 테니까 넌 저쪽으로 가.

5 You got the job? Congratulations! _____ celebrate!
그곳에 취직한 거야? 축하해! 축하 파티를 해야지!

Step 2   패턴 응용하기 | I/You gotta ~

1 **I gotta** finish the landscaping by this afternoon. 오후까지 정원 일을 끝내야 해.

2 **You gotta** do what you gotta do. 네가 할 일을 하도록 해.

3 **You gotta** get going no matter what. 어떤 일이 있더라도 넌 계속 가야만 해.

4 _____ quit blaming yourself for everything. 당신은 모든 일을 자책하는 걸 그만두어야 해요.

5 _____ give a two-week notice to my boss. 사장님께 퇴직한다고 해야겠어.

Step 3   실생활에 적용하기

A Get up. 우리 지금 가야만 해.	A 일어나. We gotta go now.
B Go where?	B 어디에?
A To the mountain. Last night you said you wanna see the sunrise.	A 산에. 어젯밤에 해돋이를 보고 싶다고 했잖아.

정답   Step 1 4 We gotta 5 We gotta   Step 2 4 You gotta 5 I gotta

65

A | 영화 속 대화를 완성해 보세요.

LINGUINI This is NOT gonna work, Little Chef! I am gonna ❶ _____ if we do this anymore. We gotta ❷ _____ something else. Something that doesn't ❸ _____ any biting or nipping or running up and down my body with your little rat feet. The biting! NO! Scampering! NO! No scampering or scurrying. Understand, Little Chef? Little Chef...? 이건 안 되겠어, 꼬마 요리사! 계속 이렇게 했다간 내가 정신이 나갈 거야. 다른 걸 찾아봐야 해. 깨물기, 물어뜯기, 내 몸 위에서 네 직은 발로 여기서기 기어 다니는 거 말고 다른 거 말이야. 깨물기 안 돼! 후닥닥 뛰는 것도 안 돼! 알겠어, 꼬마 요리사? 꼬마 요리사…?

LINGUINI Oh... you're hungry. 오… 너 배고프구나.

LINGUINI Okay... So, let's think this out. You know how to cook. And I know how... to ❹ _____ human. We need to ❺ _____ a system so that I do what you want in a way that doesn't look like I'm being ❻ _____ by a tiny rat chef oh WOULD YOU LISTEN TO ME? I'M INSANE! I'M INSANE! I'M INSIDE A ❼ _____ TALKING TO A RAT ABOUT COOKING IN A GOURMET RESTAURANT. I WILL NEVER PULL THIS OFF...! 좋아… 자, 생각해 보자고. 넌 요리를 할 줄 알고, 난… 인간처럼… 보일 줄 알지. 계획대로 진행하면 되는 거야, 네가 원하는 대로 내가 움직이는데 꼬마 쥐 요리사가 조종하는 것처럼 보이면 안 되지. 오, 내 말 듣고 있어? 내가 미쳤군! 미쳤어! 고급 식당 식품 저장실 안에서 쥐와 요리 얘기를 하고 있다니. 이건 절대 안 될 거야…!

SKINNER Linguini...? 링귀니…?

LINGUINI We gotta ❽ _____! I can't be ❾ _____ checking for a yes or no ❿ _____ from a rat th- 우리는 소통해야 해! 쥐가 맞다 아니다 하며 머리를 흔들어대는 걸 내가 계속 확인할 수가 없잖…

SKINNER The rat! I saw it! 쥐잖아! 내가 봤다고!

LINGUINI A rat? 쥐라고요?

정답 A
❶ lose it
❷ figure out
❸ involve
❹ appear
❺ work out
❻ controlled
❼ REFRIGERATOR
❽ communicate
❾ constantly
❿ head shake

B | 다음 빈칸을 채워 문장을 완성해 보세요.

1 마음을 가라앉히고 생각을 해야 해.
_____ stay calm and think.

2 그녀를 위해서 뭔가를 해야 한다고.
_____ do something for her.

3 그곳에 취직한 거야? 축하해! 축하 파티를 해야지!
You got the job? Congratulations! _____ celebrate!

4 오후까지 정원 일을 끝내야 해.
_____ finish the landscaping by this afternoon.

5 어떤 일이 있더라도 넌 계속 가야만 해.
_____ get going no matter what.

정답 B
1 We gotta
2 We gotta
3 We gotta
4 I gotta
5 You gotta

Linguini's Secret
링귀니의 비밀

스키너는 링귀니의 주방 일 교육을 콜레트에게 맡깁니다. 링귀니는 능글맞게^{smooth} 콜레트를 대하네요. 콜레트는 남자들이 가득한 이 거친 요리 세계에서 어떻게 자기가 살아남았고 얼마나 오랫동안 열심히 일했는지^{work too hard} 말합니다. 링귀니는 콜레트의 기선제압에 제대로 기가 죽은 것 같네요. 스키너는 구스토의 명성을^{reputation} 이용해서 다양한 냉동식품을^{frozen food} 출시하고^{release} 있어요. 이번 신상품은^{new product} 미국식 핫도그라는데 구스토의 이미지와는 전혀 어울리지 않는군요. 제품 홍보 관련 회의를 끝낸 후 스키너는 고지서가^{bill} 가득한 편지 더미에서^{stack} 링귀니가 전해준 편지를 읽다가 깜짝 놀랄 사실을 알게 돼요. 바로 링귀니가 구스토의 아들이라는 거죠. 스키너는 구스토의 사업 지분을^{business interests} 모두 잃을까 노심초사하며 이 모든 것이 조작된 것이라고^{setup} 주장해요.

 **Warm Up!** 오늘 배울 표현   오늘 등장하는 표현들입니다. 어떤 표현이 들어가야 할지 생각해 보세요.

* _____ exactly who you are dealing with.
   네가 모셔야 하는 사람이 누구인지 정확하게 알려 주지.

* I just want you to know exactly who you are _____.
   네가 모셔야 하는 사람이 누구인지 정확하게 알려 주지.

* Rules designed to _____ enter this world.
   여자들이 이 세계에 들어오는 건 불가능하게끔 규율이 만들어졌지.

* _____? 알겠어?

LINGUINI
링귀니

Listen, I just want you to know how honored I am to be studying under such…

들어 봐, 정말 훌륭한 선배에게 배우게 되어 매우 영광이야…

COLETTE
콜레트

No, you listen. **I just want you to know** exactly who you are **dealing with**.❶ ❷ How many women do you see in this kitchen?

아니, 너나 잘 들어. 네가 모셔야 하는 사람이 누구인지 정확하게 알려 주지. 이 주방에 여자가 몇 명 보이지?

LINGUINI
링귀니

Well, I hah— um—

글쎄, 난 하… 음…

COLETTE
콜레트

Only me. Why do you think that is??

나밖에 없어. 왜 그럴까??

LINGUINI
링귀니

Well... huh—! I... hoo...

글쎄… 허…! 난… 흐으…

COLETTE
콜레트

Because Haute Cuisine is an antiquated hierarchy built upon rules written by stupid old men. Rules designed to **make it impossible for women to** enter this world.❸ But still I am here. How did this happen?

고급 요리의 세계는 멍청한 늙은 남자들이 만든 구닥다리 계급 사회거든. 여자들이 이 세계에 들어오는 건 불가능하게끔 규율이 만들어졌지. 하지만 난 여기서 살아남았어. 어떻게 그랬냐고?

LINGUINI
링귀니

Because, well, because you…

왜냐하면, 그야, 당신 때문에…

COLETTE
콜레트

Because I am the toughest cook in this kitchen. I've worked too hard for too long to get here, and I'm not going to jeopardize it for some garbage boy who got lucky. **Got it?**❹

이 주방에서 내가 제일 강하니까. 이 자리에 오기까지 정말 열심히, 오랫동안 일했어. 어디서 얻어걸린 쓰레기 담당 때문에 내 경력에 먹칠하고 싶지 않아. 알겠어?

❶ I just want you to know exactly who you are dealing with.
네가 모셔야 하는 사람이 누구인지 정확하게 알려 주지.

I want you to know ~를 직역하면 '난 당신이 ~를 알기 원해요'가 됩니다. 이 표현은 상대방에게 진지하게 어떤 말을 할 때 쓰는 패턴으로 '~라고 말해 주는 거야' 혹은 '~를 알았으면 해'라는 뜻이에요. 이 패턴에서 you를 빼고 I want to know ~라고 하면 상대방에게 무언가를 말해 달라고 요청하는 표현이 된답니다. 해석은 '~를 알려 줘' 혹은 '~를 알고 싶어'라고 해 주세요.

* **I want you to know** you're making me so happy. 네가 날 행복하게 한다는 걸 알았으면 좋겠어.
* **I want you to know** how much I appreciate your trust in me.
  저를 믿어 줘서 정말 감사하다고 말씀드리고 싶어요.

❷ I just want you to know exactly who you are dealing with.
네가 모셔야 하는 사람이 누구인지 정확하게 알려 주지.

deal with ~는 '(문제) 등을 해결하다'라는 뜻이 있지만 여기서는 '상대하다', '맞서다'라는 의미로 썼어요. 특히 이 대사는 '내가 누군지 알기나 해?'라는 의미로 상대방을 얕잡아 보면서 거만하게 던지는 말이랍니다. Who do you think I am? '내가 누구라고 생각하는 거야?'도 비슷한 표현이에요.

* The people you're going to **deal with** are not amateurs. 네가 상대할 사람들은 아마추어가 아니야.
* Be careful. You're **dealing with** highly sensitive materials. 조심해. 넌 매우 민감한 물질을 다루고 있으니까.

❸ Rules designed to make it impossible for women to enter this world.
여자들이 이 세계에 들어오는 건 불가능하게끔 규율이 만들어졌지.

make it impossible to ~는 '~하는 것을 불가능하게 하다'라는 뜻이에요. 이때 it은 의미 없이 자리를 채우는 역할만 하므로 '그것'이라고 해석하지 않아도 돼요. 만일 '…가 ~하는 것을 불가능하게 하다'라는 의미로 어떤 행동의 주어를 쓰고 싶다면 to 앞에 'for + 주어'를 붙여서 make it impossible for … to ~라고 해 주세요. impossible을 possible로 바꾸면 '~하는 것을 가능하게 하다'라는 뜻이 된답니다. 복잡한 패턴이기 때문에 뒤에서 구체적으로 연습해 볼게요.

★ 영화 속 패턴 익히기

❹ Got it? 알겠어?

Did you get it?을 줄인 말로 자신이 방금 한 말을 상대방이 명확하게 이해했는지 물어보는 표현이에요. '알겠어?', '이해했어?'라고 해석하는데 Is it clear?나 Did I make myself clear? 역시 비슷한 의미로 자주 쓰는 말이에요. 만일 상대방에게 '이해했어요'라고 대답하고 싶으면 I got it.이라고 해 주세요.

* A: **Did you get it?** Or do you want me to show you again? 이해하시겠어요? 아니면 한 번 더 보여 드릴까요?
  B: I think I got it. Thanks. 이해한 것 같아요. 고마워요.

오늘 배운 장면에서 뽑은 핵심 패턴으로 다양한 표현을 만들어 보세요.

🎧 13-2.mp3

make it possible for ... to ~   …가 ~하는 것을 가능하게 하다.

Step 1 기본 패턴 연습하기

1 This technology will **make it possible for biologists to** create a new human DNA.
이 기술로 생물학자들이 새로운 인간 DNA를 만드는 것이 가능하게 될 것입니다.

2 The director **made it impossible for me to** testify in court.
그 감독은 내가 법정에서 증언하지 못하도록 했어요.

3 Science has **made it possible for humans to** live longer. 과학은 인간이 장수할 수 있도록 했습니다.

4 Your love has _____ pursue my dream.
당신의 사랑으로 제가 꿈을 찾아 나아갈 수 있었어요.

5 His mother _____ meet other people.
그의 어머니는 그가 다른 사람들을 만나지 못하도록 했어요.

Step 2 패턴 응용하기   make it possible to ~

1 The bullet train **made it possible to** commute within an hour.
초고속 열차 덕분에 한 시간 만에 통근하는 게 가능해졌습니다.

2 She **made it possible to** conduct the experiment. 그녀 덕분에 실험하는 게 가능했어요.

3 Your donation will **make it possible to** create a better future.
여러분의 기부가 더 나은 미래를 만들 수 있습니다.

4 The snow _____ track the coyote's movements.
눈이 와서 코요테의 움직임을 추적하는 것이 불가능했어요.

5 You _____ produce the great movie. 당신 덕분에 정말 훌륭한 영화를 만들 수 있었어요.

Step 3 실생활에 적용하기

A Tell us what's special about your website?

B 이걸로 사람들이 오랫동안 잊고 지냈던 친구들을 찾는 게 가능해질 것입니다.

A Can you be more specific?

A 당신이 만든 웹사이트는 뭐가 특별한지 말씀해 주세요.

B Well, it'll make it possible for anyone to find their long-lost friends.

A 좀 더 구체적으로 설명해 주시겠어요?

정답 Step 1 4 made it possible for me to 5 made it impossible for him to Step 2 4 made it impossible to 5 made it possible to

A | 영화 속 대화를 완성해 보세요.

LINGUINI Listen, I just want you to know how ❶_____ I am to be studying under such…
들어 봐. 정말 훌륭한 선배에게 배우게 되어 매우 영광이야…

COLETTE No, you listen. I just ❷_____ exactly who you are ❸_____. ❹_____ women do you see in this kitchen? 아니. 너나 잘 들어. 네가 모셔야 하는 사람이 누구인지 정확하게 알려 주지. 이 주방에 여자가 몇 명 보이지?

LINGUINI Well, I hah— um— 글쎄. 난 하… 음…

COLETTE Only me. Why do you think that is?? 나밖에 없어. 왜 그럴까??

LINGUINI Well… huh–! I… hoo… 글쎄… 허…! 난 … 흐으…

COLETTE Because Haute Cuisine is an ❺_____ hierarchy built upon rules written by stupid old men. Rules designed to make it ❻_____ enter this world. But still I am here. ❼_____ did this happen? 고급 요리의 세계는 멍청한 늙은 남자들이 만든 구닥다리 계급 사회거든. 여자들이 이 세계에 들어오는 건 불가능하게끔 규율이 만들어졌지. 하지만 난 여기서 살아남았어. 어떻게 그랬냐고?

LINGUINI Because, well, because you… 왜냐하면. 그야. 당신 때문에…

COLETTE Because I am the ❽_____ cook in this kitchen. I've worked too hard for too long to get here, and I'm not going to ❾_____ it for some garbage boy who got lucky. ❿_____? 이 주방에서 내가 제일 강하니까. 이 자리에 오기까지 정말 열심히. 오랫동안 일했어. 어디서 얻어걸린 쓰레기 담당 때문에 내 경력에 먹칠하고 싶지 않아. 알겠어?

B | 다음 빈칸을 채워 문장을 완성해 보세요.

1 당신의 사랑으로 제가 꿈을 찾아 나아갈 수 있었어요.
Your love has _____ pursue my dream.

2 그의 어머니는 그가 다른 사람들을 만나지 못하도록 했어요.
His mother _____ meet other people.

3 그녀 덕분에 실험하는 게 가능했어요.
She _____ conduct the experiment.

4 눈이 와서 코요테의 움직임을 추적하는 것이 불가능했어요.
The snow _____ track the coyote's movements.

5 당신 덕분에 정말 훌륭한 영화를 만들 수 있었어요.
You _____ produce the great movie.

71

You Are One of Us Now

너도 이제 한식구야

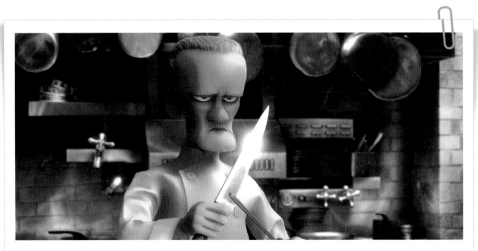

콜레트가 남자들이 지배하는^{dominate} 고급 요리 세계에서 살아남을 수 있었던 건 그녀가 제일 열심히 일하고 가장 강한 요리사이기 때문이에요. 이런 콜레트에게 링귀니의 요리는 소꿉장난처럼 보일 뿐이죠. 링귀니가 딱해 보였는지 콜레트는 그에게 야채 썰기^{dice}, 조리대 정돈하기^{declutter}, 소매 접기^{roll up the sleeves} 등 기본부터 신선한 빵 고르기, 처음 수확한^{pick} 야채 구하기 등의 고급 기술까지 차근차근 가르쳐 줘요. 이뿐만 아니라 함께 일하는 동료 요리사들의 비밀도 알려 주죠. 홀스트는 복역한 적이 있는데^{do time} 그 이유는 아무도 몰라요. 랄로는 12살에 가출해서^{run away from home} 서커스 곡예사로^{acrobat} 일한 적이 있고 라루스는 저항군에게^{resistance} 무기를 공급하는 일을 했다고 하네요. 동료들과 함께 많은 시간을 보내면서 링귀니도 이제 구스토 식당의 식구가 되었어요.

Warm Up! 오늘 배울 표현

오늘 등장하는 표현들입니다. 어떤 표현이 들어가야 할지 생각해 보세요.

* Horst has   . 홀스트는 전과가 있어.

*   ? 뭐 때문에?

* He changes the story   you ask him. 물어볼 때마다 말이 달라지니까.

*   play cards with Pompidou. 퐁피두랑은 카드 치지 마.

COLETTE
콜레트

Horst has **done time**.①

홀스트는 전과가 있어.

LINGUINI
링귀니

What for?②

뭐 때문에?

COLETTE
콜레트

No one knows for sure. He changes the story **every time** you ask him.③

아무도 확실히 몰라. 물어볼 때마다 말이 달라지니까.

HORST
홀스트

I defrauded a major corporation. I robbed the second largest bank in France using only a ballpoint pen. I created a hole in the ozone over Avignon. I killed a man with– this thumb.

대기업에서 횡령했어. 볼펜 하나로 프랑스에서 두 번째로 큰 은행을 털었지. 아비뇽의 오존층에 구멍을 냈지. 살인했어… 이 엄지로 말이야.

COLETTE
콜레트

Don't ever play cards with Pompidou.④ He's been banned from Las Vegas and Monte Carlo.

퐁피두랑은 카드 치지 마. 라스베이거스와 몬테카를로에 출입 금지 당했대.

COLETTE
콜레트

Larousse ran guns for the resistance.

라루스는 저항군에게 무기를 공급했대.

LINGUINI
링귀니

Which resistance?

어떤 저항군?

COLETTE
콜레트

He won't say. Apparently they didn't win.

말을 안 해. 전투에서 진 게 분명해.

73

장면 파헤치기 구문 설명과 예문으로 이 장면의 핵심 표현을 완벽히 이해하세요.

❶ Horst has done time. 홀스트는 전과가 있어.

do time은 '복역하다', '형을 치르다'라는 뜻이에요. 현재 완료(have + p.p)에는 어떤 행동을 완료했다는 의미가 내포되어 있어요. 그래서 have done time에는 '징역살이를 끝내고 출소했다'라는 뜻이 담겨 있답니다.

* I'm not going to **do time** for something I didn't do. 내가 하지 않은 일로 콩밥을 먹지는 않겠어요.
* I heard he **did time** to protect his family. 가족을 보호하기 위해서 그가 징역살이했다는 말을 들었어.

❷ What for? 뭐 때문에?

What for?는 '뭐 때문에?'라는 뜻으로 어떤 행동에 대한 목적이나 이유를 물어보는 표현이에요. 이때 for는 '~때문에'라는 뜻으로 쓴 거예요. Thank you for ~ '~해서 고마워', Sorry for ~ '~ 해서 미안해'에 등장한 for도 비슷한 맥락으로 쓰인 거예요.

* A: Josh, do you mind if I use your pickup truck tomorrow? 조쉬, 내일 트럭을 써도 될까?
  B: Sure. **What for?** 물론이지. 뭐에 쓰려고?

❸ He changes the story every time you ask him. 물어볼 때마다 말이 달라지니까.

every time은 '~할 때마다'라는 뜻이에요. every time 뒤에는 '주어 + 동사'의 문장 형태를 주로 쓰는데 whenever 역시 같은 의미로 사용할 수 있는 표현이에요. 뒤에서 다양한 문장으로 연습해 볼까요?   ★영화 속 패턴 익히기

❹ Don't ever play cards with Pompidou. 퐁피두랑은 카드 치지 마.

'~하지 마'라는 부정의 명령문을 만들 때는 문장 맨 앞에 Don't만 붙이면 됩니다. 만일 '절대 ~하지 마'라고 부정의 의미를 강조하고 싶다면 Don't ever ~나 Don't you ever ~를 문장 맨 앞에 붙여 주세요. Never, ever ~를 붙여도 절대 하지 말라는 의미를 강조할 수 있어요.

* **Don't ever** answer unknown callers. It could be a scam or something.
  잘 모르는 전화는 절대 받지 마. 사기 같은 걸 수도 있어.
* **Don't you ever** say, "I can't do it." You can do anything you want.
  "못 하겠다"는 말 절대 하지 마. 넌 원하는 건 뭐든지 할 수 있어.

오늘 배운 장면에서 뽑은 핵심 패턴으로 다양한 표현을 만들어 보세요.

🎧 14-2.mp3

every time
~할 때마다

Step 1 기본 패턴 연습하기

1 You don't need to use the dictionary **every time** you encounter a new word.
새 단어를 만날 때마다 사전을 찾을 필요는 없어요.

2 **Every time** I think of her, I can't stop smiling. 그녀를 생각할 때마다 웃음을 멈출 수 없어.

3 **Every time** I ask you out, you always seem to find an excuse.
데이트 신청을 할 때마다 당신은 변명거리를 찾는 것 같더라고요.

4 My dog jumps and starts to bark _____ the doorbell rings.
초인종이 울릴 때마다 우리 개는 뛰면서 짖어 댄답니다.

5 _____ I look at him, I see the most beautiful man in the world.
그를 바라볼 때마다 세상에서 가장 아름다운 남자의 얼굴이 보인답니다.

Step 2 패턴 응용하기 whenever

1 His palms get sweaty **whenever** he meets his business associates.
사업 동료들을 만날 때마다 그의 손에 땀이 나더라고.

2 I say 'Hi' **whenever** I see my new neighbor. 새로 온 이웃을 볼 때마다 저는 인사를 해요.

3 **Whenever** you proposed something, I always supported you.
네가 무언가를 제안할 때마다 난 항상 네게 힘을 실어 주려고 했어.

4 _____ I look out the window, he's there sitting on the bench.
창문 밖을 내다볼 때마다 그가 벤치에 앉아 있더라고요.

5 _____ I talk to him, I get the feeling I'm talking to a soulmate.
그에게 말을 할 때마다 마치 소울 메이트와 이야기하는 느낌을 받아요.

Step 3 실생활에 적용하기

A It's so good to see you!
B My, my, my. 만날 때마다 넌 어쩜 더 어려 보이니!
A You're such a liar! So, how have you been?

A 오랜만이야!
B 어머. You look younger every time I see you!
A 거짓말도 잘하셔! 어떻게 지냈어?

정답 Step 1 4 every time 5 Every time Step 2 4 Whenever 5 Whenever

75

A | 영화 속 대화를 완성해 보세요.

COLETTE Horst has ❶_____. 홀스트는 전과가 있어.

LINGUINI ❷_____? 뭐 때문에?

COLETTE ❸_____ knows for sure. He changes the story ❹_____ you ask him.
아무도 확실히 몰라. 물어볼 때마다 말이 달라지니까.

HORST I ❺_____ a major corporation. I ❻_____ the second largest bank in France using only a ballpoint pen. I created a hole in the ozone over Avignon. I killed a man with– this thumb. 대기업에서 횡령했어. 볼펜 하나로 프랑스에서 두 번째로 큰 은행을 털었지. 아비뇽의 오존층에 구멍을 냈지. 살인했어… 이 엄지로 말이야.

COLETTE ❼_____ play cards with Pompidou. He's been ❽_____ from Las Vegas and Monte Carlo.
풍피두랑은 카드 치지 마. 라스베이거스와 몬테카를로에 출입 금지 당했대.

COLETTE Larousse ❾_____ for the resistance.
라루스는 저항군에게 무기를 공급했대.

LINGUINI Which resistance? 어떤 저항군?

COLETTE He won't say. ❿_____ they didn't win.
말을 안 해. 전투에서 진 게 분명해.

정답 A
❶ done time
❷ What for
❸ No one
❹ every time
❺ defrauded
❻ robbed
❼ Don't ever
❽ banned
❾ ran guns
❿ Apparently

B | 다음 빈칸을 채워 문장을 완성해 보세요.

1 그녀를 생각할 때마다 웃음을 멈출 수 없어.
_____ I think of her, I can't stop smiling.

2 초인종이 울릴 때마다 우리 개는 뛰면서 짖어 댄답니다.
My dog jumps and starts to bark _____ the doorbell rings.

3 그를 바라볼 때마다 세상에서 가장 아름다운 남자의 얼굴이 보인답니다.
_____ I look at him, I see the most beautiful man in the world.

4 창문 밖을 내다볼 때마다 그가 벤치에 앉아 있더라고요.
_____ I look out the window, he's there sitting on the bench.

5 그에게 말을 할 때마다 마치 소울 메이트와 이야기하는 느낌을 받아요.
_____ I talk to him, I get the feeling I'm talking to a soulmate.

정답 B
1 Every time
2 every time
3 Every time
4 Whenever
5 Whenever

76

Special Order

스페셜 오더

링귀니의 수프 덕에 구스토 식당은 오늘도 거의 만석이네요.^{almost full} 그런데 손님들이^{customers} 색다른 요리를 원하자 스키너는 링귀니에게 메뉴에도 없는^{off-menu} '송아지 곱창 요리'를 만들라고 명령해요. 최악의^{disaster} 레시피로 된 요리 미션을 내려 링귀니를 곤궁에 빠뜨리려는 스키너의 목적이었죠. 콜레트와 함께 요리해야 하지만 레미는 링귀니를 조종해서^{maneuver} 온 주방을 헤집고 다니며 혼자만의 요리를 하고 있어요. 콜레트가 화를 내며 즉흥으로 요리하지^{improvise} 말라고 경고하지만 레미는 그녀의 말을 대놓고 무시해요.^{ignore} 콜레트가 레시피대로 멸치 감초^{anchovy licorice} 소스를 부으려는데 레미의 조종을 받은 링귀니가 자기 소스를 대신 붓고^{dump} 요리는 곧장 손님에게 전달돼요. 모두 긴장한 눈빛으로 손님들의 반응을 살펴보는데… 역시 이번에도 레미의 요리가 대박이 났어요.

Warm Up! 오늘 배울 표현   오늘 등장하는 표현들입니다. 어떤 표현이 들어가야 할지 생각해 보세요.

* What else have you– You are ⬚⬚⬚⬚⬚⬚⬚⬚⬚⬚? 또 뭘 넣은 거야… 즉흥으로 만드는 거야?

* ⬚⬚⬚⬚⬚⬚⬚⬚⬚⬚ experiment. 지금 실험할 때가 아니야.

* ⬚⬚⬚⬚⬚⬚⬚⬚⬚⬚! 놀래키는 게!

* ⬚⬚⬚⬚⬚⬚ very ⬚⬚⬚⬚⬚ explain. 정말 설명하기 힘들어.

COLETTE
콜레트

The recipe doesn't call for white truffle oil! What else have you– You are **improvising**??❶ **This is no time to** experiment. ❷ The customers are waiting!

레시피에는 화이트 트러플 오일이 없잖아! 또 뭘 넣은… 즉흥으로 만드는 거야?? 지금 실험할 때가 아니야. 손님들이 기다린다고!

LINGUINI
링귀니

You're right– I should listen to you!

네 말이 맞아… 네 말을 들어야지!

COLETTE
콜레트

Stop that!

그만 좀 해!

LINGUINI
링귀니

Stop what?

뭘?

COLETTE
콜레트

Freaking me out!❸ Whatever you're doing, stop it.

놀래키는 거! 뭘 하든지 간에, 그만하라고.

HORST
홀스트

Where is the special order?

스페셜 요리 어떻게 돼가는 거야?

COLETTE
콜레트

Coming! I thought we were together on this.

곧 나가요! 우리가 한 팀인 줄 알았어.

LINGUINI
링귀니

We are together.

물론 그렇지.

COLETTE
콜레트

Then what are you doing?

그런데 지금 뭐 하는 거야?

LINGUINI
링귀니

It's very **hard to** explain. ❹

정말 설명하기 힘들어.

❶ **What else have you– You are improvising?** 또 뭘 넣은… 즉흥으로 만드는 거야?

improvise는 계획한 대로 일을 처리하지 않고 그 자리에서 즉흥적으로 무언가를 진행하는 행동을 뜻하는 말이에요. '즉석에서 처리하다'라는 해석이 어울리는데 연주나 퍼포먼스에서 예술가들이 분위기에 취해 자유롭게 무대를 만들어 내는 것도 improvise라고 해요. ad-lib (애드립) 역시 비슷한 의미로 쓸 수 있는 단어이지만 improvise를 더 많이 쓰는 경향이 있어요.

＊ Your next mission is to **improvise** old fairy tales in your style.
다음 미션은 옛날 동화를 여러분의 스타일로 즉석에서 표현하는 것입니다.

＊ I don't like **improvising** speeches. I easily get nervous if I don't have a script.
난 즉석에서 하는 연설을 좋아하지 않아요. 대본이 없으면 쉽게 긴장하거든요.

❷ **This is no time to experiment.** 지금 실험할 때가 아냐.

This is no time to ~는 '지금은 ~할 때가 아니다'라는 뜻이에요. 이 표현은 This is not a good time to ~라고 풀어서 쓸 수도 있어요. 반대로 '지금이 ~할 때야'라고 말하고 싶으면 It's time to ~ 혹은 더 줄여서 Time to ~라고 해 주세요.

＊ Let's stop talking nonsense. **This is no time to** joke. 허튼소리 하지 말자고. 농담할 때가 아냐.

＊ **It's not a good time to** argue. We should be together on this.
논쟁할 때가 아니에요. 우린 이 일에 힘을 합쳐야 해요.

❸ **Freaking me out!** 놀래키는 게!

〈freak + 사람 + out〉은 '~를 겁주다, 놀라게 하다'라는 뜻으로 자주 쓰는 회화 표현이에요. '~ 겁먹다', '놀라다'라는 뜻으로 쓸 때는 be freaked out이라고 써야 해요. freak은 명사로 '괴물', '광적으로 집착하는 사람'이란 뜻도 있어요. 회화에서 어떤 사람을 freak으로 묘사하는 것은 모욕적이기 때문에 가급적 쓰지 않는 게 좋아요.

＊ Before I went to medical school, I was **freaked out** by needles.
의대에 가기 전에 저는 바늘이 너무 무서웠어요.

＊ Don't **freak out**. Everything will be fine! 겁먹지 마. 다 괜찮을 거야!

❹ **It's very hard to explain.** 정말 설명하기 힘들어.

정석대로 하자면 It's hard to ~라고 쓰는 게 맞지만, 회화에서는 Hard to ~라고 줄여서 쓰는 경우가 많아요. '~하는 게 어려워'라는 뜻인데 to 뒤에는 꼭 동사의 기본형을 써 주세요. 반대로 '~하는 게 쉬워'는 hard 대신 easy를 써서 Easy to ~ 혹은 It's easy to ~라고 해요.   ★영화 속 패턴 익히기

오늘 배운 장면에서 뽑은 핵심 패턴으로 다양한 표현을 만들어 보세요.

🎧 15-2.mp3

It's hard to ~

~하는 게 어려워.

Step 1 기본 패턴 연습하기

1 **It's hard to** find the right person for this job. 이 일에 적임자를 찾기가 힘드네.

2 **It's hard to** open my eyes under water. 물속에서 눈을 뜨는 건 어려워.

3 **It's hard to** describe my feelings for you. 당신에 대한 내 감정을 설명하는 게 힘들어요.

4 .... understand the fundamental theory. 기본적인 이론을 이해하는 게 힘들어요.

5 .... resist the temptation for the dessert. 디저트에 대한 유혹을 이겨내는 게 힘드네요.

Step 2 패턴 응용하기 | It's easy to ~

1 **It's so easy to easy to** make a cucumber sandwich. All you need is a cucumber, mayo and salt. 오이 샌드위치를 만드는 건 너무 쉬워. 오이, 마요네즈, 소금만 있으면 돼.

2 **It's not easy to** change his mind. 그의 마음을 바꾸는 건 쉽지 않아요.

3 **It's easy to** read his mind. He's avoiding eye contact when he's nervous.
그의 마음을 읽기는 쉬워요. 불안할 때 그는 눈을 피하거든요.

4 .... draw animals. 동물 그리기는 정말 쉬워.

5 .... make dinner for chefs. 요리사들을 위해서 저녁을 준비하는 건 쉽지 않은 일이야.

Step 3 실생활에 적용하기

A Where did you get the sneakers?

B I don't know. My girlfriend gave them to me.

A Really? They're a limited edition. 요즘 그거 찾기도 정말 힘들어.

A 그 운동화는 어디서 샀어?

B 몰라. 여자 친구가 준 거야.

A 정말? 그거 한정판이야. It's very hard to find them these days.

정답 Step 1 4 It's hard to 5 Hard to Step 2 4 It's so easy to 5 It's not easy to

80

확인학습 문제를 풀며 오늘 배운 표현을 완벽히 내 것으로 만드세요.

A | 영화 속 대화를 완성해 보세요.

COLETTE The recipe doesn't ❶_____ white truffle oil! What else have you– You are ❷_____?? ❸_____ to experiment. The ❹_____ are waiting! 레시피에는 화이트 트러플 오일이 없잖아! 또 뭘 넣은… 즉흥으로 만드는 거야?? 지금 실험할 때가 아니야. 손님들이 기다린다고!

LINGUINI You're right– I should ❺_____ you! 네 말이 맞아… 네 말을 들어야지!

COLETTE Stop that! 그만 좀 해!

LINGUINI Stop what? 뭘?

COLETTE ❻_____ me out! ❼_____ you're doing, stop it. 놀래키는 게! 뭘 하든지 간에, 그만하라고.

HORST Where is the special order? 스페셜 요리 어떻게 돼가는 거야?

COLETTE Coming! I thought we were ❽_____ on this. 곧 나가요! 우리가 한 팀인 줄 알았어.

LINGUINI We are together. 물론 그렇지.

COLETTE Then what are you ❾_____? 그런데 지금 뭐 하는 거야?

LINGUINI It's very ❿_____ explain. 정말 설명하기 힘들어.

B | 다음 빈칸을 채워 문장을 완성해 보세요.

1 물속에서 눈을 뜨는 건 어려워.

_____ open my eyes under water.

2 당신에 대한 내 감정을 설명하는 게 힘들어요.

_____ describe my feelings for you.

3 기본적인 이론을 이해하는 게 힘들어요.

_____ understand the fundamental theory.

4 그의 마음을 바꾸는 건 쉽지 않아요.

_____ change his mind.

5 동물 그리기는 정말 쉬워.

_____ draw animals.

Lesson About Food
음식 수업

바쁜 저녁 시간이^{dinner rush} 끝나고 요리사들은 건배하며^{toast} 링귀니의 성공을 축하해요^{congratulate}. 하지만 스키너는 링귀니의 비밀을 밝히려고^{disclose} 그를 방으로 데리고 가서 와인을 잔뜩 따라 주죠. 그리고 술에 약한 링귀니를 취하게 만들고 심문하듯^{interrogate} 이것저것 물어봐요. 한편, 레미는 링귀니가 가져다준 음식을 행복하게^{contentedly} 먹고 있는데 갑자기 정체불명의 뭔가가 나타나 레미를 놀라게 해요^{startle}. 바로 다시는 못 만날 줄 알았던 형 에밀이었어요. 레미는 주방에서 여러 음식을 가지고 와서 에밀에게 맛을 느끼는 방법을 가르치려고 하지만, 섬세한 미각이 없는 에밀은 이내 맛보기를 포기하고 대신 아빠를 만나러 갈 것을 제안해요.

Warm Up! 오늘 배울 표현   오늘 등장하는 표현들입니다. 어떤 표현이 들어가야 할지 생각해 보세요.

* ＿＿＿＿＿＿＿＿＿! 바로 그거야!
* I think… ＿＿＿＿＿＿＿＿＿ again. 저기… 또 못 알아듣겠어.
* ＿＿＿＿＿＿＿＿＿… I kinda have to… 사실… 난 할 일이…
* ＿＿＿＿＿＿＿＿＿ visit. 잠깐 다녀오는 것도 나쁘지 않겠지.

EMILE
에밀

Okay... I think I'm getting a little something there. It might be the nuttiness. Could be the tang.

좋아… 뭔가 느껴지는 것 같아. 고소한 것 같기도 하고. 톡 쏘는 것 같기도 해.

REMY
레미

That's it!❶ Now, imagine every great taste in the world being combined into infinite combinations. Tastes that no one has tried yet!! Discoveries to be made!

바로 그거야! 세상에 있는 수많은 맛이 무한대로 결합해서 완전히 새로운 맛이 되는 걸 상상해 봐! 아무도 먹어보지 못한 맛이지!! 완전 신세계야!

EMILE
에밀

I think... **You lost me** again.❷

저기… 또 못 알아듣겠어.

EMILE
에밀

But that was interesting. Most interesting garbage I ever– HEY! What are we doing? Dad doesn't know you're alive yet. We've gotta go to the colony! Everyone will be thrilled!

그런데 괜찮았어. 지금까지 최고의 쓰레기였어… 이봐! 지금 뭐 하는 거지? 아빠는 네가 아직 살아 있는 걸 몰라. 집으로 가야지! 다들 좋아할 거야!

REMY
레미

Yeah... but...

그래… 그런데…

EMILE
에밀

What?

왜 그래?

REMY
레미

Thing is... I kinda have to...❸

사실… 난 할 일이…

EMILE
에밀

What do you "have to" more than family? What's more important here?

가족보다 더 "중요한 게" 있다고? 뭐가 더 소중한 거야?

REMY
레미

Well, I... **it wouldn't hurt to** visit.❹

뭐, 잠깐 다녀오는 것도 나쁘지 않겠지.

❶ **That's it!** 바로 그거야!

That's it!은 '바로 그거야', '그렇다니까'라는 뜻으로 상대방의 행동이나 말에 격하게 공감하면서 반응하는 감탄사예요. 또한 화를 참지 못하고 '더 이상 못 하겠어', '됐어'라는 뜻으로도 쓰는데 이때는 짜증과 분노를 섞은 말투를 섞어 주세요. 회화에서는 하나의 표현도 여러 가지 의미가 있을 수 있으니 꼭 문맥을 파악하면서 연습하는 게 중요해요.

※ **That's it!** Now, you know what I'm talking about! 바로 그거야! 내가 무슨 말을 하는지 이해하는 거네!
※ **That's it.** I can't put up with this any longer. 됐어. 이제는 더 이상 못 참겠어.

❷ **I think... You lost me again.** 저기… 또 못 알아듣겠어.

지금 레미는 복잡 미묘한 맛에 대해서 신나게 설명하고 있는데 에밀은 그게 잘 이해가 되지 않는 것 같아요. You lost me.를 단어 그대로 해석하면 '네가 나를 잃어버렸다'가 되잖아요? 이 말은 상대방이 무언가를 열심히 설명하고 있는데 나는 그 사람이 하는 말을 도통 이해할 수 없다는 뉘앙스로 쓸 수 있어요. '잘 모르겠어', '이해가 잘 안돼'라는 해석이 적절하네요.

※ I'm afraid **you lost me** there. What were you trying to say? 못 알아듣겠어. 무슨 말을 하려는 거였어?
※ Can we go back to the beginning? I think **you lost me** again. 처음부터 다시 하면 안 될까? 또 모르겠는데.

❸ **Thing is... I kinda have to...** 사실… 난 할 일이…

상대방에게 좀처럼 하기 힘든 말을 꺼낼 때는 '저기 말이야…', '사실 말이지…'와 같은 불필요한 말을 하면서 주저하게 되죠. 영어에서는 The thing is…가 이럴 때 제일 적절한 표현이에요. The를 빼고 Thing is…라고 쓸 수도 있는데 Thing is…라고 말한 뒤에는 2초 정도 '망설임의 정적'을 가지도록 하세요. 이렇게 하면 나의 마음을 정리할 수도 있고 상대방도 내 말에 좀 더 관심을 보일 테니까요.

※ **The thing is...** I want you to marry me. 사실… 네가 나랑 결혼하면 좋겠어.
※ **Thing is...** I forgot to lock up the gate when I left. 실은… 나올 때 문을 잠그는 걸 깜박했어요.

❹ **It wouldn't hurt to visit.** 잠깐 다녀오는 것도 나쁘지 않겠지.

It wouldn't hurt to ~는 '~하는 게 나쁘지는 않겠다', '~하는 것도 좋을 거야'라는 의미로 어떤 행동에 대해서 긍정적으로 말할 때 쓰는 표현이에요. 뒤에서는 비슷한 의미로 자주 쓰는 It would be nice to ~ 역시 연습해 볼 거예요. 두 표현 모두 to 뒤에 반드시 '동사의 기본형'을 쓰도록 하세요.

★영화 속 패턴 익히기

🎧 16-2.mp3

It wouldn't hurt to ~   ~하는 것도 나쁘지는 않겠어.

Step 1 기본 패턴 연습하기

1 **It wouldn't hurt to** buy travel insurance. 여행자 보험을 구매하는 것도 나쁘지는 않겠어.

2 **It wouldn't hurt to** try the jacket on. 재킷을 한번 입어보는 것도 괜찮겠어.

3 **It wouldn't hurt to** be more cautious. 좀 더 조심하는 것도 나쁘지는 않죠.

4 .... give her a call before we visit. 가기 전에 그녀에게 전화를 해 보는 것도 나쁘지는 않지.

5 .... get a second opinion. 다른 사람의 의견을 듣는 것도 나쁘지는 않지.

Step 2 패턴 응용하기   It would be nice to ~

1 **It would be nice to** meet new people. 새로운 사람들을 만나는 것도 좋을 거예요.

2 **It would be nice to** make her feel happy. 그녀의 기분을 좋게 해 주는 것도 괜찮은 거지.

3 **It would be nice to** meet for dinner and a movie. 만나서 저녁 먹고 영화 보는 것도 좋죠.

4 .... clean up the guest room. 손님방을 치우는 것도 좋죠.

5 .... get a little trim around your ears. 귀 주변머리를 손질하는 것도 좋아요.

Step 3 실생활에 적용하기

A Would you like to have dessert?	A 디저트 하시겠어요?
B Sure. 케이크를 먹는 것도 나쁘지 않죠.	B 좋아요. It wouldn't hurt to have some cake.
A Why don't we share a small piece of cheesecake?	A 치즈 케이크 작은 조각을 함께 먹는 건 어때요?

정답   Step 1 4 It wouldn't hurt to 5 It wouldn't hurt to Step 2 4 It would be nice to 5 It would be nice to

A │ 영화 속 대화를 완성해 보세요.

EMILE Okay... I think I'm ❶_____ a little something there. It might be the ❷_____. Could be the tang.
좋아… 뭔가 느껴지는 것 같아. 고소한 것 같기도 하고, 톡 쏘는 것 같기도 해.

REMY ❸_____! Now, imagine every great taste in the world being ❹_____ into infinite combinations. Tastes that no one has tried yet!! ❺_____ to be made! 바로 그거야! 세상에 있는 수많은 맛이 무한대로 결합해서 완전히 새로운 맛이 되는 걸 상상해 봐! 아무도 먹어보지 못한 맛이지!!! 완전 신세계야!

EMILE I think... ❻_____ again. 저기… 또 못 알아듣겠어.

EMILE But that was interesting. Most interesting garbage I ever– HEY! What are we doing? Dad doesn't know you're ❼_____ yet. We've gotta go to the colony! Everyone will be ❽_____!
그런데 괜찮았어. 지금까지 최고의 쓰레기었… 이봐! 지금 뭐 하는 거지? 아빠는 네가 아직 살아 있는 걸 몰라. 집으로 가야지! 다들 좋아할 거야!

REMY Yeah... but... 그래… 그런데…

EMILE What? 왜 그래?

REMY ❾_____... I kinda have to... 사실… 난 할 일이…

EMILE What do you "have to" more than family? What's more important here? 가족보다 더 "중요한 게" 있다고? 뭐가 더 소중한 거야?

REMY Well, I... ❿_____ to visit.
뭐, 잠깐 다녀오는 것도 나쁘지 않겠지.

B │ 다음 빈칸을 채워 문장을 완성해 보세요.

1 좀 더 조심하는 것도 나쁘지는 않죠.
_____ be more cautious.

2 다른 사람의 의견을 듣는 것도 나쁘지는 않지.
_____ get a second opinion.

3 새로운 사람들을 만나는 것도 좋을 거예요.
_____ meet new people.

4 그녀의 기분을 좋게 해 주는 것도 괜찮은 거지.
_____ make her feel happy.

5 손님방을 치우는 것도 좋죠.
_____ clean up the guest room.

Humans Are Not Bad

인간은 나쁘지 않아요

하수구에서는^{sewer} 레미의 귀환을 환영하는 파티가 한창 진행 중이에요^{be in full swing}. 오랜만에 아빠를 만났지만, 레미는 인간이 사악한^{evil} 존재가 아니라며 아빠의 의견에 정면으로 반박해요^{refute}. 화가 난 아빠는 별말 없이 레미를 어딘가로 데리고 가요. 아빠와 레미가 도착한 곳은 쥐덫과^{rat traps} 함께 죽은 쥐들의 사체가^{body} 전시된^{displayed} 가게였어요. 아빠는 인간은 쥐들의 적일 뿐이고 이 운명을 받아들여야 한다고 말하지만 레미는 이를 거부해요^{refuse}. 그리고 아빠에게 보란 듯이 두 다리로 꼿꼿이 걸으면서^{walk upright on two legs} 구스토 식당으로 돌아가요.

Warm Up! 오늘 배울 표현   오늘 등장하는 표현들입니다. 어떤 표현이 들어가야 할지 생각해 보세요.

* And finding someone to replace you for poison checker has been a ▮▮▮▮▮▮▮▮▮▮.
  독약 감시반 자리에 널 대신할 쥐를 찾는 게 정말 힘들었어.

* Nothing's been poisoned, ▮▮▮▮▮▮▮▮▮▮, but it hasn't been easy.
  독이 없어서 다행이지. 힘들었다고.

* Yeah... well, ▮▮▮▮▮▮▮▮... 네… 저, 그게 말이죠…

* Sure... but, ▮▮▮▮▮▮▮▮ I'm a kid anymore. 네… 하지만, 이제 애가 아니잖아요.

DJANGO
장고

And finding someone to replace you for poison checker has been a **disaster**.❶ Nothing's been poisoned, **thank God**, but it hasn't been easy.❷ You didn't make it easy.

독약 감시반 자리에 널 대신할 쥐를 찾는 게 정말 힘들었어. 독이 없어서 다행이지, 힘들었다고. 너 때문이야.

REMY
레미

I know. I am sorry, Dad.

알아요. 죄송해요, 아빠.

DJANGO
장고

Well, the important thing is that you're home.

뭐, 그래도 네가 돌아온 게 중요한 거지.

REMY
레미

Yeah... well, **about that**...❸

네… 저, 그게 말이죠…

DJANGO
장고

You look thin. Why is that? A shortage of food or a surplus of snobbery?

살이 빠졌네. 왜 그래? 식량 부족 아니면 너무 잘난 척해서 그런 거야?

DJANGO
장고

It's tough out there in the big world all alone, isn't it?

저 넓은 세상에 혼자 있으려니 힘들지, 그렇지 않니?

REMY
레미

Sure... but, **it's not like** I'm a kid anymore.❹

네… 하지만, 이제 애가 아니잖아요.

DJANGO
장고

Hey. Hey, boy. What's up?

이봐. 이보게, 친구. 잘 지냈나?

REMY
레미

No. I can take care of myself. I've found a nice spot not far away, so I'll be able to visit often.

네. 혼자 지낼 수 있어요. 가까운 곳에 좋은 집도 얻었고, 자주 찾아뵐게요.

❶ And finding someone to replace you for poison checker has been a disaster.
독약 감시반 자리에 널 대신할 쥐를 찾는 게 정말 힘들었어.

disaster는 홍수나 태풍 등의 자연재해를 뜻하는 단어이지만 '끔찍한 일', '완전히 망한 실패작'이란 뜻으로도 자주 활용됩니다. 또한 사람을 묘사할 때도 쓸 수 있는데 '일을 완전히 망쳐 놓는 사람', '끔찍한 사람', '패배자'라는 뜻이랍니다.

* Our trip to Paris turned out to be a **disaster**. 파리로의 여행은 정말 끔찍한 일이었어.
* The new team leader is a total **disaster**. He won't listen to anyone.
  새로 온 팀 리더는 정말 끔찍한 사람이야. 누구의 말을 들으려고도 하지 않아.

❷ Nothing's been poisoned, thank God, but it hasn't been easy. 독이 없어서 다행이지, 힘들었다고.

Thank God는 '정말 다행이야'라는 뜻으로 우려했던 일이 생기지 않아 다행이라고 안도의 한숨을 내쉬며 하는 감탄 표현이에요. Thank goodness. 혹은 Thank heavens. 역시 같은 의미로 자주 쓰는 말인데 God와 heaven이 있다고 해서 종교적인 의미가 담겨 있는 표현은 아니에요.

* **Thank God**, you're here! I have no idea why she won't stop crying. 아, 다행이야, 당신 왔구나! 얘가 왜 울음을 안 그치는지 모르겠어.
* **Thank God**, you all made it home in one piece. 다행이야, 다들 무사히 돌아왔구나.

❸ Yeah... well, about that... 네… 저, 그게 말이죠…

지금 레미는 아빠와는 완전히 다른 생각을 하고 있지만 쉽게 반박하지 못하고 있어요. 이렇게 상대방이 언급한 것에 대해서 어렵게 반박하려고 할 때, 또는 상대방에게 안 좋은 말을 전하려고 할 때는 About that...이라며 살짝 뜸을 들이고 말을 하는 것도 좋아요. '그게 말이지', '그 일은 말이야'라는 뜻으로 해석하면 좋아요.

* A: Are you done with my laptop? I need to use it tonight. 내 노트북 다 썼어? 나 오늘 밤에 써야 해.
  B: **About that**... I don't have it right now. Jason is fixing it. 그게 말이야… 지금 없어. 제이슨이 고치고 있거든.

❹ Sure... but, it's not like I'm a kid anymore. 네… 하지만, 이제 애가 아니잖아요.

It's like ~은 '~같아요'라는 뜻으로 자기 생각이나 느낌을 말할 때 쓰는 표현이에요. 문장 앞에 이 표현을 습관처럼 붙이는 원어민들도 제법 많은데 이렇게 하면 직설적인 의미를 살짝 누그러뜨려서 말하는 느낌이 들어요. 아직 레미는 I'm not a kid anymore! '난 더 이상 애가 아니에요!'라고 강하게 말할 용기가 없어서 '~는 아닌 것 같아요'라는 의미로 It's not like ~라는 패턴을 붙인 거예요. It's like ~와 It's not like ~ 뒤에는 명사 등의 단어를 써도 되고 '주어 + 동사' 형태의 문장을 붙일 수도 있어요. ★영화 속 패턴 익히기

🎧 17-2.mp3

It' not like ~
~는 아닌 것 같아요.

Step 1　기본 패턴 연습하기

1 **It's not like** you're a bad person. 당신은 나쁜 사람은 아닌 것 같아요.

2 **It's not like** we're cancelling the show. 공연을 취소하고 그런 건 아니에요.

3 **It's not like** I am choosing him over you. 너 말고 그를 선택하고 그런 건 아니야.

4 .... we are going out on a date. 우리가 데이트 같은 걸 하는 건 아니에요.

5 .... I became a millionaire in a day. 내가 하루아침에 백만장자가 되고 그런 건 아니야.

Step 2　패턴 응용하기　| It's like ~

1 **It's like** I saw it in a dream. 내가 그걸 꿈에서 본 것 같아.

2 **It's like** you don't trust me. 네가 날 못 믿는 것 같아서.

3 **It's like** I'm back in high school again. 다시 고등학교로 돌아간 기분이에요.

4 .... he's in love with me. 그가 나를 사랑하는 것 같아요.

5 .... she knows everything about me. 그녀가 나에 대해 모든 걸 아는 것 같아.

Step 3　실생활에 적용하기

A Why are you packing all your stuff?
　　떠나거나 하는 건 아니지?

B I just talked to Nancy. She offered me the
　　new position in Seattle.

A That's the job everyone wants to get.
　　Congratulations!

A 왜 짐을 다 싸는 거야? It's not like you're
　　leaving, is it?

B 낸시와 방금 이야기했어. 시애틀에 있는 새로운
　　자리를 제안하더라고.

A 다들 원하는 자리잖아. 축하해!

정답　Step 1 4 It's not like 5 It's not like　Step 2 4 It's like 5 It's like

90

A | 영화 속 대화를 완성해 보세요.

DJANGO And finding someone to ❶.................... you for poison checker has been a ❷.................... Nothing's been poisoned, ❸...................., but it hasn't been easy. You didn't make it easy. 독약 감시반 자리에 널 대신할 쥐를 찾는 게 정말 힘들었어. 독이 없어서 다행이지. 힘들었다고. 너 때문이야.

REMY I know. I am sorry, Dad. 알아요. 죄송해요. 아빠.

DJANGO Well, the important thing is that you're ❹.................... 뭐, 그래도 네가 돌아온 게 중요한 거지.

REMY Yeah... well, ❺.................... 네… 저. 그게 말이죠.

DJANGO You look ❻..................... Why is that? A ❼.................... of food or a surplus of snobbery? 살이 빠졌네. 왜 그래? 식량 부족 아니면 너무 잘난 척해서 그런 거야?

DJANGO It's tough out there in the big world all alone, isn't it? 저 넓은 세상에 혼자 있으려니 힘들지. 그렇지 않니?

REMY Sure... but, ❽.................... I'm a kid anymore. 네… 하지만, 이제 애가 아니잖아요.

DJANGO Hey. Hey, boy. What's up? 이봐. 이보게, 친구. 잘 지냈나?

REMY No. I can ❾.................... myself. I've found a nice spot ❿...................., so I'll be able to visit often. 네. 혼자 지낼 수 있어요. 가까운 곳에 좋은 집도 얻었고, 자주 찾아뵐게요.

B | 다음 빈칸을 채워 문장을 완성해 보세요.

1 당신은 나쁜 사람은 아닌 것 같아요.
.... you're a bad person.

2 우리가 데이트 같은 걸 하는 건 아니에요.
.... we are going out on a date.

3 내가 그걸 꿈에서 본 것 같아.
.... I saw it in a dream.

4 그가 나를 사랑하는 것 같아요.
.... he's in love with me.

5 그녀가 나에 대해 모든 걸 아는 것 같아.
.... she knows everything about me.

The Kiss
키스

식당으로 돌아온 레미가 주위를 둘러보는데^{look around} 아직 아무도 도착하지 않았어요. 어디선가 코고는 소리가^{snore} 들려서 자세히 살펴보니 링귀니가 바닥에 웅크리고^{curl up} 자고 있어요. 콜레트의 오토바이 소리가 들리자 링귀니를 깨우려고 애쓰지만 전혀 일어날 기미가 안 보여요. 이쩔 수 없이 링귀니의 눈에 황급히 선글라스를 씌우고 요리하는 시늉을 해요.^{pretend to cook} 콜레트가 옆에 서서 스키너와 있었던 일에 대해 묻자 레미의 조종을 받은 링귀니는 능글맞은 표정으로^{smirk} 그녀를 쳐다봐요. 콜레트는 그에 대한 속마음을 털어놓기 시작하는데 갑자기 링귀니가 코를 골자 그의 얼굴을 '찰싹' 때리고^{slap} 주방 밖으로 뛰쳐나가요.^{storm out} 그제야 정신을 차린 링귀니는 비밀을 털어놓으려는데 레미가 이를 방해하고 링귀니의 몸을 움직여 콜레트에게 키스하게 만들어요. 두 사람은 깜짝 키스에 당황하지만 이로 인해 서로에 대한 사랑을 확인하게 되었어요.

Warm Up! 오늘 배울 표현

오늘 등장하는 표현들입니다. 어떤 표현이 들어가야 할지 생각해 보세요.

* ▨▨▨▨▨▨▨▨ intruding on your deep, personal relationship with the chef.
주방장님과의 끈끈한 관계에 끼어들려고 해서 미안하군.

* ▨▨▨▨▨▨▨ teach you a few kitchen tricks to dazzle the boss and then you blow past me? 나한테 요리 기술을 배워서 주방장님에게 잘 보이더니 이제 나는 안중에도 없는 거야?

* If ▨▨▨▨▨▨▨▨▨ myself, I would have let you drown.
나만 생각했더라면 넌 그냥 매장될 수도 있었겠지.

* Look, ▨▨▨▨▨▨▨▨▨▨▨▨. 이봐, 난 말주변이 없어.

COLETTE
콜레트

Forgive me for intruding on your deep, personal relationship with the chef.❶ Oh, I see how it is. **You get me to** teach you a few kitchen tricks to dazzle the boss and then you blow past me?❷

주방장님과의 끈끈한 관계에 끼어들려고 해서 미안하군. 오, 이제 어떻게 돌아가는지 알겠어. 나한테 요리 기술을 배워서 주방장님에게 잘 보이더니 이제 나는 안중에도 없는 거야?

REMY
레미

Wake up... wake up!

일어나… 일어나라고!

COLETTE
콜레트

I thought you were different. I thought you thought I was different. I thought–

넌 다른 줄 알았어. 네가 난 다르다고 생각하는 줄 알았지. 난…

COLETTE
콜레트

I didn't have to help you. If **I looked out only for** myself, I would have let you drown.❸ But– I wanted you to succeed. I liked you. My mistake.

널 도울 필요도 없었어. 나만 생각했더라면 넌 그냥 매장될 수도 있었겠지. 하지만 네가 성공하길 바랐어. 널 좋아했거든. 그게 내 실수였네.

LINGUINI
링귀니

Colette. Wait, wait. Colette! It's over, Little Chef. I can't do it anymore.

콜레트. 잠깐, 기다려. 콜레트! 다 끝났어, 꼬마 요리사. 더 이상은 이 짓 못 하겠어.

LINGUINI
링귀니

Colette! Wait, wait! Don't motorcycle away– Look, **I'm no good with words**.❹ I'm no good with food, either. At least not without your help.

콜레트! 잠깐, 기다려! 가지 마… 이봐, 난 말주변이 없어. 요리도 못해. 네 도움이 없으면 못한다고.

COLETTE
콜레트

I hate false modesty. It's just another way to lie. You have talent.

난 겸손한 척하는 게 싫어. 또 다른 거짓말이잖아. 너는 재능이 있어.

LINGUINI
링귀니

No, but I don't! Really! It's not me.

아니, 그렇지 않아! 정말이야! 내가 하는 게 아니라고.

93

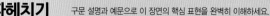
❶ Forgive me for intruding on your deep, personal relationship with the chef.
주방장님과의 끈끈한 관계에 끼어들려고 해서 미안하군.

Forgive me for ~는 무릎을 꿇으며 용서를 구하는 표현이 아니에요. '~해서 죄송합니다'란 뜻으로 상대방에게 정중하게 무언가를 사죄할 때 쓰는 표현인데 Sorry for ~보다 더 공손한 뉘앙스를 주는 말이에요. for ~ 뒤에 사과의 이유를 쓸 수 있는데, 동사를 써야 한다면 반드시 ~ing 형태로 바꾸어 주세요.　　　★ 영화 속 패턴 익히기

❷ You get me to teach you a few kitchen tricks to dazzle the boss and then you blow past me? 나한테 요리 기술을 배워서 주방장님에게 잘 보이더니 이제 나는 안중에도 없는 거야?

〈You get me to 부정사〉는 상대방 때문에 내가 어떤 일을 하게 되었다고 말할 때 쓰는 표현이에요. '넌 내가 ~하게 했어', '너 때문에 난 ~를 했어'라고 해석하는 게 제일 자연스러워요. get에는 정말 많은 뜻이 있지만 〈get + 사람 + to 부정사〉 패턴에서는 마치 사역동사처럼 '~하게 하다', '~하도록 만들다'라는 의미로 쓴 거랍니다.

* **You got me to** wash your clothes. 네 빨래를 내가 하게 했잖아.
* **You got me to** sell all of my watches! 네가 내 시계를 다 팔게 했잖아!

❸ If I looked out only for myself, I would have let you drown.
나만 생각했더라면 넌 그냥 매장될 수도 있었겠지.

look out for ~는 '~를 돌보다', '~를 보살피다'라는 뜻이에요. 이 대사처럼 look out only for myself를 외치는 사람은 이기적인 유전자가 많은 사람이에요. look out for myself는 '나만 생각하다', '내 일만 잘하다'라는 뜻이거든요. 이 표현과 관련해서 Look out!이라는 명령어도 알아 두세요. '조심해!'라는 뜻으로 갑자기 나타난 위험을 다급하게 경고하는 말이에요.

* Brothers should always **look out for** each other. 형제들은 항상 서로를 돌봐야 하는 거야.
* If no one wants to **look out for** him, I'll do it. 아무도 그를 돌보지 않겠다면 내가 하겠어요.

❹ Look, I'm no good with words. 이봐, 난 말주변이 없어.

be no good with ~는 '~에는 소질이 없다', '~를 못한다'라는 뜻으로 자기가 잘하지 못하는 분야를 말할 때 써요. 위 표현은 '말주변이 별로 없어'라고 해석하면 자연스러워요. no good 대신 not good을 쓸 수도 있어요.

* **I'm no good with** plants. I can't even grow cacti. 난 식물을 키우는 데는 소질이 없어. 선인장도 죽인다고.
* **I'm no good with** numbers. Math was my least favorite subject.
난 숫자에 약해. 수학은 내가 제일 싫어하는 과목이었어.

🎧 18-2.mp3

Forgive me for ~   ~ 해서 죄송해요.

Step 1   기본 패턴 연습하기

1 **Forgive me for** barging in like this, but it's an emergency.
이렇게 불쑥 들어와서 죄송하지만, 긴급 상황이라서요.

2 **Forgive me for** interrupting, but I need to say this. 방해해서 죄송하지만, 이 말은 해야겠어요.

3 **Forgive me for** waking you up at this late hour, but you have to see this.
이렇게 늦은 시간에 깨워서 죄송하지만, 이걸 보셔야 할 것 같습니다.

4 .... asking such a personal question, but people want to know.
사적인 질문을 해서 죄송하지만, 사람들은 알고 싶어 합니다.

5 .... not going into detail, but it is highly confidential.
자세하게 말씀드릴 수 없어 죄송하지만, 극비사항이라서요.

Step 2   패턴 응용하기 | Sorry for ~

1 **Sorry for** treating you like a stranger. 낯선 사람 취급해서 죄송해요.

2 **Sorry for** causing so much trouble. 분란을 일으켜서 정말 죄송해요.

3 **Sorry for** dropping by like this. I should have called you earlier.
이렇게 불쑥 찾아와서 미안해. 미리 전화해야 했는데.

4 .... putting you in an uncomfortable spot. 불편하게 해드려서 죄송해요.

5 .... being so rude to your guests. 당신 손님들에게 무례하게 굴어서 미안해요.

Step 3   실생활에 적용하기

A 방해해서 죄송합니다만, 남편분께서 전화하셨습니다.

B Would you tell him I'm in the middle of a meeting?

A I did, but he said it's urgent.

A Forgive me for disturbing you, ma'am, but your husband is on the phone.

B 회의 중이라고 말해 줄래요?

A 그렇게 말씀 드렸는데, 급한 일이라고 하셔서요.

정답   Step 1 4 Forgive me for 5 Forgive me for   Step 2 4 Sorry for 5 Sorry for

A | 영화 속 대화를 완성해 보세요.

COLETTE ❶_____ for intruding on your deep, personal ❷_____ with the chef. Oh, I see how it is. ❸_____ teach you a few kitchen tricks to ❹_____ the boss and then you blow past me?

주방장님과의 끈끈한 관계에 끼어들려고 해서 미안하군. 오, 이제 어떻게 돌아가는지 알겠어. 나한테 요리 기술을 배워서 주방장님에게 잘 보이더니 이제 나는 안중에도 없는 거야?

REMY Wake up... wake up! 일어나… 일어나라고!

COLETTE I thought you were different. I thought you thought I was different. I thought– 넌 다른 줄 알았어. 네가 다르다고 생각하는 줄 알았지. 난…

COLETTE I didn't have to ❺_____ you. If I ❻_____ _____ myself, I would have let you drown. But– I wanted you to succeed. I liked you. My ❼_____.

널 도울 필요도 없었어. 나만 생각했더라면 넌 그냥 매장될 수도 있었겠지. 하지만… 네가 성공하길 바랐어. 널 좋아했거든. 그게 내 실수였네.

LINGUINI Colette. Wait, wait. Colette! It's over, Little Chef. I can't do it anymore. 콜레트, 잠깐, 기다려, 콜레트! 다 끝났어, 꼬마 요리사. 더 이상 이 짓 못 하겠어.

LINGUINI Colette! Wait, wait! Don't motorcycle away– Look, I'm ❽_____. I'm no good with food, either. At least not without your help.

콜레트! 잠깐, 기다려! 가지 마… 이봐, 난 말주변이 없어. 요리도 못해. 네 도움이 없으면 못한다고.

COLETTE I hate false ❾_____. It's just another way to lie. You have ❿_____.

난 겸손한 척하는 게 싫어. 그건 또 다른 거짓말이잖아. 너는 재능이 있어.

LINGUINI No, but I don't! Really! It's not me. 아니, 그렇지 않아! 정말이야! 내가 하는 게 아니라고.

B | 다음 빈칸을 채워 문장을 완성해 보세요.

1 방해해서 죄송하지만, 이 말은 해야겠어요.

_____ interrupting, but I need to say this.

2 사적인 질문을 해서 죄송하지만, 사람들은 알고 싶어 합니다.

_____ asking such a personal question, but people want to know.

3 분란을 일으켜서 정말 죄송해요.

_____ causing so much trouble.

4 불편하게 해드려서 죄송해요.

_____ putting you in an uncomfortable spot.

5 당신 손님들에게 무례하게 굴어서 미안해요.

_____ being so rude to your guests.

The Grim Eater

요리 평론의 저승사자

레미의 요리 덕분에 구스토 식당은 예전의^{previous} 명성을^{reputation} 회복하고 있어요. 그런데 이 소식은 요리 평론가 안톤 이고에게 그리 달갑지 않아요.^{unpleasant} 구스토에 대해 혹평을^{scathing review} 썼던 요리 평론의 저승사자가 이번에는 링귀니에게 위협적인^{menacing} 존재가 될 것 같은 불길한 예감이 드네요. 링귀니의 승승장구를 싫어하는 사람은 여기 또 있어요. 바로 구스토 식당의 주방장인 스키너이죠. 그는 링귀니와 구스토의 유전자가 일치한다는^{match} 소식을 듣고 매우 괴로워하고^{distressed} 있어요.

Warm Up! 오늘 배울 표현   오늘 등장하는 표현들입니다. 어떤 표현이 들어가야 할지 생각해 보세요.

* He's ▨▨▨▨▨▨▨▨ my mind, like a cat with a ball of... something!
  내 마음을 가지고 논다니까, 무슨 뭉치를 가지고 노는 고양이처럼 말이야… 저기 뭐냐!

* ▨▨▨▨▨▨▨▨! 일부러 멍청한 척을 하는 거야!

* I ▨▨▨▨▨▨▨ kill it. 내가 죽이라고 했지.

* I ▨▨▨▨▨▨ be sucked into his little game... of... 저놈의 계략에 절대 말려들지 않겠어…

SKINNER
스키너

Look at him out there... pretending to be an idiot. He's **toying with** my mind, like a cat with a ball of... something!❶

저 녀석을 보라고… 멍청한 척하는 꼴이라니. 내 마음을 가지고 논다니까. 무슨 뭉치를 가지고 노는 고양이처럼 말이야… 저기 뭐냐!

TALON
탤론

String?

털실 뭉치 말인가요?

SKINNER
스키너

Yes! **Playing dumb!**❷ Taunting me with that rat.

그래! 일부러 멍청한 척을 하는 거야! 그 쥐랑 같이 나를 조롱하는 거지.

TALON
탤론

Rat?

쥐라고요?

SKINNER
스키너

Yes! He's consorting with it! Deliberately trying to make me think it's important!

그래! 쥐랑 같이 다닌다고! 내가 그 쥐를 중요한 존재라고 믿게 만드는 거지!

TALON
탤론

The rat.

쥐라.

SKINNER
스키너

Exactly.

맞아.

TALON
탤론

Is the rat... "important"?

그 쥐가… "중요"한가요?

SKINNER
스키너

Of course not! He just wants me to think that it is! Oh, I see the theatricality of it; a rat appears on the boy's first night. I **order him to** kill it.❸ And now he wants me to see it everywhere— wooooooooo– it's here. No it isn't, it's here! Am I seeing things, am I crazy? Is there a phantom rat or is there not? But ohhh no! I **refuse to** be sucked into his little game... of...❹

물론 아니지! 저놈은 내가 그렇게 생각하도록 만들고 싶은 거야! 완전 쇼하는 거지. 쟤가 처음 온 날 밤 쥐 나와서, 내가 죽이라고 했지. 근데 여기저기 내 눈에 띄게 만드는 거야. 우우우우 여기 있다. 아니네. 여기에 있어! 내가 헛것이 보이나, 미친 건가, 쥐 유령이라도 있나, 아닌가? 그런데 오오 아니야! 저놈의 계략에 절대 말려들지 않겠어…

98

❶ He's toying with my mind, like a cat with a ball of... something!
내 마음을 가지고 논다니까, 무슨 뭉치를 가지고 노는 고양이처럼 말이야, 저기 뭐냐…!

toy가 '장난감'이란 뜻인 건 다들 아시죠? 이 대사에 쓰인 toy with ~는 '~를 가지고 놀다', '~가지고 장난질하다'라는 뜻의 동사입니다. 이 표현과 관련해서는 toy with the idea of ~라는 응용 표현도 알아 두셨으면 해요. '~를 할 생각을 해 보다'라는 뜻인데 아주 심각하게 고민하지는 않지만 그래도 잠깐 생각은 해 본다는 뉘앙스가 담긴 말이에요.

* You don't want to believe it, but she's **toying with** your heart.
  믿고 싶지 않겠지만, 그녀가 네 마음을 가지고 노는 거야.
* The couple was **toying with** the idea of opening their own coffee shop.
  부부는 카페를 해 볼 생각을 하기도 했죠.

❷ Playing dumb! 일부러 멍청한 척을 하는 거야!

play dumb은 '바보 놀이'가 아니에요. 〈play + 형용사〉는 '~하는 척하다'라는 의미가 있어요. 그래서 play dumb은 '일부러 멍청한 척을 하다', '모른 척하다'라는 뜻이 되는 거죠. 이 패턴은 play dead '죽은 척하다', play stupid '멍청한 척하다'와 같은 표현으로 응용해서 쓸 수 있어요. pretend to be ~ 역시 '~인 척하다'라는 의미로 쓸 수 있는 표현입니다.

* When you see a bear in the forest, you should **play dead**. 숲에서 곰을 보면 죽은 척해야 해.
* Don't **play stupid** with me. I know what's going on here. 멍청한 척하지 마. 지금 어떤 상황인지 알고 있으니까.

❸ I order him to kill it. 내가 죽이라고 했지.

order는 '주문하다'는 뜻도 있지만 '명령하다'라는 의미로도 자주 쓰는 단어예요. '~에게 …하도록 명령하다'라고 할 때는 〈order + 사람 + to 부정사〉의 패턴을 활용하세요. 또한 '~하라고 명령을 받다'라는 의미의 〈be ordered to 부정사〉 패턴도 함께 연습해 보세요. ★영화 속 패턴 익히기

❹ I refuse to be sucked into his little game... of... 저놈의 계략에 절대 말려들지 않겠어…

지금 스키너는 링귀니에게 단단히 화가 나서 절대로 그에게 굴복하지 않겠다고 강하게 말하고 있어요. I refuse to ~는 '절대로 ~하지 않겠어'라는 뜻으로 어떤 일을 절대로 하지 않겠다는 자신의 의지를 강하게 표현하는 말이에요. 회화에서는 I'll never ~ 역시 같은 의미로 자주 쓴답니다.

* **I refuse to** sit back and allow it to happen. 그냥 앉아서 보고만 있지 않겠어.
* **I refuse to** discuss the subject any longer. 그 문제를 더 이상 논의하고 싶지 않네요.

영화 속 패턴 익히기 | 오늘 배운 장면에서 뽑은 핵심 패턴으로 다양한 표현을 만들어 보세요.

🎧 19-2.mp3

order + 사람 + to 부정사   ~에게 …하라고 명령하다.

Step 1   기본 패턴 연습하기

1 I **ordered him to** switch the models, but he resisted.
그에게 모델을 바꾸라고 했지만, 그는 그렇게 하지 않았어요.

2 The commander **ordered his soldiers to** stay where they were.
사령관은 군인들에게 자리를 지키라고 명령했습니다.

3 The court **ordered her to** turn over the relevant documents.
법원은 그녀에게 관련 서류를 제출하라고 명령했습니다.

4 The captain _____ change course. 선장님이 그에게 코스를 변경하라고 명령했죠.

5 We _____ keep their hands off. 우리는 그들에게 손을 떼라고 명령했어요.

Step 2   패턴 응용하기 | be ordered to ~

1 I **was ordered to** return to the base. 본부로 복귀하라는 명령을 받았어요.

2 She **was ordered to** carry out the unfinished mission. 그녀는 미완성된 임무를 완수하라는 명령을 받았죠.

3 We **have been ordered to** assist your team. 우리는 당신 팀을 보조하라는 명령을 받았습니다.

4 We _____ apprehend them. 우리는 그들을 체포하라는 명령을 받았어요.

5 They _____ leave immediately. 그들은 당장 떠나라는 명령을 받았어요.

Step 3   실생활에 적용하기

A What are you doing here? 카터 양을 집에 모셔다 드리라고 했잖아.

B But she insisted to stay here.

A Where is she now?

A 여기서 뭐 하는 거야? I ordered you to take Ms. Carter home.

B 하지만 그녀가 여기에 남아 있겠다고 했어요.

A 지금 어디에 계신가?

정답   Step 1 4 ordered him to 5 ordered them to   Step 2 4 were ordered to 5 were ordered to

100

A | 영화 속 대화를 완성해 보세요.

SKINNER Look at him out there... ❶_____ to be an idiot. He's ❷_____ my mind, like a cat with a ball of... something! 저렇게… 멍청한 척하는 걸 보라고. 내 마음을 가지고 논다니까. 무슨 뭉치를 가지고 노는 고양이처럼 말이야. 저기 뭐냐…!

TALON String? 털실 뭉치 말인가요?

SKINNER Yes! ❸_____! ❹_____ me with that rat. 그래! 일부러 멍청한 척을 하는 거야! 그 쥐랑 같이 나를 조롱하는 거지.

TALON Rat? 쥐라고요?

SKINNER Yes! He's ❺_____ it! ❻_____ trying to make me think it's important! 그래! 쥐랑 같이 다닌다고! 내가 그 쥐를 중요한 존재라고 믿게 만드는 거지!

TALON The rat. 쥐라.

SKINNER ❼_____. 맞아.

TALON Is the rat... "important"? 그 쥐가… "중요"한가요?

SKINNER Of course not! He just wants me to think that it is! Oh, I see the ❽_____ of it; a rat appears on the boy's first night. I ❾_____ kill it. And now he wants me to see it everywhere— wooooooooo– it's here. No it isn't, it's here! Am I seeing things, am I crazy? Is there a phantom rat or is there not? But ohhh no! I ❿_____ be sucked into his little game... of... 물론 아니지! 저놈은 내가 그렇게 생각하도록 만들고 싶은 거야! 완전 쇼하는 거지. 쟤가 처음 온 날 밤 쥐가 나와서, 내가 죽이라고 했지. 근데 여기저기 내 눈에 띄게 만드는 거야. 우우우우 여기 있다. 아니네. 여기에 있어! 내가 헛것이 보이나, 미친 건가, 쥐 유령이라도 있나, 아닌가? 그런데 오오 아니야! 저놈의 계략에 절대 말려들지 않겠어…

정답 A

❶ pretending
❷ toying with
❸ Playing dumb
❹ Taunting
❺ consorting with
❻ Deliberately
❼ Exactly
❽ theatricality
❾ order him to
❿ refuse to

B | 다음 빈칸을 채워 문장을 완성해 보세요.

1 그에게 모델을 바꾸라고 했지만, 그는 그렇게 하지 않았어요.
   I _____ switch the models, but he resisted.

2 선장님이 그에게 코스를 변경하라고 명령했죠.
   The captain _____ change course.

3 우리는 그들에게 손을 떼라고 명령했어요.
   We _____ keep their hands off.

4 본부로 복귀하라는 명령을 받았어요.
   I _____ return to the base.

5 우리는 당신 팀을 보조하라는 명령을 받았습니다.
   We _____ assist your team.

정답 B

1 ordered him to
2 ordered him to
3 ordered them to
4 I was ordered to
5 have been ordered to

101

Rodent Hair?
쥐털이라고?

링귀니가 못마땅하지만 한창 주목받고 있는 그를 당장 해고할^{fire} 수는 없습니다. 변호사 탤론은 그에게 유언장 만기가 지나고^{expire} 링귀니가 쓸모없게 되면^{cease to be valuable} 해고하라는 조언을 해요. 그리고 링귀니의 머리카락 샘플이 처음에 '쥐털'로^{rodent hair} 나왔다고 얘기하죠. 그간 쥐 노이로제에 걸려 계속 링귀니를 의심하던^{doubt} 스키너는 큰 충격을 받아요. 한편, 키스 사건 이후로 링귀니와 콜레트의 사이가 급격히 가까워 진 것을 레미는 매우 못마땅하게 생각하고 있어요. 링귀니 역시 고집만 세우는^{stubborn} 레미가 마음에 들지 않아요. 이제 이들의 우정이 갈라지기 시작하는 것일까요?

Warm Up! 오늘 배울 표현   오늘 등장하는 표현들입니다. 어떤 표현이 들어가야 할지 생각해 보세요.

* And ⬚⬚⬚⬚⬚⬚⬚⬚⬚ people looking into this! 이 문제에 사람들이 관심을 갖는 게 싫어!

* And the last thing I want is people ⬚⬚⬚⬚⬚⬚ this! 이 문제에 사람들이 관심을 갖는 게 싫어!

* What ⬚⬚⬚ you so ⬚⬚⬚⬚⬚⬚? 뭘 그리 걱정하나요?

* ⬚⬚⬚⬚⬚⬚ have the press? 언론의 관심을 받는 건 좋은 거 아닌가요?

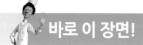
SKINNER
스키너

I can't fire him! He's getting attention. If I fire him now, everyone will wonder why. And **the last thing I want is** people **looking into** this!❶. ❷

쟤를 해고할 수 없어! 지금 주목을 받고 있잖아. 쟤를 자르면 모두 의아해할 거야. 이 문제에 사람들이 관심을 갖는 게 싫어!

TALON
탤론

What **are** you so **worried about**?❸ **Isn't it good to** have the press?❹ Isn't it good to have Gusteau's name getting headlines?

뭘 그리 걱정하나요? 언론의 관심을 받는 건 좋은 거 아닌가요? 구스토의 이름이 1면에 실리는 건데요?

SKINNER
스키너

Not if they're over his face! Gusteau's already has a face, and it's fat and lovable and familiar! And it sells burritos! Millions and millions of burritos!

얘 얼굴로 도배되는 건 싫어! 구스토는 이미 후덕하고 사랑스럽고 친숙한 얼굴이 있다고! 부리토를 잘 팔 수 있는 얼굴이야! 수백만 개는 족히 팔 수 있지!

TALON
탤론

The deadline passes in three days. Then you can fire him whenever he ceases to be valuable and no one will ever know.

유언장 만기가 사흘 후면 끝나죠. 그 후에 쟤가 쓸모없게 되면 언제든지 잘라요. 아무도 모를 거예요.

TALON
탤론

I was worried about the hair sample you gave me. I had to send them back to the lab.

제게 주신 머리카락 샘플 때문에 걱정했어요. 실험실에 다시 보내야 했거든요.

SKINNER
스키너

Why?

왜?

TALON
탤론

Because the first time it came back identified as "rodent hair".

처음에 "쥐털"이라고 나왔거든요.

❶ And the last thing I want is people looking into this! 이 문제에 사람들이 관심을 갖는 게 싫어!

이 대사에서 The last thing I want is ~는 나의 마지막 소망을 말하는 게 아니라 '~ 만큼은 절대로 바라지 않아'라는 뜻으로 하는 말이에요. 다른 건 몰라도 그것만큼은 절대로 원하지 않는다는 의미로 이해하는 게 좋아요.

* Don't look at me like that. **The last thing I want is** your pity.
  그렇게 보지 마세요. 난 당신의 동정은 필요 없어요.
* **The last thing I want is** to lose my best friend. 난 친구를 잃어버리고 싶지 않아.

❷ And the last thing I want is people looking into this! 이 문제에 사람들이 관심을 갖는 게 싫어!

look into ~는 크게 두 가지의 의미로 쓸 수 있는 표현이에요. 첫 번째는 단어 그대로의 뜻을 살려 '~ 안을 바라보다'라는 의미로 쓸 수 있죠. 그리고 어떤 대상에 관심을 가지고 '주의 깊게 관찰'하거나 '밀도 있게 조사하다'는 의미로도 쓸 수 있어요. 이 대사에서는 바로 이 뜻이 어울리네요.

* There's something I want you to **look into**. 네가 살펴봤으면 하는 게 있어.
* Let's **look into** the details of their proposal. 그들의 제안을 구체적으로 살펴보자고.

❸ What are you so worried about? 뭘 그리 걱정하나요?

be worried about ~은 걱정, 근심을 말할 때 가장 쉽게 쓸 수 있는 패턴이에요. 걱정거리를 about 뒤에 간단하게 붙이면 되는데 동사를 쓰고 싶으면 꼭 ~ing 형태로 고쳐야 해요. 만일 '~가 …하는 게 걱정이야'라는 의미로 문장을 붙이고 싶으면 〈be worried that 주어 + 동사〉 패턴을 활용하세요. 이때 that은 생략할 수 있어요.

★영화 속 패턴 익히기

❹ Isn't it good to have the press? 언론의 관심을 받는 건 좋은 거 아닌가요?

우리말에서 '~하는 거 좋지?' 대신에 의미의 차이는 거의 없지만 '~하는 거 좋지 않아?'라고 부정의 표현으로 물어보는 경우가 있죠. 영어도 마찬가지예요. Isn't it good to ~?는 '~하는 거 좋지 않아?'라는 뜻으로 상대방에게 어떤 행동의 선호도를 물어보는 표현이에요. 이 질문에 대답할 때는 조심하셔야 해요. 우리말에서는 '아니, 좋아'라며 애매하게 대답하지만, 영어에서는 부정으로 물어보든, 긍정으로 물어보든 좋으면 무조건 Yes, 안 좋으면 무조건 No라고 대답해야 합니다.

* **Isn't it good to** be back home? 집에 와서 좋지 않아?
* **Isn't it good to** stay in the suite? 스위트룸에 묵어서 좋지 않아요?

🎧 20-2.mp3

be worried about ~

~가 걱정이야.

Step 1 기본 패턴 연습하기

1 I'm so worried about your health. 당신 건강이 걱정돼.

2 I'm not worried about my future. 난 미래가 걱정되지 않아요.

3 What are you worried about? 뭐가 걱정이야?

4 He _____ how to get home. 그는 집에 어떻게 갈지 걱정했어요.

5 She _____ losing her job. 그녀는 직장을 잃을까 봐 걱정했어요.

Step 2 패턴 응용하기   be worried that ~

1 I was worried that something would go wrong. 뭐가 잘못될까 봐 걱정했어.

2 She was worried that people would find out her secret.
그녀는 사람들이 자신의 비밀을 알아낼까 봐 걱정했어요.

3 He was worried that something would happen to him. 그는 무슨 일이 생길까 봐 걱정했어요.

4 I _____ my baby would wake up. 애가 깰까 봐 걱정했어.

5 I _____ you wouldn't show up. 네가 안 올까 봐 걱정했어.

Step 3 실생활에 적용하기

A Honey, why are you awake? It's two in the morning.	A 왜 안 자고 있어, 자기? 새벽 두 시잖아.
B 당신 걱정이 돼서.	B I was worried about you.
A I told you I might stay in the lab until the test was finished.	A 실험이 끝날 때까지 실험실에 있을지도 모른다고 했잖아.

정답 Step 1 4 was worried about 5 was worried about Step 2 4 was worried that 5 was worried that

A | 영화 속 대화를 완성해 보세요.

SKINNER I can't fire him! He's getting ❶_____. If I fire him
now, everyone will ❷_____. And ❸_____
_____ people ❹_____ this! 쟤를 해고할 수 없어!
지금 주목을 받고 있잖아! 쟤를 자르면 모두 의아해할 거야. 이 문제에 사람들이 관심을 갖는 게 싫어!

TALON What are you so ❺_____? ❻_____
to have the press? Isn't it good to have Gusteau's name
getting headlines? 뭘 그리 걱정하나요? 언론의 관심을 받는 건 좋은 거 아닌가요?
구스토의 이름이 1면에 실리는 건데요?

SKINNER Not if they're over his face! Gusteau's already has a
face, and it's fat and lovable and familiar! And it sells
burritos! Millions and millions of burritos!
쟤 얼굴로 도배되는 건 싫어! 구스토는 이미 후덕하고 사랑스럽고 친숙한 얼굴이 있다고! 부리토를 잘
팔 수 있는 얼굴이야! 수백만 개는 족히 팔 수 있지!

TALON The deadline passes in three days. Then you can fire him
❼_____ he ceases to be ❽_____ and no one
will ever know.
유언장 만기가 사흘 후면 끝나죠. 그 후에 쟤가 쓸모없게 되면 언제든지 잘라요. 아무도 모를 거예요.

TALON I was worried about the hair sample you gave me. I had
to send them back to the ❾_____.
제게 주신 머리카락 샘플 때문에 걱정했어요. 실험실에 다시 보내야 했거든요.

SKINNER Why? 왜?

TALON Because the first time it came back identified as
"❿_____". 처음에 "쥐털"이라고 나왔거든요.

B | 다음 빈칸을 채워 문장을 완성해 보세요.

1 뭐가 걱정이야?
   What _____?

2 그는 집에 어떻게 갈지 걱정했어요.
   He _____ how to get home.

3 그녀는 직장을 잃을까 봐 걱정했어요.
   She _____ losing her job.

4 그는 무슨 일이 생길까 봐 걱정했어요.
   He _____ something would happen to him.

5 네가 안 올까 봐 걱정했어.
   I _____ you wouldn't show up.

정답 A

❶ attention
❷ wonder why
❸ the last thing I want is
❹ looking into
❺ worried about
❻ Isn't it good
❼ whenever
❽ valuable
❾ lab
❿ rodent hair

정답 B

1 are you worried about
2 was worried about
3 was worried about
4 was worried that
5 was worried that

106

Remy Stole the Will

레미, 유언장을 훔치다

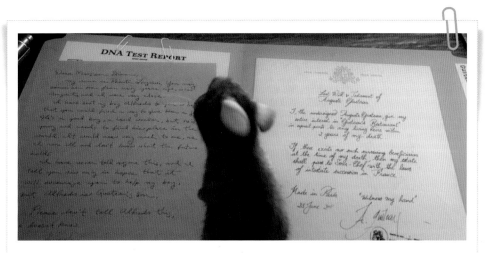

에밀이 친구들을 데리고 식당으로 다시 찾아왔어요. 레미는 음식을 훔치러 식품 저장실에 들어가려 하지만 문이 잠겨 있네요.^{locked} 레미는 열쇠를 찾으려고 스키너의 사무실로 몰래 들어가서^{sneak into} 책상 서랍^{desk drawer} 안을 뒤지는데^{rummage}, 거기서 구스토의 유언장과^{the will} 링귀니의 엄마가 쓴 편지를 발견해요. 레미는 그것을 읽으면서 링귀니가 구스토의 아들이라는 사실을 알고 깜짝 놀라요.^{stunned} 때마침 스키너가 방으로 들어오자 레미는 서류들을 잽싸게 물고^{snatch} 도망쳐 나와요. 이제 스키너와 레미의 추격전이 시작되었어요. 스키너가 파리 시내와 센강을 따라 열심히 레미를 쫓아가지만, 영리하고 재빠른 레미를 붙잡을 수는 없어요. 결국 레미는 그 서류를 끝까지 사수하고 스키너는 강물에 빠져 몸이 완전히 젖은^{soaked} 채로 돌아와요. 요리사들은 링귀니의 진실을 알아내고 스키너를 식당에서 쫓아내요.

 **Warm Up!** 오늘 배울 표현   오늘 등장하는 표현들입니다. 어떤 표현이 들어가야 할지 생각해 보세요.

* _____. 말이 새어 나갈 거예요.

* Oh, this is interesting. _____ I...? 오, 흥미롭네요. 봐도 될까요…?

* This _____ be my office. 여기가 내 방이었거든.

* _____ not know this? 이걸 어떻게 모를 수가 있어요?

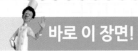
REMY
레미

Word's getting out.[1] If I can't keep them quiet, the entire clan's going to be after me with their mouths open and–ah! Here it is. Hey...

말이 새어 나갈 거예요. 쟤들 입막음을 하지 않으면 온 쥐들이 입을 벌리고 나를 따라올 거고⋯ 아! 여기 있다. 어라⋯

REMY
레미

...your will!

⋯당신 유언장이네요!

REMY
레미

Oh, this is interesting. **Mind if** I...?[2]

오, 흥미롭네요. 봐도 될까요⋯?

GUSTEAU PHOTO
구스토의 사진

Not at all.

얼마든지.

REMY
레미

"Linguini"..? Why would Linguini be filed with your will?

"링귀니"⋯? 왜 링귀니 자료가 당신 유언장에 함께 있는 거죠?

GUSTEAU PHOTO
구스토의 사진

This **used to** be my office.[3]

여기가 내 방이었거든.

REMY
레미

HE'S YOUR SON???

그가 당신 아들이라고요???

GUSTEAU PHOTO
구스토의 사진

I... have a... SON?

내게⋯ 아들이⋯ 있다고?

REMY
레미

How could you not know this??[4]

이걸 어떻게 모를 수가 있어요??

108

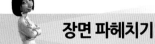
❶ Word's getting out. 말이 새어 나갈 거예요.

word gets out은 '말이 새어 나가다'라는 뜻으로 어렵게 숨기려고 했던 비밀이 탄로되는 상황을 묘사할 때 쓰는 말이에요. '말(word)이 밖으로 나가는(get out) 모습'을 상상하면 쉽게 뜻을 기억할 수 있을 거예요.

* If **word gets out**, everyone will turn against us. 말이 새어 나가면 모두가 우리에게 등을 돌릴 거야.
* When **word gets out**, I'll be out of business. 말이 새어 나가면 난 사업을 접어야 할 거야.

❷ Oh, this is interesting. Mind if I...? 오, 흥미롭네요. 봐도 될까요…?

〈Do you mind if 주어 + 동사 ~?〉는 상대방에게 무언가를 정중하게 부탁하거나 양해를 구할 때 쓰는 패턴이에요. 이 대화처럼 회화에서는 Mind if ~?라고 줄여서 쓰는 경우가 많아요. 만일 내가 어떤 부탁을 할 것인지 상대방도 알고 있다고 생각하면 Do you mind?라고 짧게 말해도 좋아요. 가령 뒤에 앉은 사람이 내 좌석을 계속 발로 찬다면 좌석을 가리키며 Do you mind?라고만 해도 '그만 좀 하세요'라는 의미를 전달할 수 있는 거죠.

* **Mind if** I try? 내가 해 봐도 되나요?
* **Do you mind if** we switch seats? 자리를 바꿔 주실 수 있나요?

❸ This used to be my office. 여기가 내 방이었거든.

used to ~는 과거에 자주 했던 행동이나 예전의 모습을 설명할 때 쓰는 말이에요. '~하곤 했지', '~였었지' 처럼 해석하면 좋아요. used to 뒤에는 반드시 '동사의 기본형'을 써야 해요. 이와 모습은 비슷하지만 be used to ~는 '~에 익숙하다', '~에 적응하다'라는 뜻이에요. 만일 be used to ~ 뒤에 동사를 붙이고 싶으면 반드시 ~ing 형태로 써야 해요. 뒤에서 다양한 예문을 보면서 뜻을 익혀 보세요.

★ 영화 속 패턴 익히기

❹ How could you not know this? 이걸 어떻게 모를 수가 있어요?

How could you ~?는 상대방의 행동이 이해되지 않는다는 듯 따지면서 물어보는 패턴이에요. How could you ~?는 '어쩜 ~할 수가 있어요?'라고 해석하고, How could you not ~?은 '어쩜 ~하지 않을 수가 있어요?'라고 해석하는 게 자연스러워요. 상대방의 행동에 화가 치밀어 오를 때는 How could you?라고 짧게 분노를 표현할 수 있어요. '어쩜 그럴 수가 있죠?', '어떻게 그럴 수가?'라는 해석이 잘 어울리는 말이에요.

* **How could you** say that to a little child? 어린아이에게 어떻게 그런 말을 할 수 있어요?
* **How could you** not notice? Everyone knows she likes you.
  어떻게 모를 수 있어? 그녀가 널 좋아한다는 걸 모두가 아는데.

🎧 21-2.mp3

used to ~   ~하곤 했어.

Step 1   기본 패턴 연습하기

1   My friend **used to** work with Mr. Bailey. 내 친구가 베일리 씨와 함께 일을 했었지.

2   My dad **used to** talk about the old days. 아빠가 옛날이야기를 했었어요.

3   I **used to** dream about living in a big city. 큰 도시에서 사는 건 꿈꿨었죠.

4   He .... play tennis with me on Sundays. 그는 일요일에 나와 테니스를 쳤어요.

5   I .... come up here and draw this beautiful tree. 여기 와서 이 멋진 나무를 그리곤 했죠.

Step 2   패턴 응용하기   be used to

1   I**'m not used to** taking a cold shower. 찬물에 샤워하는 데 익숙하지 않아.

2   She**'s not used to** getting up early in the morning. 그녀는 아침 일찍 일어나는 데 익숙하지 않아요.

3   He**'s getting used to** driving a stick. 그는 스틱 차를 운전하는 데 익숙해 지고 있어요.

4   I .... using this keyboard. 이 키보드를 사용하는 게 익숙하지 않아요.

5   My son .... sleeping alone. 우리 아들은 혼자 자는 데 익숙하지 않아.

Step 3   실생활에 적용하기

A   Can you tell us about your work experience?

B   10년 동안 사서로 일을 했어요.

A   What was your main job as a librarian?

A   경력이 어떻게 되시는지 말씀해 주시겠어요?

B   I used to work as a librarian for 10 years.

A   사서로 일하면서 주된 업무가 무엇이었나요?

정답   Step 1   4 used to   5 used to   Step 2   4 am not used to   5 is not used to

A | 영화 속 대화를 완성해 보세요.

REMY
❶_____ out. If I can't keep them
❷_____, the entire clan's going to be
❸_____ with their mouths open and–ah!
Here it is. Hey... 말이 새어 나갈 거예요. 쟤들 입막음을 하지 않으면 온 쥐들이
입을 벌리고 나를 따라올 거고… 아! 여기 있다. 어라…

REMY
...your ❹_____! …당신 유언장이네요!

REMY
Oh, this is ❺_____. ❻_____ I...?
오, 흥미롭네요. 봐도 될까요…?

GUSTEAU PHOTO
❼_____. 얼마든지.

REMY
"Linguini"..? Why would Linguini be ❽_____
your will? "링귀니"…? 왜 링귀니 자료가 당신 유언장에 함께 있는 거죠?

GUSTEAU PHOTO
This ❾_____ be my office. 여기가 내 방이었거든.

REMY
HE'S YOUR SON??? 그가 당신 아들이라고요???

GUSTEAU PHOTO
I... have a... SON? 내게… 아들이… 있다고?

REMY
❿_____ not know this??
이걸 어떻게 모를 수가 있어요??

B | 다음 빈칸을 채워 문장을 완성해 보세요.

1 내 친구가 베일리 씨와 함께 일을 했었지.
My friend _____ work with Mr. Bailey.

2 큰 도시에서 사는 걸 꿈꿨었죠.
I _____ dream about living in a big city.

3 여기 와서 이 멋진 나무를 그리곤 했죠.
I _____ come up here and draw this beautiful tree.

4 이 키보드를 사용하는 게 익숙하지 않아요.
I _____ using this keyboard.

5 우리 아들은 혼자 자는 데 익숙하지 않아.
My son _____ sleeping alone.

Ego Challenges Linguini
이고가 링귀니에게 도전장을 내밀다

레미가 목숨을 걸고^{risk his neck} 유언장의 비밀을 밝혀낸 이후로 구스토 식당에는 많은 변화가 생겼어요. 우선 링귀니가 식당의 법적 소유주가^{legal owner} 되었고, 스키너가 식당에서 쫓겨나면서 새로운 냉동식품 출시도^{release} 모두 취소됐죠^{cancel}. 일약 스타가 된^{meteoric} 링귀니는 식당에서 기자 회견까지 하게 되었어요. 성공의 비결을 묻는 기자의 질문에 링귀니는 모든 것이 자기의 공이라고 자화자찬하고 영감의 원천은 콜레트라고 말하죠. 모자 안에서 그의 말을 듣던 레미가 화를 내며^{outraged} 찍찍거리지만^{squeak} 링귀니는 그 소리를 틀어막을 뿐이에요^{muffle}. 이때 갑자기 식당 문이 열리고 서늘한 냉기를 품으며 이고가 들어와 링귀니의 요리를 평가하겠다고 도전장을 내밀어요.

Warm Up! 오늘 배출 표현   오늘 등장하는 표현들입니다. 어떤 표현이 들어가야 할지 생각해 보세요.

* You're slow for someone _____ . 일약 스타치고는 눈치가 느리군.

* And you're thin _____ someone who likes food. 음식을 좋아하는 사람치고는 마르셨네요.

* Listen, _____ , but we're French. 자. 무례한 것은 싫지만, 우린 프랑스인이잖아요.

* She _____ say, "It's dinner time and we're French."
  그녀가 말하려던 것은, "이제 저녁 식사 시간이고 우린 프랑스인이에요."

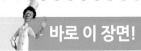

EGO
이고

You're slow for someone **in the fast lane.**❶
일약 스타치고는 눈치가 느리군.

LINGUINI
링귀니

And you're thin **for** someone who likes food.❷
음식을 좋아하는 사람치고는 마르셨네요.

EGO
이고

I don't "like" food, I love it. If I don't love it, I don't... swallow.
난 음식을 "좋아"하지 않아. "사랑"하지. 난 맛이 없으면, 삼키지… 않아.

EGO
이고

I will return tomorrow night with high expectations. Pray you don't disappoint me.
내일 밤에 큰 기대를 하고 다시 오겠네. 내가 실망하지 않기를 기도하라고.

COLETTE
콜레트

Listen, **we hate to be rude**, but we're French.❸ And it's dinner time.
자, 무례한 것은 싫지만, 우린 프랑스인이잖아요. 그리고 이제 저녁 식사 시간이에요.

LINGUINI
링귀니

She **meant to** say, "It's dinner time and we're French."…❹
그녀가 말하려던 것은, "이제 저녁 식사 시간이고 우린 프랑스인이에요."…

❶ You're slow for someone in the fast lane. 일약 스타치고는 눈치가 느리군.

고속도로에서 가장 빠른 차선을 질주할 때 스릴이 넘치지만, 위험하기도 하죠. in the fast lane은 초고속으로 승진하거나 단기간에 큰돈을 버는 등 빠른 속도로 달리는 인생을 뜻하는 말이에요. 보통 live a life in the fast lane이란 표현으로 자주 쓰는데 문맥에 따라서 '숨 가쁘게 살다', '치열하게 생활하다', '고속 질주하는 인생을 살다'와 같이 해석할 수 있어요.

* I'm retired. I don't want to live life **in the fast lane**. 난 은퇴했어. 더 이상 숨 가쁘게 살고 싶지 않아.
* How's life **in the fast lane**? 고속 질주하는 인생은 어떤가요?

❷ And you're thin for someone who likes food. 음식을 좋아하는 사람치고는 마르셨네요.

for에는 정말 많은 뜻이 담겨 있기 때문에 문맥에 따라서 적절한 의미를 적용해야 해요. 이 대사의 for는 '~치고는', '~에 비해서'라는 뜻으로 어떤 것과 비교해서 말할 때 쓰는 표현이에요. 그리고 thin은 원래 '얇은'이란 뜻이 있지만 '깡마른' 사람을 묘사할 때 쓰기도 해요.

* He's very short **for** a basketball player, but he's really fast.
  그는 농구 선수치고는 키가 매우 작지만, 정말 빨라요.
* It's too salty **for** baby formular. You need to add more water. 이유식치고는 너무 짜네요. 물을 더 넣어요.

❸ Listen, we hate to be rude, but we're French. 자, 무례한 것은 싫지만, 우린 프랑스인이잖아요.

I hate to be rude but ~은 상대방에게 정중하게 양해를 구하면서 '무례하기 싫지만/너무 죄송하지만 ~을 해야 한다'고 할 때 쓰는 표현입니다. 문맥을 보면 저녁 식사 시간이니 (기자들에게) 어서 인터뷰를 끝내 달라는 요청을 에둘러 한 거죠. 비슷한 표현으로 I'm sorry but ~이 있어요.

* **I hate to be rude**, but I gotta go. 미안하지만, 가야겠어.
* **I hate to be rude**, but what you said is against the law. 미안하지만, 당신이 말한 건 법에 어긋나는 거예요.

❹ She meant to say, "It's dinner time and we're French."
그녀가 말하려던 것은, "이제 저녁 식사 시간이고 우린 프랑스인이에요."

mean to는 '~하려는 의도이다', '~하려는 작정이다'라는 뜻으로 말하는 사람의 의도를 표현할 때 사용하는 표현이에요. 특히 과거형 meant to로 쓸 때는 '~하려고 했어', '~하려는 의도였지'라고 해석하는 게 좋아요. 회화에서는 부정형 don't mean to ~ 역시 자주 쓰기 때문에 뒤에서 두 가지 표현을 모두 연습해 주세요.

★ 영화 속 패턴 읽기

🎧 22-2.mp3

mean to ~   ~하려는 의도이다.

Step 1   기본 패턴 연습하기

1 I **meant to** call you last night, but I was too tired. 어젯밤에 전화하려고 했는데 너무 피곤했어.

2 She **meant to** explain the cause of the explosion. 그녀는 폭발의 원인을 설명하려고 했어요.

3 What I **meant to** say is… Thank you for being on my side.
내가 하려고 했던 말은… 내 편이 되어 줘서 고마워.

4 I just _____ be honest with you. 너에게는 솔직하고 싶었어.

5 He _____ talk to you about the honeymoon. 그는 네게 신혼여행에 대해서 이야기하려고 했던 거야.

Step 2   패턴 응용하기 | don't mean to ~

1 Sorry. I **didn't mean to** disturb you. 죄송해요. 방해할 의도는 아니었죠.

2 We **didn't mean to** hurt anyone. 우린 그 누구도 다치게 하고 싶지 않았어요.

3 He **never meant to** cause any harm. 그는 절대 피해를 줄 생각이 없었어요.

4 I _____ make you sick. 널 아프게 할 생각은 없었어.

5 I _____ disappoint you. 널 실망시키려고 했던 건 아니야.

Step 3   실생활에 적용하기

A Can you be honest with me for a minute?

B 그 일에 대해서 얘기하려고 했는데…

A But you didn't. You lied to me.

A 잠시라도 나에게 솔직할 수는 없나요?

B I meant to talk to you about the matter, but…

A 하지만 그러지 않았죠. 오히려 내게 거짓말을 했잖아요.

정답   Step 1 4 meant to 5 meant to   Step 2 4 didn't mean to 5 didn't mean to

A | 영화 속 대화를 완성해 보세요.

EGO   You're ❶_____ for someone ❷_____.
일약 스타치고는 눈치가 느리군.

LINGUINI   And you're ❸_____ who likes food.
음식을 좋아하는 사람치고는 마르셨네요.

EGO   I don't "like" food, I ❹_____ it. If I don't love it, I don't… ❺_____.
난 음식을 "좋아"하지 않아. "사랑"하지. 난 맛이 없으면, 삼키지… 않아.

EGO   I will ❻_____ tomorrow night with high ❼_____
_____. Pray you don't ❽_____ me.
내일 밤에 큰 기대를 하고 다시 오겠네. 내가 실망하지 않기를 기도하라고.

COLETTE   Listen, ❾_____, but we're French. And it's dinner time.
자, 무례한 것은 싫지만, 우린 프랑스인이잖아요. 그리고 이제 저녁 식사 시간이에요.

LINGUINI   She ❿_____ say, "It's dinner time and we're French."…
그녀가 말하려던 것은, "이제 저녁 식사 시간이고 우린 프랑스인이에요."…

정답 A

❶ slow
❷ in the fast lane
❸ thin for someone
❹ love
❺ swallow
❻ return
❼ expectations
❽ disappoint
❾ we hate to be rude
❿ meant to

B | 다음 빈칸을 채워 문장을 완성해 보세요.

1   어젯밤에 전화하려고 했는데 너무 피곤했어.

I _____ call you last night, but I was too tired.

2   내가 하려고 했던 말은… 내 편이 되어 줘서 고마워.

What I _____ say is… Thank you for being on my side.

3   너에게는 솔직하고 싶었어.

I just _____ be honest with you.

4   그는 절대 피해를 줄 생각이 없었어요.

He _____ cause any harm.

5   널 실망시키려고 했던 건 아니야.

I _____ disappoint you.

정답 B

1 meant to
2 meant to
3 meant to
4 never meant to
5 didn't mean to

The First Quarrel
첫 번째 싸움

기자 회견이^{press conference} 끝나고 링귀니는 레미가 자꾸 머리를 잡아당기는^{yank} 바람에 집중할 수^{concentrate} 없었다며 화를 내요. 그리고 요리에 관해서라면 레미의 의견만이 중요한^{matter} 것이 아니라며 마음에 상처를 주는^{hurtful} 말을 하죠. 이 말을 들고 레미가 그의 머리카락 뭉치를^{hank} 세게 잡아당기자 링귀니는 더 이상 참지 못하고 레미를 주방 밖으로 내보내요. 그의 변심에 크게 격분한^{furious} 레미는 링귀니에게 복수하려고 에밀에게 주방으로 쥐떼들을 데리고 오라고 말해요. 어째 일이 점점 커지는 것 같군요.

Warm Up! 오늘 배출 표현

오늘 등장하는 표현들입니다. 어떤 표현이 들어가야 할지 생각해 보세요.

* ▨▨▨▨▨▨▨▨▨▨▨▨. 그렇게 쳐다보지 마.

* ▨▨▨▨▨▨▨▨▨▨ concentrate with you yanking my hair all the time?
계속 머리를 잡아당기는데 내가 어떻게 집중할 수 있겠어?

* And ▨▨▨▨▨▨▨▨▨▨. 그건 그거고.

* Your opinion isn't ▨▨▨▨▨▨▨▨▨▨ here. 이제 네 의견만 중요한 게 아니야.

LINGUINI
링귀니

Don't give me that look.❶ You were distracting me in front of the press. **How am I supposed to** concentrate with you yanking my hair all the time?❷

그렇게 쳐다보지 마. 기자들 앞에서 너 때문에 정신없었어. 계속 머리를 잡아당기는데 내가 어떻게 집중할 수 있겠어?

LINGUINI
링귀니

And **that's another thing.**❸ Your opinion isn't **the only one that matters** here.❹ Colette knows how to cook, too, you know—

그건 그거고. 이제 네 의견만 중요한 게 아니야. 콜레트도 요리하는 방법을 안다고. 너도 알겠지만…

LINGUINI
링귀니

Alright, that's it!!

됐어. 이제 못 참겠어!!

LINGUINI
링귀니

You take a break, Little Chef. I'm not your puppet, and you're not my puppet-controlling guy!

넌 좀 쉬어. 꼬마 요리사. 난 네 꼭두각시 인형이 아니고 너도 나를 조종하는… 사람이 아니라고!

SKINNER
스키너

The rat is the cook?!

저 쥐가 요리사라고?!

LINGUINI
링귀니

You cool off and get your mind right, Little Chef. Ego is coming, and I need to focus!

쉬면서 마음을 가라앉혀. 꼬마 요리사. 이고가 오니까 난 집중해야 돼!

118

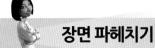
❶ Don't give me that look. 그렇게 쳐다보지 마.

Don't give me that look.은 상대방이 이상한 눈빛으로 나를 바라볼 때 '그렇게 쳐다보지 마'라는 뜻으로 하는 말이에요. Don't look at me that way. 혹은 Don't look at me like that.이라고 해도 상대방의 시선이 부담스럽다는 뜻을 전달할 수 있어요.

* **Don't give me that look.** I didn't do anything wrong. 그렇게 쳐다보지 마세요. 난 잘못한 게 없어요.
* **Don't look at me like that.** You're making me blush. 그렇게 보지 마. 얼굴이 빨개지잖아.

❷ How am I supposed to concentrate with you yanking my hair all the time?
계속 머리를 잡아당기는데 내가 어떻게 집중할 수 있겠어?

How am I supposed to ~?는 '내가 어떻게 ~를 할 수 있겠어?'라는 뜻으로 감당해야 하는 일을 제대로 하지 못하고 있어서 하소연하거나 변명할 때 쓰는 표현이에요. be supposed to ~는 '~를 해야 한다'라는 뜻으로 자주 쓰는 회화 표현인데 I'm supposed to ~ '나 ~해야 해'와 You're supposed to ~ '넌 ~해야지'라는 응용 패턴으로 연습해 보세요.

★ 영화 속 패턴 익히기

❸ And that's another thing. 그건 그거고.

링귀니는 예전에 있었던 일과는 별개로 레미가 이제는 그리 중요하지 않다는 폭탄 발언을 하고 있어요. That's another thing.은 '그건 다른 거지', '그건 별개의 이야기지'라는 뜻으로 상대방의 주장이나 상황이 완전히 다른 성격의 것이라고 말할 때 쓰는 표현이에요. 문맥에 따라서는 '그건 그거고'라고 해석하는 것도 좋아요.

* A: Why did you change the color without telling me? 내게 말도 없이 왜 색깔을 바꾼 거야?
  B: Well, **that's another thing**. First, I'm afraid to say your design is so outdated.
  일단 그건 별개의 문제고. 우선, 네 디자인은 너무 구식이야.

❹ Your opinion isn't the only one that matters here. 이제 네 의견만 중요한 게 아니야.

the only one that matters에서는 the only one과 matter의 뜻을 제대로 이해할 필요가 있어요. the only one은 '유일한 사람'의 뜻이 있지만 '유일한 것'이란 뜻도 있어요. 또한 matter는 '물질'이란 뜻으로 자주 쓰지만 동사로 쓰면 '중요하다'라는 의미로 탈바꿈하죠. 그럼 the only one that matters는 '유일하게 중요한 것'이라고 해석할 수 있겠죠? 이 표현은 You're the only one that matters to me. '넌 내게 유일하게 중요한 존재야'같이 사랑 고백에서 쓸 수 있으니까 잘 암기해 두세요.

* His decision is **the only one that matters** now. 지금은 그의 결정만이 제일 중요해.
* **The only thing that matters** to me is my family. 내게 제일 중요한 건 가족이야.

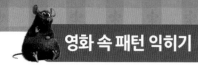

🎧 23-2.mp3

How am I supposed to ~?   어떻게 ~할 수 있겠어?

Step 1   기본 패턴 연습하기

1 **How am I supposed to** go alone to your family gathering? 네 가족 모임에 어떻게 혼자 가?

2 **How am I supposed to** find your dog in the park? 공원에서 너의 개를 어떻게 찾을 수 있겠어?

3 **How am I supposed to** remember what you said ten years ago?
네가 10년 전에 한 말을 어떻게 기억하겠니?

4 .... cook if I have no water? 물이 없는데 어떻게 요리를 하죠?

5 .... buy it without any money? 돈이 없는데 어떻게 그걸 살 수 있어?

Step 2   패턴 응용하기   I'm / You're / They're supposed to ~

1 **You're supposed to** be here at this time. 넌 지금 여기에 있어야 하잖아.

2 **I'm not supposed to** let you in. 당신을 들어오게 해서는 안 된다고요.

3 **You're supposed to** negotiate with the union. 노조와 협상을 하셔야 합니다.

4 .... take the kids to soccer practice. 애들을 축구 연습에 데리고 가야지.

5 .... watch violent movies. 그들은 폭력적인 영화를 보면 안 돼.

Step 3   실생활에 적용하기

A Please, calm down.	A 제발 진정해.
B 어떻게 내가 진정할 수 있겠어? Didn't you see what he did?	B How am I supposed to calm down? 그 사람이 한 짓을 너도 봤잖아.
A I know he's wrong, but there's nothing you can do.	A 그가 잘못했다는 건 알지만, 네가 할 수 있는 건 아무것도 없어.

정답   Step 1   4 How am I supposed to   5 How am I supposed to   Step 2   4 You're supposed to   5 They're not supposed to

A | 영화 속 대화를 완성해 보세요.

LINGUINI Don't give me ❶_____. You were ❷_____ me in front of the press. How ❸_____ concentrate with you yanking my hair all the time?
그렇게 쳐다보지 마. 기자들 앞에서 너 때문에 정신없었어. 계속 머리를 잡아당기는데 내가 어떻게 집중할 수 있겠어?

LINGUINI And ❹_____. Your opinion isn't ❺_____ _____ here. Colette knows how to cook, too, you know—
그건 그거고. 이제 네 의견만 중요한 게 아니야. 콜레트도 요리하는 방법을 안다고, 너도 알겠지만…

LINGUINI Alright, ❻_____!! 됐어. 이제 못 참겠어!!

LINGUINI You ❼_____, Little Chef. I'm not your ❽_____, and you're not my puppet-controlling guy!
넌 좀 쉬어, 꼬마 요리사. 난 네 꼭두각시 인형이 아니고 너도 나를 조종하는… 사람이 아니라고!

SKINNER The rat is the cook?! 저 쥐가 요리사라고?!

LINGUINI You ❾_____ and get your mind right, Little Chef. Ego is coming, and I need to ❿_____!
쉬면서 마음을 가라앉혀, 꼬마 요리사. 이고가 오니까 난 집중해야 돼!

B | 다음 빈칸을 채워 문장을 완성해 보세요.

1 네 가족 모임에 어떻게 혼자 가?
_____ go alone to your family gathering?

2 공원에서 너의 개를 어떻게 찾을 수 있겠어?
_____ find your dog in the park?

3 물이 없는데 어떻게 요리를 하죠?
_____ cook if I have no water?

4 넌 지금 여기에 있어야 하잖아.
_____ be here at this time.

5 애들을 축구 연습에 데리고 가야지.
_____ take the kids to soccer practice.

121

Remy's Betrayal

레미의 배신

주방에 아무도 없다는 것을^{the coast is clear} 확인하고^{assure} 레미가 신호를 보내자^{signal} 쥐들이 음식을 훔치기 위해 식품 저장실로 신속하게 이동해요. 그런데 갑자기 불이 켜지고 링귀니가 레미를 찾으러 주방으로 들어와요. 쥐들은 즉각^{instantly} 행동을 멈추고^{freeze} 주변의 물건을 이용해서 위장을 해요^{camouflage}. 레미가 주방으로 나오자 링귀니는 그에게 진심으로 사과해요^{apologize}. 링귀니의 말을 들으며 레미도 양심의 가책을 느끼고 있어요^{guilty}. 이때 에밀이 과욕을 부리다 바닥에 철퍼덕 떨어지고 결국 링귀니에게 발각되고 맙니다. 큰 배신감을 느낀 링귀니는 식당에서 쥐들과 레미를 쫓아내요. 매우 상심한^{devastated} 레미는 식당을 뒤로하고 어두운 골목으로 사라져요.

 **Warm Up!** 오늘 배울 표현   오늘 등장하는 표현들입니다. 어떤 표현이 들어가야 할지 생각해 보세요.

* **This is great, son.** ＿＿＿＿＿＿＿＿＿＿. 잘했다, 아들. 같은 편이 이런 짓을 꾸밀 줄은 모를 거야.

* **I've** ＿＿＿＿＿＿＿＿＿＿**, you know,** ＿＿＿＿＿＿＿＿＿＿. 내가 저기… 스트레스를 많이 받고 있었어.

* **I'm suddenly a Gusteau and I gotta be a Gusteau or people will be** ＿＿＿＿＿＿＿＿＿＿.
  갑자기 구스토 집안사람이 되었고 구스토처럼 되어야 해. 그렇지 않으면 다들 실망할 거야.

* ＿＿＿＿＿＿＿＿＿＿. 내가 나빴어.

DJANGO
장고

This is great, son. **An inside job.**❶ I see the appeal–!

잘했다. 아들. 같은 편이 이런 짓을 꾸밀 줄은 모를 거야. 네가 왜 그랬는지 알겠어!

REMY
레미

Shhh!

쉿!

LINGUINI
링귀니

Little Chef...? Little Chef?

꼬마 요리사니…? 꼬마 요리사?

LINGUINI
링귀니

Hey, Little Chef. I thought you went back to the apartment. Then when you weren't there, I don't know, it didn't seem right—

이봐, 꼬마 요리사. 네가 아파트로 돌아간 줄 알았어. 그런데 네가 거기에 없어서, 뭐랄까, 뭔가 잘못된 것 같아서…

LINGUINI
링귀니

–to leave things the way we did, so…

그렇게 헤어진 게 말이야. 그래서…

LINGUINI
링귀니

Look. I don't want to fight. I've **been under a lot of**, you know, **pressure.**❷ A lot has changed in not very much time, you know? I'm suddenly a Gusteau and I gotta be a Gusteau or people will be **disappointed.**❸ It's weird…

이봐. 난 싸우고 싶지 않아. 내가 저기… 스트레스를 많이 받고 있었어. 짧은 시간에 너무 많이 변해서, 알지? 갑자기 구스토 집안사람이 되었고 구스토처럼 되어야 해. 그렇지 않으면 다들 실망할 거야. 정말 이상해…

LINGUINI
링귀니

You know, I've never disappointed anyone before, because nobody's ever expected anything of me. And the only reason anyone expects anything from me now is because of you.

있지. 난 아무도 실망시킨 적이 없어. 아무도 나한테 기대한 게 없기 때문이지. 이제 사람들이 나에게 무언가를 기대하는 이유는 다 너 때문이야.

LINGUINI
링귀니

I haven't been fair to you.❹ You've never failed me, and I should never forget that.

내가 나빴어. 넌 날 실망시킨 적이 없고, 나도 그걸 잊어서는 안 돼.

① **This is great, son. An inside job.** 잘했다, 아들. 같은 편이 이런 짓을 꾸밀 줄은 모를 거야.

inside job은 조직 내부에 있는 사람이 저지르는 범죄를 의미해요. 이처럼 job은 '일자리'라는 뜻 이외에 '범행', '범죄'라는 뜻으로도 쓰인답니다. 그리고 It's your job to walk the dog. '개를 산책시키는 것은 네 책임이잖아'라는 문장에서처럼 job은 '책임', '책무'라는 의미로도 자주 사용해요.

* We should not rule out an **inside job**. Have you noticed any suspicious activity?
  내부인의 소행임을 배제해서는 안 되죠. 의심 가는 행동을 목격하신 적이 있나요?
* It can't be an **inside job**. Everyone passed a thorough background check.
  내부인의 소행일 리가 없어요. 모두 철저한 신원 조사를 통과했어요.

② **I've been under a lot of, you know, pressure.** 내가 저기… 스트레스를 많이 받고 있었어.

스트레스를 받게 되면 큰 바위가 나를 깔고 있는 듯한 중압감을 느끼게 되죠. be under a lot of pressure는 이런 압박감을 적절하게 묘사하는 표현인데 '큰 스트레스를 받다', '압박을 받다'라는 뜻으로 해석할 수 있어요. 그리고 you know는 적절한 말이 생각나지 않거나, 하고 싶은 말을 쉽게 할 수 없을 때 멋쩍은 듯이 하는 말이에요. '저기', '그게 말이지'처럼 지나가는 말로 해석하는 게 좋아요.

* Why don't you get some sleep? You have **been under a lot of pressure**. 좀 자. 스트레스가 많잖아.
* I wish I could help, but **I'm under a lot of pressure**. 도와주고 싶지만, 나도 압박이 심해서.

③ **I'm suddenly a Gusteau and I gotta be a Gusteau or people will be disappointed.**
갑자기 구스토 집안사람이 되었고 구스토처럼 되어야 해, 그렇지 않으면 다들 실망할 거야.

'실망시키다'라는 뜻의 disappoint가 들어간 disappointed와 disappointing은 잘 구별해서 써야 해요. disappointed는 '실망하게 된'이라는 수동의 의미이고 disappointing은 '실망시키는'의 능동의 뜻이에요. 이 대사에서는 people (사람들)이 실망하게 되니까 people will be disappointed이라고 쓰고, '실망을 안겨주는 게임'이라고 할 때는 disappointing game이라고 합니다. 다양한 문장으로 두 가지를 확실히 구별해 보세요. ★영화속패턴익히기

④ **I haven't been fair to you.** 내가 나빴어.

지금 링귀니는 레미에게 미안한 마음을 전하고 있어요. I haven't been fair to you.는 상대방을 부당하게 대한 것에 대해 사과하는 말이에요. fair는 '공평한', '정당한'이란 뜻인데 참고로 fair의 부사는 fairly가 아니라 fair랍니다. fairly는 '공평하게'가 아니라 '상당히', '꽤'라는 뜻이니 유의해서 사용하세요.

* **I haven't been fair to her**, but I hope she knows how much I love her.
  내가 그녀에게 나빴어, 하지만 내가 얼마나 사랑하는지 그녀가 알았으면 해.
* Don't worry. The protection shield is **fairly** strong. 걱정 마. 방어벽이 꽤 튼튼하니까.

🎧 24-2.mp3

disappointed 실망한

Step 1 기본 패턴 연습하기

1 People were **disappointed** with the verdict. 사람들은 판결을 듣고 실망했어요.

2 I know some of you are **disappointed** with me, but give me another chance.
너희들이 내게 실망한 거 알지만, 기회를 한 번 더 줘.

3 You're very **disappointed** with the results, but there's always next year.
결과에 정말 실망하겠지만, 내년이 있잖아.

4 I get that you are _____ and confused. 네가 실망하고 혼란스러운 마음인 거 이해해.

5 Sometimes, we are _____ with our kids, but kids learn from their
mistakes. 가끔 우리는 아이들에게 실망하지만, 아이들은 실수를 통해서 배우는 거란다.

Step 2 패턴 응용하기 | disappointing

1 I'm so sorry for **disappointing** you. 실망시켜 드려서 정말 죄송해요.

2 It was a very **disappointing** musical! 정말 실망스러운 뮤지컬이었어!

3 He was reluctant to deliver the **disappointing** news. 그는 실망스러운 소식을 전하는 걸 망설였어.

4 This evening was very _____. I hope tomorrow is much better.
오늘 저녁은 정말 실망스러웠어. 내일은 더 나았으면 해.

5 We had a _____ outcome, but we won't concede.
실망스러운 결과가 있었지만, 포기하지 않겠습니다.

Step 3 실생활에 적용하기

A I'm so sorry that I let you down.

B Don't say that. 우린 전혀 실망하지 않았어.
  We are so proud of you.

A Thank you. I love you so much.

A 실망시켜 드려서 죄송해요.

B 그런 말 하지 마. We're not disappointed
  at all. 네가 너무 자랑스럽단다.

A 고마워요. 너무 사랑해요.

정답 **Step 1** 4 disappointed 5 disappointed **Step 2** 4 disappointing 5 disappointing

125

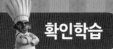

A | 영화 속 대화를 완성해 보세요.

DJANGO This is great, son. An ❶................... I see the ❷..............–!
잘했다. 아들. 같은 편이 이런 짓을 꾸밀 줄은 모를 거야. 네가 왜 그랬는지 알겠어!

REMY Shhh! 쉬!

LINGUINI Little Chef...? Little Chef? 꼬마 요리사니…? 꼬마 요리사?

LINGUINI Hey, Little Chef. ❸................... you went back to the apartment. Then when you weren't there, I don't know, it didn't seem right— 이봐 꼬마 요리사. 네가 아파트로 돌아간 줄 알았어. 그런데 네가 거기에 없어서, 뭐랄까, 뭔가 잘못된 것 같아서…

LINGUINI –to leave things ❹................... we did, so...
그렇게 헤어진 게 말이야. 그래서…

LINGUINI Look. I don't want to ❺.............. I've been under a lot of, you know, ❻................... A lot has changed in not very much time, you know? I'm suddenly a Gusteau and I gotta be a Gusteau or people will be ❼................... It's weird... 이봐. 난 싸우고 싶지 않아. 내가 저기… 스트레스를 많이 받고 있었어. 짧은 시간에 너무 많이 변해서, 알지? 갑자기 구스토 집안사람이 되었고 구스토처럼 되어야 해, 그렇지 않으면 다들 실망할 거야. 정말 이상해…

LINGUINI You know, I've never disappointed anyone before, because nobody's ever ❽................... anything of me. And the only reason anyone expects anything from me now is ❾................... you.
있지, 난 아무도 실망시킨 적이 없어. 아무도 나한테 기대한 게 없기 때문이지. 이제 사람들이 나에게 무언가를 기대하는 이유는 다 너 때문이야.

LINGUINI I haven't been ❿................... to you. You've never failed me, and I should never forget that.
내가 나빴어. 넌 날 실망시킨 적이 없고, 나도 그걸 잊어서는 안 돼.

B | 다음 빈칸을 채워 문장을 완성해 보세요.

1 사람들은 판결을 듣고 실망했어요.
People were .... with the verdict.

2 네가 실망하고 혼란스러운 마음인 거 이해해.
I get that you are .... and confused.

3 가끔 우리는 아이들에게 실망하지만, 아이들은 실수를 통해서 배우는 거란다.
Sometimes, we are .... with our kids, but kids learn from their mistakes.

4 실망시켜 드려서 정말 죄송해요.
I'm so sorry for .... you.

5 그는 실망스러운 소식을 전하는 걸 망설였어.
He was reluctant to deliver the .... news.

정답 A

❶ inside job
❷ appeal
❸ I thought
❹ the way
❺ fight
❻ pressure
❼ disappointed
❽ expected
❾ because of
❿ fair

정답 B

1 disappointed
2 disappointed
3 disappointed
4 disappointing
5 disappointing

Remy's Trapped

레미가 갇히다

오늘은 이고가 구스토 식당의 요리를 평가하는^{evaluate} 중요한 날이에요. 긴장한 링귀니는 요리사들에게 격려하는^{encouraging} 말을 해야 하는데 횡설수설하며 오히려 사기 떨어뜨리는^{demotivating} 말을 하네요. 레미는 먼 곳에서^{in the distance} 이 광경을 지켜보며 한숨만 짓고 있어요^{sigh}. 이때 에밀이 쥐덫^{rat trap} 안에 있는 치즈를 잡으려고 하자 레미가 에밀을 밀어내고 대신 쥐덫 안에 갇히고 말아요. 레미를 잡기 위해 스키너가 쥐덫을 설치한^{set up} 거예요. 스키너는 레미가 담긴 쥐덫을 차 트렁크에 넣고 자기 이름으로 냉동식품을 만들라고 협박 섞인 제안을 한 뒤 문을 쾅 닫아 버려요^{slam shut}. 레미는 이 위기를 어떻게 벗어날까요?

Warm Up! 오늘 배울 표현   오늘 등장하는 표현들입니다. 어떤 표현이 들어가야 할지 생각해 보세요.

* _____, Ego. He's coming. 아니, 이고. 그가 온다고요.

* And we'll have to cook it, _____ he orders something cold.
  우리는 그걸 지지고 볶아야겠죠. 차가운 음식을 주문하지 않는다면 말이죠.

* Just can't _____ it _____, can ya'? 그냥 두고 볼 수 없는 거야. 어?

* _____, my friend, _____ not be picky. 중요한 건 입맛이 까탈스럽지 않아야 한다는 거야.

LINGUINI
링귀니

Tonight is a big night. Appetite is coming, and he's going to have a big ego. **I mean**, Ego. He's coming.❶ The critic. And he's going to order something. Something from our menu. And we'll have to cook it, **unless** he orders something cold.❷

오늘 밤은 아주 중요합니다. 식욕이 몰려드는데 자존심이 센 식욕이에요. 아니, 이고. 그가 온다고요. 요리 평론가 말이에요. 그가 뭔가 주문할 거예요. 메뉴에서 뭔가를 선택하겠죠. 우리는 그걸 지지고 볶아야겠죠. 차가운 음식을 주문하지 않는다면 말이죠.

EMILE
에밀

Just can't **leave** it **alone**, can ya'?❸

그냥 두고 볼 수 없는 거야, 어?

REMY
레미

You really shouldn't be here during restaurant hours, it's not safe.

영업시간에는 여기에 오지 말라니까. 위험해.

EMILE
에밀

I'm hungry! And I don't need the inside food to be happy. **The key**, my friend, **is to** not be picky.❹ Observe...

배고파! 행복하기 위해서 저 안에 음식이 필요한 건 아니야. 중요한 건 말야, 입맛이 까탈스럽지 않아야 한다는 거야. 잘 봐...

REMY
레미

No– WAIT—

안 돼... 기다려...

EMILE
에밀

Oh no! No, no! What do we do?! I'll go get Dad!

오 이런! 안 돼, 안 돼! 이제 어쩌지? 아빠를 데려올게!

❶ I mean, Ego. He's coming. 아니, 이고가 온다고요.

I mean은 내가 앞에서 한 말실수를 재빠르게 바로 잡을 때 쓸 수 있는 표현이에요. 또한 내가 한 말에 대해서 좀 더 쉬운 설명이나 변명을 덧붙이고 싶을 때 쓸 수도 있죠. 해석은 '내가 의미한다'라고 하지 말고 '내 말은', '그러니까' 정도로 하는 게 좋아요.

* The total is twenty cents, **I mean**, twenty dollars. 다 해서 20센트, 아니 20달러예요.
* Make a right on Beach Avenue, **I mean**, Breach Avenue. 비치 에비뉴에서 우회전해, 아니 브리치 에비뉴야.

❷ And we'll have to cook it, unless he orders something cold.
우리는 그걸 지지고 볶아야겠죠. 차가운 음식을 주문하지 않는다면 말이죠.

막말 대잔치(?)가 계속되고 있지만 링귀니가 unless와 if를 구별해서 사용하는 것을 보니 아직 정신줄을 놓지 않고 있네요. 사실 unless와 if를 헷갈려 하는 분들이 많거든요. unless는 '만일 ~하지 않는다면'이란 의미로 if와 not이 동시에 들어가 있는 표현이에요. '만일 ~라면'이란 뜻의 if와는 완전히 반대의 개념이기 때문에 철저히 구별해서 쓰셔야 해요.

* **Unless** you settle the matter privately, you will go to court. 그 문제에 합의를 못하시면 법정까지 가야 해요.
* Keep taking the pills faithfully **unless** you have complications. 합병증이 없으면 약을 꾸준히 드세요.

❸ Just can't leave it alone, can ya'? 그냥 두고 볼 수 없는 거야, 어?

leave는 '떠나다'라는 뜻 이외에 '~하도록 두다'라는 의미로도 많이 쓰는 동사예요. 특히 〈leave + 사람 + alone〉의 패턴에서 자주 쓰는데 이 말은 누군가를 방해하지 않고 혼자만의 시간을 갖게 한다는 뜻이에요. '~가 혼자 있도록 하다', '~를 내버려 두다'라는 해석이 어울리죠. 이 대사에 등장하는 leave it alone은 '그대로 두다', '간섭하지 않다'라는 의미로 익혀 두시면 좋아요.

* Would you **leave** it **alone**? It's not a toy. 가만히 놔둬. 장난감이 아니야.
* Better to **leave** him **alone**. He needs time to clear his mind.
  혼자 두는 게 좋아. 그 사람도 마음을 정리할 시간이 필요하잖아.

❹ The key, my friend, is to not be picky. 중요한 건, 말야, 입맛이 까탈스럽지 않아야 한다는 거야.

상대방에게 핵심적인 생각을 말할 때는 The key is ~ 혹은 The point is ~라는 표현을 사용하세요. 둘 다 '중요한 건 ~이야', '~가 중요해'라는 뜻인데 뒤에는 〈(that) 주어 + 동사〉 형태의 문장을 쓸 수도 있고 간단하게 to 부정사를 쓸 수도 있어요.

★ 영화 속 패턴 읽기

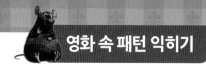

🎧 25-2.mp3

The key is to ~ ~가 중요해.

Step 1   기본 패턴 연습하기

1   **The key is to** keep your head up when you swing. 스윙할 때 머리를 드는 게 중요해.

2   **The key is to** make them believe you are one of them. 네가 그들 편이라는 걸 믿게 하는 게 중요하다고.

3   When you ride a horse, **the key is not to** look scared. 말을 탈 때는 겁나 보이지 않는 게 중요해.

4   .... keep your emotions under control. 중요한 건 감정 조절을 하는 거예요.

5   .... convince her you are trustworthy.
그녀에게 당신이 믿을 만한 사람이라는 걸 인식시키는 게 중요해요.

Step 2   패턴 응용하기 | The point is ~

1   **The point is that** the children are desperate for our help.
중요한 사실은 아이들이 우리의 도움이 간절히 필요하다는 거예요.

2   **The point is that** we have tried everything we could do.
우리가 할 수 있는 모든 것을 했다는 게 중요한 거야.

3   **The point is** we still believe in you. 중요한 사실은 우리가 여전히 너를 믿고 있다는 거야.

4   .... you should make a right choice. 올바른 선택을 하는 게 중요한 거란다.

5   .... he is responsible for the accident. 중요한 사실은 그가 사고에 책임이 있다는 거예요.

Step 3   실생활에 적용하기

A What should I do when I meet a pack of wolves?	A 늑대들을 만나면 어떻게 해야 하죠?
B 음, 갑작스럽게 움직이지 않는 게 중요해.	B Well, the key is, not to make any sudden moves.
A And then what?	A 그리고 난 뒤에는?

정답   Step 1 **4** The key is to **5** The key is to   Step 2 **4** The point is **5** The point is

A | 영화 속 대화를 완성해 보세요.

LINGUINI Tonight is a big night. ❶................... is coming, and he's going to have a big ego. ❷..................., Ego. He's coming. The critic. And he's going to ❸................... something. Something from our menu. And we'll have to cook it, ❹................... he orders something cold.

오늘 밤은 아주 중요합니다. 식욕이 몰려드는데 자존심이 센 식욕이에요. 제 말은, 이고. 그가 온다고요. 요리 평론가 말이에요. 그가 뭔가 주문할 거예요. 메뉴에서 뭔가를 선택하겠죠. 우리는 그걸 지지고 볶아야겠죠. 차가운 음식을 주문하지 않는다면 말이죠.

EMILE Just can't leave it ❺..................., can ya'?
그냥 두고 볼 수 없는 거야, 어?

REMY You really ❻................... here during restaurant hours, it's not ❼................... 영업시간에는 여기에 오지 말라니까. 위험해.

EMILE I'm hungry! And I don't need the inside food ❽................... ❾..................., my friend, is to not be picky. Observe... 배고파! 행복하기 위해서 저 안에 음식이 필요한 건 아니야. 중요한 건 말야. 입맛이 까탈스럽지 않아야 한다는 거야. 잘 봐…

REMY No– WAIT— 안 돼… 기다려…

EMILE Oh no! No, no! What do we do?! I'll ❿................... Dad!
오 이런! 안 돼. 안 돼! 이제 어쩌지? 아빠를 데려올게!

B | 다음 빈칸을 채워 문장을 완성해 보세요.

1 스윙할 때 머리를 드는 게 중요해.
.... keep your head up when you swing.

2 중요한 건 감정 조절을 하는 거예요.
.... keep your emotions under control.

3 그녀에게 당신이 믿을 만한 사람이라는 걸 인식시키는 게 중요해요.
.... convince her you are trustworthy.

4 중요한 사실은 우리가 여전히 너를 믿고 있다는 거야.
.... we still believe in you.

5 올바른 선택을 하는 게 중요한 거란다.
.... you should make a right choice.

Django Saves Remy

장고, 레미를 구하다

이고는 웨이터에게 '새로운 시각'^{perspective}이라는 이상한 음식을 주문해요. 웨이터가 어쩔 줄 몰라 당황하자^{baffled} 이고가 화를 내며 링귀니가 제일 잘하는 요리를 가지고 오라고 명령해요. 옆 테이블에서^{nearby table} 다른 손님으로 위장하고^{disguised} 앉아 있던 스키너도 같은 요리를 주문해요. 한편, 레미는 풀이 죽은 채^{defeated} 트렁크에 갇혀 있는데^{locked up} 갑자기 '쿵'하는 소리와 함께 트렁크가 찌그러지고 한 줄기 빛이 들어와요.^{stream in} 에밀과 아빠가 레미를 구하러 온 거예요. 이들이 온 힘을 다해서^{straining with all their might} 쥐덫을 열어주자 레미는 황급히 구스토 식당으로 달려가요.

 **Warm Up!** 오늘 배출 표현 　오늘 등장하는 표현들입니다. 어떤 표현이 들어가야 할지 생각해 보세요.

* After reading a lot of overheated puffery about your new cook, you know what I'm
　　　　　　 ? 새로운 주방장을 과대 칭찬하는 글을 읽고, 내가 먹고 싶은 게 뭔지 아시오?

* 　　　　　　 you're all out of perspective and no one else seems to have it in this bloody town, I'll make you a deal. "새로운 시각"이 다 떨어졌고 이 망할 동네에는 아무도 그게 없는 것 같으니 이렇게 합시다.

* Since you're all 　　　　　　 perspective and no one else seems to have it in this bloody town, I'll make you a deal. "새로운 시각"이 다 떨어졌고 이 망할 동네에는 아무도 그게 없는 것 같으니 이렇게 합시다.

* 　　　　　　　　　　　. 저 사람이 먹는 거로 하겠소.

바로 이 장면! 오디오 파일을 듣고 3번 따라 말해보세요. 🎧 26-1.mp3

EGO
이고

Yes, I think I do. After reading a lot of overheated puffery about your new cook, you know what I'm **craving?**❶ A little perspective.

그래요, 결정한 것 같군요. 새로운 주방장을 과대 칭찬하는 글을 읽고, 내가 먹고 싶은 게 뭔지 아시오? 바로 "새로운 시각"이요.

EGO
이고

That's it. I'd like some fresh, clear, well-seasoned perspective. Can you suggest a good wine to go with that?

그겁니다. 신선하고, 양념이 잘 된 "새로운 시각"을 주문하죠. 그리고 어울릴만한 와인을 추천해 주겠소?

MUSTAFA
무스타파

With what, sir?

무엇과요, 손님?

EGO
이고

Perspective. Fresh out, I take it?

"새로운 시각". 다 떨어졌나요?

MUSTAFA
무스타파

I'm...

저...

EGO
이고

Very well. **Since** you're all **out of** perspective and no one else seems to have it in this bloody town, I'll make you a deal.❷ ❸ You provide the food, I'll provide the perspective. Which would go nicely with a bottle of Cheval Blanc 1947.

좋소. "새로운 시각"이 다 떨어졌고 이 망할 동네에는 아무도 그게 없는 것 같으니 이렇게 합시다. 음식을 가져오면 내가 "새로운 시각"을 보여 주겠소. 1947년산 세발 블랑 와인과 잘 어울릴 거요.

MUSTAFA
무스타파

Uhm... I'm afraid I... your dinner selection...?

으음... 죄송하지만 제가... 어떤 저녁 메뉴이신지...?

EGO
이고

Tell your "Chef Linguini" that I want whatever he dares to serve me. Tell him to hit me with his best shot.

당신의 "주방장 링귀니"에게 어떤 요리든 내게 가져오라고 해요. 그가 가장 잘 할 수 있는 요리로 말이오.

SKINNER
스키너

I will have whatever he is having.❹

저 사람이 먹는 거로 하겠소.

133

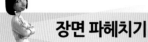
❶ After reading a lot of overheated puffery about your new cook, you know what I'm craving? 새로운 주방장을 과대 칭찬하는 글을 읽고, 내가 먹고 싶은 게 뭔지 아시오?

I'm craving ~은 '~가 먹고 싶어'라는 뜻으로 지금 자신이 먹고 싶은 음식을 말할 때 쓰는 표현이에요. I have a craving for ~ 역시 같은 의미예요. 만일 상대방이 어떤 음식을 먹고 싶은지 알고 싶다면 What are you craving?이라고 질문해 주세요.

* A: What do you want to eat for dinner? 저녁으로 뭐 먹고 싶어?
  B: Well, I'm **craving** something spicy. How about chicken nachos? 매운 게 먹고 싶은데. 치킨 나초 어때?

❷ Since you're all out of perspective and no one else seems to have it in this bloody town, I'll make you a deal. "새로운 시각"이 다 떨어졌고 이 망할 동네에는 아무도 그게 없는 것 같으니 이렇게 합시다.

since는 '~이후로'라는 뜻으로 시간의 경과를 보여 주는 단어예요. 하지만 이 대사에서 시간과는 상관없이 '~하니까', '~하기 때문에'라는 뜻으로 이유를 나타내는 말이에요. 같은 since이지만 문맥에 따라서 완전히 다른 뜻이 있기 때문에 여러 문장을 접하면서 연습해 보는 게 좋아요. ★영화 속 대던 잇기

❸ Since you're all out of perspective and no one else seems to have it in this bloody town, I'll make you a deal. "새로운 시각"이 다 떨어졌고 이 망할 동네에는 아무도 그게 없는 것 같으니 이렇게 합시다.

이 대사에서 out of ~는 '~가 없는', '~가 다 떨어진'이란 뜻이에요. 남은 게 하나도 없다고 할 때는 all out of ~라고 표현할 수 있어요. 가지고 있던 것을 다 써버려서 하나도 없다고 할 때, 돈을 다 써 버렸거나, 전쟁에서 총알을 다 쏘고 남은 게 없거나, 음식 재료를 다 소진했다고 할 때 I'm all out.이라고 말해요. 그리고 make a deal은 '거래하다', '제안하다'라는 의미로 자주 쓰는 표현이에요.

* We're all **out of** money. No more shopping. 돈이 다 떨어졌어. 더 이상 쇼핑은 안 돼.
* Let's call it a day. We are all **out of** food. 오늘은 그만 접자. 음식이 다 떨어졌어.

❹ I will have whatever he is having. 저 사람이 먹는 거로 하겠소.

옆 테이블 사람들이 먹고 있는 것과 똑같은 음식을 주문하고 싶다면 이 표현을 쓰세요. 이때 have는 eat처럼 '먹다'라는 뜻으로 쓰인 거예요. 이 대사처럼 what 대신에 whatever를 쓸 수도 있는데 '저 사람이 뭐를 먹든 간에 나도 먹겠다'라는 의미가 됩니다. 응용 표현으로 I'll have whatever you cook. '네가 요리하는 것은 뭐든지 먹을 거야'가 있어요.

* A: Are you all set to order? 주문하시겠습니까?
  B: I'll **have** what they're having. It looks so great. 저 사람들이 먹는 거로 주세요. 정말 맛있어 보이네요.

영화 속 패턴 익히기   오늘 배운 장면에서 뽑은 핵심 패턴으로 다양한 표현을 만들어 보세요.

🎧 26-2.mp3

Since ~
~하니까

**Step 1**   기본 패턴 연습하기

1 **Since** today is your first day at work, I got something special for you.
오늘이 근무 첫날이라 널 위해서 뭔가 특별한 걸 준비했어.

2 **Since** you know this area, I'll let you lead us. 네가 여기를 잘 아니까 우리를 안내하도록 해.

3 **Since** you are here, why don't you visit your uncle? 여기에 왔으니까 삼촌 댁에 가보는 건 어떠니?

4 .... he is the only expert, we should listen to his advice.
그가 여기서 유일한 전문가이니까 그의 조언을 듣는 게 좋겠어요.

5 .... we arrived late, we decided to check into the hotel first.
늦게 도착해서 우리는 호텔 체크인을 먼저 하기로 했다.

**Step 2**   패턴 응용하기   since ~

1 They haven't seen her **since** she left for college. 대학에 간 이후로 그들은 그녀를 볼 수 없었지.

2 I haven't heard from Dean **since** he got married. 딘이 결혼을 한 후로 그의 소식을 듣지 못했어.

3 **Since** we met at the seminar, I think I have been in love with you.
세미나에서 만난 후로 난 당신과 사랑에 빠진 것 같아요.

4 How long has it been .... you moved to Paris? 네가 파리로 이사하고 얼마 만이지?

5 We've been watching her ever .... she came back.
그녀가 돌아온 후로 쭉 그녀를 지켜보고 있었어요.

**Step 3**   실생활에 적용하기

A 미술에 관심이 있으니까 우리 현대 미술 동아리에 들어오는 건 어때?	A Since you are interested in art, why don't you join our modern art club?
B That's cool. Who's in the club?	B 좋아. 동아리에 누가 있는데?
A Katie and I. You'll be the third person in our club.	A 케이티와 나. 네가 세 번째 맴버가 되는 거지.

정답   Step 1 4 Since 5 Since   Step 2 4 since 5 since

A | 영화 속 대화를 완성해 보세요.

EGO   Yes, I think I do. After reading a lot of ❶............................ puffery about your new cook, you know what I'm ❷........................? A little ❸............................
그래요, 결정한 것 같군요. 새로운 주방장을 과대 칭찬하는 글을 읽고, 내가 먹고 싶은 게 뭔지 아시오? 바로 "새로운 시각"이요.

EGO   That's it. I'd like some fresh, clear, ❹............................ perspective. Can you suggest a good wine to ❺............................ that? 그겁니다. 신선하고, 양념이 잘 된 "새로운 시각"을 주문하죠. 그리고 어울릴만한 와인을 추천해 주겠소?

MUSTAFA   With what, sir? 무엇요, 손님?

EGO   Perspective. Fresh out, I take it? "새로운 시각". 다 떨어졌나요?

MUSTAFA   I'm... 저…

EGO   Very well. Since you're all ❻............................ perspective and no one else seems to have it in this bloody town, I'll make you ❼............................. You provide the food, I'll provide the perspective. Which would go nicely with a bottle of Cheval Blanc 1947.
좋소. "새로운 시각"이 다 떨어졌고 이 망할 동네에는 아무도 그게 없는 것 같으니 이렇게 합시다. 음식을 가져오면 내가 "새로운 시각"을 보여 주겠소. 1947년산 셰발 블랑 와인과 잘 어울릴 거요.

MUSTAFA   Uhm... I'm afraid I... your dinner selection...?
으음… 죄송하지만 제가… 어떤 저녁 메뉴이신지…?

EGO   Tell your "Chef Linguini" that I want ❽............................ he dares to serve me. Tell him to hit me with his ❾............................. 당신의 "주방장 링귀니"에게 어떤 요리든 내게 가져오라고 해요. 그가 가장 잘 할 수 있는 요리로 말이오.

SKINNER   I will have whatever ❿............................. 저 사람이 먹는 거로 하겠소.

B | 다음 빈칸을 채워 문장을 완성해 보세요.

1   네가 여기를 잘 아니까 우리를 안내하도록 해.
.... you know this area, I'll let you lead us.

2   여기에 왔으니까 삼촌 댁에 가보는 건 어떠니?
.... you are here, why don't you visit your uncle?

3   대학에 간 이후로 그들은 그녀를 볼 수 없었지.
They haven't seen her .... she left for college.

4   딘이 결혼을 한 후로 그의 소식을 듣지 못했어.
I haven't heard from Dean .... he got married.

5   네가 파리로 이사하고 얼마 만이지?
How long has it been .... you moved to Paris?

136

The Real Cook

진짜 요리사

레미가 없는 주방은 혼란^{chaotic} 그 자체예요. 주문은 쌓여 가는데^{piled up} 링귀니가 적절한^{proper} 레시피를 말해 주지 않아서 요리사들은 매우 당황하죠^{frustrated}. 이런 압박을 더 이상 견딜 수 없어서 링귀니는 자기 방으로 도망가 버려요. 이때 레미가 장고와 에밀의 만류에도 불구하고 주방으로 들어와요. 레미를 발견하고 요리사들이 잡으려고 달려드는데^{charge at him} 링귀니가 앞을 가로막으며 그를 보호해 줘요^{shield}. 이제 링귀니는 요리사들에게 모든 비밀을 털어놓아요. 레미와 함께 직접 시범을 보이며^{demonstrate} 요리사들의 마음을 얻으려고 하지만, 그들은 앞치마를^{apron} 벗어던지고 주방을 빠져나가요. 심지어 링귀니가 사랑했던 콜레트까지 주방을 떠나고 말아요. 오토바이를 타고 파리 거리를 달리던 콜레트는 우연히 서점에 진열된^{displayed} 구스토의 요리책 '누구나 요리할 수 있다'를 발견하고 마음이 동요하기 시작해요. 그의 말이 사실이라면 쥐도 당연히 요리를 할 수 있으니까요.

 **Warm Up!** 오늘 배출 문현   오늘 등장하는 표현들입니다. 어떤 표현이 들어가야 할지 생각해 보세요.

* And _____, I have no talent at all. 사실 난 요리에 재능이 없어요.

* But this rat... he's the one _____ these recipes. 하지만 이 쥐가… 그 레시피들을 만든 장본인이에요.

* You've been _____ for his gift. 얘 재능 덕분에 여러분들이 나를 믿어 주었던 거예요.

* _____? You with me? 어때요? 함께해 보시겠어요?

LINGUINI
링귀니

Thanks for coming back, Little Chef.
돌아와 줘서 고마워, 꼬마 요리사.

LINGUINI
링귀니

I know this sounds insane. But well, the truth sounds insane sometimes, but that doesn't mean it's not... the truth.
미친 것처럼 들리는 것 알아요. 하지만, 진실은 가끔 미친 소리처럼 들리긴 하죠. 그렇다고 진실이… 아닌 건 아니에요.

LINGUINI
링귀니

And **the truth is**, I have no talent at all.❶ But this rat... he's the one **behind** these recipes.❷ He's the cook. The real cook.
사실, 난 요리에 재능이 전혀 없어요. 하지만 이 쥐가… 그 레시피들을 만든 장본인이에요. 얘가 요리사예요. 진짜 요리사.

LINGUINI
링귀니

He's been hiding under my toque.
내 모자 밑에 숨어 있었던 거예요.

LINGUINI
링귀니

–he's been controlling my actions.
그리고 내 행동을 조종하고 있었어요.

LINGUINI
링귀니

He's the reason I can cook the food that's exciting everyone. The reason Ego is outside that door. You've been **giving me credit** for his gift.❸ I know it's a hard thing to believe, but hey– you believed I could cook, right?
얘 때문에 사람들이 좋아하는 요리를 할 수 있는 거고, 이고가 저 문 밖에서 기다리고 있는 거예요. 얘 재능 덕분에 여러분들이 나를 믿어 주었던 거예요. 믿기 힘들다는 거 알지만, 봐요, 당신들도 내가 요리할 수 있다고 믿었잖아요, 그렇죠?

LINGUINI
링귀니

Look. This works. It's crazy, but it works. We can be the greatest restaurant in Paris. And this rat, this brilliant Little Chef can lead us there. **What do you say?**❹ You with me?
봐요. 가능해요. 미친 짓 같지만 가능하다니까요. 우리는 파리 최고의 식당이 될 수 있어요. 이 쥐가, 이 천재 꼬마 요리사가 그렇게 만들어 줄 거예요. 어때요? 함께해 보시겠어요?

❶ **And the truth is, I have no talent at all.** 사실 난 요리에 재능이 없어요.

드디어 링귀니가 동료들에게 진실을 말하려고 하는군요. 이처럼 상대방에게 숨겨둔 진실을 밝힐 때는 The truth is ~라는 패턴을 사용해 보세요. '실은 ~입니다', '사실은 ~이에요'라는 뜻인데 뒤에는 〈(that) 주어 + 동사〉의 문장 형태가 나오는 경우가 많아요. 이와 유사한 의미로 The fact is ~ 역시 자주 쓰는 패턴이니까 함께 연습해 볼게요.

★ 영화 속 패턴 익히기

❷ **But this rat... he's the one behind these recipes.** 하지만 이 쥐가… 그 레시피들을 만든 장본인이에요.

우리말에서 '배후에 있다'는 말은 어떤 일에 대해 실질적인 책임이 있다는 의미잖아요? 이와 비슷하게 영어 단어 behind도 '~에 대해 책임이 있는', '~의 이유가 되는'이란 뜻이 있어요.

* I know who is **behind** this prank. 이 장난질을 누가 꾸민 건지 알아.
* We didn't know the editor was **behind** the disgraceful scheme.
  우린 편집장이 그 치욕스러운 계획의 배후에 있다는 걸 몰랐어요.

❸ **You've been giving me credit for his gift.** 얘 재능 덕분에 여러분들이 나를 믿어 주었던 거예요.

credit은 '신용', '믿음', '칭찬'이란 뜻이에요. 그래서 '신용 카드'를 credit card라고 부르죠. 이 대사에 나오는 패턴 〈give + 사람 + credit〉은 '~에게 신용을 주다'라고 직역할 수 있는데 '~를 믿다'라는 해석이 더 자연스러워요. 또한 이 패턴은 '~에게 감사를 표하다'라는 의미로도 자주 사용된답니다.

* We should **give her credit** for rescuing our dog. 그녀가 우리 개를 구해 준 것에 대해 감사를 표해야 합니다.
* We're **giving him credit** for bringing peace to our town.
  그가 우리 마을에 평화를 가져다준 것에 대해 감사를 표하는 거예요.

❹ **What do you say? You with me?** 어때요? 함께해 보시겠어요?

동료들에게 레미를 믿어 달라고 호소하고 있는데 갑자기 '무슨 말을 하세요?'라고 뜬금없이 물어보는 건 아니겠죠? What do you say?는 상대방에게 어떤 생각을 제안한 뒤에 함께할 것인지 물어보는 말이에요. '어떻게 생각해요?' 혹은 '어때요?'라고 해석하는 게 좋아요. '~하는 게 어때요?'라고 물어볼 때는 What do you say to ~?라는 패턴을 활용해 보세요. What do you say to a movie? '영화 보는 건 어때요?' What do you say to coffee? '커피 어때요?'처럼 쓸 수 있답니다.

* A: Let's go to a movie tonight. **What do you say?** 오늘 밤 영화 보러 가자. 어때?
  B: Sure. What's playing in the theater? 좋아. 영화관에서 지금 무슨 영화 하지?

139

오늘 배운 장면에서 뽑은 핵심 패턴으로 다양한 표현을 만들어 보세요.

🎧 27-2.mp3

The truth is ~

실은 ~입니다.

Step 1 기본 패턴 연습하기

1 **The truth is**… I have a dog and a cat. 실은… 난 개 한 마리, 고양이 한 마리가 있어.

2 **The truth is** that we don't need to hire an accountant. 사실 저희는 회계사를 고용할 필요가 없어요.

3 **The truth is** it's no one's fault. 실은 누구의 잘못도 아니죠.

4 ....… I can't skate at all. 사실은… 난 스케이트를 전혀 못 타.

5 ....… I really envied you. 사실은… 난 네가 너무 부러웠어.

Step 2 패턴 응용하기 | The fact is ~

1 **The fact is**… we are not scared of you. 사실은… 우린 당신이 두렵지 않아.

2 **The fact is** that some clients have complained about the constant noise.
사실은 고객 중에 계속되는 소음을 지적하신 분들이 계세요.

3 **The fact is** someone has leaked the confidential information. 사실 누가 일급 정보를 누설했어요.

4 .... that no one appreciated his music when he was alive.
사실은 그가 살아 있을 때는 아무도 그의 음악에 관심을 가지지 않았죠.

5 ....… the main element is perfectly harmless to the environment.
사실은… 주성분이 환경에는 완벽히 무해하다는 거예요.

Step 3 실생활에 적용하기

A Look, I have something to confess.

B Confess? Why do you look so serious?
What is it?

A 사실은… 나는 당신이 생각하는 그런 사람이
아니야.

A 저기, 고백할 게 있어.

B 고백? 왜 이렇게 심각한 표정이야? 뭔데?

A The truth is… I am not the person
you think I am.

정답 Step 1 4 The truth is 5 The truth is Step 2 4 The fast is 5 The fact is

A | 영화 속 대화를 완성해 보세요.

LINGUINI Thanks for ❶........................, Little Chef.
돌아와 줘서 고마워, 꼬마 요리사.

LINGUINI I know this sounds ❷........................ But well, the truth sounds insane sometimes, but that doesn't mean it's not... the truth. 미친 것처럼 들리는 것 알아요. 하지만, 진실은 가끔 미친 소리처럼 들리긴 하죠. 그렇다고 진실이… 아닌 건 아니에요.

LINGUINI And ❸........................, I have no ❹........................ at all. But this rat... he's the one ❺........................ these recipes. He's the cook. The real cook. 사실, 난 요리에 재능이 전혀 없어요. 하지만 이 쥐가… 그 레시피들을 만든 장본인이에요. 얘가 요리사예요. 진짜 요리사.

LINGUINI He's been hiding under my toque. 내 모자 밑에 숨어 있었던 거예요.

LINGUINI –he's been ❻........................ my actions.
그리고 내 행동을 조종하고 있었어요.

LINGUINI He's the ❼........................ I can cook the food that's exciting everyone. The reason Ego is outside that door. You've been ❽........................ for his gift. I know it's a hard thing to believe, but hey– you believed I could cook, right? 얘 때문에 사람들이 좋아하는 요리를 할 수 있는 거고, 이고가 저 문 밖에서 기다리고 있는 거예요. 얘 재능 덕분에 여러분들이 나를 믿어 주었던 거예요. 믿기 힘들다는 거 알지만, 봐요, 당신들도 내가 요리할 수 있다고 믿었잖아요, 그렇죠?

LINGUINI Look. This works. It's crazy, but it works. We can be the greatest restaurant in Paris. And this rat, this brilliant Little Chef can ❾........................ there. ❿........................?
You with me? 봐요. 가능해요. 미친 짓 같지만 가능하다니까요. 우리는 파리 최고의 식당이 될 수 있어요. 이 쥐가, 이 천재 꼬마 요리사가 그렇게 만들어 줄 거예요. 어때요? 함께해 보시겠어요?

정답 A

❶ coming back
❷ insane
❸ the truth is
❹ talent
❺ behind
❻ controlling
❼ reason
❽ giving me credit
❾ lead us
❿ What do you say

B | 다음 빈칸을 채워 문장을 완성해 보세요.

1 실은… 난 개 한 마리, 고양이 한 마리가 있어.
   .... I have a dog and a cat.

2 실은 누구의 잘못도 아니죠.
   .... it's no one's fault.

3 사실은… 난 네가 너무 부러웠어.
   .... I really envied you.

4 사실은… 우린 당신이 두렵지 않아.
   .... we are not scared of you.

5 사실은… 주성분이 환경에는 완벽히 무해하다는 거예요.
   .... the main element is perfectly harmless to the environment.

정답 B

1 The truth is
2 The truth is
3 The truth is
4 The fact is
5 The fact is

141

The Rats Are Cooking
쥐들이 요리하다

모든 요리사가 떠나고 텅 빈^{empty} 주방에 혼자 있는 레미에게 장고가 다가와요^{approach}. 그제서야 레미의 요리에 대한 열정을^{passion} 이해한 장고는 휘파람을 크게 불어^{whistle loudly} 다른 쥐들을 불러 모아요. 이제 쥐들이 주방장 레미의 명령에 따라 요리하게 되었어요. 먼저 식기 세척기로^{dishwasher} 온몸을 깨끗이 씻은 후^{sanitize} 여러 팀으로 나뉘어 볶기^{sauteing}, 양념^{spicing}, 굽기^{grilling} 등의 임무를 완벽하게 수행하고 있어요. 이 광경을 보고 용기를 얻은 링귀니도 롤러스케이트를 신고 웨이터 복장을^{outfit} 하고 혼자 손님들을 담당하며 식당에 활력을 불어넣기 시작해요.

Warm Up! 오늘 배울 표현   오늘 등장하는 표현들입니다. 어떤 표현이 들어가야 할지 생각해 보세요.

* ⬛⬛⬛⬛⬛⬛⬛⬛⬛⬛⬛⬛⬛⬛. 제가 드릴 말씀이 없네요.

* I ⬛⬛⬛⬛⬛⬛⬛⬛⬛ your friend. 네 친구를 오해했구나.

* I don't want you to think I'm ⬛⬛⬛⬛⬛⬛ this ⬛⬛⬛⬛ family.
  가족을 버리고 이걸 선택한 건 아니에요.

* You tell us what to do, and we'll ⬛⬛⬛⬛⬛ it ⬛⬛⬛⬛⬛. 뭐든지 시켜, 확실히 끝내주마.

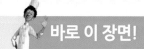
REMY
레미

Dad–! Dad, I– **I don't know what to say.**❶

아빠…! 아빠, 제… 제가 드릴 말씀이 없네요.

DJANGO
장고

I **was wrong about** your friend.❷ And about you.

네 친구를 오해했구나. 그리고 너도.

REMY
레미

I don't want you to think I'm **choosing** this **over** family.❸ I can't choose between two halves of myself.

가족을 버리고 이걸 선택한 건 아니에요. 두 가지 중에 하나만 선택할 수 없어요.

DJANGO
장고

I'm not talking about cooking. I'm talking about guts. This really means that much to you?

요리 얘기가 아니야. 용기 얘기지. 이게 너한테 정말 중요한 거니?

DJANGO
장고

We're not cooks, but we are family. You tell us what to do, and we'll **get** it **done.**❹

우리는 요리를 못하지만 가족이잖아. 뭐든지 시켜. 확실히 끝내주마.

REMY
레미

STOP THAT HEALTH INSPECTOR!

저 검사관을 잡아!

DJANGO
장고

DELTA TEAM GO. GO. GO. GO! THE REST OF YOU STAY AND HELP REMY!

델타 팀 이동해! 가. 가. 가. 가! 나머지는 남아서 레미를 도와!

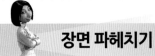

❶ **I don't know what to say.** 드릴 말씀이 없네요.

당혹스러운 상황을 마주하게 되면 무슨 말을 해야 할지 몰라서 머리가 하얘지죠. I don't know what to say.는 이런 상황에서 쓸 수 있는 표현인데 '무슨 말을 해야 할지 모르겠어'라는 뜻이에요. I'm lost for words. 혹은 I'm speechless. 역시 비슷한 의미로 쓸 수 있는 표현이에요.

* **I don't know what to say**… I'll never forget your kindness and love.
  어떻게 말해야 할지… 여러분의 친절과 사랑을 절대 잊지 않을게요.
* **I'm lost for words**… How did you know today's my birthday?
  무슨 말을 어떻게 해야 할지… 오늘이 내 생일인 건 어떻게 아셨어요?

❷ **I was wrong about your friend.** 네 친구를 오해했구나.

be wrong about ~은 '~에 대해 잘못 생각하고 있다'라는 뜻이에요. 특히 I was wrong about ~은 자신의 판단이 옳지 못했다고 깔끔하게 인정하는 표현이에요. 이와 반대로 be right about ~은 '~에 대한 판단이 옳다'라는 뜻이에요. 뒤에서 여러 문맥을 통해서 연습해 볼게요.

★영화 속 패턴 익히기

❸ **I don't want you to think I'm choosing this over family.** 가족을 버리고 이걸 선택한 건 아니에요.

〈choose A over B〉는 'B 대신에 A를 선택하다'라는 뜻이에요. 그리고 I don't want you to think ~는 '~라고 오해하지 않았으면 해요'라는 뜻으로 상대방에게 그릇된 생각을 하지 말라고 당부하는 말이에요.

* It's so hard to make a decision. We decided to **choose** you **over** your brother.
  결정을 내리는 게 힘들어요. 우리는 형보다 당신을 선택하기로 했어요.
* Don't make the mistake of **choosing** money **over** love. 사랑보다 돈을 선택하는 실수를 범하지 말라고.

❹ **You tell us what to do, and we'll get it done.** 뭐든지 시켜 확실히 끝내주마.

get ~ done은 '~를 해내다', '~를 완수하다'라는 뜻이에요. do의 과거분사인 done에는 '완전히 끝난', '완성된'이란 의미가 담겨 있어요. 마치 finished와 같은 의미인 거죠. 그래서 내가 주어진 업무를 완성했다고 할 때 I'm done!이라고 해요. 또한 I'm done.은 '난 이제 완전히 끝났어'라며 자포자기하는 맥락에서도 쓸 수 있어요.

* If you give her a chance, she'll **get** the job **done**. 그녀에게 기회를 주면 그 일을 확실히 끝낼 거예요.
* Make sure to **get** it **done** by tomorrow morning. 내일 아침까지 끝내도록 해.

오늘 배운 장면에서 뽑은 핵심 패턴으로 다양한 표현을 만들어 보세요.

🎧 28-2.mp3

be wrong about ~
~에 대해 잘못 생각하고 있다.

Step 1 기본 패턴 연습하기

1 I've never **been wrong about** anything. You can trust me.
내 판단이 옳지 못했던 적은 없어요. 날 믿어도 돼요.

2 You **are wrong about** a lot of things. 넌 많은 걸 잘못 생각하고 있는 거라고.

3 I **was totally wrong about** you. You deserve to win. 당신을 완전히 오해하고 있었군. 당신은 승리할 자격이 있어.

4 You _____ the people. They are not naive.
넌 그 사람들을 오해하고 있었어. 그들은 순진하지 않아.

5 I _____ Simon. Without him, we couldn't get our house back.
사이먼에 대해서 오해했네요. 그가 없었다면 우리 집을 되찾지 못했을 거예요.

Step 2 패턴 응용하기 be right about ~

1 I **was right about** him, but you wouldn't believe me. 그에 대한 내 판단이 맞았지만 넌 날 믿지 않으려 했지.

2 I trust her. She**'s always right about** this sort of thing. 난 그녀를 믿어요. 그녀는 이런 일에 항상 옳으니까요.

3 I'm telling you, I**'m always right about** finding directions.
내가 말해 두는데, 난 방향을 찾는 데는 틀린 적이 없어.

4 You're denying it, but he _____ her this time.
당신은 부인하지만 이번에는 그녀에 대한 그의 생각이 맞았어요.

5 It turned out that she _____ the guy. 그 남자에 대한 그녀의 생각이 옳은 거였군요.

Step 3 실생활에 적용하기

A I'm so sorry. I shouldn't have brought Jess to the party.

B It's not your fault. Don't worry.

A 내가 그 사람을 완전히 잘못 생각하고 있었던 것 같아.

A 너무 미안해. 제스를 파티에 데리고 오는 게 아닌데.

B 네 잘못이 아니잖아. 걱정하지 마.

A I think I was totally wrong about him.

정답 Step 1 4 were wrong about 5 was wrong about Step 2 4 was right about 5 was right about

A | 영화 속 대화를 완성해 보세요.

REMY Dad–! Dad, I– I don't know ❶_____.
아빠..! 아빠, 드릴 말씀이 없네요.

DJANGO I was ❷_____ your friend. And about you.
네 친구를 오해했구나. 그리고 너도.

REMY I don't want you to think I'm choosing this ❸_____ family. I can't choose between two halves of myself.
가족을 버리고 이걸 선택한 건 아니에요. 두 가지 중에 하나만 선택할 수 없어요.

DJANGO I'm not talking about cooking. I'm talking about ❹_____. This really ❺_____ that much to you? 요리 얘기가 아니야. 용기 얘기지. 이게 너한테 정말 중요한 거니?

DJANGO We're not cooks, but we are family. You tell us ❻_____, and we'll ❼_____.
우리는 요리를 못하지만 가족이잖아. 뭐든지 시켜. 확실히 끝내주마.

REMY STOP THAT HEALTH ❽_____! 저 검사관을 잡아!

DJANGO DELTA TEAM GO. GO. GO. GO! ❾_____ STAY AND ❿_____ REMY!
델타 팀 이동해! 가. 가. 가. 가! 나머지는 남아서 레미를 도와!

정답 A
❶ what to say
❷ wrong about
❸ over
❹ guts
❺ means
❻ what to do
❼ get it done
❽ INSPECTOR
❾ THE REST OF YOU
❿ HELP

B | 다음 빈칸을 채워 문장을 완성해 보세요.

1 넌 많은 걸 잘못 생각하고 있는 거라고.
You _____ a lot of things.

2 당신을 완전히 오해하고 있었군. 당신은 승리할 자격이 있어.
I _____ you. You deserve to win.

3 넌 그 사람들을 오해하고 있었어. 그들은 순진하지 않아.
You _____ the people. They are not naive.

4 그에 대한 내 판단이 맞았지만 넌 날 믿지 않으려 했지.
I _____ him, but you wouldn't believe me.

5 그 남자에 대한 그녀의 생각이 옳은 거였군요.
It turned out that she _____ the guy.

정답 B
1 are wrong about
2 was totally wrong about
3 were wrong about
4 was right about
5 was right about

146

Ego's Soul Food

이고의 소울 푸드

레미가 이고에게 선보일 요리는 라따뚜이예요. 식당으로 다시 돌아온 콜레트는 시골 요리라며^{peasant} ^{dish} 미덥지 않은 반응을 보이지만 레미의 결정에 따르기로 해요. 오늘의 주방장은 레미니까요. 링귀니가 라따뚜이를 테이블 위에 올리자 이고는 시들한^{unimpressed} 반응을 보이더니 노트에 무언가를 끄적거려요^{scribble}. 별다른 기대를 하지 않고^{without any expectation} 이고가 무표정하게 한입 먹는데… 레미가 만든 라따뚜이는 어린 시절 엄마가 해 주던 바로 그 맛이에요. 이고는 깜짝 놀라^{astonished} 미동도 하지 않아요^{frozen}. 행복한 표정으로 접시에 남아 있던^{remaining} 소스까지 손가락으로 핥아 먹은 이고는 주방장을 만나기 위해 영업시간이 끝날 때까지 인내심을^{patience} 가지고 기다려요. 마침내 링귀니가 레미를 주방장이라고 소개하자 이고는 충격을 받고 레미의 요리 장면을 지켜보더니 별말 없이 식당을 나가요. 과연 이고는 어떤 평가를 할까요?

Warm Up! 오늘 배울 표현

오늘 등장하는 표현들입니다. 어떤 표현이 들어가야 할지 생각해 보세요.

* ⬚⬚⬚⬚⬚⬚⬚⬚⬚⬚⬚⬚ I asked a waiter to give my compliments to the chef. 주방장에게 감사를 전하고 싶다고 웨이터에게 부탁하는 것도 참 오랜만이네.

* I can't remember the last time I asked a waiter to give my ⬚⬚⬚⬚⬚ the chef. 주방장에게 감사를 전하고 싶다고 웨이터에게 부탁하는 것도 참 오랜만이네.

* ⬚⬚⬚⬚⬚⬚⬚ the chef. 당신이 주방장이군요.

* ⬚⬚⬚⬚⬚⬚⬚. 좋소.

147

EGO
이고

I can't remember the last time I asked a waiter to give my **compliments to** the chef.❶. ❷ And now I find myself in the extraordinary position of having my waiter be the chef...

주방장에게 감사를 전하고 싶다고 웨이터에게 부탁하는 것도 참 오랜만이네. 오늘은 웨이터가 주방장이라 내가 운이 좋은 거군.

LINGUINI
링귀니

Thanks, but I'm just your waiter tonight.

오늘 밤 저는 웨이터일 뿐입니다.

EGO
이고

Then who do I thank for the meal?

그럼 누구에게 감사를 전하지?

LINGUINI
링귀니

Excuse me a minute.

잠시만요.

EGO
이고

You must be the chef–❸

당신이 주방장이군요–

COLETTE
콜레트

If you wish to meet the chef, you will have to wait until all the other customers have gone.

주방장을 만나고 싶으면 손님들이 다 나갈 때까지 기다리셔야 합니다.

EGO
이고

So be it.❹

좋소.

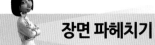
❶ **I can't remember the last time I asked a waiter to give my compliments to the chef.** 주방장에게 감사를 전하고 싶다고 웨이터에게 부탁하는 것도 참 오랜만이네.

I can't remember the last time ~은 어떤 일이나 행동을 하고 아주 오랜 시간이 지났다는 의미를 담은 표현이에요. the last time 뒤에는 to 부정사를 써도 되고 이 대사처럼 '주어 + 동사' 형태의 문장을 붙여도 됩니다. '마지막으로 ~한 게 언제인지 기억도 안 나네', '~하는 것도 참 오랜만이네'라는 해석이 자연스러워요.

* **I can't remember the last time** I laughed so hard. 마지막으로 그렇게 크게 웃어본 게 언제인지 기억도 안 나네요.
* **I can't remember the last time** I received a letter. 마지막으로 편지를 받아 본 게 언제인지 기억도 안 나요.

❷ **I can't remember the last time I asked a waiter to give my compliments to the chef.** 주방장에게 감사를 전하고 싶다고 웨이터에게 부탁하는 것도 참 오랜만이네.

compliment는 '칭찬', '찬사'라는 뜻이에요. 〈give + compliments + to 사람〉은 '~를 칭찬하다'라는 의미인데 give 대신 pay 동사를 쓸 수도 있답니다. 이 장면처럼 맛있는 음식을 먹고 난 후 요리한 사람에게 찬사를 보낼 때는 My compliments to the chef. 혹은 Compliments to the chef!라고 해 주세요.

* It was one of the best fried chickens I've ever had. **Compliments to** the chef!
  내가 맛본 치킨 중의 최고였어요. 정말 맛있어요!
* **My compliments to** the chef! I really loved the salmon. So amazing!
  정말 맛있어요! 연어가 기가 막히네요. 정말 끝내줘요!

❸ **You must be the chef.** 당신이 주방장이군요.

이 대사를 '당신은 요리사를 해야 해요'라고 해석하면 어색하기 그지없겠죠? 이 대사에 쓰인 must는 '~임에 틀림없다', '~가 확실하다'라는 뜻으로 말하는 사람의 확신을 나타내는 조동사예요. 이와 비교해서 자신의 의견을 크게 내세우지 않거나 추측해서 말할 때 쓰는 조동사 might도 꼭 기억해 두세요. might는 '~일지도 모른다', '~일 수도 있다'라는 뜻이에요.

★영화 속 패턴 익히기

❹ **So be it.** 좋소.

지금 이고는 주방장을 만나고 싶어서 어쩔 수 없이 콜레트의 제안을 받아들이기로 해요. 이렇게 So be it.은 상대방의 제안이 달갑지는 않지만 그대로 받아들이겠다는 의미로 하는 말이에요. '그렇게 합시다', '알겠소'라는 해석이 적절해요. 또한 어떤 상황에 대해 자신도 어쩔 수 없다는 심경을 나타내기도 해요. 이럴 경우에는 '그렇게 하라지', '어쩔 수 없지'처럼 해석할 수 있어요.

* If you refuse to come with us, **so be it.** 우리와 함께 가지 않겠다면 그렇게 해요.
* If you've decided to stay here, then **so be it.** 여기 있기로 했다면 그렇게 해.

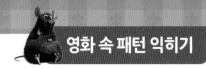

🎧 29-2.mp3

You must ~   ~임에 틀림 없어요.

Step 1 기본 패턴 연습하기

1 **You must** be exhausted. I'll get your bed ready. 피곤하겠다. 잠자리를 봐줄게.

2 I'm sure **you must** have a reason to take his offer. 그의 제안을 받아드리는 이유가 분명히 있으시겠죠.

3 **You must** be Mike. I've heard so much about you. 당신이 마이크군요. 말씀 많이 들었어요.

4 .... be starving. Let's have dinner together. 배고프겠다. 같이 저녁 먹자.

5 .... be the new guy. Nice to meet you. 새로 오신 분이군요. 만나서 반가워요.

Step 2 패턴 응용하기 **You might ~**

1 I'm afraid **you might** make a mistake. 실수하신 것 같은데요.

2 **You might** not understand what I'm saying. 내가 하는 말을 이해하지 못하시는 것 같네요.

3 I thought **you might** be the one who could help us. 당신이 우릴 도와줄 수 있는 사람이라고 생각했어.

4 .... not be elected this time. 이번에는 당신이 당선되지 못할 수도 있어.

5 Be careful. .... get lost in the dark. 조심해. 어두워서 길을 잃을 수도 있으니까.

Step 3 실생활에 적용하기

A 새로 오신 부주방장이군요. I'm Rick.	A You must be the new sous chef. 저는 릭이에요.
B Nice to meet you. I'm Debra.	B 만나서 반가워요. 데브라예요.
A Hi, I'm so thrilled to work with you.	A 안녕하세요. 함께 일하게 돼서 너무 기뻐요.

정답 Step 1 4 You must 5 You must   Step 2 4 You might 5 You might

150

A │ 영화 속 대화를 완성해 보세요.

EGO   I can't ❶ .... I asked a waiter to
         give my ❷ .... the chef. And now I find
         myself in the ❸ .... position of having my
         waiter be the chef... 주방장에게 감사를 전하고 싶다고 웨이터에게 부탁하는 것도 참
         오랜만이네. 오늘은 웨이터가 주방장이라 내가 운이 좋은 거군.

LINGUINI Thanks, but I'm ❹ .... tonight.
         오늘 밤 저는 웨이터일 뿐입니다.

EGO   Then who do I ❺ .... the meal?
         그럼 누구에게 감사를 전하지?

LINGUINI ❻ .... a minute. 잠시만요.

EGO   ❼ .... the chef‒ 당신이 주방장이군요‒

COLETTE   If you ❽ .... meet the chef, you will have to
         wait until all the other customers ❾ ....
         주방장을 만나고 싶으면 손님들이 다 나갈 때까지 기다리셔야 합니다.

EGO   ❿ .... 좋소.

B │ 다음 빈칸을 채워 문장을 완성해 보세요.

1 당신이 마이크군요. 말씀 많이 들었어요.
   .... be Mike. I've heard so much about you.

2 그의 제안을 받아드리는 이유가 분명히 있으시겠죠.
   I'm sure .... have a reason to take his offer.

3 새로 오신 분이군요. 만나서 반가워요.
   .... be the new guy. Nice to meet you.

4 이번에는 당신이 당선되지 못할 수도 있어.
   .... not be elected this time.

5 조심해. 어두워서 길을 잃을 수도 있으니까.
   Be careful. .... get lost in the dark.

A New Beginning

새로운 시작

다음 날 이고의 평론이 나왔어요. 구스토 식당의 요리사는 천한^{humble} 배경을 가지고 있지만 프랑스 최고의 요리사가^{the finest chef} 될 자격이 있다는 찬사였죠. 그러나 이런 평가에도 불구하고 위생 검사관과^{inspector} 스키너를 풀어주는^{let loose} 바람에 구스토 식당은 폐업할 수밖에 없었어요^{close business}. 이고는 평론가로서의 신용과^{credibility} 일자리를 잃게 되었지만, 링귀니 식당의 투자자로서^{investor} 새로운 인생을 살게 되었어요. 그리고 레미는 주방장이 되어 이고뿐만 아니라 수많은 미식가들을^{foodies} 행복하게 하는 요리를 계속할 수 있게 되었답니다.

Warm Up! 오늘 배울 표현   오늘 등장하는 표현들입니다. 어떤 표현이 들어가야 할지 생각해 보세요.

*   . Dinner rush. 가야겠어. 저녁 손님이 몰려들 시간이야.

*   a dessert this evening? 디저트 드시겠어요?

*   would you like? 어떤 걸로 하시겠어요?

*   ! 자네가 원하는 걸로!

REMY
레미

Gotta go. Dinner rush.❶
가야겠어. 저녁 손님이 몰려들 시간이야.

COLETTE
콜레트

You know how he likes it.
이고 취향 알고 있지?

LINGUINI
링귀니

Thanks, Little Chef.
고마워. 꼬마 요리사.

LINGUINI
링귀니

Can I interest you in a dessert this evening?❷
디저트 드시겠어요?

EGO
이고

Don't you always?
늘 그러지 않았나?

LINGUINI
링귀니

Which one would you like?❸
어떤 걸로 하시겠어요?

EGO
이고

Surprise me...!❹
자네가 원하는 걸로…!

장면 파헤치기 구문 설명과 예문으로 이 장면의 핵심 표현을 완벽히 이해하세요.

---

❶ Gotta go. Dinner rush. 가야겠어. 저녁 손님이 몰려들 시간이야.

Gotta go.는 I gotta go.를 줄인 말인데 헤어질 때 작별 인사로 자주 쓰는 회화 표현이에요. 할 일이 있어서 지금 가야 한다는 뉘앙스가 담긴 말인데 '가 봐야겠어', '갈게'라고 해석하는 게 좋아요. 또한 dinner rush는 식당에서 손님들이 많이 몰리는 저녁 타임을 뜻하는 말이에요. 차들이 많이 몰리는 퇴근 시간을 rush hour라고 하는 것처럼 rush에는 '혼잡함'이란 뜻이 담겨 있어요.

* **I gotta go**. Duty calls. 가야겠어요. 할 일이 있어서요.
* **Gotta go**. I'll call you when I get home. 가야겠어요. 집에 도착해서 전화 드릴게요.

---

❷ Can I interest you in a dessert this evening? 디저트 드시겠어요?

Can I interest you in ~?은 상대방에게 무언가를 공손하게 권할 때 쓰는 표현이에요. 특히 가게나 식당에서 손님에게 어떤 제품을 권유할 때 이 표현을 자주 활용하죠. '~할 마음이 있으세요?', '~드셔 보시겠어요?' 등 상황에 따라서 적절한 해석을 선택하는 게 좋아요. 이 표현과 더불어 Would you like ~? 패턴도 익혀 두세요. '~하시겠어요?'라고 권유하는 표현인데 만일 어떤 행동을 권한다면 뒤에 to 부정사의 형태를 붙이도록 하세요.   ★영화 속 패턴 익히기

---

❸ Which one would you like? 어떤 걸로 하시겠어요?

Which one ~은 선택 사항을 제시하거나 선택할 수 있는 것들을 상대방이 이미 알고 있다고 가정하고 물어볼 때 쓰는 의문사예요. 지금 이고는 링귀니의 식당에 자주 와서 이미 디저트 메뉴를 다 알고 있는 거예요. 그러니까 링귀니가 '어떤 걸로 드시겠어요?'라는 의미로 Which one would you like?라고 물어보는 거죠. 해석은 '어떤 것'이라고 하는 게 적절해요.

* **Which one** do you think she likes? 그녀가 뭘 좋아할 것 같아?
* **Which one** is bigger, the pink or the blue? 어떤 게 더 크죠, 분홍색 아니면 파란색?

---

❹ Surprise me! 자네가 원하는 걸로!

직역하면 '날 놀라게 해 봐'가 되는군요. 이 말은 '네가 알아서 좋은 걸로 해', '너 좋을 대로 해'라는 의미로 본인은 나서지 않을 테니 상대방에게 알아서 좋은 것을 선택하라는 뜻이에요. 결정 장애가 있는 분들은 별로 반기지 않는 표현이죠. 만일 식당에서 어떤 음식을 먹어야 할지 결정을 못한다면 What's the best in this place? '여기서 어떤 게 제일 좋아요?' 혹은 Which one would you recommend? '어떤 걸 추천하고 싶으세요?'라고 물어보는 것도 좋아요.

* A: What do you want from the bakery? 빵집에서 뭘 사다 줄까?
  B: I don't know. **Surprise me**. 모르겠어. 좋은 걸로 골라 봐.

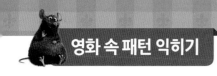

🎧 30-2.mp3

Can I interest you in ~

~할 마음이 있으세요?

Step 1 기본 패턴 연습하기

1 **Can I interest you in** some vintage jewels? 빈티지 보석을 보여 드릴까요?

2 **Can I interest you in** a blueberry cupcake? 블루베리 컵케이크는 어떠세요?

3 What **can I interest you in** this time, my dear? 이번에는 뭘 먹고 싶니?

4 .... a magic trick? 마술을 보여 드릴까요?

5 .... a night-time snack? 야식 먹을래?

Step 2 패턴 응용하기 | Would you like ~?

1 **Would you like** to try our new green tea latte? 새로 출시한 그린 티 라떼를 드셔 보시겠어요?

2 **Would you like** a cup of hot chocolate? 따끈한 코코아 한 잔하시겠어요?

3 **Would you like** to go for a drive? 드라이브 갈까?

4 .... to ride a donkey? 망아지 타 볼래?

5 .... more tea? 차 더 드릴까요?

Step 3 실생활에 적용하기

A 커피 아니면 차 드릴까요?

B I'd like a cup of tea, please.

A Certainly. Cream and sugar?

A Can I interest you in coffee or tea?

B 차 한 잔 주세요.

A 물론이죠. 크림과 설탕도 드릴까요?

정답 Step 1 4 Can I interest you in 5 Can I interest you in   Step 2 4 Would you like 5 Would you like

A | 영화 속 대화를 완성해 보세요.

REMY ❶ _____. Dinner ❷ _____.
가야겠어. 저녁 손님이 몰려들 시간이야.

COLETTE You know ❸ _____ it.
이고 취향 알고 있지?

LINGUINI ❹ _____, Little ❺ _____.
고마워, 꼬마 요리사.

LINGUINI ❻ _____ in a dessert ❼ _____?
디저트 드시겠어요?

EGO Don't you ❽ _____?
늘 그러지 않았나?

LINGUINI ❾ _____ would you like?
어떤 걸로 하시겠어요?

EGO ❿ _____...!
자네가 원하는 걸로…!

B | 다음 빈칸을 채워 문장을 완성해 보세요.

1 블루베리 컵케이크는 어떠세요?
_____ a blueberry cupcake?

2 마술을 보여 드릴까요?
_____ a magic trick?

3 야식 먹을래?
_____ a night-time snack?

4 드라이브 갈까?
_____ to go for a drive?

5 차 더 드릴까요?
_____ more tea?

〈라따뚜이〉의 30장면만 익히면
영어 왕초보도 영화 주인공처럼 말할 수 있다!

영어 고수들은 영화로 영어 공부한다!
재미는 기본! 생생한 구어체 표현과 정확한 발음까지 익힐 수 있는
최고의 영어 학습법! 영화 한 편으로 영어 고수가 된다!

하루 한 장면, 30일 안에 영화 한 편을 정복한다!
필요 없는 장면은 걷어내고 실용적인 표현이 가득한 30장면만 공략한다!
30일이면 영어 왕초보도 영화 주인공처럼 말할 수 있다!

디즈니·픽사 애니메이션으로 현지에서 쓰는 생생한 표현을 익힌다!
요리사를 꿈꾸는 파리지앵 생쥐의 요리 모험기, 〈라따뚜이〉 대본으로
미국 현지에서 쓰는 생생한 표현을 익힌다!

구성 | 스크립트북 + 워크북 + mp3 파일 무료 다운로드

값 22,000원

ISBN 979-11-6521-917-8